題贈《青年考古學家》

學問宜篤
青年貴新

李伯謙

青年考古学家

（第3辑）

北京大学考古文博学院
北京大学文物爱好者协会　编

科学出版社
北京

内 容 简 介

《青年考古学家》（第3辑）是由北京大学考古文博学院学生在全院教师的指导下自主编纂的学术年刊，收录青年学子的习作共计16篇，内容涵盖学理学史、考古研究、遗产研究、读书札记等方面。《青年考古学家（第3辑）》秉承严谨求实之学风，弘扬探索求真之精神，以期为业内学子提供一个发布新思路、开展学术交流的学术平台。

本书适合文物考古、历史、古文字、文化遗产保护等专业的专家学者及相关院校师生参考、阅读。

图书在版编目（CIP）数据

青年考古学家. 第3辑 / 北京大学考古文博学院，北京大学文物爱好者协会编. —北京：科学出版社，2024.10. —ISBN 978-7-03-079555-7

Ⅰ. K870.4-53

中国国家版本馆CIP数据核字第2024EW5111号

责任编辑：雷　英 / 责任校对：邹慧卿
责任印制：赵　博 / 封面设计：文物出版社印刷厂有限公司

科 学 出 版 社 出版
北京东黄城根北街16号
邮政编码：100717
http://www.sciencep.com

北京厚诚则铭印刷科技有限公司印刷
科学出版社发行　各地新华书店经销

*

2024年10月第　一　版　　开本：787×1092　1/16
2025年 4 月第二次印刷　　印张：16 1/4
字数：384 000

定价：180.00元

（如有印装质量问题，我社负责调换）

编辑委员会

本刊顾问：严文明　李伯谦　李仰松　原思训

指导教师：北京大学考古文博学院全体教师

主　　编：沈睿文　张剑葳

本期执行主编：胡好玥

本期编辑：张越婷　戴　恬　李　青　魏艳如

　　　　　　方　钰　张宇宁　李翛然

封面用图：北京大学考古文博学院 2019 级本科生戴恬　摄

卷 首 语

亲爱的读者朋友：

　　感谢您对《青年考古学家》一直以来的关注。时光荏苒，日月如梭，《青年考古学家》（第3辑）终于与您见面了。

　　自1988年创刊以来，《青年考古学家》一直坚持"青年"和"学术"两个核心，关注考古动态和学术前沿，致力于为考古青年学子提供一个发布新思考与习作的平台。2020年《青年考古学家》（第1辑）以论文集的形式正式出版后，我们不忘初心，继续秉承严谨求实之学风，弘扬探索求真之精神，力求通过不断的创新和突破，为读者带来更多高质量、有深度、有价值的论文，助力广大青年学子相互切磋、共同进步。

　　本辑《青年考古学家》刊载考古、文博等专业青年学生习作共16篇，按主题可分为学理学史、考古研究、遗产研究和读书札记四类，所关注时段从旧石器时代直到明清。文章作者来自北京大学、吉林大学、北京师范大学、南开大学、河北师范大学和伦敦大学学院六所国内外高校，包括本、硕、博多个学习层次。这些年轻的作者对文物考古事业充满热爱、勇于探索，向我们展示了不少新颖观点和独到看法，希望能对读者朋友的学习和研究有微薄助益。

　　同时，我们要特别感谢北京大学的陈建立、丁雨、董珊、何嘉宁、雷兴山、李云河、秦岭、曲彤丽、韦正、张海、张剑葳和赵昊老师，中国科学院青藏高原研究所的张颖老师，吉林大学的井中伟、邵会秋老师，北京师范大学的陈殿老师，南开大学的袁胜文老师以及河北师范大学的陈灿平老师，在本辑《青年考古学家》征稿和审稿过程中，他们对青年学子的习作提出了具有建设意义的修改意见，给出了中肯的评价。还要感谢北京大学的沈睿文、张剑葳老师在本辑《青年考古学家》编辑过程中的指导，我们这本小刊的顺利出版离不开两位老师的帮助。

　　最后，不论是青年学子习作中呈现出的观点、思想，还是《青年考古学家》本身，都不能称得上成熟，尚有许多进步空间。本辑《青年考古学家》不可避免地存在不周全、不妥当之处，欢迎读者提出宝贵的意见和建议，衷心期待大家的批评指正。

　　再次感谢各位师友对《青年考古学家》的关注和支持！

《青年考古学家》编辑部

目　录

学理学史

牙齿微痕研究及其在人骨考古中的应用 …………………………………… 冉智宇（ 1 ）

埋藏过程中踩踏作用对石制品改造的实验考古研究综述 ………………… 胡好玥（ 15 ）

碳、氮稳定同位素食性研究评述 ……………………………………………… 徐艺菁（ 27 ）

牛津体系在中国青铜时代研究中的应用评议 ………………………………… 李曈岳（ 38 ）

考古研究

早期中国的神权社会——试论红山文化与良渚文化的两种发展模式 ……… 朱文羽（ 55 ）

中原地区夏商周时期鹿角器加工初探 ………………………………………… 裴晓晨（ 73 ）

试说甲骨金文中的"嬔" ……………………………………………………… 管文韬（ 87 ）

洛阳王城广场东周墓地形态研究 ……………………………………………… 谷煜农（ 92 ）

青铜至早期铁器时代中国北方地区洞室墓的分类与来源 …………………… 刘一诺（104）

昌平白浮墓葬年代、性质及相关问题再议 …………………………………… 张振腾（119）

泉州明清佛寺布局与信仰的分类研究 …………………………… 戴　恬　王蕻荃（129）

浅析南宋德化窑瓷器外销阶段性变化 ………………………………………… 董佳馨（159）

须弥座式棺床初探 ……………………………………………………………… 宋奕璇（171）

中国考古报告整理与定量分析 …………………………… 龙天一　葛澜卿　凡沛延

　　何　丹　黄心怡　卢婉琳　秦依童　王千喜　杨宇丰　张楚雯　张　艳（196）

遗产研究

北京大学钟亭小考 ………………………………………… 周栩屹　雷　砥　杨晓勇（213）

读书札记

"野蛮人"、考古学与历史叙事的批判性：读《万物的黎明：人类新史》……… 甘聿群（231）

Contents

Theories and Academic History

Dental Microwear in Human Osteology ··· Ran Zhiyu（14）
Review on Archaeological Experiments of Trampling Effects in Taphonomical Processes
　on Lithics ··· Hu Haoyue（26）
Review: The Applications of Carbon and Nitrogen Stable Isotopic in Paleodiet Analysis
　·· Xu Yijing（37）
Review on the Use of Oxford System on the Study of Bronze Age of China ···· Li Tongyue（54）

Archaeological Studies

Theocratic Societies in Early China: Two Models of Hongshan Culture and
　Liangzhu Culture ·· Zhu Wenyu（71）
Antler Working in the Central Plain of China during the Xia, Shang and Zhou Dynasties
　·· Pei Xiaochen（86）
On the Character Ning in the Oracle Bones and Bronze Inscriptions ············ Guan Wentao（91）
The Cemetery Structure of Eastern Zhou Period at the Capital City Square in Luoyang
　City ·· Gu Yunong（103）
Classification and Provenance of Cave Tombs from Bronze to Early Iron Age in Chinese
　Northern Zone ··· Liu Yinuo（117）
Re-discussion on the Era, Nature and Related Issues of the Baifu Tombs in Changping
　··· Zhang Zhenteng（128）
Classification Study on the Layout and Beliefs of Ming and Qing Dynasties Buddhist
　Temples in Quanzhou ······································· Dai Tian　Wang Hongquan（158）
Preliminary Analysis on the Periodic Changes of Export of Dehua Kiln Porcelain in
　Southern Song Dynasty ·· Dong Jiaxin（169）
Preliminary Study on the Sumeru-Pedestal Coffin Platform ······················· Song Yixuan（188）
Collation and Quantitative Analysis of Chinese Archaeological Reports ······················
　············ Long Tianyi　Ge Lanqing　Fan Peiyan　He Dan　Huang Xinyi　Lu Wanlin
　　　　Qin Yitong　Wang Qianxi　Yang Yufeng　Zhang Chuwen　Zhang Yan（212）

Heritage Study

On the Clock Pavilion of Peking University·········Zhou Xuyi　Lei Di　Yang Xiaoyong（230）

Book Review

"Salvages", Archaeology, and the Critiques of Historical Narratives: Review of The
　　Dawn of Everything·· Kan Yu-Chun（246）

学理学史

牙齿微痕研究及其在人骨考古中的应用

冉智宇

（北京大学考古文博学院 2021 级博士研究生）

摘要：牙齿是考古学研究的重要材料，过去对牙齿的研究主要停留在"中痕"尺度，牙齿微痕研究可以在无损、可逆的前提下提供更多关于人类饮食和牙齿功能的微观信息，在国外古生物和考古学研究中应用广泛。其研究过程基于对牙齿的复制建模，具体分析方法有光学显微镜分析、扫描电镜分析和牙齿微痕纹理分析三种，各有优势。在中国人骨考古材料中，牙齿微痕研究具有广阔的前景，可应用于古人类饮食、全新世生业经济、断奶与生活史、短期食谱研究等多个方向。

关键词：牙齿人类学；牙齿微痕；食谱分析

牙齿是人体最坚硬的组织，其形态发育与遗传密切相关，同时，牙齿的使用情况也可以反映古人生前的行为。作为考古遗存，牙齿具有保存条件好、保留信息丰富的特性。基于此，牙齿人类学（dental anthropology）自 20 世纪 60 年代以来逐渐发展为体质人类学下一个重要的分支学科，主要研究方向包括牙齿形态、牙齿功能、牙齿病理、牙齿发育等，其中，通过牙齿磨耗（tooth wear）讨论饮食、行为、工具、习俗等是牙齿功能研究的一项重要内容。近年来，伴随着牙齿人类学微观化、定量化、科技化的发展趋势，古生物学中的牙齿微痕分析方法被逐步引入与完善，在重建古食谱方面成果辈出。

牙齿微痕（tooth microwear）是指牙齿在使用过程中形成的微观损伤，尺度为微米级，反映生物死亡前较短时间的牙齿使用情况。在古生物学中与之相对的概念是牙齿中痕（tooth gross wear 或 tooth mesowear）[1]，指肉眼可见的牙齿宏观磨耗形态，尤其关注牙釉质小面（facet）的发育，尺度为毫米和厘米级，反映生物较长时间以来的牙齿使用情况。

在国内考古学背景下，传统人骨研究中关于牙齿磨耗等级、速率、样式的研究都属于中痕研究，牙齿微痕研究则尚未开展。本文旨在介绍牙齿微痕的研究历程与具体方法，并探讨其在中国人骨考古中的应用前景。

一、牙齿微痕的研究历程

牙齿微痕研究迄今已有近 90 年的历史，前人已经对这一历程展开了全面回顾与系统梳理[2]。因此，本文将择要概述牙齿微痕的早期研究，重点介绍 21 世纪以来牙齿微痕研究的方法创新及其在考古材料中的应用。

（一）早期研究

牙齿微痕分析的起点可追溯到 20 世纪二三十年代 G. G. 辛普森（G. G. Simpson）的研究，他根据哺乳动物臼齿面上划痕的方向推测饮食与下颌运动方向[3]。此后直至 20 世纪五六十年代，相关研究多为使用光学显微镜（Light Microscope，LM）观察划痕方向以讨论咀嚼运动的定性研究[4]。

自 20 世纪 60 年代开始，对牙齿微痕成因的研究也逐渐展开。G. 贝克（G. Baker）等研究了绵羊牙齿的微痕，且发现受检绵羊粪便中除石英颗粒外，还存在断裂的植硅体，两者莫氏硬度均高于羊的牙釉质，因此他们认为植硅体和沙粒是导致牙齿微痕的原因[5]。同时，这一时期牙齿微痕的概念被引入体质人类学的研究范畴，开始探讨将其应用于考古人群饮食重建的可能性[6]。

20 世纪 70 年代末，随着高分辨率、高放大倍率的扫描电镜（Scanning Electron Microscope，SEM）的普及，光学显微镜在牙齿微痕研究中逐渐被扫描电镜替代。这一时期的研究者使用扫描电镜积累了较多哺乳动物、非人灵长类和古人类牙齿微痕的定性分析。

20 世纪 80 年代至 20 世纪末，牙齿微痕研究呈现两个方向：一是在理论方法上产生了对微痕研究有效性的争论，部分研究者通过动物实验和植物观察认为牙齿微痕无法区分不同的饮食模式[7]，而反驳者则认为前者区分食谱失败是实验过程缺乏控制和实验结果未量化，牙齿微痕研究需要在定量化、标准化的条件下进行[8]。这一争论本质上是牙齿微痕形成机制不明所导致的。在此基础上，牙齿微痕研究的第二个方向是从定性分析转向标准化的定量分析，在标准化扫描电镜仪器参数、放大倍率和牙齿采样位点的前提下，建立系列测量和统计项目[9]，如牙齿表面划痕和凹坑的长度、宽度、方向、长宽比等，这些研究主要集中在灵长类动物中。

（二）近年成果

21 世纪至今二十余年以来，在学科交叉加深的背景下，牙齿微痕研究在方法上进一步实现技术创新，在考古学中的应用也愈加广泛。

技术创新始自对扫描电镜方法的反思：21 世纪初，研究者发现扫描电镜不仅昂贵、费时，而且使用其开展牙齿微痕研究的观察者内误差和观察者间误差分别达到 7% 和 9%[10]，这一方面受限于观察者本身的识别和测量误差，另一方面也与三维特征在二维表面成像过程中固有的数据损失有关[11]。鉴于此,部分研究者建议回归使用光学显微镜,并对低倍光学显微镜下的牙齿微痕分析方法进行了改良[12],使其性价比大大提升,经验丰富的观察者可以使用这一方法区分具有显著差异的饮食模式,光学显微镜微痕分析因此受到众多古生物研究者的青睐。然而,对差异更细微的饮食区分而言,低倍光学显微镜仍然受到观察尺度的限制,且使用光学显微镜替代扫描电镜并不能从根本上解决观察误差问题[13]。为了突破光学显微镜和扫描电镜微痕观察的上述局限,尤其是为了保留更多牙齿微痕的三维特征,牙齿微痕纹理分析(dental microwear texture analysis,DMTA)方法被提出并不断完善[14],这种自动化三维技术不再在二维尺度上量化牙齿表面的离散特征,如坑状痕和划痕,而是在三维尺度上使用计算机软件对牙齿磨耗的表面纹理进行分析,在讨论饮食的细致差异方面具有更大的潜力。至今,对光学显微镜微痕分析、扫描电镜微痕分析和牙齿微痕纹理分析这三种方法的改进仍然在进行中。本文第二节将对这三种研究方法展开详细的介绍。

牙齿微痕的技术创新使其对食谱的细致区分能力提高,进而促进了这一方法在考古学中的应用。尽管自20世纪60年代开始,这一方法就已经被部分体质人类学家关注和使用,但过去的研究主要集中在人类化石和非人灵长类动物中,对于晚近考古人群的牙齿微痕研究则鲜有尝试。这是因为受到技术限制,过去的牙齿微痕研究更适用于植食性哺乳动物的饮食识别。近二十年来,随着DMTA方法的发展,应用于牙齿微痕研究的考古材料不再局限于古人类,而是向后拓宽至历史时期考古人群,主要研究狩猎采集人群和农业人群的微痕对比[15]、通过乳牙微痕分析断奶情况[16]等。可以想见,随着对原理的深入探究和技术的不断革新,牙齿微痕在考古学中的应用将更为广泛。关于其在国内人骨考古中的应用前景,本文将在第三节展开讨论。

二、牙齿微痕的研究方法

目前,牙齿微痕的研究方法有光学显微镜分析法(以下简称LM法)、扫描电镜分析法(以下简称SEM法)和牙齿微痕纹理分析法(以下简称DMTA法)三种,三者的主要区别在于数据采集和分析过程中所使用的显微设备和测量项目不同,在样品选择和制备方面没有差异。因此,本文将在整体介绍牙齿微痕的采样、制样方法之后,分述三种分析方法的数据采集和分析过程。

(一)牙齿微痕的样品采集和制备

牙齿微痕样本的选择取决于研究目标和研究群体,其一般标准为:①明确使用过、存在磨耗;②未过度磨耗;③已知个体、牙位信息为佳。在多数以复原古生物食谱为目的的牙齿微痕研究中,牙齿样本首选上颌M2,因为臼齿承担更多的咀嚼功能,且M2的尺寸相对于M1更大,变异相对于M3更少,但这并不是唯一的选择。在部分涉及牙齿功能的研究中，前牙尤其是门齿也被纳入讨论，研究者认为门齿的微痕模式可以反映食物与门牙的接触方向，进而探讨使用牙齿进行食物加工的行为[17]。此外，如前文所述，近年来随着研究的深入，牙齿微痕研究不再局限于恒牙，乳牙微痕分析也在逐渐增加。

选取的牙齿样本通常不能直接展开观察，而需通过制作模型对目标区域进行复制，使用复制模型进行观察研究。一是因为牙齿表面的微观特征容易受到碎屑、灰尘等物质的污染，对牙齿样本在显微镜下的开放观察无法规避这样的污染。二是因为复制品的研究具有无损、可重复、易操作的优点。

具体制备过程为：①使用酒精清洁牙齿表面。②将高精度牙科印模材料薄涂于牙齿表面，晾干后成型的第一个模具仍用于确保牙齿表面清洁，在后续研究中不会被使用。③将印模材料厚涂覆盖整个牙冠，制作第二个模具，在这一过程中可在模型内插入一根矩形弯曲的铜线，以指示牙冠的解剖学方位[18]，同时应给定标签以防信息丢失。部分使用共聚焦显微镜的研究者直接使用这一步骤所得的模具展开观察[19]，但这样的观察对于光学显微镜和扫描电镜而言并不可行[20]。④将环氧树脂和固化剂按照指定比例混合后，离心混合液体以排除气泡，后使用离心后的环氧树脂胶浇筑模具。浇筑过程中应使用硅橡胶隔挡模具周围，以防止环氧树脂胶外溢。⑤浇筑完毕静置48小时后方可取出模型。注意，同一模具至多可进行4次倒模，过多倒模可能导致模具所复制的微痕受损（图一）[21]。

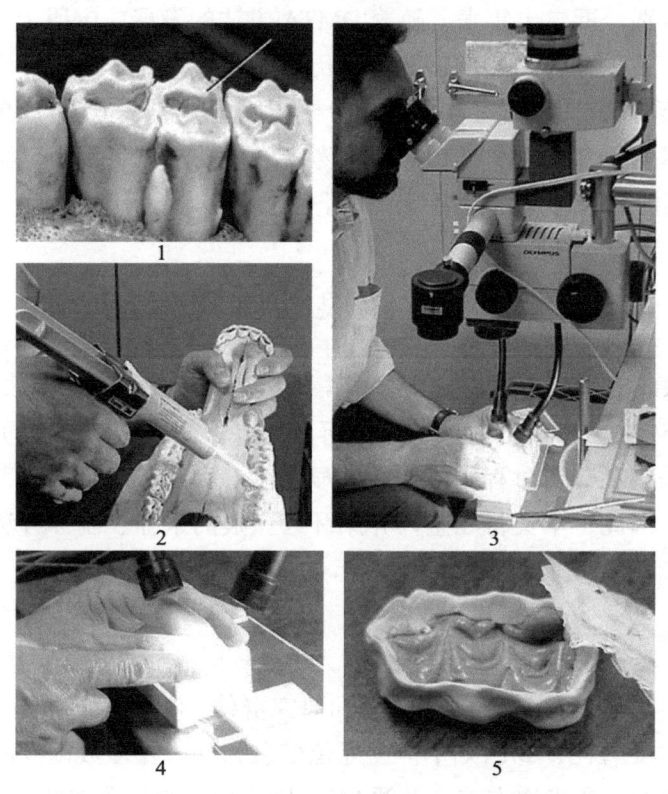

图一　牙齿微痕模型制样过程（据注［22］）
1. 选定采集区域　2. 涂抹印模材料　3. 使用光学显微镜　4. 光线调整　5. 带有隔挡的模具

（二）三种牙齿微痕分析方法

三种牙齿微痕分析方法特点总结如表一。

表一　三种牙齿微痕分析方法特点总结

分析方法		设备	维度	记录项目	优势	劣势
LM法		光学显微镜	二维	条状痕数量、条状痕结构、是否存在超粗条状痕、是否存在4个以上交叉条状痕、坑状痕数量、是否存在4个以上大坑状痕、是否存在凹沟痕	便宜、高效	精度有限、误差较大
SEM法		扫描电镜	二维	条状痕和坑状痕的数量、大小、形状、长度、宽度、密度、方向和两种微痕的比例等	精度高	耗时、成本高、存在误差
DMTA法	SSFA	白光共聚焦显微镜	三维	复杂度、最大复杂度的尺度、各异向性、纹理填充体积、异质性	自动化分析、误差小、三维信息未损失	软件收费、部分工业ISO参数与饮食的关联未知且要求操作者具备一定专业知识
	3DMT		三维	工业ISO参数分析		

1. LM法

LM法使用光学显微镜对样品的微痕进行观察，目前大多数使用LM法的研究遵循N. 索洛尼亚斯（N. Solounias）和G. 森普雷邦（G. Semprebon）建立的标准[23]：

在35倍光学显微镜下对制备的牙齿微痕模型进行观察，调整光源直至微痕特征清晰可见，采用镜下观察或显微摄影的方法，以0.4毫米×0.4毫米为单位对研究范围内两个非重合区域的微痕进行记录。针对体型较小的研究对象，可视情况调整放大倍率至70倍，或缩小记录区域[24]。

微痕计数对象包括条状痕（scratch）、坑状痕（pit）两种。此外，凹沟痕（gouge）也被定性观察和记录，其相比于圆形的坑状痕，具有边缘不规则、尺寸更大、深度更深的特点（图二）。每个观察区域的具体记录结合了定量和定性项目，包括：①条状痕数量；②条状痕结构，即粗、细或混合；③是否存在超粗条状痕；④是否存在4个以上交叉条状痕；⑤坑状痕数量；⑥是否存在4个以上大坑状痕；⑦是否存在凹沟痕。统计结束后，可计算各研究范围（如右上M2颊侧）、牙齿、个体、群体微痕项目的平均数量或百分比，在不同尺度下展开讨论饮食差异。

微痕数据分析的关键在于不同微痕模式与食性的对应，目前在古生物学研究中已经通过LM法重建了众多已知食性哺乳动物的食谱，以植食性哺乳动物为主。通常而言，以食草为主的动物条状痕多、坑状痕少；以食叶为主的动物条状痕少，坑状痕可多可少；以食水果为主的动物条状痕数量中等，坑状痕多。

在参考已有数据的前提下，使用LM法可以相对快速、高效地对研究对象的食性进行粗略分类，适用于样本数量较多、对比群体食性差异较大的情形。但这一方法精度有

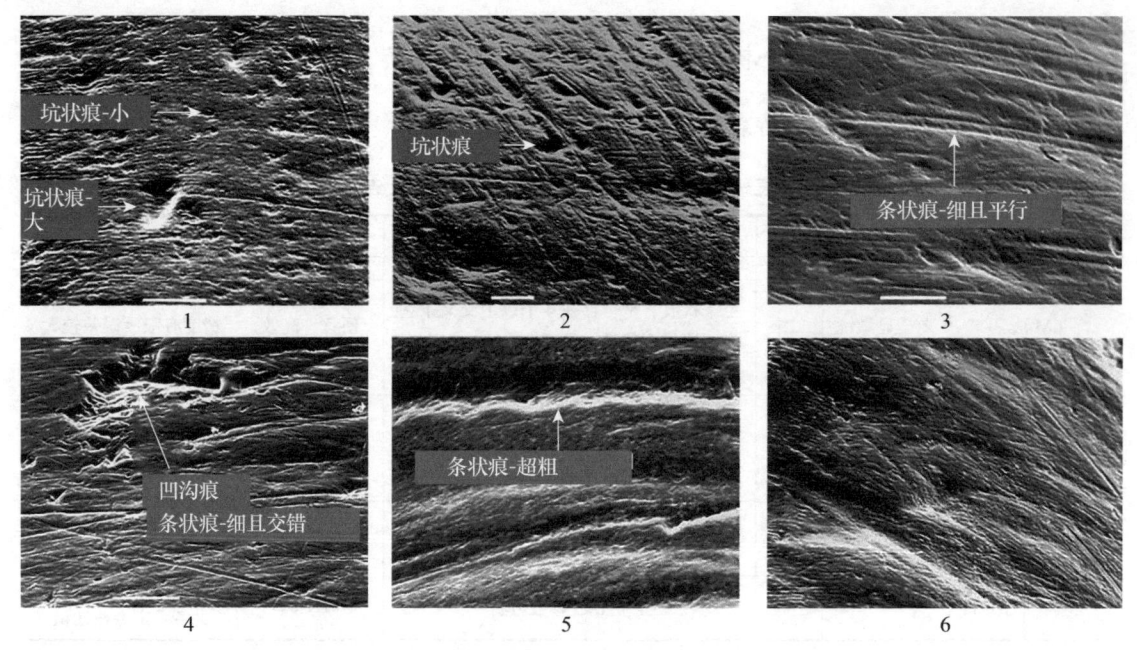

图二　LM法微痕观察项目示例（据注 [25]）
1、2. 坑状痕　3. 条状痕　4. 凹沟痕　5. 交叉条状痕　6. 混合条状痕

限，不同观察者使用不同参数的光源对观察结果的影响也较大。

2. SEM法

SEM法使用扫描电镜对样品的微痕进行观察，其标准化数据采集步骤本质上与扫描电镜的规范使用和参数选择有关[26]：

使用导电胶带将牙齿微痕模型固定于扫描电镜样品台上，然后对其进行金属镀膜（通常为金或银），镀膜厚度以能够达到最佳成像效果为准。放置好样品后，将样品推入扫描电镜中，并置于真空状态下。然后根据研究需求调整成像设置，如放大倍数、工作电压、工作距离、倾斜角度等，在研究过程中应对所有样品统一参数标准，否则可能造成微痕观测误差[27]。在扫描电镜成像后，图像处理如对比度、亮度调整等也应当遵循标准化处理，研究者还应记录图像的分辨率信息。

SEM法的高精度和高放大倍数在量化牙齿微痕特征上具有显著优势，但如本文第一节所述，其在21世纪以来逐渐被改良LM法及DMTA法所替代，因此目前这一方法并没有形成统一的统计项目。早期SEM法的定性研究主要记录条状痕和坑状痕的数量、大小和形状。随着定量化、标准化的倡议[28]，新增了条状痕和坑状痕的长度、宽度、方向和两种微痕的相对比例。对SEM法标准化贡献较大的是 P. S. 昂加尔（P. S. Ungar）团队开发的半自动化软件 Microware[29]，操作者通过选择长轴和短轴的4个端点定义坑状痕和条状痕，软件可自动识别、计算条状痕和坑状痕的数量、长度、宽度、密度和方向等并生成汇总数据。目前，使用SEM法的研究者大多运用Microware开展研究。

在数据分析上，尽管SEM法和LM法的具体测量项目存在一定差异，但两种分析方法所考察的基本微痕特征均为条状痕和坑状痕。因此，运用SEM法所得数据讨论食谱的思路基本与上述LM法相同，在此不作赘述。

SEM法成像精度高，适用于样本量小、材料珍稀的情形。目前，SEM图像多作为LM法分类后展示微痕信息的补充手段。

3. DMTA法

DMTA是所有牙齿微痕三维数据分析方法的总结性术语[30]，使用白光共聚焦显微镜对样品的微痕进行采集。

在100倍物镜、横向采样间隔0.18微米、纵向分辨率高于0.005微米的参数条件下，对每一研究范围扫描四次大小为102微米×138微米的相邻区域[31]。当采集质量不佳，如表面采集点小于95%、表面采集区域存在较多灰尘黏附等缺陷、垂直位移范围$\delta z >$ 40微米等，需重新进行扫描[32]。扫描结束后需进行数字调平，并手动去除图像中可识别的表面缺陷。

对于扫描所得点云数据的处理有两种方式，一是尺度敏感分形分析（scale-sensitive fractal analysis，SSFA）[33]，二是3D表面纹理分析（3D surface texture analysis，3DST）[34]。

SSFA分析使用SFrax和Toothfrax软件包（www.surfract.com）在长度、面积、体积等不同尺度上分析牙齿表面纹理。其分析主要基于5个参数：①复杂度（area-scale fractal complexity，AsFC），用于衡量不同尺度上的粗糙度变化，高复杂度的表面表现为不同尺寸的条状痕与坑状痕相互重叠；②最大复杂度的尺度（scale of maximum complexity，SMC），用于考察复杂度的精细尺度限制，较高的值表现为表面上较少的小尺度特征；③各异向性（anisotropy），用于表征表面粗糙度的方向，高同向性的表面往往具有长且方向一致的条状痕；④纹理填充体积（textural fill volume，TFV）是底面边长2微米的立方柱填充表面的体积与底面边长10微米的立方柱填充表面的体积之差，用于描述表面材质缺失情况，高纹理填充体积表现出更深或更大的痕迹；⑤异质性（heterogeneity，HAsfc），通过3×3或9×9网格细分表面计算整体复杂度的变化，高异质性的表面表现为各网格单元复杂度的较大差异（图三）。

SSFA分析法在区分饮食方面已经取得了较多的成果，一般认为以食草和食肉为主的动物牙齿微痕具有较高的同向性，食用较多硬质食物（如种子、果核或骨骼等）的生物牙齿微痕具有更高的复杂性[35]。

最新的3DST分析法使用MountainsMap平台的μsoft analysis premium或SensoMap软件，引入工业区域表面纹理参数（如ISO 25178）对牙齿微痕三维数据进行分析。每一参数体系包含多达30个变量，从高度、混合、体积、空间等各个角度定义了牙齿微痕表面纹理的基本几何特性，每个变量都量化了一个特定的属性，然后通过多变量分析的方法区分不同的饮食（图四）。

在3DST分析中，特定变量可独立或组合推断饮食，如通过高度、空间和体积变量组合可区分灵长类动物和蝙蝠的饮食[36]；高度和混合的变量组合可区分鱼类饮食[37]等。然而，作为新兴的分析方法，3DST所使用的某些ISO参数与特定饮食的关联尚不明晰，其软件成本高昂，分析过程亦要求操作者具备一定摩擦学领域的预处理和波长过滤知识。这一方法更广泛的使用仍需要一定的时间。

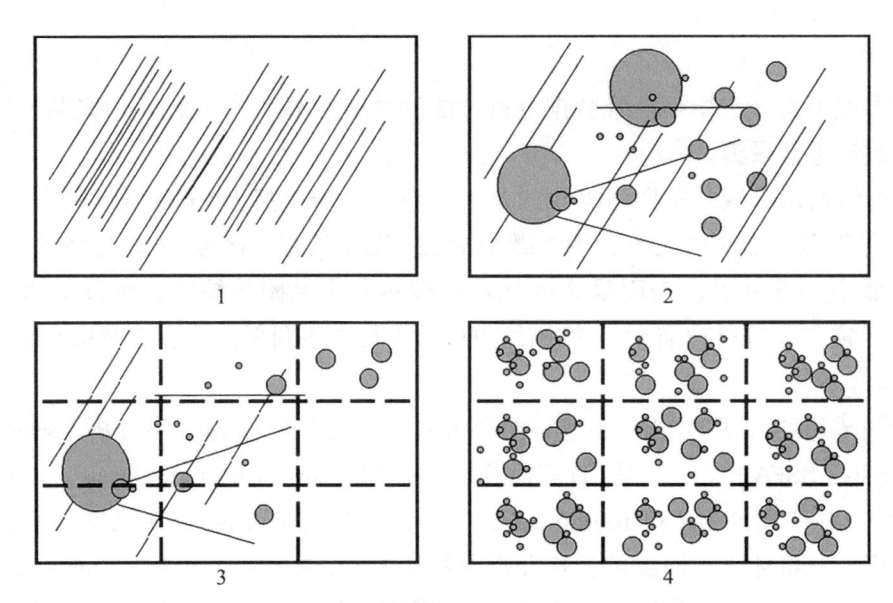

图三　SSFA各分析项目示意图（据注[38]）
1. 高同向性　2. 高复杂度　3. 高异质性　4. 低异质性

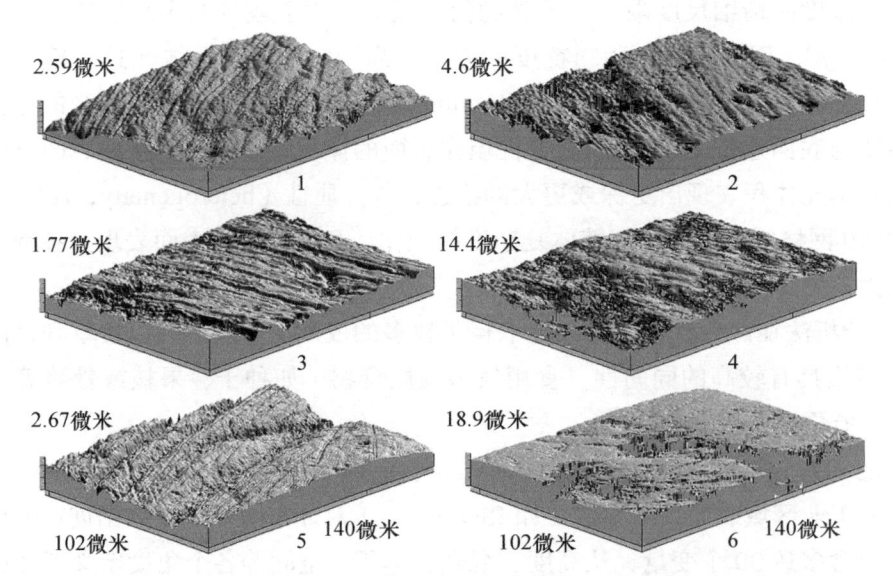

图四　不同食性哺乳动物的牙齿微痕模式示意图（据注[39]）
1. 袋鼠，食草为主　2. 猎豹，食肉为主　3. 斑鬣狗，食肉为主　4. 大熊猫，食竹为主
5. 北极熊，食肉为主　6. 褐喉树懒，食叶为主

总的来说，以 SSFA 和 3DST 为代表的 DMTA 分析法突破了牙齿微痕分析中二维成像信息损失的固有局限，在区分更细致饮食模式方面具有较大潜力，其中 SSFA 分析是目前使用范围最广、数据积累最丰富的方式，适用于古生物、古生态、考古学的各类样本。

三、牙齿微痕在中国人骨考古中的应用前景

牙齿微痕研究可以在微观尺度上直接反映牙齿的使用情况及牙齿磨耗物的属性，因此在国际研究中日渐成为复原古食谱、讨论牙齿功能的重要手段，在古生物、考古学等领域中发挥着重要作用。尽管近几年来国内已有部分古生物或摩擦学背景的研究者尝试将牙齿微痕的部分研究方法引入古生物研究领域[40]，但目前尚未展开具体研究。而在国内考古学领域中，这一方法亦未得到广泛的关注，仅张全超团队尝试利用牙齿"水平方向条痕平均长度/垂直方向条痕平均长度"指标来区分古代人群的植物性食物与肉食摄入情况[41]。事实上，这一方法在中国人骨考古材料中具有相当可观的应用前景。

牙齿微痕研究方法本身具备较大优势，可以成为考古学部分研究手段的补充或特定条件下的替代。目前，中国考古学研究中对古代人群食谱的重建主要依赖稳定同位素分析，但其实验成本较高，且制样具有破坏性，过程不可逆。而传统的人骨观察固然可通过牙齿磨耗样式、龋齿和特殊病理观察对人群的生业方式进行粗略推测，但无法获取食物的细致信息，也无法从个体尺度展开食谱讨论。而就牙齿功能分析而言，在传统人骨考古的"中痕"分析尺度下，肉眼观察所能获取的信息终究有限。相比之下，牙齿微痕研究方法不仅能在食谱重建和牙齿功能讨论方面提供丰富的信息，还具有无损、可重复、成本低的优势。

同时，从应用条件上来看，国内考古学也完全具备独立开展牙齿微痕研究的能力。就材料而言，中国考古学研究中各时段遗址人骨材料丰富，适用于微痕研究的牙齿样本不计其数，不同时空背景材料所代表的饮食模式和牙齿使用情况具有较大差异，可以展开多样化的尝试，建立广泛的对比研究。就设备而言，光学显微镜和扫描电镜已经成为各考古机构常用的实验室设备，即便是牙齿微痕纹理分析法所需的共聚焦显微镜，在学科交叉合作加深的大背景下，也可通过与高校生物实验室展开密切合作获得。另外，尽管 DMTA 的两种分析方式均需要使用专用的收费软件，但随着 DMTA 的普遍运用，开放使用权限的软件也逐渐被开发，如 R 语言包 MicroWeaR[42]。因此，即便是三维尺度下的牙齿微痕研究，在中国考古学背景下也已经具备成熟的应用条件。

最后，结合已有的国外研究案例和国内考古学现状，本文在此对国内人骨考古材料应用牙齿微痕方法可展开的部分研究做出展望。

（一）古人类饮食

中国存在一定数量的古人类化石，如周口店直立人、金牛山人、大荔人、许昌人等，

由于其特殊的体质特征和地理位置,均为人类进化理论研究的重要材料。对不同进化阶段古人类的食谱重建有利于讨论食物与人类进化之间的作用机制。目前,南方古猿、能人、直立人、尼安德特人等众多古人类已经通过稳定同位素分析和牙齿微痕分析展开了食谱研究[43],并积累了一定的研究成果。相较之下,对中国古人类化石的饮食推测主要依靠遗迹现象、石器组合和伴生动物群的骨骼痕迹观察,并未利用稳定同位素分析展开系统的食谱重建,这可能与中国古人类材料珍稀、牙齿保存数量较少,且稳定同位素制样具有破坏性有关。在这一背景下,对中国古人类化石牙齿展开无损的、精细的牙齿微痕分析具有较高的可行性和研究价值。

（二）全新世生业经济

农业起源与发展是考古学的重大议题,对不同经济类型人群饮食模式的鉴别有利于讨论农业社会建立后人类食谱的发展变化。近十年来,国外考古学中部分研究者开始使用牙齿微痕分析对确定食性的不同经济类型人群进行微痕模式归纳,积累了部分数据,如DMTA分析表明农业人群相较于采集狩猎人群具有更高的复杂度、同向性和纹理填充体积[44]。这一思路同样适用于国内,中国人骨考古材料存在大量已知的采集狩（渔）猎、游牧和农业群体,对其展开牙齿微痕研究,积累数据并建立区别采集不同经济类型人群的微痕标准,一方面可以创立快速辨别人群食谱的方法,另一方面也可进一步应用于探讨旧新石器过渡阶段的人类饮食和此后不同经济模式的人群饮食差异等课题,为中国农业起源和发展研究提供重要的参考视角。

（三）断奶与生活史

儿童断奶研究亦为讨论古代人群生产劳动、生活习俗和人口规模等问题的重要切入点。过去对于儿童断奶的研究基本都依赖碳、氮稳定同位素分析方法,通过对比儿童和女性成年个体的$\delta^{15}N$和$\delta^{13}C$以讨论儿童断奶的年龄。近几年来国外考古学者开始尝试应用牙齿微痕DMTA分析法研究断奶情况,这是基于婴儿食用辅食后乳牙微痕会发生改变的原理[45]。在国内考古学中,断奶研究目前仍然是一个较新的方向,少量案例均使用稳定同位素方法展开分析。然而,稳定同位素分析只能提供断奶的时间信息,且国内人骨考古材料中儿童骨骼数量较少、保存较差,本身较为珍贵,有损的稳定同位素分析可能会造成考古信息的损失。因此,可以考虑对儿童乳牙微痕进行观察以研究断奶情况,一则微痕从无到有的节点可以指示断奶时间,二则微痕本身的特征可以在一定程度上反映辅食的硬度、黏稠度等属性,三则对同一个体不同牙位不同区域进行微痕分析可以提供更多的对比信息。

（四）短期食谱研究

牙齿微痕变化更新的速度较快,每次摄入食物都可能造成新的微痕特征,因此牙齿微痕分析所得出的结果往往被称为"最后的晚餐"。基于此,部分古生物研究者利用牙齿微痕对明确死于不同季节的动物展开季节性饮食的分析[46]。而在考古学研究中，由于牙齿微痕所反映的是个体在死亡前较短时间内的饮食情况，而中痕研究和稳定同位素能提供长期、稳定的食谱信息，这一点往往被视为牙齿微痕研究的局限之一。事实上，这一特质仍存在较大的利用价值，如将微痕分析、中痕分析和稳定同位素相结合，当微痕分析所复原的饮食结果与后二者存在矛盾时，可考虑牙齿微痕所复原的食谱为濒死期的饮食乃至死因。在中国考古学背景下，这一方法可应用于特殊人群，如战争人群（如俘虏、伤患等）、殉人、饥荒人群等。

当然，牙齿微痕可应用的研究课题远不止于此。有关其形成机制和方法技术的深入讨论仍在进行当中，相信在不久的将来，这一方法将在中国考古学领域做出一定的贡献。

注　释

[1] Fortelius M, Solounias N. Functional Characterization of Ungulate Molars Using the Abrasion-attrition Wear Gradient: A New Method for Reconstructing Paleodiets. *American Museum Novitates,* 2000 (3301): 1-36.

[2] a. Ungar P S, Scott R S, Scott J R, et al. Dental Microwear Analysis: Historical Perspectives and New Approaches. *Technique and Application in Dental Anthropology*, 2008 (53): 389; b. Ungar P S. Mammalian Dental Function and Wear: A Review. *Biosurface and Biotribology*, 2015 (1): 25-41.

[3] Simpson G G. *Paleobiology of Jurassic Mammals,* 1933. 转引自：Ungar P S, Scott R S, Scott J R, et al. Dental Microwear Analysis: Historical Perspectives and New Approaches. *Technique and Application in Dental Anthropology*, 2008 (53): 389.

[4] a. Butler P M. The milk-molars of Perissodactyla, with remarks on molar occlusion. *Proceedings of the zoological Society of London*.Blackwell Publishing Ltd, 1952, 121(4): 777-817; b. Mills J R E. Ideal dental occlusion in the primates. *Dent Practit*, 1955, 6: 47-61.

[5] Baker G, Jones L H, Wardrop I D. Cause of Wear in Sheeps' Teeth. *Nature*, 1959, 184(suppl 20): 1583-1584.

[6] Dahlberg A A, Kinzey W Etude. Microscopique de L'abrasion et de L'attrition sur la Surface des Dents. *Bulletin du Groupement International Pour la Recherche Scientifique en Stomatologie et Odontologie (Bruxelles)*, 1962 (5): 242-251.

[7] a. Covert H H, Kay R F. Dental Microwear and Diet: Implications for Determining the Feeding Behaviors of Extinct Primates, with a Comment on the Dietary Pattern of Sivapithecus. *American Journal of Physical Anthropology*, 1981, 55(3): 331-336; b. Peters C R. Electron-optical Microscopic Study of Incipient Dental Microdamage from Experimental Seed and Bone Crushing. *American Journal of Physical Anthropology*, 1982, 57(3): 283-301.

[8] Gordon K D, Walker A C. Playing' Possum: A Microwear Experiment. *American Journal of Physical Anthropology*, 1983, 60(1): 109-112.

[9] a. Teaford M F, Walker A. Quantitative Differences in Dental Microwear between Primate Species with Different Diets and a Comment on the Presumed Diet of Sivapithecus. *American Journal of Physical Anthropology*, 1984, 64(2): 191-200; b. Gordon K D. A Study of Microwear on Chimpanzee Molars: Implications for Dental Microwear Analysis. *American Journal of Physical Anthropology*, 1982, 59(2): 195-215; c. Gordon K D. Hominoid Dental Microwear: Complications in the Use of Microwear Analysis

to Detect Diet. *Journal of Dental Research*, 1984, 63(8): 1043-1046.

[10] Grine F E, Ungar P S, Teaford M F. Error Rates in Dental Microwear Quantification Using Scanning Electron Microscopy. *Scanning*, 2002, 24(3): 144-153.

[11] 同注[2]a。

[12] a. Solounias N, Semprebon G. Advances in the Reconstruction of Ungulate Ecomorphology with Application to Early Fossil Equids. *American Museum Novitates*, 2002 (3366): 1-49; b. Merceron G, Blondel C, Brunet M, et al. The Late Miocene Paleoenvironment of Afghanistan as Inferred from Dental Microwear in Artiodactyls. *Palaeogeography, Palaeoclimatology, Palaeoecology*, 2004 (207): 143-163; c. Merceron G, Blondel C, De Bonis L, et al. A New Method of Dental Microwear Analysis: Application to Extant Primates and Ouranopithecus Macedoniensis (Late Miocene of Greece). *Palaios*, 2005 (20): 551-561.

[13] a. 同注[2]a; b. Mihlbachler Matthew C, Brian L Beatty. Magnification and Resolution in Dental Microwear Analysis Using Light Microscopy. *Palaeontologia Electronica*, 2012 (15): 1-15; c. Mihlbachler Matthew C, et al. Error Rates and Observer Bias in Dental Microwear Analysis Using Light Microscopy. *Palaeontologia Electronica*, 2002 (15): 1-22.

[14] a. Ungar P S, Brown C A, Bergstrom T S, et al. Quantification of Dental Microwear by Tandem Scanning Confocal Microscopy and Scale-sensitive Fractal Analyses. *Scanning*, 2003, 25(4): 185-193; b. Scott R S. Dental Microwear Texture Analysis Reflects Diets of Living Primates and Fossil Hominins. *Nature*, 2005 (436): 693-695.

[15] a. El-Zaatari S. Occlusal Microwear Texture Analysis and the Diets of Historical/Prehistoric Hunter-gatherers. *International Journal of Osteoarchaeology*, 2010 (20): 67-87; b. Schmidt C W, Beach J J, McKinley J I, et al. Distinguishing Dietary Indicators of Pastoralists and Agriculturists via Dental Microwear Texture Analysis. *Surface Topography: Metrology and Properties*, 2016, 4(1).

[16] a. Mahoney P, Schmidt C W, Deter C, et al. Deciduous Enamel 3D Microwear Texture Analysis as an Indicator of Childhood Diet in Medieval Canterbury, England. *Journal of Archaeological Science*, 2016, 66: 128-136; b. Scott R M, Halcrow S E. Investigating Weaning Using Dental Microwear Analysis: A Review. *Journal of Archaeological Science: Reports*, 2017 (11): 1-11; c. Kelly C D, Schmidt C W, D'Anastasio R. Dental Microwear Texture Analysis in Deciduous Teeth. *Dental Wear in Evolutionary and Biocultural Contexts*. London: Academic Press, 2020: 169-186; d. Hernando R, Willman J C, Vergès J M, et al. Inferring Childhood Dietary Maturation Using Buccal and Occlusal Deciduous Molar Microwear: A Case Study from the Recent Prehistory of the Iberian Peninsula. *Archaeological and Anthropological Sciences*, 2020 (12): 1-13; e. Bas M, Le Luyer M, Kanz F, et al. Methodological Implications of Intra- and Inter-facet Microwear Texture Variation for Human Childhood Paleo-dietary Reconstruction: Insights from the Deciduous Molars of Extant and Medieval Children from France. *Journal of Archaeological Science: Reports*, 2020 (31): 102284.

[17] a. Kelley J. Incisor Microwear and Diet in Three Species of Colobus. *Folia Primatologica. International Journal of Primatology*, 1990, 55(2): 73-84; b. Ryan A S. Anterior Dental Microwear and Its Relationship to Diet and Feeding Behavior in Three African Primates (Pan Troglodytes Troglodytes, Gorilla Gorilla Gorilla and Papio Hamadryas). *Primates*, 1981 (22): 533-550; c. Teaford M F. Differences in Molar Wear Gradient between Adult Macaques and Langurs. *International Journal of Primatology*, 1983 (4): 427-444; d. Teaford M F. The Morphology and Wear of the Lingual Notch in Macaques and Langurs. *American Journal of Physical Anthropology*, 1983, 60(1): 7-14; e. Ungar P S. Incisor Microwear and Feeding Behavior in Alouatta Seniculus and Cebus Olivaceus. *American Journal of Primatology*, 1990, 20(1): 43-50; f. Ungar P S. Incisor Microwear of Sumatran Anthropoid Primates. *American*

Journal of Physical Anthropology, 1994, 94(3): 339-363; g. Ungar P. Dental Allometry, Morphology, and Wear as Evidence for Diet in Fossil Primates. *Evolutionary Anthropology: Issues, News, and Reviews*, 1998 (6): 205-217.

［18］Schulz E, Calandra I, Kaiser T M. Applying Tribology to Teeth of Hoofed Mammals. *Scanning*, 2010, 32(4): 162-182.

［19］同注［17］。

［20］Green J L, Croft D A. Using Dental Mesowear and Microwear for Dietary Inference: A Review of Current Techniques and Applications. *Methods in Paleoecology*, Cambridge: Springer, 2018: 53-73.

［21］Galbany J, Estebaranz F, Martínez L M, et al. Comparative Analysis of Dental Enamel Polyvinylsiloxane Impression and Polyurethane Casting Methods for SEM Research. *Microscopy Research and Technique*, 2006, 69(4): 246-252.

［22］同注［11］a。

［23］同注［11］a。

［24］a. Nelson S, Badgley C, Zakem E. Microwear in Modern Squirrels in Relation to Diet. *Palaeontologia Electronica*, 2005 (8): 401; b. Townsend K E B, Croft D A. Enamel Microwear in Caviomorph Rodents. *Journal of Mammalogy*, 2008 (89): 730-743; c. Christensen Hilary B. Similar Associations of Tooth Microwear and Morphology Indicate Similar Diet across Marsupial and Placental Mammals. *PLoS One*, 2014, 9(8): e102789.

［25］同注［11］a。

［26］a. 同注［8］a; b. Grine F E. Dental Evidence for Dietary Differences in Australopithecus and Paranthropus: A Quantitative Analysis of Permanent Molar Microwear. *Journal of Human Evolution*, 1986 (15): 783-822; c. Ungar P S, Simon J C, Cooper J W. A Semiautomated Image Analysis Procedure for the Quantification of Dental Microwear. *Scanning*, 1991 (13): 31-36; d. Galbany J, Martínez L M, Pérez-Pérez A. Tooth Replication Techniques, SEM Imaging and Microwear Analysis in Primates: Methodological Obstacles. *Anthropologie*, 2004 (42): 5-12.

［27］a. Gordon K D. A Review of Methodology and Quantification in Dental Microwear Analysis. *Scanning Microscopy*, 1987 (2): 1139-1147; b. 同注［25］d。

［28］同注［7］。

［29］同注［25］c。

［30］Schulz-Kornas E, et al. *A Brief History of Quantitative Wear Analyses with an Appeal for a Holistic View on Dental Wear Processes*. Munich: Verlag Dr. Friedrich Pfeil, 2020.

［31］同注［2］b。

［32］同注［17］。

［33］Scott R S, Ungar P S, Bergstrom T S, et al. Dental Microwear Texture Analysis: Technical Considerations. *Journal of Human Evolution*, 2006, 51(4): 339-349.

［34］同注［17］。

［35］a. 同注［13］a; b. 同注［13］b; c. Schubert B W, Ungar P S, DeSantis L R G. Carnassial Microwear and Dietary Behaviour in Large Carnivorans. *Journal of Zoology*, 2010 (280): 257-263; d. DeSantis L R G. Dental Microwear Textures: Reconstructing Diets of Fossil Mammals. *Surface Topography: Metrology and Properties*, 2016 (4): 023002.

［36］同注［32］。

［37］Purnell M, Seehausen O, Galis F. Quantitative Three-dimensional Microtextural Analyses of Tooth Wear as a Tool for Dietary Discrimination in Fishes. *Journal of the Royal Society, Interface,* 2012, 9(74): 2225-

2233.
[38] 同注［2］a。
[39] a. Calandra I, Schulz E, Pinnow M, et al. Teasing apart the Contributions of Hard Dietary Items on 3D Dental Microtextures in Primates. *Journal of Human Evolution*, 2012 (63): 85-98; b. Purnell M A, Crumpton N, Gill P G, et al. Within-guild Dietary Discrimination from 3-D Textural Analysis of Tooth Microwear in Insectivorous Mammals. *Journal of Zoology*, 2013 (291): 249-257.
[40] a. 龚宴欣：《植食性哺乳动物牙齿磨痕分析方法简介及其在古食性恢复中的应用前景》，《古生物学报》2017年第1期，第117～128页；b. 华李成，Peter S Ungar：《牙齿微痕研究在古食性重建中应用的简述》，《人类学学报》2021年第2期，第292～306页；c. 史勤勤：《哺乳动物牙齿微痕分析方法的发展与应用》，《科学通报》2021年第12期，第1456～1468页。
[41] a. 张全超、韩涛、张群：《新疆鄯善洋海墓地出土人骨的牙齿微磨耗痕迹研究》，《西域研究》2018年第3期，第83～88、145～146页；b. 张群、周蜜、张全超：《曾侯乙墓出土人骨的牙齿微磨耗形态研究》，《江汉考古》2017年第6期，第70、109～114页。
[42] Strani F, Profico A, Manzi G, et al. MicroWeaR: A New R Package for Dental Microwear Analysis. *Ecology and Evolution*, 2018, 8(4): 7022-7030.
[43] Ungar P S, Krueger K L, Blumenschine R J, et al. Dental Microwear Texture Analysis of Hominins Recovered by the Olduvai Landscape Paleoanthropology Project, 1995-2007. *Journal of Human Evolution*, 2012 (63): 429-437.
[44] 同注［14］b。
[45] 同注［15］b。
[46] Rivals F, Rindel D, Belardi J B. Dietary Ecology of Extant Guanaco (Lama Guanicoe) from Southern Patagonia: Seasonal Leaf Browsing and Its Archaeological Implications. *Journal of Archaeological Science*, 2013 (40): 2971-2980.

Dental Microwear in Human Osteology

Ran Zhiyu

（2021 PhD Student, School of Archaeology and Museology, Peking University）

Abstract: Teeth are important material in archaeological research. Previous studies of teeth in archaeology mainly focused on "mesowear" scale, while tooth microwear can provide more microscopic information about human diet and tooth function reversibly without damage. Tooth microwear analysis is widely used in international paleontological and archaeological research. Its process is based on replicate teeth model, and the specific analysis methods include LM analysis, SEM analysis and DMTA analysis, each with its own advantages. For domestic human osteology materials, tooth microwear is a promising method which can be applied to many research subjects.

Key Words: Dental Anthropology, Tooth Microwear, Diet Analysis

埋藏过程中踩踏作用对石制品改造的实验考古研究综述

胡好玥

（北京大学考古文博学院 2021 级博士研究生）

摘要： 埋藏过程中人和动物的踩踏活动可能导致石制品的多个方面发生改变，进而影响研究者对石器技术和功能的解读。目前，已有较多研究者通过实验考古的方式探索了踩踏作用对石制品的影响，对踩踏过程中石制品表面形态、空间位置和产状等方面发生的变化有了比较系统的认识。本文在回顾学术史的基础上，介绍国内外有关踩踏作用对石制品影响的实验考古成果，总结踩踏作用对石制品的影响，并就已有研究中存在的问题进行初步讨论。

关键词： 埋藏过程；踩踏作用；石制品

20 世纪 60 年代以来，随着新考古学的不断发展和过程主义思想的深入人心，旧石器考古研究的重心逐渐从遗物的类型学排比向人类行为与社会的复原转变。要从考古材料中提取有关古人类活动的信息，就必须理解这些考古材料是如何在复杂的环境和文化作用下形成，在漫长的岁月中又是如何被改造，最终成为今天遗址中所观察到的状况的[1]。谢弗（Schiffer）提出了"遗址形成过程"（formation process）的概念，指出遗址中的堆积是人类行为（C-process）与自然作用（N-process）的综合结果。宾福德（Binford）则指出，旧石器时代遗址中出土的各类遗物不应想当然地被认为是古人类活动的直接结果，更不能同各种自然因素的影响割裂开，只有区分出埋藏过程中不同因素的作用，才能从遗址这一复杂的"羊皮卷"（palimpsest）中识别指示人类认知与行为的线索[2]。

石制品是人类最早的物质遗存[3]和旧石器时代人类文化最丰富的载体，同其他文化遗存一样，它们也有复杂的形成和埋藏过程。在经历原料开采、加工和使用等环节后，石制品并没有到达其生命链的终点，在埋藏过程中，它们会继续受到各种自然和人为因素的改造。只有谨慎对待这些石制品所经历的埋藏过程，分析它们在遗址中发生的改变后[4]，才能对它们所反映的古人类技术、行为与社会特征做出科学、恰当的解读。

人或动物的踩踏活动在石制品的埋藏过程中经常发生，它影响着石制品的表面形态和空间分布，进而关系到考古学家对古人类技术与行为的阐释。在中程理论的指导下，国外已有较多研究者通过实验考古的方式就踩踏作用对石制品的影响进行了讨论，积累了大批数据，对踩踏形成的系列特征有了基本的认识。目前，国内有关埋藏过程中踩踏作用对石制品影响的研究尚十分缺乏。因此，本文在简单回顾这一问题研究历程的基础上介绍国内外的主要研究成果，同时展开一定的讨论，希望能引起国内研究者对埋藏过程中踩踏作用的重视，并帮助读者了解踩踏作用对石制品的主要影响。

一、研究简史

考古学家很早便注意到踩踏作用对石制品表面形态的改变。20世纪30年代，裴文中在博士论文中讨论了车辆碾压、动物践踏等营力对石块形态的改造，并将这些作用力下形成的"假石器"和真正的石制品进行了区分[5]；1951年，博尔德通过模拟踩踏实验分析了踩踏作用在石制品上形成的痕迹[6]，并于1961年再次指出大型动物群的踩踏会影响石制品的表面形态[7]。

20世纪六七十年代以来，随着新考古学的发展，越来越多的欧美研究者通过实验考古的方式对踩踏带给石制品的影响进行了探讨，以复原石制品的埋藏过程，更准确地解读古人类的行为。1973年，斯托克顿（Stockton）等为解释澳大利亚尚氏溪（Shaw's Creek）遗址中石制品"下小上大"的空间分布特征，开展了踩踏实验，得出踩踏作用可能是导致该遗址石制品形成上述空间分布状况的原因[8]。1974年，鲁斯-特林汉姆（Ruth Tringham）等分析了踩踏实验和水流模拟实验在石制品上留下的微痕，并将其和石器使用过程中留下的微痕进行了区分，以提高石器功能判断的准确度[9]。此后，维拉（Villa）研究了踩踏后石制品空间位置的变化[10]，吉福德-冈萨雷斯（Gifford-Gonzalez）等[11]、尼尔逊（Nielson）等[12]通过控制变量的方法讨论了踩踏过程中石制品原料、沉积物性状和踩踏强度等因素对石制品表面损伤和空间位移的影响；麦克布赖尔蒂（McBrearty）等通过实验证明踩踏极有可能使未经修理的石片呈现出类似于锯齿刃器、凹缺刮器等工具的形态[13]；谢伊（Shea）等则指出，踩踏引起的石制品破损会对微痕分析造成干扰，对经过踩踏的石制品进行盲测时，准确率只能达到40%[14]。这些研究系统地揭露了踩踏对石制品的影响，为研究者分析埋藏过程中石制品可能发生的变化提供了基础性的认识。

进入21世纪后，国外涌现了一批借助多学科手段的精细化研究。这些研究运用多种技术方法精确识别出踩踏作用对石制品及其埋藏环境的影响，并对这些影响展开综合分析。例如，土壤微结构分析被用于识别受到踩踏后的沉积环境[15]；地理信息系统（GIS）被用于精确定位石片周缘破损的具体位置[16]；相关性分析被用于检验踩踏和人类有意识修理在石制品上留下痕迹的差异[17]……这些研究更新了识别踩踏特征的途径，优化了比对实验样品与考古材料的方法，为埋藏过程中踩踏作用的研究打开了新的思路。

近年来，国内研究者对石制品埋藏过程的关注日益增加，并尝试通过实验考古、微痕分析等方式来识别埋藏环境对石制品的改造。如张晓凌在虎头梁遗址石制品的研究中设计并开展了踩踏实验，分析了踩踏和使用所造成的微痕的区别[18]；贺存定在重庆玉米洞遗址开展了踩踏和滚动实验，并通过对实验标本和考古样品的比较，排除了遗址中所出石制品为"假石器"的可能[19]。但总体而言，国内对石制品埋藏过程的关注尚不充分，与踩踏作用相关的研究数量较少，这与我国石制品遗存的丰富性和石器原料、技术的独特性并不协调。在未来的工作中，应更有意识地设计有针对性的踩踏实验，采用科学的方法归纳实验数据，寻找实验数据和遗址中样品的连接点，从而对石制品做出更恰当的解读。

二、踩踏形成的系列特征

埋藏过程中人或动物的踩踏会导致石制品的表面形态、空间位置和产状发生改变，并对石制品周围沉积物的性状造成影响。

（一）表面形态

埋藏过程中石制品表面形态的改造直接影响到石器的技术和功能分析，因此也最为考古学家所关注。经过人或大型动物的踩踏后，石器会产生断裂、破损和磨损。

踩踏作用会导致一些石制品直接断裂。尼尔逊开展的以黑曜石为原料的实验显示，在控制不同实验变量的情况下，单次实验中至少有27%的石制品发生断裂[20]。得斯科尔（Driscoll）等讨论了不同大小和材质的石制品发生断裂的频率，发现石制品的大小与是否发生断裂没有明显联系，但石料的性质对石制品发生断裂的频率有明显影响，其他变量相同时，石英制品较燧石制品有更高的破碎率[21]。麦克布赖尔蒂等的实验比较了燧石和黑曜石石制品的破碎情况，发现在其他变量相同时，踩踏后燧石制品中完好者占比更高[22]。麦克赫伦（McPherron）等首先借鉴岩石学成果，测算出燧石的易碎度相较于角页岩更高；此后，他们又对这两种石料开展了踩踏实验，结果显示燧石制品的破碎率确较角页岩更高，与理论推算得出的结果吻合。经过踩踏后，不同石料的破碎方式也不完全相同，如石英制品主要出现径向断裂（radial breaks），燧石制品则会同时发生径向断裂和弯曲断裂（bending breaks）[23]。

经踩踏后的石制品还会产生条痕、磨圆和磨光等一系列磨损。这些磨损多出现在石制品的边缘、背脊等突起的部位[24]，大多比较轻微，并不明显[25]。

除了断裂和磨损，经踩踏的石制品也经常发生破损，在边缘出现许多大小不一的微疤（图一）。这些微疤形态比较随意，大多较宽较短[26]，随机地分布在石制品周缘各处，一般沿垂直于石片边缘的方向延展。它

图一 踩踏作用在石制品上留下的微疤
（据注[11]）

们在石片的周缘上分布随机且不均，有些部位只有零星的微疤，有些部位可能出现数个重叠的微疤[27]，与使用工具所形成微疤的分布情况明显不同（后者集中分布在工具刃部或尖部）。这种微疤在石制品的腹背两面都有出现[28]，至于哪个面出现更多，不同实验得出的结果并不相同。例如，麦克布赖尔蒂等认为石片腹面的微疤较多[29]，麦克赫伦的实验显示石片朝下的一面更容易出现微疤[30]，而肖维利（Schoville）等的实验则表明70%的石片仅在朝下的一面出现微疤，20%仅在朝上的一面出现，而还有10%则在两面均出现[31]。这些实验结果的差异可能是不同实验中沉积物基质（substrate）的性状差异导致的：在不同性质的沉积物中，石制品的受力状况并不完全相同，经踩踏后破损的位置也会因此存在差异。

沉积物基质差异带来的影响还体现在石制品表面损伤的强度上。沉积物在质地（texture）和可穿透性（penetrability）[32]上的差异与石制品表面损伤的程度关系明显，更粗糙、可穿透性更弱的沉积物基质会对石制品表面造成更严重的损伤。吉福德-冈萨雷斯[33]、麦克布赖尔蒂[34]等在不同的基质上开展了踩踏实验。他们选用壤土和沙土两种基质进行对照，发现在相对更致密的壤土中踩踏后的石制品破损概率更高，形成的片疤长宽比略大。尼尔逊等测定了不同实验场景的土壤穿透值，发现其他条件一致时，穿透性低的基质上石制品断裂和伤疤的出现频率都更高[35]。

此外，麦克赫伦等还通过实验得出石制品边缘角的大小与踩踏作用引发的表面损伤情况密切相关[36]。在其他条件相同的情况下，边缘角越小的石片更易受到损伤。然而，这一结论还未得到其他实验结果的验证，其可信程度还有待进一步讨论。

（二）空间位置

除了石制品形态的改造外，踩踏也会导致石制品的空间位置发生变化。石制品经踩踏后，在水平、垂直方向上都会发生移动。水平方向上，石制品的移动方向主要由踩踏时人或动物的行进方向决定[37]；垂直方向上，踩踏可能导致同一次人类行为产生的石制品进入不同的层位中[38]，影响研究者对遗存性质的判断。

沉积物基质的性状会影响踩踏过程中石制品空间移动的距离。在可穿透性高的基质中，石制品的垂直和水平移动范围都更大。吉福德-冈萨雷斯等在壤土和沙地中各划出一个直径为1米的圆形实验区域，并将石制品分别放置在这两个实验区域中。壤土中的石制品经过踩踏后，其水平分布范围基本没有超出实验区域，而沙土中的石制品经过踩踏后基本都移出了实验区域；在垂直方向上，沙土中40%的石制品都移到了地下3~8厘米的范围内，而壤土中94%的石制品仍停留在距地表1厘米的深度中[39]。尼尔逊等的实验[40]显示，在穿透性较高的基质中，石制品经过踩踏后在水平方向上平均移动了23.9厘米；而穿透性更低的基质中，石制品仅平均移动了19.2厘米，这与吉福德-冈萨雷斯等的实验结果一致。

踩踏强度也是影响石制品空间变化的重要因素。多个实验显示，踩踏强度越高，石制品的空间移动也越明显。在这些实验中，石制品所经受的踩踏强度通常以被踩踏的时间或次数来衡量。阿斯利安（Asryan）等开展了熊踩踏石制品的实验，并记录了实验过程中不同时间点石制品的位移距离：24小时内，所有石制品平均移动了1米；两个月后，这些石制品平均移动了7米[41]；马维克（Marwick）等的实验也显示，石制品在水平方向上位移的距离会随踩踏时间增加而增加[42]。维拉（Villa）等的实验则指出，在垂直方向上，更密集的踩踏会使更多的石制品下移到距离地表更深的位置[43]。

不少研究者都十分关心石制品的尺寸对它们在踩踏过程中所发生的位移的影响，并针对这一问题设计和开展了许多实验。已有较多实验证明踩踏作用可能在垂直方向上产生一定的分选性，使尺寸和重量较小的石制品更容易向下移动[44]。然而，石制品尺寸对它们水平位移的影响目前尚无定论，由于所用材料和所控制变量的不同，不同实验在这一问题上得出的结论有明显出入。例如，平塔尔（Pintar）[45]、维拉和寇特林（Courtin）[46]的实验显示尺寸越小的石制品在水平方向上位移更大，得斯科尔（Driscoll）的实验[47]表明更大、更厚、更重的石制品在水平方向上发生的位移是更小、更轻、更薄石制品的四倍。马维克[48]、尼尔逊等[49]的实验则认为石制品的尺寸和重量与踩踏过程中它们在水平方向上发生的位移基本无关，踩踏作用在水平方向上基本没有分选性。

（三）产状

除了表面改造和空间位移，近年来，研究者也开始关注踩踏对石制品产状的改变。艾伦（Eren）等将石制品以水平状态分别埋藏在保水基质和干燥基质中，经过踩踏后，保水基质中石制品的倾角发生了明显的变化，相当一部分石制品的倾角增大到70°以上，且不同石制品间倾角的差异增大；而干燥基质中的石制品则没有发生上述变化[50]。紧接着，艾伦等又考察了位于印度东南海岸的阿提兰帕坎（Attirampakkam）遗址：该遗址位于洪积盆地中，有较多石制品倾角大于50°，且沉积物中保留了相当数量的动物骨骼和脚印。基于上述信息，艾伦等判断该遗址可能在埋藏过程中经历过动物踩踏。值得注意的是，目前仅有上述这例实验得出了踩踏作用对石制品倾角的可能影响，因此，这一变化是否在经过踩踏的石制品中普遍存在，还有待进一步验证。

（四）埋藏环境沉积物微形态

踩踏不仅会引起石制品的形态、位置和产状的改变，也会影响石制品所在的埋藏环境。随着土壤微形态分析的逐渐成熟和广泛应用，有研究者将这一技术用于分析经踩踏后的沉积物。得斯科尔等和斯普雷姆（Šprem）等的研究表明[51]，经过踩踏后，沉积物会被压得紧实致密，明显出现分层；沉积物中稍有棱角的粗颗粒会呈水平状排列，一些物质还会出现微破裂（micro-fractures）。这为我们考察石制品的埋藏过程提供了一条新的途径：踩踏作用和流水、土壤扰动等机械作用都会导致石制品发生破损、磨损和断裂[52]，仅靠石制品表面形态的改变，可能无法将踩踏作用和其他机械作用区分开来。土壤微形态特征则更可能成为区分踩踏作用与其他的机械作用的重要线索。

三、考古研究中的应用

随着实验考古的不断开展，研究者对于踩踏作用对石器影响的认识也在不断完善。这些认识能够帮助研究者更准确地复原遗址埋藏过程、判断石器加工和使用特征，从而更合理地破译古人类的行为。下面的几个案例较好地体现了踩踏实验结果在考古研究中的实际运用。

（一）判断石器修理加工

上文述及，踩踏作用会导致未经加工的石片边缘处形成大小不一的微疤，不易与古人类有意识加工石片工具时留下的修疤相区分。通过实验考古的方式对经过踩踏的石片进行深入、细致的研究，有利于研究者深入把握踩踏所形成的微疤和工具修疤的区别，进而更好地判别遗址中的石片工具。帕萝玛·德拉佩尼亚（Paloma de la Peña）和大卫·维特森（David Witelson）[53]以踩踏实验为基础，通过定性与定量结合的方法，辨析了南非斯坦博克方丹9KR（Steenbokfontein 9KR）遗址中边缘带有微疤的石片是人工修理而成，还是埋藏过程中踩踏作用的结果。

斯坦博克方丹9KR遗址是位于南非东北部的旧石器时代中期遗址。由于遗址位于泉水边，当古人类不再占用后，遗址中的考古材料很容易被前来饮水的动物踩踏。因此，研究者设计了踩踏实验来观察被踩踏后石片的特征，同时参照遗址中主要的石器类型仿制了一批经过修理的工具。对于踩踏样本、仿制工具和遗址中出土的考古标本这三组石制品，研究者分别观测了它们的边缘微疤（crushing）出现频率、边缘锐度、片疤方向、边缘破损情况、片疤聚集程度、片疤形态等特征，并对测量结果进行了定性和定量分析。定性分析显示，除边缘微疤出现频率以外，其余各个指标上踩踏样本和仿制工具均存在明显差异，可以被明确区分开来；进一步的相关性分析和主成分分析显示（图二），考古标本更加接近于踩踏实验标本而非仿制工具。因此，研究者认为该遗址石制品上的"修理痕迹"可能并非古人类有意识加工的结果，更可能是埋藏过程中踩踏等作用带来的损伤。

这一研究通过详细的定性、定量分析为解决遗址中"工具"的性质争议提供了有用的参考。其不足之处在于，在仿制经过修理的工具时，研究者仅按照遗址中比较常见的一种技术类型仿制了一种工具，如果按照其他技术策略仿制不同类别的工具，很有可能得出不一样的结果。

（二）助力石制品功能分析

微痕研究是石制品功能分析的重要手段，许多研究者在开展石器功能的微痕分析时，都对踩踏等埋藏活动造成的微痕和使用石制品形成的微痕进行了区分，以考察和评估考古标本使用痕迹分析的准确度。

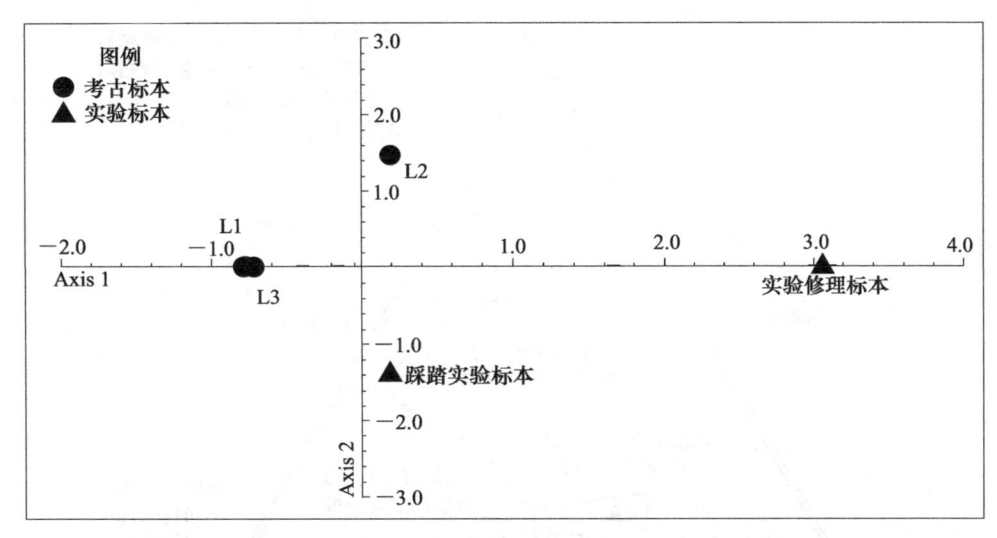

图二 斯坦博克方丹 9KR 遗址考古样品、踩踏标本和仿制工具的相似性分析（据注［17］）

张晓凌分析虎头梁遗址石器的功能时，开展了踩踏实验以归纳踩踏形成的微痕特征，并与石器使用形成的微痕进行比较。实验指出，踩踏痕迹确与加工软性物质所形成的痕迹相似，但与经过使用的标本相比，仅经过踩踏的标本不足以产生可与使用痕迹混淆的微痕。例如，刃部磨圆程度较差即踩踏所产生微痕区别于使用微痕的特征之一[54]。据此判断，虎头梁遗址的微痕分析基本不受踩踏作用的干扰，以此为基础的石制品功能研究应基本可靠。

（三）复原埋藏过程

实验考古可以帮助研究者了解踩踏作用下石制品的空间分布特征，并与其他营力引发的石制品位置变化进行区别，进而复原遗址可能经历的埋藏过程。

肖维利（Schoville）参考踩踏实验样本的空间分布特征，对印度南部 PP13B 和 DK1 两个遗址中石制品可能经历的埋藏过程进行了讨论[55]。他们使用 E1、E2、E3 三个变量来分别表示石制品在三维空间中三个方向上最大、中等和最小的变化程度。例如，某遗址石制品 X 轴方向上变化最大，Y 方向次之，Z 方向最小，则 E1、E2、E3 分别代表 X、Y、Z 三个方向上的变化程度。EL 指数 [Elongation Index，$EL=1-(E2/E1)$] 被用以衡量石制品在水平方向上分布的方向性，EL 指数越小，代表水平方向上石制品分布越随机，没有特别的优势方向；EL 指数越大，则说明石制品在水平方向上的分布越具有明显倾向性，可能是朝某个特定方向呈线性分布。若 IS 指数（Isotropy Index，$IS=E3/E1$）越小，则表示石制品更倾向于局限在某一平面上；该指数越大，则表明石制品越缺乏向某一平面集中的趋势。肖维利计算了这两个遗址中石制品的 EL 和 IS 指数，并与此前艾伦等开展的踩踏实验样本进行对比（图三）。比较显示，PP13B 和 DK1 两个遗址中石制品的空间分布模式与踩踏实验样本有明显区别，与水流作用下石制品的分布状态更加接近。因

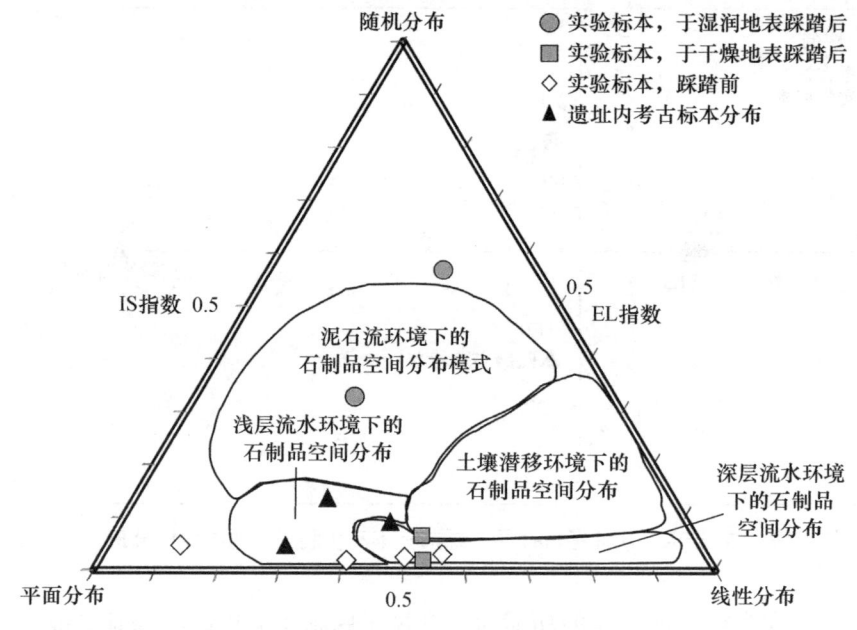

图三 PP13B 和 DK1 遗址中石制品空间分布的 Benn-diagram（据注 [31]）

此，该遗址在埋藏过程中遭到人或动物踩踏的可能性不大，但很可能受到了浅水径流的扰动。

四、讨　论

目前，埋藏过程中踩踏作用对石制品的影响已经得到了比较充分的认识。然而，已有研究中仍存在一些问题需要引起重视，并在今后的工作中逐步解决。

实验是研究者了解踩踏作用对石器影响的最主要途径。实验考古作为中程理论的实践手段[56]，为我们提供了从现存的、静态的考古材料中复原过去的、动态的人类行为与埋藏过程的可能性。然而，在已有的实验考古研究中，一些实验设定并不科学。例如，部分实验中，研究者将石制品直接摆放在地表进行踩踏。而出于保护自己的本能，当石制品裸露于地表时，古代人类和动物不太可能直接踩踏在这些坚硬、锋利的石制品上。这样的实验设定并不能够准确模拟埋藏过程中的实际情况，实验结果也必然存在偏差。

研究者还应对实验的可重复性进行检验。实验的可重复性是指多次按照某一固定的方法、条件和技术重复开展实验，能得出相同的结果。这是保证实验结果可信的重要条件。部分已发表的研究中，最初的研究者没有通过多次实验来验证实验结果，后续也没有其他研究者开展独立的实验来进行检验。这些没有经过检验的结论本身是具有偶然性的。如果希望提高实验的可信度，更准确地诠释石制品在埋藏过程中的变迁，需要充分开展重复实验，避免因单次实验中可能存在的巧合造成认识偏差。

此外，面对不同区域、不同时代复杂多样的考古遗址，应充分结合各个遗址的具体状况设计和开展有针对性的实验研究。在上文提到的研究中，石制品的原料、摆放方式和沉积物性状等各类条件的不同都会导致实验结果出现差异。可见，实验考古所给出的结果只能代表这一实验设定条件下的现象，并不能作为放之四海而皆准的准则。要了解一个遗址中踩踏活动的可能影响，归根结底需要研究者针对该遗址的具体情况来设计具体的实验，开展具体的分析。我国有数量众多的旧石器遗址和丰富的石制品遗存，但结合遗址具体情况的、有针对性的踩踏实验研究还非常少，应更加注意在今后的工作中充分开展这方面的研究。

五、结 语

自 20 世纪 70 年代以来，一系列有关踩踏作用的考古实验陆续开展，踩踏作用对石制品的影响也得到了充分的讨论。埋藏过程中人和动物的踩踏会导致石制品发生断裂、边缘破损和突出部位磨损，也导致石制品的空间位置、产状和埋藏环境微结构发生变化。踩踏作用下形成的这些特征也受到石制品原料、埋藏环境等诸多因素的影响：石料的不同直接影响着石制品在踩踏作用下的损伤程度和破碎模式；沉积物基质的状况影响石制品表面损伤的程度和位移的距离；石制品受踩踏的强度也会影响其位移的情况。除此之外，石制品的尺寸和重量、边缘角等也可能对其踩踏后的状况有一定的影响。在具体的考古学案例中，踩踏形成的系列特征可以帮助考古学家更准确地鉴别器物加工情况和使用特征，并为遗址形成过程的复原提供线索，在遗址的埋藏学研究中有重要作用。

同时，当前的研究中也存在着一些不可忽视的问题，如实验设计不够科学、实验结果没有得到重复检验、国内面向具体遗址设计的具有针对性的实验不足等。这些问题需要得到研究者的关注并逐步解决，从而帮助我们更深入地把握遗址形成过程，更准确地探索古人类行为特征。

注 释

[1]〔美〕路易斯·宾福德著，陈胜前译：《追寻人类的过去 解释考古材料》，上海：上海三联书店，2009 年，第 18 页。

[2] Binford L R. *Bones: Ancient Men and Modern Myths*. New York: Academic Press, 1981: 38.

[3]〔美〕乔治·奥德尔著，关莹、陈虹译：《破译史前人类的技术与行为：石制品分析》，北京：生活·读书·新知三联书店，2015 年，第 5 页。

[4] 曲彤丽、陈宥成：《史前埋藏学的历史回顾与再思考》，《南方文物》2016 年第 2 期，第 79~83 页。

[5] 安志敏：《裴文中教授和中国史前考古学——纪念裴文中教授诞辰 90 周年》，《第四纪研究》1994 年第 4 期，第 323~329 页。

[6] Bordes F, Bourgon M. Le Complexe Mousterien: Mousterien, Levalloisien et Tayacien. *L'Anthropologie*, 1951 (55): 1-23.

[7] Bordes F. Mousterian Cultures in France. *Science*,1961 (134): 803-810.
[8] Stockton E D. Shaw's Creek Shelter: Human Displacement of Artefacts and its Significance. *Mankind*, 1973 (9): 112-117.
[9] Tringham R, et al. Experimentation in the Formation of Edge Damage: A New Approach to Lithic Analysis. *Journal of Field Archaeology*, 1974 (1): 171-196.
[10] Villa P. Conjoinable Pieces and Site Formation Processes. *American Antiquity*, 1982, 47(2): 276-290.
[11] Gifford-Gonzalez D P, et al. The Third Dimension in Site Structure: An Experiment in Trampling and Vertical Dispersal. *American Antiquity*, 1985 (50): 803-818.
[12] Nielson A E. Trampling the Archaeological Record: An Experimental Study. *American Antiquity*, 1991 (56): 483-503.
[13] McBrearty S, et al. Tools Underfoot: Human Trampling as an Agent of Lithic Artifact Edge Modification. *American Antiquity*, 1998 (63): 108-129.
[14] Klenck J, Shea J. An Experimental Investigation of the Effects of Trampling on the Results of Lithic Microwear Analysis. *Journal of Archaeological Science*, 1993 (20): 175-194.
[15] Driscoll K, et al. Trampled Under Foot: A Quartz and Chert Human Trampling Experiment at the Cova del Parco Rock Shelter, Spain. *Quaternary International*, 2016 (424): 130-142.
[16] McPherron S P, et al. An Experimental Assessment of the Influences on Edge Damage to Lithic Artifacts: a Consideration of Edge Angle, Substrate Grain Size, Raw Material Properties, and Exposed Face. *Journal of Archaeological Science*, 2014 (49): 70-82.
[17] de la Peña P, Witelson D. Trampling vs. Retouch in a Lithic Assemblage: A Case Study from a Middle Stone Age Site, Steenbokfontein 9KR (Limpopo, South Africa). *Journal of Field Archaeology*, 2018 (43): 522-537.
[18] 张晓凌：《石器功能与人类适应行为：虎头梁遗址石制品微痕分析》，中国科学院研究生院博士学位论文，2009 年，第 55～59 页。
[19] 贺存定：《重庆玉米洞遗址石灰岩石器的埋藏实验》，《人类学学报》2017 年第 4 期，第 499～511 页。
[20] 同注［12］。
[21] 同注［15］。
[22] 同注［13］。
[23] 同注［16］。
[24] 同注［12］。
[25] a. 同注［18］；b. Asryan L, Ollé A, Moloney N. Reality and Confusion in the Recognition of Post-Depositional Alterations and Use-Wear: An Experimental Approach on Basalt Tools. *Journal of Lithic Studies*, 2014 (1): 9-32.
[26] 同注［13］。
[27] a. 同注［9］；b. 同注［11］；c. 同注［12］；d. 同注［13］。
[28] a. 同注［11］；b. 同注［12］；c. 同注［13］。
[29] 同注［13］。
[30] 同注［16］。
[31] Schoville B J. Testing a Taphonomic Predictive Model of Edge Damage Formation with Middle Stone Age Points from Pinnacle Point Cave 13B and Die Kelders Cave 1, South Africa. *Journal of Archaeological Science*, 2014 (48): 84-95.
[32] 同注［12］。
[33] 同注［11］。

[34] 同注［13］。
[35] 同注［12］。
[36] 同注［16］。
[37] a. 同注［15］; b. Marwick B, et al. Movement of Lithics by Trampling: An Experiment in the Madjedbebe Sediments, Northern Australia. *Journal of Archaeological Science*, 2017 (79): 73-85.
[38] 同注［10］。
[39] 同注［11］。
[40] 同注［12］。
[41] Asryan L, Ollé A, Moloney N. Reality and Confusion in the Recognition of Post-Depositional Alterations and Use-Wear: An Experimental Approach on Basalt Tools. *Journal of Lithic Studies*, 2014 (1): 9-32.
[42] Marwick B, et al. Movement of Lithics by Trampling: An Experiment in the Madjedbebe Sediments, Northern Australia. *Journal of Archaeological Science*, 2017 (79): 73-85.
[43] Villa P, Courtin J. The Interpretation of Stratified Sites: A View from Underground. *Journal of Archaeological Science*, 1983 (10): 267-281.
[44] a. 同注［15］; b. 同注［12］; c. 同注［42］。
[45] Pintar E. *Controles experimentales de desplazamientos y alteraciones de artefactos liticos en sedimentos arenosos: Aplicaciones arqueológicas*. Unpublished Tesis de Licenciatura, Universidad Nacional de Buenos Aires, 1987.
[46] 同注［43］。
[47] 同注［15］。
[48] 同注［42］。
[49] 同注［12］。
[50] Eren M I, et al. Experimental Examination of Animal Trampling Effects on Artifact Movement in Dry and Water Saturated Substrates: A Test Case from South India. *Journal of Archaeological Science*, 2010 (37): 3010-3021.
[51] a. 同注［15］; b. Šprem K, Gerometta K, Karavanić I. Trampling Experiments-A Contribution to the Pseudo-Retouch Issue. *Experimental Archaeology*, 2020 (2).
[52] 杨霞、陈虹：《石制品后埋藏微痕的实验研究述评》，《东南文化》2017年第3期，第20~26页。
[53] 同注［17］。
[54] 同注［18］。
[55] 同注［31］。
[56] 沈辰：《石器微痕分析的考古学实验：理论、方法与运用》，《石器微痕分析的考古学实验研究》，北京：科学出版社，2008年，第24页。

Review on Archaeological Experiments of Trampling Effects in Taphonomical Processes on Lithics

Hu Haoyue

（2021 PhD Student, School of Archaeology and Museology, Peking University）

Abstract: Trampling activities of humans and animals in taphonomical processes may alter lithic tools in many ways, which in turn affects researchers' interpretation of the technological and functional traits of these lithics. Many researches based on archaeological experiments have been carried out to explore the effects of trampling on lithics so far, and systematic understandings of changes in lithic morphology, spatial distribution and occurrence have been documented. In this paper, based on the review of academic history, we'd like to introduce the experimental researches and their main conclusions of the effects of trampling on lithics, preliminarily discuss the problems of existing researches, and point out several issues that further studies can work on.

Key Words: Taphonomical Process, Trampling Activities, Lithics

碳、氮稳定同位素食性研究评述

徐艺菁

（北京大学考古文博学院 2020 级博士研究生）

摘要： 碳、氮稳定同位素分析是研究古代食谱的直接途径之一。本文首先介绍了碳、氮稳定同位素食性研究的基本概念、原理以及研究史，而后从取样、测定指标的影响因素及数据处理等方面对其研究范式进行评述，并强调了考古学背景的重要意义，最后提出稳定同位素食性研究需进一步关注同位素数据精细化释译等问题。

关键词： 碳、氮稳定同位素；古食谱研究

古代食谱是指过去人类所食用的食物。通过食谱分析可以了解古人的生存状态，揭示动植物等食物资源的开发利用情况。基于此，古代食谱成为讨论先民生业模式转变、农业起源与传播、复杂社会的组织与管理等问题的途径。

重建古代食谱有多种途径。一方面可以分析遗存中与饮食相关的残留物，如动植物遗存、工具残留物等；另一方面则可通过对人类身体的研究获取有关饮食的信息，如牙结石、粪化石、人骨与牙齿中的饮食信号等。而目前研究食性的主要方法是碳、氮稳定同位素分析。下文将介绍基本概念与原理、研究史，然后从取样、测定指标的影响因素和数据处理等方面对这一方法进行评述，并结合一份研究案例强调实际研究中考古学背景的重要意义，最后总结稳定同位素食性研究需要关注的问题。

一、基本概念与原理

质子数相同、中子数不同的同一元素的不同原子互称为同位素。元素同位素在物理、化学过程中因质量不同而活泼程度不同，导致其组成发生变化，即同位素分馏。同位素比值则是指元素中重同位素和轻同位素的丰度比值，由于比值通常较小，便借助与国际标准的同位素比值比较来展现差异：如国际通用的碳同位素标准为 PDB（Peedee Belemnite），即美国卡罗来南部一种富集 ^{13}C 白垩纪的石灰岩，而氮同位素的国际标准则是大气中的氮气。比较的结果则表现为各物质的 δ 值（其中 X 代表各物质的同位素，R 代表重同位素与轻同位素的比值）：

$$\delta X = [(R_{sample} - R_{standard})/R_{standard}] \times 1000$$

借助稳定同位素分析研究古代食谱的基本原理为"我即我食"。食物与饮品为人类身体组成提供原料，而组织器官的化学组成与其饮食密切相关；因而通过测定人体组织中的稳定同位素比值能够在一定程度上重建其生前的食物结构。目前最常用的是碳、氮稳定同位素。

二、研　究　史

20世纪60年代末期，本德（Bender）在放射性测年的实验中发现，使用 C_4 类植物测定放射性碳含量所得到的日期相对于 C_3 类植物测定的日期总是更"年轻"，并对植物 $^{13}C/^{12}C$ 的比值进行研究[1]。随后，基于这一发现，人们开始利用稳定同位素作为自然示踪信号探索碳同位素在食物网中的流动。

20世纪70年代末，沃格尔（Vogel）和范德梅维（Van der Merwe）等在研究北美玉米种植业的发展及传播时首次利用稳定同位素重建先民食谱[2]。玉米是一种 C_4 类植物，而以采集狩猎为生的土著人则以食用 C_3 类植物为主，C_4 类植物的 $^{13}C/^{12}C$ 值高于 C_3 类植物，且这种差异能通过食物链继续反映在以不同植物为主食的人体内。因而研究者通过测定人体骨胶原的碳稳定同位素确定了玉米引入北美的时间，并记录了其上升为主食的情况。在中国，则是由蔡莲珍和仇士华先生于1984年将碳稳定同位素研究的方法引入考古学[3]；但直到1998年，米田穰、吉田邦夫、吉永淳等在《文物季刊》上发表中文文章，氮稳定同位素方法才被介绍到国内[4]。

在数十年的发展中，稳定同位素分析在世界范围内不同环境背景下展开，逐渐成为科技考古领域发展最快、最具优势的分支之一。马卡雷维尔（Makarewicz）和西利（Sealy）分析认为，其一，成岩作用的相关研究和质谱技术的突破是促使其快速发展的关键因素[5]。在稳定同位素被引入考古学研究的初期，人们就已经意识到古代遗存在埋藏过程中可能受到污染，因而对成岩作用如何影响硬组织中同位素的完整性展开了系列实验和研究，并提出了判断成岩作用影响的方法，建立和完善了样品预处理环节。成岩作用的相关研究明确了利用古代骨骼和牙齿进行稳定同位素分析的前景、局限，也确保了这类研究的可信度。其二，20世纪90年代初期，碳、氮、氧、硫和氢同位素的高精度测量能力加速发展，质谱技术的进步则极大地提高了样品通量，降低了分析成本，并能通过处理大量样品以排除环境因素的影响。

当前，稳定同位素分析在考古学中的应用迅速发展，利用碳、氮稳定同位素分析先民食性已成为一种综合性研究方法。但随着研究工作的展开与深入，越来越多的实验结果提醒研究者认识到，过往工作中的推导过程或许过于简单，如对食物网中稳定同位素变化的理解过于简单，对同位素混合模型所提供的饮食定量信息过度估计等，最典型的问题就是面对特殊结果套用单一化解释。如果要对稳定同位素食性研究进行更严谨的科学分析和更全面的应用，需要综合考虑同位素信号背后的生物和生态机制，更紧密地结合考古学背景设计合适的研究方案，以更准确地发掘稳定同位素可提供的信息。

三、研究范式评述

稳定同位素研究主要包括取样、测定同位素值和数据处理等程序，而要完全发掘出稳定同位素值背后的多重信息必须结合相应的考古学背景。以下将首先对前三方面的工作进行简单评述，阐述研究中的局限性和各项手段的发展情况。最后以一份研究案例说明同位素信号的复杂性和结合考古学信息的必要性。

（一）取样对象

在考古研究中，取样对象主要是人体骨骼和牙齿。由于牙齿自生长完成后便不再参与新陈代谢，因而只能反映该样品生长时期的信息；而骨组织的化学组成随人体新陈代谢而不断更新，由于骨组织的更新周期较长，因而能够代表个体死亡前较长时间内的平均稳定同位素值。食性研究的主要取样对象为骨骼。但需要注意的是，骨骼中的羟磷灰石反映全食谱特征，骨胶原的稳定同位素值则受食物蛋白质影响。因此，若人体中的蛋白质含量不足或过多，$\delta^{13}C$ 的指示意义便可能出现偏差，如小米的蛋白质含量较低，若食用较少就可能检测不到它的信号。

正如上文所述，样品在埋藏过程中可能受到污染并影响结果的可靠性。因而需要谨慎判断样品中的哪些部分、在何种保存程度下才能用于稳定同位素分析。就骨胶原而言，由于埋藏过程中可能发生骨胶原凝胶化或水解，也可能由真菌和细菌等微生物造成流失和污染，使原来的碳、氮元素流出或流入，因而需要提前判断实验样品是否还保留最初的生物学特性，如安布罗斯（Ambrose）曾提出可以根据骨胶原含量、C 含量、N 含量和 C/N 摩尔比等指标综合判断[6]。羟磷灰石的研究则存在更多争议，它的结构易与外界化学离子发生取代和置换，往往污染比较严重，且在样品预处理环节难以消除。然而在一些热带、亚热带地区，由于环境因素的影响，骨胶原流失严重，因此又有学者重新考虑利用羟磷灰石进行相关研究，并尝试通过 X 射线衍射（X-ray diffraction）、红外光谱（Fourier Transform Infrared Spectroscopy）等分析手段判断成岩作用的影响，提升可靠性和准确度[7]。不过还有研究从样品制备、分析（仪器、工作标准和数据校验）等角度分析了不同实验室的处理对结果的影响，实验显示，相较于骨胶原微不足道的差别，磷灰石稳定同位素的测量差异相对较大[8]。因而整体上还是很少选择骨骼羟磷灰石进行研究。

（二）测定指标的影响因素

食性研究的测定指标主要采用人体内的 $\delta^{13}C$ 和 $\delta^{15}N$ 值。碳、氮元素从进入生物圈开始，到在食物网中流动的过程中，会受到诸多因素影响并反映在同位素比值中。以下将依次分析各个环节中可能存在的影响因素。

首先要考虑的是碳源和氮源的变化。生物圈的碳源是大气中的 CO_2，CO_2 的 $\delta^{13}C$ 值变化（尤其是工业革命以后）直接影响了植物的同位素信号[9]，因此，在利用现代植物碳同位素分布范围评估历史时期样品时需要考虑大气CO_2的$\delta^{13}C$值差异；另一个被人们关注到的影响因素是"冠层效应"，研究表明，从林顶到地面，植物体内的$\delta^{13}C$值呈递减趋势，因而生长于林区地面的植物比开阔地区的同种植物呈现出更低的$\delta^{13}C$值，这一发现改变了人们对亚马逊丛林地区种植与食用玉米的认识[10]。氮稳定同位素也存在相似的复杂性。以陆生系统为例，豆科植物的氮源为N_2，非豆科植物从土壤得到氮原子，而影响土壤$\delta^{15}N$值的因素是多元的。例如，近年来人类施肥行为对土壤$\delta^{15}N$值的影响备受关注，一般而言，有机氮肥输入越多，植物的$\delta^{15}N$值越高，人体的$\delta^{15}N$值也随之受到影响，且不同成分的有机肥的$\delta^{15}N$值之间还存在差异[11]。

其次，在碳、氮同位素进入植物体的过程中，也有许多因素影响稳定同位素比值。以碳稳定同位素为例，影响植物固定CO_2的包括植物自身的生理状况和外部环境背景。最常见的便是由于光合碳代谢途径不同，不同植物的碳同位素值的分布范围有所差异；在食性研究中，人们通常利用这一点讨论先民主食属于C_4或C_3类植物。此外，不同种属、不同品种甚至同一植物的不同部位的碳同位素值也存在差异；在材料理想的情况下，研究者能够利用这些差异解决一些考古学问题。例如，植物考古的研究表明，中国北方旱作农业在新石器时期存在一个由以黍为主转向以粟为主的过程，粟、黍种子之间的$\delta^{13}C$值差异[12]或可作为辅证。同时，地理环境和气候因子也会影响植物的稳定同位素值。有学者对黄土高原现代粟、黍进行分析，发现粟的$\delta^{13}C$值与光照有关，而黍的$\delta^{13}C$值与生长期降水量及水分有效性具有显著正相关关系（$R=0.75$），与海拔显著负相关（$R=0.61$）[13]。此外，外部自然环境还会影响碳、氮稳定同位素在食物网中的流动，其中一个典型例子便是干旱环境的人和动物都呈现高$\delta^{15}N$值的现象。过去，人们将这种现象解释为动物为响应干旱环境导致体内新陈代谢变化；近年则有学者提出可能是因为干旱环境中植物表现出高$\delta^{15}N$值进而导致动物的$\delta^{15}N$值也较高。实验表明，小鹿瞪羚及努比亚羱羊（两种沙漠中的食草动物）角蛋白的$\delta^{15}N$值变化范围很大，温度、湿度、降水量都与其没有显著相关性；而关于饮食假说设计的实验显示，这些食草动物角蛋白的$\delta^{15}N$值全都落在了根据相似环境中C_4或C_3类植物的$\delta^{15}N$值推算的预期范围，证明了干旱环境中消费者的高$\delta^{15}N$值确与其饮食有关[14]。

最后，消费者自身的生理因素与健康状况也将影响体内的稳定同位素比值。首先，不同身体组织的稳定同位素值就有所不同，正如前文所述的牙齿与骨骼。其次，个体生长也会对同位素值造成影响，不过有的学者认为较快的生长速率会导致氮同位素值下降[15]，也有研究者认为由于骨胶原的吸收速度相对较慢，生长速度对氮同位素值的影响可能不明显[16]。此外，因傅勒（Fuller）等发现妊娠期妇女的$\delta^{15}N$值偏离正常个体，提出同位素比值并非与食物构成一一对应[17]，越来越多的学者注意到了疾病、极端营养压力、妊娠等特殊生理现象也会通过影响新陈代谢并投射到稳定同位素值上，在代谢速率较快的软组织和速率较缓的硬组织中都有所体现，由此认识到食物构成不是影响消费者同位素比值的唯一因素；尹粟和胡耀武基于国内外近年的研究总结出新陈代谢异常时人体组织稳定同位素的响应机制：氮稳定同位素的变化可以归纳为负平衡和正平衡两种模式，分别对应 $\delta^{15}N$ 值的上升与偏低，其中负平衡模式更为常见，其主要原因是食物的摄取已无法提供正常代谢所需蛋白质，因而需要分解体内蛋白；而从目前的研究来看，正平衡模式主要包括妊娠和肝病模式。$\delta^{13}C$ 值的变化规律则由于碳同位素的来源及去向多元化而不明显，在讨论碳稳定同位素的变化情况时需结合氮稳定同位素的情况综合考虑[18]。

由上述分析可知，自然环境、人类活动、植物的生理特征及人体生理因素与健康状况等要素都会影响稳定同位素值。但需注意的是，我们不能"因噎废食"，怀疑一切结果；稳定同位素依然能够反映基本饮食状况，只是对上述影响因素的综合评估有利于对食谱进行更准确全面的分析，同时还能发掘出其他相关信息。

（三）数据处理

在获得人体的 $\delta^{13}C$ 和 $\delta^{15}N$ 值后，研究者还可以对数据进行解释以分析背后的考古学信息。在过去几十年的研究中，一般是对稳定同位素数据进行定性或半定量的分析。但这些分析通常过于粗略和理想化，甚至可能偏离实际。

就 $\delta^{13}C$ 值的数据分析而言，学者通常采用简单的二元混合模型计算食物结构中 C_3、C_4 类植物的比例：

$$B=6-[26(1-x)+13x] \rightarrow x=(20+B)/13$$

其中"x"为 C_4 类植物所占比例，"6"为骨胶原发生富集 $\delta^{13}C$ 的变化值（千分值），"26"为 C_3 类植物 $\delta^{13}C$ 的平均值，"13"为 C_4 类植物 $\delta^{13}C$ 的平均值。

但需注意的是这种分析方式非常粗略且理想化：其一，公式只考虑 C_3、C_4 两类植物（不过自然界中这两类植物分布最为广泛）；其二，C_3、C_4 类植物的 $\delta^{13}C$ 值都是一个分布范围，不同种属、不同品种甚至同一植物不同部位的碳稳定同位素值也存在差异，以平均值替代过于简单；其三，对于以人类为代表的杂食者而言，碳稳定同位素有两大来源，包括植物性资源和经由肉食资源间接摄入的碳元素，显然这一计算方法忽略了间接来源的成分，也无法确认食物构成中素食和肉食的比例[19]。

至于 $\delta^{15}N$ 值，其数值与实验对象在食物链中的位置或者说营养级有关。然而，正如上文所分析到的，同类食物的环境本底值易受多种因素影响而随时空改变，且当前尚未对食物本身的稳定同位素值尤其是炭化植物的氮值开展普遍的检测，也就缺少最基本的数据参考；除此之外，营养级之间的差值也非一个确值。综合上述两方面的原因，一般情况下，很难定量计算实验对象所处营养级，在实际研究中主要表现在难以准确解释高 $\delta^{15}N$ 值的成因，是当前稳定同位素食性研究的一大瓶颈。近年来，有学者尝试利用氨基酸 $\delta^{15}N$ 估计营养级以消除环境本底的影响，定量计算不同生态系统中消费者的营养级高低。简单来说，谷氨酸（glutamic acid）的转氨作用造成 C—N 键断裂发生分馏，$\delta^{15}N$ 值随营养级增加富集+8.0‰，苯基丙氨酸（Phenylalanine）则不会发生分馏，$\delta^{15}N$ 值随营养级增加富集+0.4‰，分馏值不随生态环境和营养级高低变化，因此二者相减可以消除环境本底的影响。C_3、C_4 和水生生态系统中的生产者的两种氨基酸 $\delta^{15}N$ 值之差有所差异（−8.4‰、0.4‰ 以及 3.4‰），但同类生态系统中不同物种间差异却较小，因而可以用以下公式进行营养级计算：

水生生态系统：$TL_{Glu/Phe}=(\delta^{15}N_{Glu}-\delta^{15}N_{Phe}-3.4)/7.6+1$；

陆生C_3生态系统：$TL_{Glu/Phe}=(\delta^{15}N_{Glu}-\delta^{15}N_{Phe}+8.4)/7.6+1$；

陆生C_4生态系统：$TL_{Glu/Phe}=(\delta^{15}N_{Glu}-\delta^{15}N_{Phe}-0.4)/7.6+1$[20]

上述内容主要根据碳、氮同位素本身的规律，分别讨论了分析同位素数据的处理手段。但食物构成往往更加复杂，也有不少学者早已意识到可以综合利用 $\delta^{13}C$ 和 $\delta^{15}N$ 值。例如，日本学者通过实验测定了各类食物资源的碳、氮同位素值分布范围并由此绘制了一份背景资料图，利用二维作图的方式进行半定量分析，以得出更完整的饮食情况（图一）[21]。但是食物种类一旦增多，能得出的结论就十分有限。

还有学者尝试将线性回归分析的方法用于 $\delta^{13}C$ 和 $\delta^{15}N$ 值数据分析，意图通过 $\delta^{13}C$ 与 $\delta^{15}N$ 值线性相关性判断研究对象的食物来源是否稳定或其构成，以及肉食资源和植物性食物的 $\delta^{13}C$ 值的关系。简单而言，$\delta^{13}C$ 与 $\delta^{15}N$ 值线性相关性强，则食物来源较稳定或构成较单一；$\delta^{13}C$ 与 $\delta^{15}N$ 值呈正相关，则说明肉食资源与植物的 $\delta^{13}C$ 值偏向一致（图二）[22]。这一方法有助于对食物群构成做更细致的分析，以发掘相似数据背后信息的多样性，在方法本身和研究思路上都有着重要意义。只是现实情况更加复杂，具有相似同位素数据的食物还有多种，往往需要结合多重证据才能得出确切结论。

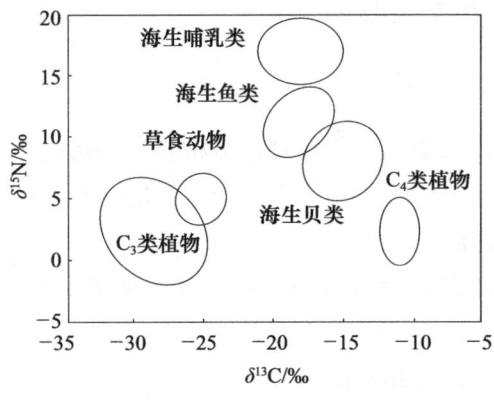

图一　动植物的 $\delta^{13}C$ 和 $\delta^{15}N$ 分布范围示意图（据注[21]）

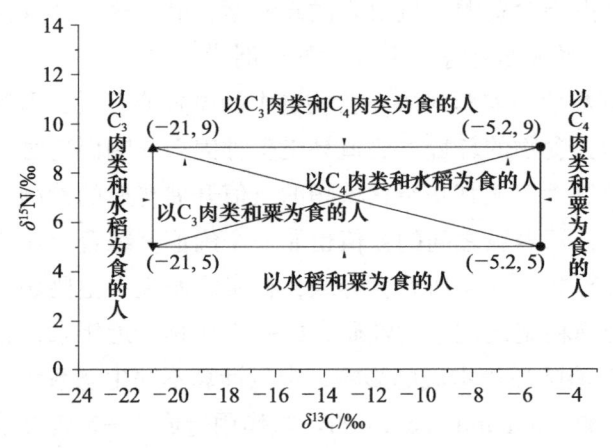

图二　食物的基本类型数目 2 时的人体骨胶原 $\delta^{13}C$、$\delta^{15}N$ 图形（据注[22]）

尽管研究者很早就已注意到可以综合 $\delta^{13}C$ 和 $\delta^{15}N$ 值分析食谱的整体情况，但受限于其复杂性只能如上进行半定量的分析。近年来，有研究者尝试以贝叶斯统计为框架重建食谱，综合考虑各类食物中营养成分含量、饮食路径、生理因素对分馏值的影响以及数据的不确定性等问题，以定量估计某种食物的食用比例；费尔南德斯（Fernandes）等设计的 FRUITS 软件则较好地整合了上述要素：

$$H_k = \frac{\sum_j [W_{jk} \sum_i \alpha_i C_{ij}(I_{ijk} + T_k)]}{\sum_j (W_{jk} \sum_i \alpha_i C_{ij})}$$

其中 H_k 即第 k 种同位素的测量值。I_{ijk} 为第 i 种食物的第 j 种营养物质中第 k 种同位素的测量值，T_k 为第 k 种同位素的分馏值，C_{ij} 为第 j 种营养物质占第 i 种食物的重量比例，α_i 即为计算所求的第 i 种食物的食用比例，W_{jk} 为第 j 种营养物质贡献给第 k 种同位素的比例[23]。

总而言之，现实中人类和动物的食物来源是丰富的、比例构成是多样的，因而数据处理手段还有很大的发展空间。当前，许多团队都在探索更加合理且准确的技术手段处理同位素数据。

（四）考古学背景

采用稳定同位素研究考古问题的关键之处在于对数据进行准确释译。鉴于食谱构成的复杂性和饮食路径的多样性等原因，即便研究者在取样、测定稳定同位素值和数据处理等程序中都做到尽善尽美，也依然存在许多不确定性，需要充分考虑其他类型的考古证据才能全面、准确地揭示稳定同位素数据背后的信息。

例如，在中原地区龙山时代，先民和家畜的食物结构都呈现多样化的特点，过去稳定同位素的测定结果显示部分遗址存在两个不同食性的群体（主要体现在 $\delta^{13}C$ 值的差异）[24]。植物考古的研究表明，中原龙山时代的作物结构都是以粟占绝对优势、辅以少量的黍，兼有稻和大豆的模式[25]，C_4 信号显然指示了粟的消费，但 C_3 信号可能代表了多种食物来源，既可能是水稻也可能是野生植物等，不同类型的食物可能体现了不同的生计方式。李唯和林怡娴等在瓦店和郝家台遗址以稳定同位素食性分析为基础所展开的多学科研究正展现出了这一饮食多样性。

稳定同位素的测定结果均表明瓦店和郝家台遗址都存在 C_3 和 C_4 的两个饮食群体：其中瓦店遗址偏 C_3 的 7 个个体的碳、氮稳定同位素的平均值分别为 −（14.4±0.1）‰ 和（9.9±0.8）‰，偏 C_4 的 13 个个体则分别为 −（9.9±0.7）‰ 和（7.7±0.8）‰；郝家台遗址两个群体的碳稳定同位素值则有更大的差距 [偏 C_4 的 7 个个体的平均值为 −（9.6±0.9）‰，偏 C_3 的 4 个个体的平均值为 −（19.1±1.3）‰]，另外，瓦店的猪也能分为食性不同的两个群体，但郝家台的猪则普遍以 C_4 类植物为食，这意味着郝家台偏 C_3 的人群可能没有养猪。

瓦店遗址的植物考古研究显示粟的绝对数量和出土概率最高，水稻数量只有粟的一半，但其出土概率与粟持平，同时经田野工作，考古学家还发现有引水排灌的壕沟，以及丧葬习俗与南方后石家河文化相似的墓葬。由此推知，瓦店遗址 C_3 群体可能是稻、粟混合饮食。而郝家台遗址 C_3 群体则可能以采集渔猎为生。从数据来看，郝家台 C_3 人群的 $\delta^{13}C$ 值的确更接近于贾湖早期先民；而从 $\delta^{15}N$ 值来看，郝家台遗址的 C_3 群体 $\delta^{15}N$ 值偏高，这些人可能还食用陆生野生动物和水生动物，遗址中也发现了大量贝类、鱼骨遗存可作为此推论的旁证。此外，对比两个遗址的生产工具可知，郝家台遗址的渔猎工具占有绝对优势，而农耕生产工具的比例则明显小于瓦店。这些现象都显示出郝家台遗址的 C_3 群体可能主要依赖野生资源[26]。

相似的情况还出现在煤山遗址（图三）。煤山遗址的很多文化因素都可见于随州西花园遗址，显然，其埋葬习俗受到南方石家河文化的影响。已发表的4个数据也可以分为两个人群，其中偏 C_3 的样品均出自带有二层台的墓葬，墓葬中分别出土了9~15件随葬品，其中一个墓中还发现有玉斧；而偏 C_4 的那个个体则来自一个没有二层台和随葬品的墓葬，且"胸部上方和足似被截断，骨骼切断得十分整齐"。研究者认为这种差异不能简单解读为文化背景差异，而是因为两个群体存在明显的身份、地位的差别[27]。但由于样品的数量有限，很难判断是人群之间的差异还是像瓦店一样人群内部存在差异。例如，瓦店遗址的 C_4 群体中有两例分别来自97VT1F1和97VT1H16的个体，97VT1F1样品的 $\delta^{15}N$ 值较高，而来自97VT1H16样品的 $\delta^{15}N$ 值较低，可见瓦店遗址同一饮食群体内部就

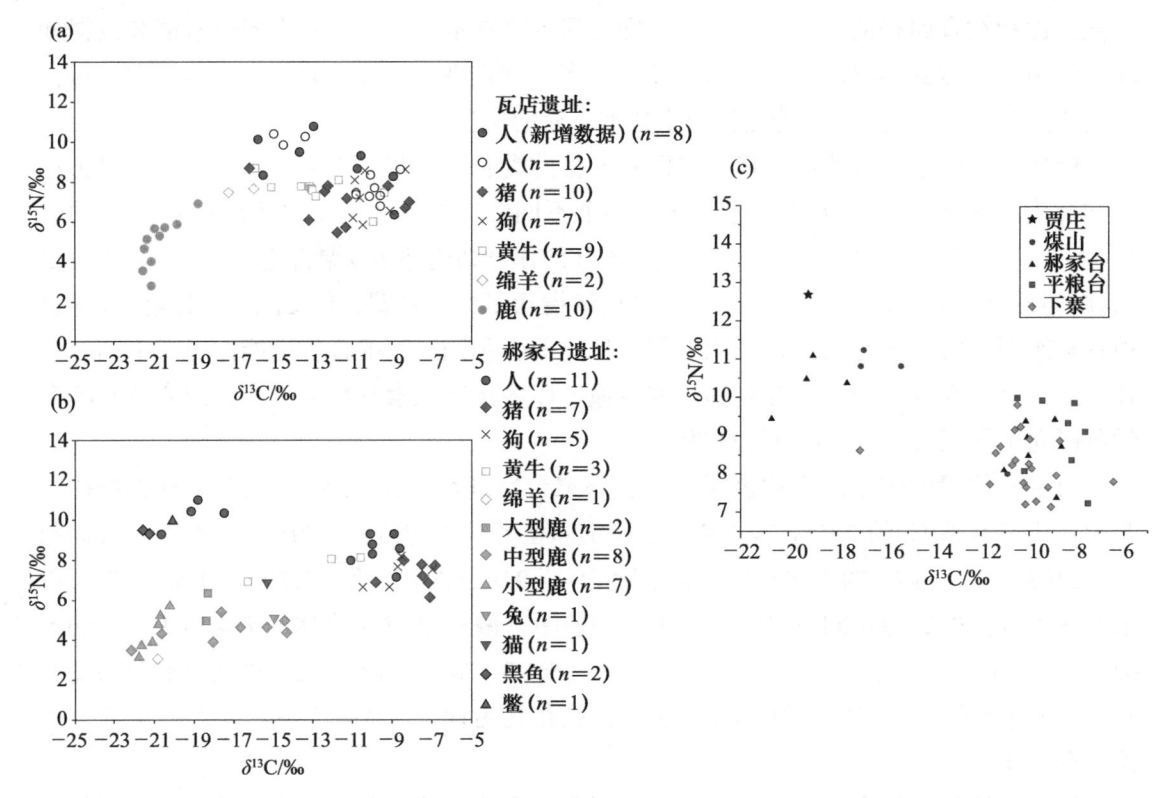

图三 瓦店、郝家台、贾庄、煤山、平粮台、下寨遗址人骨和动物骨骼的 $\delta^{13}C$、$\delta^{15}N$ 值（据注[24]、[26]）

存在差异。因此相关推论还需要更多的数据支持。

不同类型的食物间接反映了不同的生计方式,对深入研究中原地区社会复杂化和早期城市化发展模式有着重要意义。

四、小　　结

稳定同位素是研究古代食谱的直接途径之一,因其能够反映较长时段内的平均饮食状况而在食性研究的问题中具有绝对优势。但同时,影响同位素值的要素及机制十分复杂,而现阶段的同位素分析主要还是定性或半定量研究,因此其对很多问题的解释都有一定的模糊性。本文则提出稳定同位素食性研究需进一步关注同位素数据的精细化及释译,并可以从以下三个方面考虑:

其一是技术的突破。从研究现状来看,在保存状况的评估、测定指标的分析和同位素数据处理手段等方面还有一定的发展空间,技术进步能够帮助排除一些假设。如利用贝叶斯统计为框架重建食谱的方法,进一步考虑了从摄入食物到呈现稳定同位素值这一系列复杂机制中的诸多影响因素,从而能在一定程度上定量研究某类食物的摄入比例。

其二是考古学背景。稳定同位素值本质只是一个生物信号,只有结合数据的考古学背景才能真正说明问题。具体地分析相似的同位素信号,更能发掘出重要信息。

其三是生态学和生物学的相关背景。要充分了解生物习性,尊重自然规律,不能按惯性思维做出解释。例如,在第二个案例中,就结合植物考古的研究成果考虑到了瓦店和郝家台遗址分别能提供哪些可食用的 C_3 类植物;生物的生理特性或营养状况也会影响稳定同位素值(如反刍现象),这在解释"特殊值"时具有一定的参考意义。

注　释

[1] Bender M. Mass Spectrometric Studies of Carbon 13 Variations in Corn and other Grasses. *Radiocarbon*, 1968 (10): 468-472.
[2] Ogel J, Van der Merwe, Nikolaas J. Isotopic Evidence for Early Maize Cultivation in New York State. *American Antiquity*, 1977 (42): 238-242.
[3] 蔡莲珍、仇士华:《碳十三测定和古代食谱研究》,《考古》1984 年第 10 期,第 949～955 页。
[4] 米田穰、吉田邦夫、吉永淳等:《依据长野县出土人骨的碳、氮同位素比值和微量元素含量恢复古代人类的食物结构》,《文物季刊》1998 年第 4 期,第 90～99 页。
[5] Makarewicz C, Sealy J. Dietary Reconstruction, Mobility, and the Analysis of Ancient Skeletal Tissues: Expanding the Prospects of Stable Isotope Research in Archaeology. *Journal of Archaeological Science*, 2015 (56): 146-158.
[6] Ambrose S. Preparation and Characterization of Bone and Tooth Collagen for Isotopic Analysis. *Journal of Archaeological Science*, 1990 (17): 431-451.

[7] 郭怡、项晨、夏阳等：《中国南方古人骨中羟磷灰石稳定同位素分析的可行性初探——以浙江省庄桥坟遗址为例》，《第四纪研究》2017年第1期，第143~154页。

[8] Pestle W, et al. Quantifying Inter-Laboratory Variability in Stable Isotope Analysis of Ancient Skeletal Remains. *PloS One*, 2014 (9): e102844-e102844.

[9] Long E, et al. Controlling for Anthropogenically Induced Atmospheric Variation in Stable Carbon Isotope Studies. *Oecologia*, 2005 (146): 148-156.

[10] Van Der Merwe, Nikolaas J, Medina E. The Canopy Effect, Carbon Isotope Ratios and Foodwebs in Amazonia. *Journal of Archaeological Science*, 1991 (18): 249-259.

[11] Wang X, et al. Millet Manuring as a Driving Force for the Late Neolithic Agricultural Expansion of North China. *Scientific Reports*, 2018 (8): 5552-5559.

[12] a. An C B, et al. Variability of the Stable Carbon Isotope Ratio in Modern and Archaeological Millets: Evidence from Northern China. *Journal of Archaeological Science*, 2015 (53): 316-322; b. 屈亚婷、易冰、胡珂等：《我国古食谱稳定同位素分析的影响因素及其蕴含的考古学信息》，《第四纪研究》2019年第6期，第1487~1502页。

[13] 杨青、李小强：《黄土高原地区粟、黍碳同位素特征及其影响因素研究》，《中国科学：地球科学》2015年第11期，第1683~1697页。

[14] Hartman G. Are Elevated δ^{15}N Values in Herbivores in Hot and Arid Environments Caused by Diet or Animal Physiology. *Functional Ecology*, 2011 (25): 122-131.

[15] Sears J, et al. Disentangling Effects of Growth and Nutritional Status on Seabird Stable Isotope Ratios. *Oecologia*, 2009 (159): 41-48.

[16] Waters - Rist A, Katzenberg M. The Effect of Growth on Stable Nitrogen Isotope Ratios in Subadult Bone Collagen. *International Journal of Osteoarchaeology*, 2010 (20): 172-191.

[17] Fuller B, et al. Nitrogen Balance and δ^{15}N: Why You're Not What You Eat during Pregnancy. *Rapid Communications in Mass Spectrometry*, 2004 (18): 2889-2896.

[18] 尹粟、胡耀武：《"我非我食"：人骨稳定同位素分析的新认识》，《南方民族考古》2018年第2期，第308~317页。

[19] 张雪莲、王金霞、冼自强等：《古人类食物结构研究》，《考古》2003年第2期，第158~171页。

[20] Chikaraishi Y. Further Evaluation of the Trophic Level Estimation Based on Nitrogen Isotopic Composition of Amino Acids. *Earth, Life, and Isotopes*. Kyoto: Kyoto University Press, 2010: 37-51.

[21] 转引自张雪莲：《碳十三和氮十五分析与古代人类食物结构研究及其新进展》，《考古》2006年第7期，第50~56页。

[22] 舒涛、吴小红：《线性回归分析方法在碳、氮稳定同位素食性研究中的应用》，《文物世界》2015年第4期，第69~72页。

[23] Fernandes R, et al. Food Reconstruction Using Isotopic Transferred Signals (FRUITS): A Bayesian Model for Diet Reconstruction. *PloS ONE*, 2014 (9): e87436.

[24] 周立刚：《稳定碳氮同位素视角下的河南龙山墓葬与社会》，《华夏考古》2017年第3期，第145~152页。

[25] 邓振华、秦岭：《中原龙山时代农业结构的比较研究》，《华夏考古》2017年第3期，第98~108页。

[26] Li W, et al. Interdisciplinary Study on Dietary Complexity in Central China during the Longshan Period (4.5-3.8 kaBP): New Isotopic Evidence from Wadian and Haojiatai, Henan Province. *Holocene (Sevenoaks)*, 2020 (31): 258-270.

[27] 同注[24]，第145~152页。

Review: The Applications of Carbon and Nitrogen Stable Isotopic in Paleodiet Analysis

Xu Yijing

(2020 PhD Student, School of Archaeology and Museology, Peking University)

Abstract: Carbon and nitrogen stable isotopic is one direct way to study the ancient diet. This article presents the basic concepts, principles and research history of the applications of carbon and nitrogen stable isotopic in paleodiet analysis. The research was reviewed from the aspects of sampling, factors influencing stable isotopic and data processing, the essence of archaeological background is also mentioned. Moreover, paleodiet analysis deserves a more refined interpretation of data.

Key Words: δ^{13}C & δ^{15}N, Paleodiet Analysis

牛津体系在中国青铜时代研究中的应用评议

李曈岳

（北京大学考古文博学院 2021 级博士研究生）

摘要：牛津体系在欧洲古代金属研究中逐渐形成、完善，提出了微量元素分组、合金成分分析和铅同位素研究的方法。这一研究体系由英国牛津大学马克·波拉德等学者主动推广至中国，应用于中国青铜时代的研究中，取得了一系列成果。黎海超等学者也尝试利用其中的方法深入研究中国先秦时期青铜的生产和流通。在解释具体考古问题时，牛津体系目前仍有一些瓶颈，部分来自自身理论方法，部分则源于中国古代青铜器科技检测工作的不足。

关键词：冶金考古；牛津体系；中国青铜时代；评议

牛津研究体系（Oxford System，以下简称"牛津体系"）是由英国牛津大学考古与艺术史实验室马克·波拉德（Mark Pollard）教授等建立的一套冶金考古研究的方法和理论体系，用于考察铜及铜合金器物的生产和流通等问题。自创立以来，牛津体系已经广泛应用于欧亚大陆多个时段多个地区的铜冶金考古研究中。

在欧洲青铜时代的研究取得成果后，牛津体系开始被有规划地应用于欧洲以外如中亚等文明地域的青铜器研究中。长期以来，中国先秦时期青铜器的生产格局和流通体系都是中外学者关注的重要问题。牛津研究体系的主要研究项目"火焰"（the Flow of Ancient Metal across Eurasia，FLAME）将欧亚间古代金属流动作为核心研究对象，并将中国先秦时期青铜器的生产与流通作为主要的研究课题之一，为相关研究提供了新的思路和方法。牛津体系的提出者马克·波拉德教授于 2017 年在《考古》专文介绍了牛津体系的基本理论和方法，可资参考，此处不再赘述[1]。本文将首先简要介绍牛津体系的形成过程，再反思这一方法在中国先秦时期青铜器研究中的应用。

一、牛津体系的形成与发展

牛津体系最早应用于欧洲的古代金属研究中，在实践中逐渐总结形成了完善的研究体系。2012 年，彼得·布睿（Peter Bray）和马克·波拉德通过考察铜器中砷（As）元素的含量变化研究英国早期青铜时代（Early Bronze Age）金属的流通状况，成果发表于

Antiquity 杂志[2]。在金属冶炼过程中，微量元素会发生不同程度的氧化，其中砷和锑较容易被氧化，而银和镍较为稳定[3]。因此，波拉德将金属制品中的砷含量视为金属回收重熔的标志物，揭示了公元前 2000 年前罗斯岛（Ross Island）铜矿出产的铜料在不列颠群岛的流通状况，也复原了一类仅含砷元素的铜合金（arsenic only alloy）由伊比利亚半岛传播至不列颠群岛的路线。这一研究是牛津体系的首次应用。

随后，波拉德等学者发表了 Is There Something Missing in Scientific Provenance Studies of Prehistoric Artefacts? 一文，对传统溯源研究提出批评[4]。文章指出，金属制品往往会经历重熔、回收，也可能与其他来源的金属进行混合，这些过程会影响金属制品的化学成分，因此不能直接通过金属制品的化学数据确定其矿料的来源。波拉德进一步提出，要关注金属流通经历的复杂环节。这一论述成为牛津体系的理论基础之一。

2015 年是牛津体系研究方法形成的关键时期。这一年中，波拉德等学者运用微量元素组合（Trace Elements and "Copper Groups"）、合金成分（Alloying elements）这两种研究方法，识别出在铁器时代晚期（Late Iron Age）及撒克逊时代早期（Early Saxon）英国铜器类型发生的变化[5]。这两种方法也被应用在欧洲的阿尔卑斯地区：阿尔卑斯山南北两侧的微量元素组合及铜器的含锡量较为接近，而东西两端的差异更为明显，证明东西走向的阿尔卑斯山并没有成为阻隔南北的屏障，这一地区青铜器生产格局的主要差异是东西两侧的差异[6]。奥雷利·库诺德（Aurélie Cuénod）等学者也将合金成分方法应用到中东地区[7]。他们假设当工匠对金属已经有足够的认识，如果工匠有意向金属中添加锡，那么合金制品中的锡含量应当较高，并保持稳定的比例。而如果工匠无意识地将不同金属混合生产出铜锡合金，其锡含量应当有较大的波动，并且随着混熔而处于较低水平。伊朗西部的铜锡合金中锡含量相对较高，美索不达米亚地区则相对较低，这一类含锡铜器可能是从伊朗等地传播到美索不达米亚的。此外，波拉德和布睿还提出了新的铅同位素数据作图方法，观察铅同位素数值随铅含量增加而发生的变化，发现意大利撒丁岛出土的铜器混合了多种来源的铅料[8]。同年，布睿等牛津体系学者总结了微量元素组合、合金成分和铅同位素作图这三种研究方法，完善了牛津体系的理论基础，形成了较为完善的研究体系[9]。此后，牛津体系被广泛应用于冶金考古研究之中。

牛津体系的研究实践进一步促进了其理论和方法的成熟和发展。2018 年，马克·波拉德、彼得·布睿、彼得·荷马（Peter Hommel）等多位牛津体系学者共同出版专著《超越溯源：解释考古出土铜合金的新途径》（*Beyond Provenance: New Approaches to Interpreting the Chemistry of Archaeological Copper Alloys*）[10]。这本著作是对牛津体系全面系统的总结，并结合研究实践的反馈，完善并发展了牛津体系的理论和方法。

金属成分的每一次变化，都是人类活动的结果。梳理这些变化，可以研究人们是如何利用金属的。波拉德在专著中指出："我们创立的框架和方法的最重要特征，就是致力于检测并量化考古记录中体现的历时性变化和地域性差异。"[11]为了研究人类行为（如回收、重熔、混熔）导致的金属成分的变化，牛津体系提出了一整套理论方法。这一方法并未获得新的数据,而是利用新的展示手段(分组、作图等)处理既有数据,提出新的解释,在前人的基础上推进研究。

目前欧洲学界对于牛津体系的评价相对较少,部分研究者针对牛津体系的研究方法提出批评,如恩斯特·佩尔尼卡(Ernst Pernicka)质疑了将0.1%作为阈值的合理性[12]。另外,"传统"的冶金考古方法同样可以获得金属流通与重熔的认识。如马丁－托雷斯(Martinón-Torres)等学者结合类型学和金属生产工艺的研究,能够将金属与生产作坊、地域联系起来[13]。丹尼尔·伯杰(Daniel Berger)、佩尔尼卡等学者也利用传统的化学成分研究和铅同位素研究,识别出了金属制品可能发生过的混合现象[14]。此外,牛津体系认为以往的研究没有关注金属回收与重熔现象。但实际上,学者们争论的焦点不在于回收与重熔现象的"有无",而是这一现象发生在"何时",到了"何种程度",部分学者如佩尔尼卡坚持认为在欧洲青铜时代不存在压倒性的重熔现象[15]。因此,要对牛津体系这一研究方法做出恰当的评价,仍需进一步的实践论证。

二、牛津体系学者对中国青铜时代的研究

牛津体系强调,其研究理论能够指导不同器物群的研究,其基本方法具有普适性的应用价值。中国青铜时代不仅有着数量繁多、制作精美的青铜制品,而且其呈现的文化面貌和技术格局也与欧洲地区迥然不同,自然具有相当的吸引力。同时,中国考古学界的相关研究尚显薄弱,这也为牛津体系的进入提供了条件。因此,在牛津体系的理论方法逐渐完善的背景下,波拉德、刘睿良等就开始尝试将其应用于中国青铜时代的研究。

2015年,刘睿良等发表 Chemical Analysis of Ancient Chinese Copper-Based Objects: Past, Present and Future 一文,梳理了中国青铜时代冶金考古研究的发展历程[16]。这是牛津体系学者第一次涉足中国青铜时代研究。这篇综述文章本身并没有使用牛津体系方法开展研究,不过在文章结尾的"回顾与展望"部分,作者也期望新方法(主要指微量元素分组方法)能够在将来被应用于中国先秦时期青铜冶金考古领域。

随着牛津体系欧亚草原青铜器研究的开展,徐幼刚等于2015年发表文章,将中国青铜时代的青铜器数据与欧亚草原地区进行对比[17]。在这篇文章中,牛津体系首先应用微量元素分析方法,分析了阿尔泰(Altai)至贝加尔地区铜器群的差异。第1组(纯铜)铜器主要分布在阿尔泰、米努辛斯克盆地(Minusinsk)等地,第2组(仅含砷)铜器可能来自阿尔泰地区,第11、14组(含镍)铜器以米努辛斯克盆地和图瓦(Tuva)作为主要源头。同时,作者也对比了中国北方地区和中原地区的青铜器数据,以观察二者之间的差异及可能存在的联系。中原地区也有一定量的砷铜,但这些器物主要是铜礼器,与草原风格不同。第12组铜器在中国和外贝加尔(Trans-Baikal)都有发现,作者认为这可能暗示两地存在远距离交流。根据合金成分的不同,作者分辨出以纯铜、铜锡合金为主的草原风格和以含铅青铜为主的中原风格两种传统。这一研究主要是将中原地区作为一

个整体,是与草原不同的比较对象,而不是主要的研究对象。

牛津体系真正以中国青铜时代作为独立的研究课题,始于马克·波拉德等2017年发表在《考古》上的《牛津体系在中国古代青铜器研究中的应用》一文[18]。文章介绍了牛津体系的三种主要研究方法,并提供研究案例予以说明。作者将二里头、二里冈、盘龙城、晚商和西周时期的青铜器微量元素分组结果进行对比,指出早商与晚商时期铜器分组的种类基本一致,但是各组所占比重差异明显,而晚商与西周微量元素分组的一致性更为突出。盘龙城地区的青铜器含有较多的镍,中原则相对罕见,二者存在明显不同。合金成分研究内容与上文较为接近,作者将草原地区、中原地区和中国北方地区的数据加以比较,分辨出不同的青铜器生产传统。而殷墟与西周都邑地区铅同位素上的比较表明,西周青铜器生产继承了部分晚商时期的生产模式,二者使用的普通铅数据较为接近,但是高放射性成因铅完全消失。这篇文章是首次将牛津体系的研究方法应用于中国青铜时代考古研究中,并取得了一定的成果。自此之后,中国青铜时代成为牛津体系的重要课题。

牛津体系对于商周都邑与地方,特别是二里冈时期郑州与盘龙城之间的差异特别关注,并专文探讨这一问题[19]。文章综合使用三种方法,从多方面讨论了盘龙城与郑州商城之间青铜器的流通关系。盘龙城与郑州在铜料微量元素上有一定的相似性,但是也存在明显的差异,特别是在含镍铜器上的差别最为显著。此外,二者在锡含量上也有一定的差异,盘龙城出土青铜器的锡含量高于郑州地区。针对铅同位素研究,由于无法同时获得一件器物的铅含量和铅同位素数据,因此该文没有将1/Pb作为铅同位素作图的横坐标,而是按照年代序列将数据沿坐标轴依次排开,直接观察历时性变化。在之后的一篇文章中,牛津体系学者延续了这一研究方法,更详细地审视了郑州商城与盘龙城之间金属流通状况[20]。

不过,牛津体系的研究视角并不限于特定的区域。牛津体系关注的是历史性变化和地域性差异,因此牛津体系自然也会对整个中国青铜器时代的青铜生产与流通格局及时代变迁加以研究[21]。这项研究主要使用了微量元素分析方法,收集了早商、晚商和西周共16个遗址(区域)的数据。就微量元素而言,早商时期中原郑州地区和周边的盘龙城、汉中都有明显的不同,盘龙城和汉中地区都有较多的含镍铜器,郑州地区则基本不见。到了晚商时期,安阳地区和前掌大所出铜器都有复杂的微量元素组合,而汉中、三星堆地区都是以纯铜为主,陕北地区则是以砷锑型铜为主。西周时期状况又有所不同,各地的青铜器微量元素组合很复杂,而陕北地区以第6组(砷锑型铜)和第12组(砷锑银型铜)为主,后者可能来源于大井铜矿。这一时期,南方的湖北地区在青铜流通体系中占据重要位置,或许与曾国经略当地有关。该项研究的铅同位素数据和结论与前述《牛津体系在中国古代青铜器研究中的应用》基本一致。

此外,牛津体系还将合金成分研究应用于东周时期的青铜钱币上,考察了当时青铜生产的工艺配方[22]。同时,牛津体系也继续考察中外青铜文化的交流现象,特别是注重对西北地区中外青铜文化交流的考察,研究西北地区作为连接中原与西亚的十字路口所呈现的冶金生产面貌[23]。

除了宏观、长时段的研究，牛津体系也尝试将研究限定在相对较小的器物群，其成果是对于殷墟青铜生产与社会等级的研究[24]。从合金成分上看，殷墟青铜器可以明显分为两个群体，高级贵族的青铜合金器物中锡含量较为稳定，而低级贵族的器物含锡量均较低。殷墟青铜器的合金成分虽然存在历时性变化，但等级差异仍较为显著，同一时期中原以外地区的青铜合金成分面貌也与低级贵族较为相似。进一步结合微量元素分析法来看，高级贵族青铜器的微量元素都比较低，而低级贵族的微量元素变化范围很大，说明高级贵族使用的铜料可能是精制的。两方面综合考虑，作者认为晚商时期殷墟存在两种生产状况，一种服务于高级贵族，生产的青铜器成分较为稳定；另一种服务于低级贵族，生产的青铜器成分波动明显。后者可能主要使用回收重熔的铜料。

中国青铜时代的一大显著特征，就是大量使用含铅青铜。牛津体系在进行研究的时候，自然也会对这一特点加以特别关注。这些研究不仅包括对铅同位素数据的分析[25]，还有对高放射性成因铅的使用和来源进行的考察[26]。其目的不是探究青铜器生产的状况，而是考察铅料特别是高放射性成因铅的来源。因此，一部分研究仍然使用了传统的铅同位素作图方法。

除了对具体案例进行研究外，牛津体系也吸收了部分统计学和地质学的研究方法，由于这些方法涉及了其他领域，这里不再展开论述[27]。

以上简要梳理了牛津体系学者围绕中国青铜时代的诸多课题开展的研究工作。在宏观层面上，牛津体系将中国不同地区的青铜器数据进行了统一处理，为我们考察青铜器生产的空间格局提供了比较框架。在较为微观的领域，牛津体系辨识出殷墟存在两条不同的青铜器生产体系，也为我们进一步了解殷墟时期青铜器生产与社会之间的关系提供了新的视角。同时，牛津体系对中国西北地区青铜器铅同位素比值的研究，以及对高放射性成因铅来源问题做出的新讨论，也为相关研究提供了新的视角。除此之外，牛津体系建立资料数据库、充分运用统计学等方法，也促进了中国考古学研究方法的改进。

不过，牛津体系在中国青铜时代的应用受到了一定的限制，只有部分研究完全应用了牛津体系的理念和方法，另有相当一部分研究只对铅同位素数据进行分析。关于这一现象的缘由，牛津体系曾总结过三点：发表的数据严重不足；中原地区的青铜器普遍不含砷，因此无法通过砷含量考察金属的重熔现象；铅的广泛使用影响微量元素中银的含量[28]。由于牛津体系的研究不涉及获得新数据，基本依赖已有的检测数据，而目前中国先秦时期发表的青铜器数据相对不足，客观上限制了牛津体系的应用。不过，牛津体系研究受到限制的主要原因，是成熟的研究方法在面对中国这一新的研究对象时，产生了"水土不服"。

例如，牛津体系假设所有的微量元素都是由铜携带的，其他合金成分并不含微量元素。即使现实并非如此，但牛津体系认为这不会影响对结果的解释[29]，因为牛津体系最终的目标是研究总的金属流通，因此微量元素分组的对象可以来自所有流通中的金属成分，无论这些微量元素是由谁携带进入金属制品中的，其最终都是用来反映金属总体的流通现象。但是，中国青铜时代大量使用铅作为合金材料，影响了青铜器的银元素含量，对解读铜料和铅料的流通过程造成一定困难。

又如，牛津体系的研究方法可能在相对有限的地域内具有说服力，但是中国商周时期由强大的中央权力在广阔地域内统一控制青铜资源，其涵盖的范围更广，金属材料的体量更大，需要考虑的背景也更为复杂。这种情况下解释地域差异就较为困难。牛津体系非常关注早商时期郑州地区与盘龙城之间青铜器的流通，多次对两地的微量元素数据、合金成分数据进行讨论，认为盘龙城生产的青铜器与郑州商城既有相同之处，也各具独特性。然而，刘思然等对盘龙城出土青铜器及小件的铅锡成分进行了分析，认为"郑州和盘龙城两地铜器的成分差异似乎并不明显"，挑战了牛津体系的结论[30]。

再者，中国青铜器大量作为礼器随葬，极少作为生产工具使用。一般认为，这类青铜礼器在生产之后，回收利用的情况要比青铜工具少得多。因此除少数研究外，牛津体系基本未能考察青铜器的回收重熔现象，而主要讨论区域之间的金属流通状况。相比之下，牛津体系中侧重铅同位素的相关研究成果更为显著，在中外学界取得了更多认同。

作为新方法的牛津体系，在实际研究中也无法取代传统的冶金考古方法。"标准的"牛津体系的方法可以概括为：用新的展示方法，试图揭示中国青铜器数据的差异，然后进一步建立区域之间的流通体系。在这种研究方法下，牛津体系研究的部分结论，与"传统"的冶金考古研究相比并没有大的突破，甚至有时只是提供了另一种展示方法。牛津体系研究的结论，往往通过"传统"的研究也可以得到。例如，牛津体系对于殷墟生产体系的解释，与之前赵春燕的研究结论较为接近，但是进一步加入了有关金属料回收问题的考虑[31]。就中国青铜时代的冶金考古研究而言，牛津体系的工作并没有带来突破，而是提供了另一种考察的视角。但是，这种新视角提供的信息，却缺少能够用来解释的新方法。因此，牛津体系为中国青铜时代的冶金考古研究带来了新的视角，但是这种新的视角能够在多大程度上适用于这一课题，能否胜过传统的研究方法，以及能否提供合理的解释方案，仍然需要进一步考虑。为了更好地应用牛津体系分析中国青铜时代的社会图景，不少学者都尝试对牛津体系的方法做出进一步改进。

三、中国学者对牛津体系的回应——以《资源与社会：以商周时期铜器流通为中心》为例

牛津体系在中国青铜时代研究领域的迅速发展，引起了其他学者的关注。不同学者对此作出了不同的回应：一部分学者与牛津体系开展合作研究，前文提及的许多成果是这一类工作的代表；另一部分学者虽然也与牛津体系进行合作，结论却是自己的观点，如金正耀对于中国铅同位素问题的研究[32]；还有一部分学者吸纳或改进了牛津体系的研究方法，独立地进行研究，如黎海超[33]、蔺诗芮[34]。其中黎海超在其博士论文的基础上，结合新近研究成果形成的专著《资源与社会：以商周时期铜器流通为中心》论述较为全面，是中国学者利用牛津体系方法进行自主研究中具有代表性的范例[35]。

《资源与社会：以商周时期铜器流通为中心》一书运用牛津体系的微量元素分析方法，结合铅同位素数据分析，对商代至西周时期中国青铜资源的生产和流通体系进行了全面的研究。黎海超在介绍牛津体系微量元素研究的基本原理时，指出了这一研究方法的缺陷：无法解决矿源地区微量元素重叠效应；加入的铅、锡等合金会影响微量元素的数据；大规模回收重熔现象可能不适用于中国青铜时代的研究等。他将铜器的微量元素分组与铜器生产批次联系在一起，认为"就单一地点的铜器分组数据而言，不同分组的含义可以指向不同批次、类型的原料"，如果不同类型的原料"形成固定组合，规律性地出现在不同地区，那么应该就反映出有意义的考古学文化现象"[36]。

黎海超并未阐明这一方法背后的逻辑，但他参考牛津体系提出的原料"批次"概念与牛津体系的器物群（assemblage）相通。牛津体系提出，"对于变化和差异的观察要在组合特征（group properties）的基础上展开……我们将这一系列器物称为器物群（assemblage）"，器物群的概念可以根据研究主题的不同而有所变化[37]。对于黎海超来说，运用考古类型学等方法，对青铜器风格、制造工艺以及铭文进行细致的观察，可以将特定时期、地域的青铜器进一步划分为不同类，每一"类"器物就是一个小规模的器物群。器物群之间的差异，反映的是金属生产和流通的不同。因此，类与类之间微量元素数据的差异，反映的就是铜料和生产批次之间的差异。有些案例并不支持更细致的划分，即使能够划分出更详细的生产批次，也需要关注宏观的器物群的变化。

黎海超以考古视角，结合科技方法与数据，将微观的数据组与宏观的器物群结合开展研究。这一研究方法是对牛津体系微量元素方法的改造和发展，体现在两个方面。首先，考古类型学的青铜器分组优先于微量元素的研究。黎海超首先通过青铜器风格、工艺水平和铭文划分出的组别，再用微量元素分组进行检验。青铜器分组作为先验性条件会直接影响数据的呈现和比较，也会直接影响对于结果的解释。这种首先使用类型学等方法进行考古学分组，然后再利用微量元素分组进行分析的方法，是黎海超对于牛津体系方法的重要改造。其次，黎海超认为，微量元素更多反映铜料来源，还需要另外通过铅同位素考察铅料来源，而牛津体系的微量元素分析方法探求的是所有金属的整体流通。当黎海超运用这一方法分别考察铜料和铅料的流通时，就需要考虑铅料等合金成分的使用对微量元素数据的影响。

《资源与社会：以商周时期铜器流通为中心》的研究对象集中于商和西周早中期两个大的阶段，每个阶段的研究方式大体相同，均先介绍这一时期的考古遗存概况，然后将不同地域的数据进行对比研究。由于不同时期考古遗存的性质不同，具体的研究结构也不尽相同。整体而言，黎海超的重点是关注中央、地方和王朝治外区域这三者的差别。

商文化早期，黎海超选择郑州商城、盘龙城和汉中盆地的城洋铜器群进行对比。通过比较郑州商城与盘龙城之间青铜器微量元素分组数据（表一），结合对青铜器风格的考察，黎海超认为："盘龙城在青铜器用料、设计、制作等方面具有自主性，但是又与郑州商城有部分同样的材料来源。因此，盘龙城一方面与郑州商城有直接的铜器流通，一方面本身也有铜器生产活动。"[38]研究对象的选取和最终结论与以往研究基本一致。

表一 盘龙城与郑州商城青铜器微量元素分组

遗址\组别	1组	2组	4组	9组	5组	11组
盘龙城	31.3%	18.8%			12.5%	18.8%
郑州商城	40%	16%	12%	24%		

针对商文化范围外的城洋铜器群,黎海超首先将青铜器划分为中原风格和本地风格两类,前者以铜容器为代表,后者以弯形器为代表(表二)。铜容器以第1组和第4组为主,其余两组均只有1例数据。1组与4组均是郑州商城常见的铜器类型,因此黎海超推测青铜容器应该是从中原输入的。这一假设得到了合金成分和铅同位素分析的进一步证实。相比之下,本地器物的数据比较分散,可能有多元化的来源。其中部分本土器物含有高放射性成因铅,可能反映部分原料来自中原地区。

表二 城洋铜器群微量元素分组*

分组\类别	1组	2组	4组	5组	9组	11组	12组	14组	16组
铜容器	57%	15%	14%	14%					
弯形器	21%	6%	5%	5%	21%	16%	5%	5%	16%

综合上述分析,黎海超认为在二里冈时期,商王朝内部由地方向中原输送原料,中央再向地方输送器物,部分地方拥有独立制造器物能力。而中央与商王朝范围外的交流背景还不明确。

黎海超关于二里冈时期商王朝对外交流的论述,仍有值得商榷之处,特别是汉中地区的中原式青铜容器来源问题。在城洋铜器群中原风格器物样本总量不足10件的情况下,"主要"与"少量"的说服力要大打折扣。以往研究注意到汉中盆地的青铜器明显含有较多的镍,中原地区含镍器物的比例相对较低[39],第5组器物正是含有镍的器物。而1组(纯铜)在整个早商时期均有广泛应用,也不能作为青铜容器来源的主要证据。因此,确定汉中盆地中原式青铜容器的来源恐怕还需要更多的数据支持。

殷墟时期,黎海超选择了妇好墓、殷墟西区、前掌大墓地、赛克勒藏青铜器和弗利尔美术馆藏青铜器作为商文化内部的研究对象,以城洋铜器、三星堆和安徽商周铜器作为商文化外部的研究对象(表三)。

---

* 表二数据明显存在问题。黎海超在书中提到铜容器分布以1组和4组为主,2组与5组各只有1例数据。然而表中4组与5组占比一致,2组占比反而又比二者高1%。如果2组与5组确实各只有1例数据,那么样本总量应为7例,1组4例,其余三组各1例,这与书中的论述相抵牾。从书中的插图来看,有可能这四组铜容器总共9件,1组2件,2组1件,4组5件,5组1件,占比依次为22%、11%、56%、11%。这一结果或许更符合书中的表述。

表三　殷墟时期各区域铜器微量元素分组

铜器地点	分组比重	1组	2组	9组	12组	数据量
商文化区域	妇好墓	7%	52%	37%	0%	27
	殷墟西区	7%	17%	14%	28%	29
	前掌大	14%	29%	20%	24%	233
	赛克勒	40%	23%	16%	11%	104
	弗利尔	35%	6%	12%	18%	33
商文化区域外	城洋殷墟一期	80%	0%	0%	0%	18
	城洋殷墟二至四期	86%	1%	6%	1%	179
	三星堆	52%	32%	3%	0%	31
	安徽商周铜器	17%	60%	0%	0%	31

妇好墓出土青铜器主要集中在第2组与第9组。黎海超根据妇好墓铭文的书写方式，将它们进一步分出不同批次，认为第2组铜料是妇好成为王后之后制作的，可能在等级上要比9组更高。

殷墟西区的数据集中在第2、9、12组（均＞10%），在其他组内也有分布。从数据来看，殷墟西区青铜器的原料来源更为复杂，目前无法做出相应的解释。黎海超认为仅有的规律性认识，就是第2组只见于第三区，而第三区高等级墓葬的数量最多。结合以往研究，黎海超认为不同区所对应的"族"由中央统一分配器物。由于器物分配涉及不同的生产批次，因此微量元素组合呈现复杂的样貌。

前掌大遗址的数据集中在第1、2、9、12四组，第2、9、12三组也是殷墟主要的微量元素组。前掌大遗址出土青铜器在器形和纹饰工艺上也与殷墟基本一致，证明前掌大与殷墟的青铜器生产存在很强的一致性。结合周围的矿产资源分布来看，前掌大地区的金属资源很可能来自殷墟地区，由中央统一铸造后分配到当地。

赛克勒博物馆藏青铜器和弗利尔美术馆藏青铜器的数据分组与殷墟一致，并且第1组比例很大，弥补了殷墟数量的空白。

综合上述分析，黎海超认为，殷墟时期商文化内部的青铜器不仅在风格上极其相似，而且使用大体类似的生产原料，应当有统一的生产来源。故而殷墟青铜器由中央统一生产完成后，分配给各个地方。

黎海超利用丰富的数据对殷墟时期青铜流通开展了较为全面的工作，但也存在少量不足之处。一方面，黎海超在数据的呈现方法上存在不足。例如，殷墟西区的微量元素数据中，属于第6组的铜器占比也超过了10%，也应当属于主要的铜器类型，却没有被列入表格中。另一方面，黎海超在解释数据差异时，也存在可商榷之处。部分案例中，黎海超主要关注微量元素的组合，对具体数值的解释相对较少。例如，赛克勒博物馆和弗利尔美术馆所藏的青铜器数据中，第1组占比均超过了30%，这样的比例不见于其他数据。黎海超认为这一例外弥补了妇好墓和殷墟西区数据的不足，却并没有解释离群值产生的原因。

在商王朝外部的汉中盆地，城洋铜器群同样被划分为商式器物与本地器物两类。殷墟一期时，所有铜器都以第1组为主。而殷墟二至四期时，商式青铜器集中在第1组和第9组，而本地铜器多使用第1组铜料。结合合金成分、铅同位素和考古学背景来看，殷墟一期城洋铜器群的商式器物部分是本地生产的，并不都来自中原地区。到了殷墟二至四期，城洋铜器群呈现出复杂的生产来源。由于汉中盆地第1组铜器占有极高的比例，黎海超推测这一地区可能是第1组铜料的主要来源地。三星堆的微量元素数据以第1、2组为主，但是现在尚不能明确各类铜器的具体来源。结合吴城文化发现的铸铜遗址来看，长江流域很可能存在独立的冶铸活动中心。

在商文化区域之外，多地铜器群的发现，证明当时存在着许多地方铸铜中心。商王朝从这些地区获得铜料，并向外辐射铸铜技术。结合商王朝各遗址的铅同位素数据来看，各地使用的铅料有比较近似的特征，证明这一时期存在广域的原料交换网络。

西周时期铜器流通的研究方法有所不同，黎海超将着眼点放在王朝中心区域、地方诸侯国和王朝外部三者的比较上。黎海超首先将各地的青铜器群划分为本国铭文铜器、商铭文铜器、其他诸侯国或区域铜器、不明族属高质量中原式铜器、本地式铜器、不明族属低质量中原式铜器、本地式仿制品和明器8个类别（也即8个器物群）。前4类器物往往制作水平较高，可以统称为高质量中原式青铜器；后4类制作水平较低，被称为低质量铜器。黎海超试图明确的问题是：高质量的铜器是否来自中央作坊，而低质量的铜器是否来自本地生产作坊。

通过对叶家山墓地出土的青铜器进行分析（表四），黎海超认为高质量青铜器使用的原料大体一致，都以第1、3、6、12组为主。根据对曾侯铭文书法的分析，黎海超将曾侯青铜器区分为不同的生产批次，而每一批器物所使用的微量元素组合基本一致。与之相反，低质量铜器呈现出的数据分组似乎与高质量铜器完全不同，可能为本地铸造。另

表四　叶家山墓地出土青铜器微量元素分组

铜器类别	微量分组	1组	2组	3组	4组	6组	12组	数据量
高质量	曾国铭文	28%		16%		28%	28%	17
	商铭文	10%	11%	16%	5%	32%	16%	19
	不明族属中原式	24%	2%	12%	10%	19%	26%	41
	所有高质量铜器	21%	4%	14%	6%	24%	24%	77
低质量	所有低质量铜器				22%		61%	23
	本地式				26%		58%	19
	本地仿制品						75%	4

外，叶家山墓葬出土的铜锭经分析属于第1组和第4组，说明曾国至少掌握了第1、4组两类原料的来源。结合曾国的地理位置和出土铜锭，黎海超推测曾国很有可能向中央王朝提供这两种铜料，中央使用这些原料生产出高质量的青铜器再分配给曾国。不过，铅同位素数据的研究则指出，高质量和低质量铜器使用的铅料来源基本一致。

晋侯墓地的研究使用了同样的研究方法（表五）。晋侯墓地高质量青铜器的第1、3组原料完全不见于低质量青铜器，暗示二者使用了不同的原料。结合青铜器的不同风格和生产质量，黎海超认为，高质量与低质量青铜器可能有不同的生产来源——前者来自中央作坊，后者则是由本地生产的。参考晋楚之间铜器交流的相关史料，黎海超认为，晋侯墓地使用的第1、3组原料可能来自楚国。

表五 晋侯墓地出土青铜器元素分组

铜器类别	微量分组	1组	2组	3组	5组	6组	7组	10组	12组	13组	14组	数据量
高质量	晋铭文	20%	10%	30%		40%						10
	其他诸侯国或区域铭文	50%		25%				25%				4
	不明族属中原式	19%	2%	9%	2%	29%	4%		31%	2%	2%	48
	所有高质量铜器	21%	3%	13%	1%	29%	3%	2%	24%	2%	2%	62
低质量	所有低质量铜器					37%	5%		48%	5%	5%	19
	补铸材料					67%			33%		17%	3
	本地式					67%			16%			6
	不明族属中原式							20%	80%			5
	明器					20%			60%	20%		5

作为非姬姓诸侯国墓地代表的宝鸡強国墓地则有所不同。由于未能对这一地区的高质量青铜器进行分析，研究主要围绕低质量器物展开（表六）。从微量元素分组数据来看，第4、9、12、16组铜器占比最高。如果考虑到铅料的影响，那么至少第4、9组可能指示了铜料的来源。将強国本地青铜器与其他诸侯国进行对比后，黎海超认为，微量元素数据和铅同位素数据都说明，西周各国的本地式青铜器使用了一致的铜料和铅料。

从历时性角度看，強国青铜器在微量元素分组上没有发生明显变化，但是在器用制度上却存在明显的差异。西周早期青铜器组合有明显的中原式器物，但是西周中期的铜器组合却以本地器物为核心。据此，黎海超推测，西周早期強国属于西周王朝文化系统。从西周中期开始，強国在文化上与西周王朝逐渐脱节，却仍然使用同样的青铜器生产原料。文化与技术之间的矛盾现象值得深思。

相比之下，作为西周王朝核心区代表的周原遗址数据较为集中（图一）。周原遗址铜器微量元素分组以第1、2、3、6组为主，特别是第6组原料占一半以上，而不见诸侯国常

表六　弢国墓地与其他地点铜器微量元素分组对比表

铜器分组	微量元素分组	1组	2组	3组	4组	6组	9组	12组	16组	数据量
按类别	弢国本地式铜器				17%		17%	41%	25%	12
	弢国低质量中原式铜器				11%	3%	11%	64%	8%	36
按地点	竹园沟					9%	9%	55%		11
	茹家庄				7%		15%	77%		13
	不明单位				21%		13%	50%	17%	24
	弢国所有铜器数据				13%	2%	13%	58%	10%	48
	叶家山低质量铜器				22%		8%	61%	9%	23
	叶家山高质量铜器	21%	4%	14%	6%	24%		24%		77
	晋侯墓地高质量铜器	21%	3%	13%		29%		24%		62
	晋侯墓地低质量铜器					37%		48%		19

见的第12组原料。黎海超依然认为，中央与诸侯国高质量铜器所使用的原料大体一致。

黎海超又选择了湘江流域的高砂脊和炭河里作为西周王朝外部地区的案例。这两处地区的铜器并没有进行微量元素的分析，而是进行了铅同位素的研究。铅同位素数据证明，无论是中原式器物还是地方式器物，都有着复杂的生产来源。黎海超据此推测，这些高低质量的铜器在当时应分属不同的生产线，但是所使用的原料应该基本一致。

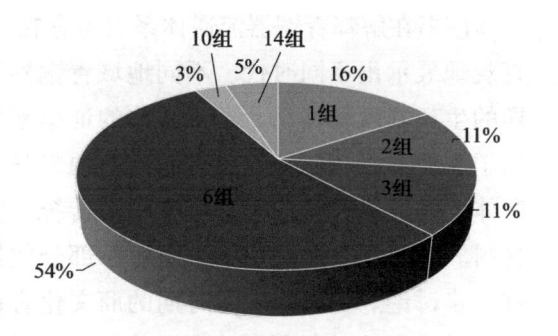

图一　周原遗址出土铜器微量元素分组比重（$n=37$）

综合上述研究，黎海超认为，西周前期中央作坊统一生产的高质量青铜器是青铜器生产的主流，地方诸侯国的铸造活动居于次位。地方诸侯国向中央进献金属原料，而中央通过向地方分配器物来对地方加以控制。而随着分封制度的逐渐衰落，从西周中期开始，地方铸铜活动逐渐成为主流。

在研究西周时期的案例时，中央与地方诸侯国的微量元素数据确实存在很强的共性，但也存在一定的差异。而黎海超对于数据差异的解释相对不足。例如，周原遗址与地方诸侯国之间，在微量元素分组之间呈现出比较明显的差异。周原遗址没有发现属于第12组的器物，却有一定数量的第10组器物，后者在诸侯国中较为少见。中央与诸侯国都较为常见的第6组器物，在周原占比超过了50%，远超各诸侯国第6组器物的占比。这种数据上的差异，有助于进一步理解当时的青铜器生产和流通，但是书中没有进行相应的探讨。另外，黎海超认为高质量中原式青铜器与本地式青铜器使用了不同的铜料，却使用了同一种铅料。两种金属都是青铜器生产所必需的原料，但是在流通模式上呈现出明显的差别。这种差别产生的原因，仍需要更深入的讨论。

黎海超从商周时期最主要的资源类型——青铜资源入手，结合玉器、印纹硬陶、原始瓷等其他资源，借助牛津体系的新方法，综合考古类型学、主量元素分析、铅同位素研究等手段，探讨了商周时期资源控制方式和流通状况。他收集了丰富的数据，对商周时期中央与地方的青铜器群的面貌进行了全面考察，并总结出了相应的资源流通模式。这一研究关注资源与社会之间的关联，一定程度上弥补了中国学术界相关研究的空白，也回应了西方学术界对中国青铜时代金属流通研究的需求，对研究中国青铜时代国家的资源控制体系有着重要价值。

当然，这一研究也存在一定的不足之处。从方法论来看，黎海超将考古类型学的方法与科技考古的技术结合起来，充分关注研究对象的考古学背景，无疑是正确的。但是，如何利用考古学背景进行分组才能与科技考古手段契合，如何避免考古学分组影响研究数据的结论，是需要不断摸索的过程。这不仅是该书所面临的问题，也是考古学者进行学科交叉研究时必然面临的问题。

该书在解释青铜器流通体系时也存在一定的欠缺。微量元素分组和铅同位素的应用，直观地展示出不同时代、不同地域青铜器组合的变化和差异。但是，这种差异反映了怎样的生产制度和体系，需要其他的证据来解释。微量元素数据也许可以证明不同地区使用了类似的原料，却无法说明这些原料是如何流通、如何使用的。该书用于阐释青铜生产体系的证据和方法，基本继承了传统研究的成果，但未必能充分解释新的手段提供的材料。因此，上文提到黎海超对于部分数据的差异关注不够，对部分数据的解释也可以进一步讨论。例如，晚商时期的商文化青铜器微量元素数据中，殷墟西区、前掌大以及赛克勒博物馆和弗利尔美术馆藏器物都呈现出较为多样化的特征。相比之下，妇好墓的器物则集中于特定的组合。牛津体系的学者曾提出殷墟存在着两条等级不同的生产线，可以解释这一现象的存在。黎海超只谈到商王朝内部存在严格的青铜生产控制网，却没有做进一步的阐释。对于这一控制网络的细节如器物分配的方式、标准等问题，黎海超也并未进行更细致的论述。

新的方法应用于研究时，必然会面临诸多的困难，这并不能否定研究本身的价值。尽管《资源与社会：以商周时期铜器流通为中心》一书存在部分不足之处，但它对于中国青铜时代贵重资源与社会体系的研究仍然具有重要的借鉴意义。

四、结　　语

欧洲冶金考古起源于19世纪，至今已有两百年的历史。现在的欧洲学界已经认识到，传统溯源研究有着许多不足之处。欧洲青铜时代金属工具的大量使用和广泛流通，使得青铜器的生产和使用过程变得更加复杂。为此，欧洲学者提出了一系列理论方法，牛津体系正是其中一员。相比之下，中国冶金考古研究目前仍然处于发展阶段，理论方法还有不成熟的地方。同时，中国青铜时代大量青铜礼器的使用，特别是作为随葬品而使用，也使得中国学界对青铜器的"生命史"认识不足。当前，中国青铜时代冶金考古研究的重点还是寻找青铜原料的来源[40]。近年来，中国冶金考古界也开始思考金属流通等理论方法，并关注科技检测数据库的建设问题[41]。像欧洲同行一样，中国冶金考古研究也正在经历由溯源研究向流通研究的转变。这一转向正与牛津体系的主张契合，使得牛津体系得以广泛应用在中国先秦时期的冶金考古研究之中。

牛津体系不仅提出了新的研究方法，而且总结了一整套的理论体系。这对于转型之中的中国冶金考古学来说，无疑具有参考意义。通过对金属资源与技术的追踪分析，我们能够进一步了解当时的青铜器与铸铜业，从而进一步重建中国青铜时代的社会图景。牛津体系的研究是建立在大量数据基础上的，这也使中国学界进一步认识到数据积累和数据库建设的重要性。但是，新的方法总是面临诸多不成熟的地方，科技考古的研究也需要考虑如何利用考古学方法论，结合考古背景更好地解释数据。这一问题的解决，仍然需要考古学与自然科学之间的进一步合作，在实践中不断摸索、尝试。

致谢：本文是在"冶金考古专题"课程论文的基础上修改而来，在写作过程中得到了张吉师兄、曹大志老师和陈建立老师的悉心指导，谨致谢忱。

本文由北京大学大成国学基金（项目号 DC202209）资助。

注　释

[1] 马克·波拉德、彼得·布睿、彼得·荷马等：《牛津研究体系在中国古代青铜器研究中的应用》，《考古》2017 年第 1 期，第 95~106 页。

[2] Bray P J, Pollard A M. A New Interpretative Approach to the Chemistry of Copper-Alloy Objects: Source, Recycling and Technology. *Antiquity*, 2012 (86, 333): 853-867.

[3] a. McKerrell Hugh, Tylecote R F. The Working of Copper-Arsenic Alloys in the Early Bronze Age and the Effect on the Determination of Provenance. *Proceedings of the Prehistoric Society*, 1972 (38): 209-218; b. Pernicka Ernst. Trace Element Fingerprinting of Ancient Copper: A Guide to Technology or Provenance?. *Metals in Antiquity*, Oxford: Archaeopress, 1999: 163-170.

[4] Pollard A Mark, Peter J Bray, Chris Gosden. Is There Something Missing in Scientific Provenance Studies of Prehistoric Artefacts?. *Antiquity*, 2014 (88, 340): 627-631.

[5] Pollard A M, Peter Bray, Chris Gosden, et al. Characterising Copper-Based Metals in Britain in the First Millennium AD: A Preliminary Quantification of Metal Flow and Recycling. *Antiquity*, 2015 (89, 345): 697-713.

[6] Perucchetti Laura, Peter Bray, Andrea Dolfini, et al. Physical Barriers, Cultural Connections: Prehistoric Metallurgy across the Alpine Region. *European Journal of Archaeology*, 2015 (18, 4): 599-632.

[7] Cuénod Aurélie, Peter Bray, Mark Pollard A. The "Tin Problem" in the Prehistoric Near East: Further Insights from a Study of Chemical Datasets on Copper Alloys from Iran and Mesopotamia. *Iran*, 2015 (53, 1): 29-48.

[8] Pollard A M, Bray P J. A New Method for Combining Lead Isotope and Lead Abundance Data to Characterize Archaeological Copper Alloys. *Archaeometry*, 2015 (57, 6): 998-999.

[9] Bray P, Cuenod A, Gosden C, et al. Form and Flow: The "Karmic Cycle" of Copper. *Journal of Archaeological Science*, 2015 (56): 202-209.

[10] Pollard A M, Bray P J. *Beyond Provenance: New Approaches to Interpreting the Chemistry of Archaeological Copper Alloys*, Leuven: Leuven University Press, 2018.

[11] 同注［10］, 第41页。

[12] Pernicka Ernst. Provenance Determination of Archaeological Metal Objects. *Archaeometallurgy in Global Perspective: Methods and Syntheses*, New York: Springer, 2014: 146.

[13] Martinón-Torres Marcos, María Alicia Uribe-Villegas. The Prehistoric Individual, Connoisseurship and Archaeological Science: The Muisca Goldwork of Colombia. *Journal of Archaeological Science*, 2015 (63): 136-155.

[14] a. Berger Daniel, Gerhard Brügmann, Jan-Heinrich Bunnefeld, et al. Identifying Mixtures of Metals by Multi-isotope Analysis: Disentangling the Relationships of the Early Bronze Age Swords of the Apa-Hajdúsámson Type and Associated Objects. *Archaeometry*, 2022 (64, S1): 44-74; b. Nørgaard Heide W, Ernst Pernicka, Helle Vandkilde. Shifting Networks and Mixing Metals: Changing Metal Trade Routes to Scandinavia Correlate with Neolithic and Bronze Age Transformations. *PLOS ONE*, 2021 (16, 6): 1-42.

[15] Radivojević Miljana, Benjamin W Roberts, Ernst Pernicka, et al. The Provenance, Use, and Circulation of Metals in the European Bronze Age: The State of Debate. *Journal of Archaeological Research*, 2019 (27): 131-185.

[16] Liu Ruiliang, Peter Bray, Pollard A M, et al. Chemical Analysis of Ancient Chinese Copper-Based Objects: Past, Present and Future. *Archaeological Research in Asia*, 2015 (3): 1-8.

[17] Hsu Yiu-Kang, Peter J Bray, Peter Hommel, et al. Tracing the Flows of Copper and Copper Alloys in the Early Iron Age Societies of the Eastern Eurasian Steppe. *Antiquity*, 2016 (90, 350): 357-375.

[18] 同注［1］。

[19] 刘睿良、马克·波拉德、杰西卡·罗森等:《共性、差异与解读: 运用牛津研究体系探究早商郑州与盘龙城之间的金属流通》,《江汉考古》2017年第3期, 第119~129页。

[20] Liu Ruiliang, Mark Pollard A, Jessica Rawson, et al. Panlongcheng, Zhengzhou and the Movement of Metal in Early Bronze Age China. *Journal of World Prehistory*, 2019 (32, 4): 393-428.

[21] Pollard A M, Bray P, Hommel P, et al. Bronze Age Metal Circulation in China. *Antiquity*, 2017 (91, 357): 674-687.

[22] Pollard A M, Liu Ruiliang. Bronze Alloying Practice in Ancient China- Evidence from Pre-Qin Coin Analyses. *Journal of Archaeological Science*, 2021 (126): 105322.

[23] Liu Cheng, Liu Ruiliang, Zhou Pengcheng, et al. Metallurgy at the Crossroads: New Analyses of Copper-based Objects at Tianshanbeilu, Eastern Xinjiang, China. *Acta Geologica Sinica-English Edition*, 2020 (94, 3): 594-602.

[24] Liu Ruiliang, Mark Pollard A, Qin Cao, et al. Social Hierarchy and the Choice of Metal Recycling at Anyang, the Last Capital of Bronze Age Shang China. *Scientific Reports*, 2020 (10): 18794.

[25] a. Liu Ruiliang, Mark Pollard A, Liu Cheng, et al. Every Cloud Has a Silver Lining: Using Silver Concentration to Identify the Number of Sources of Lead Used in Shang Dynasty Bronzes. *Acta Geologica Sinica-English Edition*, 2020 (94, 3): 585-593; b. Chen G, Cui Y, Liu R, et al. Lead Isotopic Analyses of Copper Ores in the Early Bronze Age Central Hexi Corridor, North-west China. *Archaeometry*, 2020 (62, 5): 952-964.

[26] a. Liu Ruiliang, Jessica Rawson, Mark Pollard A. Beyond Ritual Bronzes: Identifying Multiple Sources of Highly Radiogenic Lead across Chinese History. *Scientific Reports*, 2018 (8): 11770; b. Liu R, Hsu Y-K, Pollard A M, et al. A New Perspective towards the Debate on Highly Radiogenic Lead in Chinese Archaeometallurgy. *Archaeological and Anthropological Sciences*, 2021 (13, 2): 33.

[27] a. Pollard A M, Liu R, Rawson J, et al. From Alloy Composition to Alloying Practice: Chinese Bronzes. *Archaeometry*, 2019 (61, 1): 70-82; b. Hsu Y-K, Rawson J, Pollard A M, et al. Application of Kernel Density Estimates to Lead Isotope Compositions of Bronzes from Ningxia, North-West China. *Archaeometry*, 2018 (60, 1): 128-143; c. 同注［26］。

[28] 同注［20］，第407页。

[29] 同注［10］，第113、114页。

[30] 刘思然、邹秋实、路晋东等：《盘龙城遗址小嘴商代冶金遗物的分析与研究》，《江汉考古》2020年第6期，第133～136页。

[31] 赵春燕：《安阳殷墟出土青铜器的化学成分分析与研究》，《考古学集刊》（第15集），北京：文物出版社，2004年，第243～268页。

[32] Jin Zhengyao, Liu Ruiliang, Jessica Rawson, et al. Revisiting Lead Isotope Data in Shang and Western Zhou Bronzes. *Antiquity*, 2017 (91, 360): 1574-1587.

[33] a. 黎海超、崔剑锋：《试论晋、楚间的铜料流通——科技、铭文与考古遗存的综合研究》，《考古与文物》2018年第2期，第96～101页；b. 黎海超、崔剑锋、周志清等：《成都金沙遗址星河路地点东周墓葬铜兵器的生产问题》，《考古》2018年第7期，第87～95页；c. 黎海超、崔剑锋、周志清等：《金沙遗址"祭祀区"出土铜器的生产问题研究》，《边疆考古研究》（第25辑），北京：科学出版社，2019年，第335～348页；d. 黎海超、崔剑锋、王炜等：《论弻国本地风格铜器的生产问题》，《考古》2020年第1期，第106～116页；e. 黎海超、崔剑锋、陈建立等：《"微量元素分组法"的验证与应用》，《江汉考古》2020年第2期，第102～109页。

[34] 蔺诗芮：《西北地区青铜时代早期的金属使用——从技术与资源角度探讨》，《文博》2021年第5期，第59～72页。

[35] 黎海超：《资源与社会：以商周时期铜器流通为中心》，北京：中国社会科学出版社，2020年。以下引用的表格等数据，均来自本书，不再单独注出。

[36] 同注［35］，第37、38页。

[37] 同注［10］，第41、42页。

[38] 同注［35］，第72页。

[39] 同注［19］、注［20］。

[40] 同注［16］，第5、6页。

[41] a. 陈建立：《蓬勃发展的冶金考古研究》，《南方文物》2016年第1期，第82、83页；b. 吴晓桐、谈金卓、马江波：《近期冶金考古研究进展和趋势》，《有色金属（冶炼部分）》2020年第5期，第104、105页。

Review on the Use of Oxford System on the Study of Bronze Age of China

Li Tongyue

(2021 PhD Student, School of Archaeology and Museology, Peking University)

Abstract: The Oxford system was gradually formed and perfected in the study of ancient Metals in Europe, and designed the methods of Trace Elements and "Copper Groups", Alloying elements and Lead isotope data. This system was introduced to China by Mark Pollard and other scholars from the Oxford University. It has been applied to the research of the Bronze Age in China and achieved a series of achievements. Li Haichao and other scholars also tried to use these methods to study the bronze production and circulation in the pre-Qin period of China deeply. The Oxford system still has some bottlenecks in the interpretation of specific archaeological problems, partly due to its own theoretical methods, and partly due to the shortcomings of technological detection of ancient Chinese bronzes.

Key Words: Archaeometallurgy, Oxford System, Bronze Age of China, Review

考古研究

早期中国的神权社会
——试论红山文化与良渚文化的两种发展模式

朱文羽

（北京大学考古文博学院 2021 级硕士研究生）

摘要：原始宗教与神权对早期中国的文明起源与发展有着深远影响，本文通过对红山文化与良渚文化中神权相关遗存的分析，首先明确了早期中国神权社会的概念，提出了统一信仰是神权社会形成的基础。随后通过对红山与良渚文化中玉器、墓葬与随葬品、宗教场所、神职人员、聚落与聚落群等多个方面的对比分析，得出了二者社会分化程度存在不同，神权统治与文明发展有着不同的模式。通过总结红山文化与良渚文化的异同，本文提出了二者有着不同的神权模式，即红山文化为宗教性的"神灵模式"，良渚文化为世俗性的"神王模式"，并说明了两种模式的主要区别在于神权的所有者和神权的运用方式不同，进而导致了社会发展程度与文明进程不同。

关键词：红山文化；良渚文化；神权；文明发展模式

中华文明起源的问题一直是新石器时代考古研究领域中的热点话题，关于文明起源的模式也不断有学者提出新观点[1]。各学者划分文明起源模式的角度不同，包括文化因素来源、社会权力来源、自然环境与农业生产力等，不管从哪个角度来划分，宏观层面上都将"神权"[2]文明与其他文明划分开来，即使将宗教模式下的文明再进行划分，如进一步划分为"良渚模式"与"红山模式"[3]，其与仰韶文化、陶寺文化这类的"世俗""王权"类型的文明也是截然分开的。因此可以说在早期中国，存在着一类宗教信仰在社会各方面都扮演着重要角色的文化，其社会发展受到了宗教信仰的很大影响，这类文化以红山文化和良渚文化为代表。

过去对于红山文化和良渚文化的比较研究大多基于玉器，也偶有文章从文明起源角度来进行比较，这些文章都不可避免地谈到了红山与良渚的精神文化与宗教信仰，但甚少专门比较讨论宗教与社会权力的关系，基于红山文化与良渚文化对宗教信仰和权力来源的讨论较少，因此本文希望通过对比分析红山文化与良渚文化中与宗教信仰有关的考古遗存，来分析早期中国神权社会的特点及政治文明的起源。

一、神权社会的基础：统一的信仰体系

研究神权文明，首先需要明确什么是"神权"，为何将红山文化及良渚文化认定为神权社会。从能够体现神权的考古遗存上来看，红山与良渚其实并无很多相似之处，红山文化有着明确的宗教场所，以牛河梁遗址的庙坛冢为代表，而良渚文化实际上没有明确的宗教场所。二者虽然都使用玉器，但玉器的形制与作为随葬品的数量存在很大区别，且良渚文化玉器有着统一象征意义的纹饰，并将这种纹饰大量运用到玉器上，但红山玉器并不如此。因此红山与良渚实际上异大于同，如果我们要判定二者为神权社会，便不能将宗教场所的有无、神像图腾的有无、宗教用品的多少作为硬性标准，而是应当通过这些方面综合观察其背后体现的宗教信仰，即一个社会中有着统一的信仰体系才是我们界定神权社会最重要的因素。统一的信仰体系是神权社会存在的基础，也是红山文化与良渚文化最本质的共同点。

（一）宗教场所与宗教仪式

能够体现统一信仰体系的考古遗迹为宗教祭祀场所，这些场所的修建方式及其中的遗物也让我们能够从中推测古人曾在此举行的宗教仪式性活动。在红山文化的范围内广泛分布着许多祭祀性遗址，一般集中发现于距离居住区较远的地方，遗址中基本没有生活遗迹和遗物，是专门性的宗教场所。祭祀性遗迹按发掘者分类共有庙、坛、冢三类，根据这三类遗迹的出现情况可以将祭祀性遗址分为不同等级。

牛河梁遗址同时有着庙、坛、冢，神庙类建筑即牛河梁第一地点第一建筑址（N1J1）[4]，也称为女神庙。庙址内发现了人体塑像残件，包括头部、鼻、耳、手、手臂、乳房等残件，至少分属于六个个体，每个塑像与人体的尺寸比例不同。女神庙中还出土了兽类和禽类的动物形塑件，说明不仅神化的人是崇拜对象，动物也是红山文化的崇拜对象。除女神庙外，牛河梁第一地点第二建筑址（N1J2）由三个山台组合而成，有石墙，若可以相连则占据了整个山顶台部，位于山顶最高处[5]。此外，还有人认为第四建筑址（N1J4）是一处巨大的祭祀平台[6]，因此整个牛河梁第一地点的宗教场所可能不止女神庙一处。

牛河梁的坛类遗迹如第二地点三号冢（N2Z3）[7]，为三层阶台圆坛状，每层都以排列的立石组成界桩，形成三周石界桩圈，最外圈所围直径推测约为22米。内桩圈以内有陶筒形器群，坛体中部封石上还有陶塔形器，这些陶器上下开口，有规律地摆放在积石冢和祭坛上。虽然现在无法完全确定坛式建筑的作用，但其无疑也与祭祀活动有关。

牛河梁编号的16个地点中13处为积石冢，已发掘第二、三、五、十六、十三地点，清理出85座红山文化墓葬[8]。各地点以女神庙为中心，环绕分布在四周。积石冢是一种特殊的墓葬形式，其不仅是死者的墓冢，也是生者举行祭祀活动的场所。不仅牛河梁的墓葬为积石冢，整个红山文化遗址中基本都采用了这种墓葬形制，如东山嘴[9]、南台子[10]、草帽山[11]等遗址。因此牛河梁的庙、坛、冢构成了一个完善的祭祀系统，而牛河梁与其他积石冢遗址共同体现了整个红山文化的宗教场所和祭祀活动有着统一的形式。

而良渚文化中是否存在专用的宗教场所目前仍存有争议，瑶山与汇观山被一些学者认为是祭坛，但并无明确的考古证据，且汇观山M4，瑶山M3、M7、M11都明显地破坏了祭坛原本的结构[12]，因此即使瑶山和汇观山确实有段时间作为祭坛使用，但之后便完全成为高等级贵族墓葬了。良渚文化分布于海拔非常低的环太湖三角洲地区，地下水水位高，存在着为防止墓葬被水渗入而修建高台的情况，因此其高台建筑不一定为祭坛。虽然我们目前还未发现良渚明确的祭祀性遗址，但从大量具有通神功能的玉器可以看出，良渚会举行宗教仪式和祭祀活动，但并无广泛分布且形式相同的专门性祭祀场所。

（二）神灵载体与通神工具

在红山文化与良渚文化中，最能够体现统一信仰体系的、与神灵联系最为紧密的遗物便是玉器。红山文化中有人形玉器（图一，4），多种动物造型玉器，包括具象的龟壳（图一，3）、蚕、鸟（鹰、凤）（图一，1）等，相对抽象的龙凤玉佩（图一，2）、"猪龙"（图一，5）这样将动物与玉玦结合的器物，以及非常抽象的勾云形器[13]，这些都可能是红山文化"神灵"的载体。良渚文化的神灵形象则被作为纹饰刻在玉器上，主要为神人、兽面、鸟纹等纹饰的各种组合（图一，6），或者将纹饰与器形相结合，如冠状器顶部直接将外轮廓雕刻为介字形羽冠纹饰的轮廓（图一，8），或用介字冠直接代替原本作为纹饰的神人羽冠。良渚也有动物形玉器发现，如反山墓地中出土的鸟形（图一，7）、龟形、蝉形玉饰[14]，但数量较少，器形较小，作为佩饰使用。总体来说良渚将崇拜对象化作了具体图像，刻在各种玉器上。因此红山与良渚的崇拜对象体现在玉器上的方式是不同的，一个直接通过玉器器形体现，一个通过玉器纹饰体现，但都能反映其玉器是神灵形象的载体。

另外，有些玉器在红山文化与良渚文化中也是通神的工具。玉器为神物，特定器形的器物可以起到沟通神灵的作用。例如，红山文化的斜口筒形器，良渚文化的玉琮，目前对二者的具体功能有着多种说法，但基本都与宗教信仰或者祭祀活动有关。

（三）不同模式的信仰体系

牛河梁女神庙中的女神形象是红山文化中的最高神灵，不仅在女神庙中有着陶塑人像，红山文化的其他遗址中也发现了陶塑、石雕、玉雕的人像，目前发现的各种材质的人像共有数十件（图二[15]），其尺寸从几厘米到真人三倍大小，包括牛河梁女神庙中出土的泥塑女神像，东山嘴祭坛上出土的孕妇像，西水泉遗址陶塑妇女像，牛河梁第五地点上层2号冢中出土的陶塑妇女像，敖汉旗草帽山祭坛中出土的红砂岩人像，牛河梁十六地点中心大墓中出土的玉人像等。不同遗址中出土的各种材质人像的面部刻画、肢

图一 红山文化与良渚文化玉器

1. 玉凤（牛河梁 N14M4∶1） 2. 龙凤玉佩（牛河梁 N2Z1M23∶3） 3. 玉龟壳（牛河梁 N2Z1M21∶10）
4. 玉人（牛河梁 N16M4∶4） 5. 玉猪龙（牛河梁 N2Z1M4∶2） 6. 玉琮（反山 M12∶98）
7. 玉鸟（反山 M14∶259） 8. 玉冠状器（反山 M22∶11）（1～5 据注 [13]，6～8 据注 [14]）

体动作、衣着饰品都各不相同，说明红山文化中的神灵是没有固定形象的。此外，还有许多种作为崇拜对象的动物的玉雕、泥塑，可知时人崇拜的神灵形象并非单一，也并非固定的。但崇拜对象的多样化不代表信仰的多样化，红山先民共同崇拜着这一套以自然为中心的信仰对象。

牛河梁整个区域经过了精心的规划设计，最高处山岗的第一地点有神庙等多处建筑址，其余十几个地点每一组积石冢群都独立占据一个山岗，共同环绕着第一地点分布，这背后体现的是高度统一的精神信仰与文化观念。且红山文化中各个祭祀中心的建造方式非常相似，从牛河梁到东山嘴、南台子、草帽山，建造了形制非常相似的积石冢，因此红山文化信仰的统一性更多地体现在祭祀场所及仪式活动的一致性。

良渚文化中最能体现通神意义的玉琮与神人兽面纹[16]（图三，1）出现在许多遗址中，对于"神徽"的象征含义学者有着许多不同的认识[17]，种种说法都与宗教神灵密不可分。不仅是神人兽面纹这一特定的纹饰，神兽、神人、鸟纹单独或成组合地出现在良

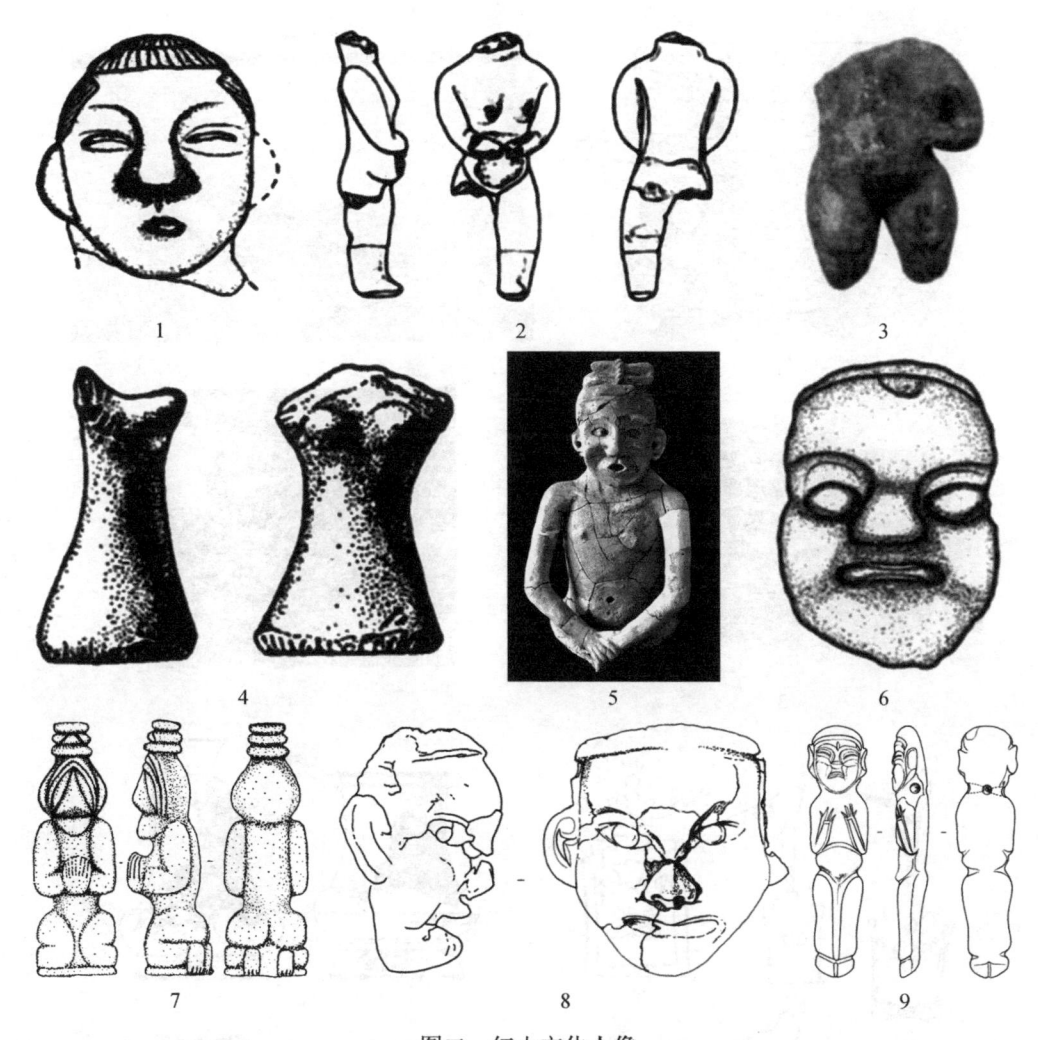

图二 红山文化人像

1~5.陶塑人像 6、7.石雕人像 8.泥塑人像 9.玉雕人像（1、6出自半拉山墓地，据注［29］；
2、8、9.出自牛河梁遗址，据注［13］；3出自东山嘴遗址，据注［9］；4出自西水泉遗址，据注［18］；
5出自兴隆沟第二地点，据注［19］；7出自那斯台遗址，据注［20］）

渚文化各遗址的玉器中，有学者将玉琮上的纹饰划分为几种类型，包括人兽鸟组合纹、神人兽面纹、神人纹、兽面纹、鸟纹等类型，主要刻画在琮、冠状饰、钺、权杖、三叉形器等高级玉器上。鸟纹通常作为陪衬[21]（图三，2），但其眼睛状的翅膀与兽面中的眼睛的含义是相同的，良渚文化晚期还产生了"鸟立高台"的纹饰（图三，5），刻画在琮璧等高等级玉器之上[22]，这些纹饰背后象征的神灵形象是一致的。一般中小型聚落难以获得许多玉器，因此在许多陶器上刻划了相似的兽面纹（图三，3）、鸟纹[23]（图三，4、6），此外，吴家场墓地的象牙权杖之上也出现了神徽纹饰[24]（图三，7），因此即使没有玉器，这些象征着信仰的纹饰也会体现在其他材质的器物上，高级的如象牙器、漆器，一般等级的如陶器，这些不同地点的不同材质器物上有着同样意义的纹饰，其背后代表

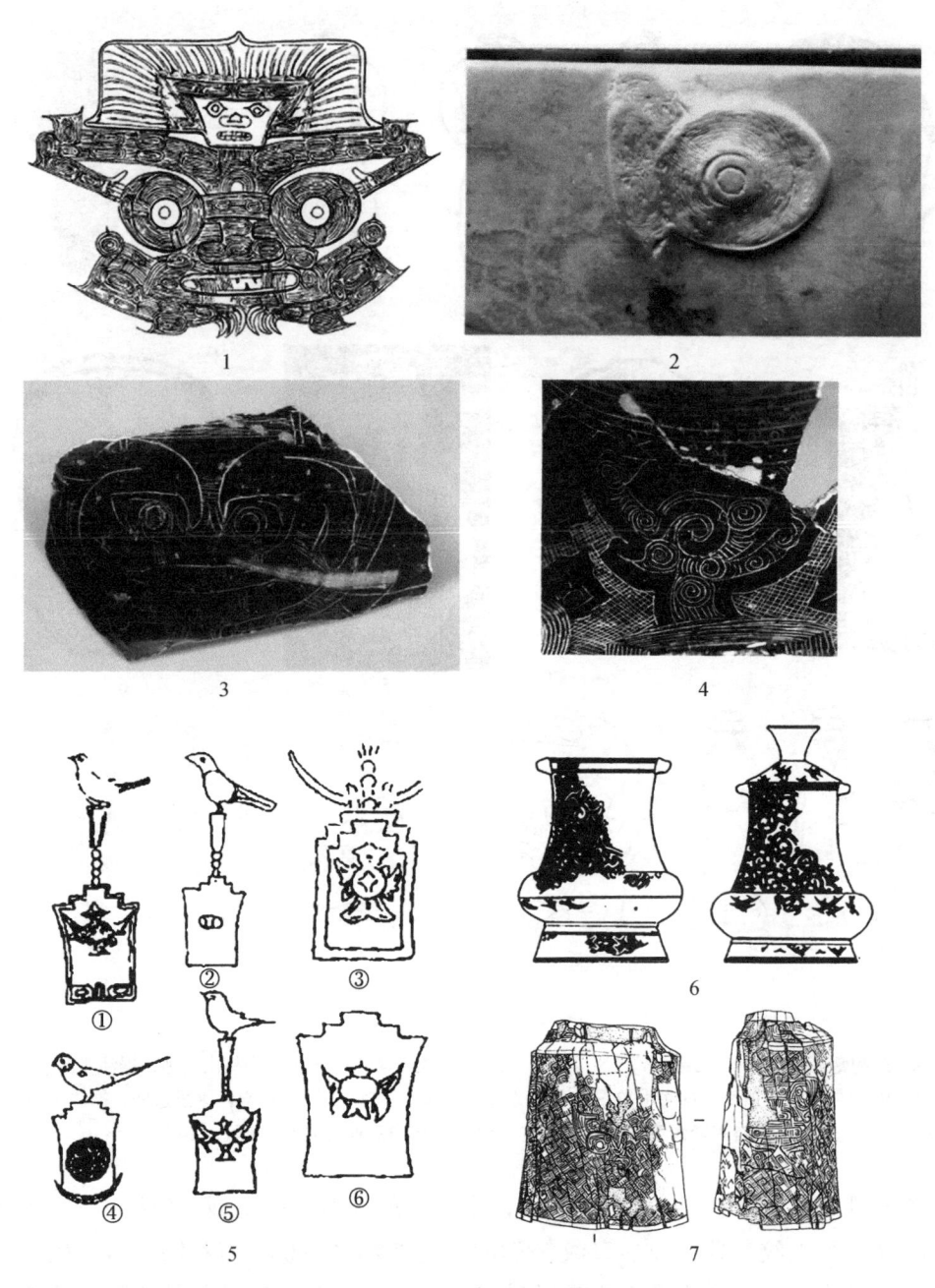

图三 良渚文化器物上的纹饰

1. 反山 M12:98 玉琮神人兽面纹（据注 [14]） 2. 反山 M12:98 玉琮鸟纹（注 [14]） 3. 良渚古城西墙外出土兽面纹陶片（据注 [23]） 4. 卞家山 G12:100 鸟纹陶片（据注 [23]） 5. 鸟立高台纹饰（①②④美国弗利尔美术馆藏；③首都博物馆藏；⑤吉美博物馆藏；据注 [25]） 6. 福泉山 T27M2:66、T27M2:66 陶壶（据注 [26]） 7. 吴家场 M207:61 象牙权杖墩部（据注 [24]）

良渚社会上层有着统一的文化观念，也代表着整个良渚文化信仰的神灵是一致的。

由此可见，红山文化的宗教行为以举行宗教活动、祭祀仪式为主，每一个聚落群都有着自己的祭祀中心,死后也要将墓地修建成积石冢,在冢上举行祭祀仪式,因此红山人的日常生活离不开宗教场所。相比之下,良渚的宗教活动是"简化"的,不需要像红山民众一样前往祭祀中心举行活动,而是利用通神的玉器,如玉琮等,直接与神灵沟通。因此良渚对于宗教信仰的投入主要集中在制作玉器之上,而不像红山一样重视宗教场所的建设。相比于位置固定的宗教场所,玉器有着小型、便携的特点,方便流通,因此良渚的统治者将宗教当作巩固统治的一种手段,借助易于流通传播的玉器与纹饰,将神灵的形象传播到各聚落,从而建立起统一的信仰体系,进而使得各聚落形成对中心聚落的心理认同和文化认同,产生向心力与凝聚力。虽然具体的体现方式不同,但红山文化与良渚文化的背后无疑都有着一套统一的宗教信仰体系,这种统一的信仰体系是维持各聚落联系的有力手段,是巫觋获得特殊地位的前提条件,而当这种信仰被部分人利用到攫取权力上之后,便成为巩固统治的一种手段,因此从红山文化到良渚文化,统一信仰的作用逐渐扩大,最终成为神权统治的基础。

二、神权之下的社会分化

宗教信仰发展到红山文化与良渚文化这一时期,已经不再单纯是人们精神层面的寄托,而逐渐成为少数人获取权力的途径。新石器时代晚期是社会分化出现并增强的时期,红山文化与良渚文化的社会分化与其神权统治模式密不可分。

(一)神职人员与统治阶层

神权的出现意味着神职人员掌握了权力,与一般人产生了等级分化。聚落内部的等级分化可以表现在居址、墓葬等考古遗存的差异性中,体现出当时社会在职业、财富、等级地位上的分化。在神权社会中,出现了巫觋、祭司这类可以与神灵交流的职业,即神职人员,当这部分人拥有了超越他人的能力,便自然而然地拥有了超越他人的地位,产生了聚落内部的社会分化。

红山文化唯玉为葬,以牛河梁为例,牛河梁四个地点的 85 座墓葬中,出土玉器的墓葬共 42 座,如果出土玉器代表墓主人身份为巫觋,那么牛河梁积石冢中有一半的死者为巫觋。N2Z1 中的墓葬可以划分为前后两段,第 1 段包括 M21~M27 这 7 座墓葬,均随葬有玉器,第 2 段包括 M1~M11、M13~M17、M19、M20 这 18 座墓葬,其中 10 座随葬有玉器,若每一段的墓主人下葬时间相近,那么一个聚落中同时拥有的巫觋的数量似乎有些过多。牛河梁墓葬中随葬玉器数量与墓葬大小之间不完全是正相关的,如 N2Z1 的中心大墓为 M25、M26,M25 出土 7 件玉器,M26 出土 4 件玉器,而位于积石冢南部边缘墓群中的 M21 才是出土玉器最多的墓葬,共 20 件玉器(图四[27])。因此玉器在红山文化中不是判定墓主人等级地位的唯一标准,红山时期还未形成明确和固定的葬玉制度,随葬玉器是整个红山文化的葬俗,不能用来判断墓主人是否为巫觋,因此我们需要

图四　牛河梁 N2Z1 中心大墓与随葬特殊玉器墓葬分布图

通过随葬特定种类的巫觋专用的玉器来判断巫觋的身份。

例如，玉猪龙，其造型独特，非装饰品，目前仅发现十余件，但其分布范围广阔，在辽西牛河梁[28]、辽宁朝阳半拉山[29]共出土4件，在内蒙古那斯台[30]、河北围场下伙房村[31]、天津[32]等地有采集或征集品，总体形象特征与细部刻画都基本相同。在牛河梁中，第二地点一号冢M4共出土3件玉器，其中2件为玉猪龙，第十六地点M14出土1件玉猪龙。出土玉猪龙的墓葬既不是中心大墓，也不是出土玉器数量最多的墓葬，且出土数量尤为稀少，因此在红山文化中是有着独特的功能和意义的。除玉猪龙外，斜口筒形器（箍形器）与勾云形器也可能与通神有关。在牛河梁出土玉器的42座墓葬中，同时出现勾云形器和筒形器的墓葬只有2座，即N2Z1M21和N16-79M2；随葬勾云形器的墓葬有3座，即N2Z1M14、N2Z1M24、N5Z1M1；随葬筒形器的墓葬有15座，其中2座同时随葬玉猪龙。各个冢的中心大墓中没有玉猪龙和勾云形器出土,部分有筒形器出土,也同样说明墓主人为巫觋不代表墓主人是一个聚落中的最高首领,首领不一定拥有最多的玉器,反而常常利用玉器来通神的巫觋有着较多玉器,或者有着具有独特通神功能的玉器。因此红山文化中的神职人员并没有利用宗教神权来进一步攫取政治权力,使得自己成为统治阶层。

玉琮是良渚文化中最重要的通神玉器,其上的神人兽面纹被认为是良渚神灵的形象,拥有玉琮象征掌握神权,随葬玉琮是墓主人具有通神能力的代表。目前出土的玉琮共百余件,以瑶山和反山两片贵族墓地最为集中。瑶山墓地中玉琮出土情况与墓列分布相关,北行墓列包括M1、M4、M5、M6、M11、M14这6座墓葬,均未出土琮、小琮、钺、锥形器、三叉形器,南行墓列除M8外都同时出土了琮、小琮和钺[33](表一),琮、钺的有无和墓列的排布都指示了墓地中贵族群体的划分,拥有玉琮掌握神权的人和其他贵族是不同的群体。也有学者认为此墓地玉钺、锥形器、三叉形器都是男性权力的象征[34],北行为女性墓葬,南行为男性墓葬,琮、钺、三叉形器等通神与仪仗用器仅出现在男性墓葬中,指征着社会权力与地位存在着性别差异。而反山墓地共9座墓葬,其中7座墓葬出土了共20件玉琮[35],除M18外,出土玉琮的墓葬陪葬玉器总数也较多、面积较大(表二),玉琮的有无仍然是贵族墓地之中划分群体的标准,玉琮出土数量与墓葬规格相关,说明拥有琮的人有着更多的财富与更高的地位,是否掌握神权是统治阶级内部等级分化的标志。

表一 瑶山各墓葬出土琮、小琮、钺、锥形器、三叉形器统计表

墓列	北行						南行					
墓葬	M1	M4	M5	M6	M11	M14	M2	M3	M7	M8	M9	M10
琮&小琮/件	0	0	0	0	0	0	4	2	12	0	6	3
钺/件	0	0	0	0	0	0	1	1	1	1	1	1
锥形器/件	0	0	0	0	0	0	1	1	1	0	1	1
三叉形器/件	0	0	0	0	0	0	1	1	1	1	1	1

表二 反山各墓葬出土玉琮、玉器总数、墓葬面积统计表

墓葬	M12	M14	M15	M16	M17	M18	M20	M22	M23
琮/件	6	3	0	1	2	1	4	0	3
玉器总数/件	647	370	54	488	316	61	502	175	459
面积/平方米	5.1	7.4	4.8	5.8	6.6	4.4	7.5	5.5	7.6

因此不同于红山文化时期专职于宗教活动的巫师群体,良渚文化中掌握神权的这部分高等级贵族主要身份更偏向于聚落首领,或者说"王",他们从事的祭祀活动更加类似于后世"天子"祭祖、祭天、在重大事件决策中进行通神占卜的活动。因此在良渚文化中,不是神职人员成了统治阶层,而是统治阶层占有了神权,用神权来维护自己的统治

地位。参考童恩正对于神职人员的分类[36],红山文化中的神职人员偏向于其所说的"巫师",可以沟通神灵并且利用超自然的力量实施巫术;而良渚文化中的集神权王权于一身的首领类似"祭司",祭司没有超自然的能力,内部有严格的分工和等级划分,而良渚的"王"无疑便是其中等级最高的人。

(二)神权统治与中心聚落

红山文化各地点中最高等级的墓葬规格与随葬品数量没有显著区别,以随葬玉器为例,整个红山文化目前发表的材料中共58座墓葬出土188件玉器。牛河梁随葬玉器最多的墓葬为N2Z2M21,共有20件玉器,其次为M16-79M2,有9件玉器,其余墓葬玉器更少,14座墓葬仅随葬1件玉器[37]。田家沟第二地点M14、第四地点M8出土3件玉器,其余墓葬均出土一两件玉器[38]。胡头沟M1中出土15件玉器,M3出土3件玉器[39]。南台子M7中出土2件玉器[40]。草帽山M1、M7中分别出土1件玉器[41]。由此可见,红山文化墓葬中有玉器作为随葬品的墓葬并不多,每座墓葬随葬的玉器数量并不多,大多仅随葬1~3件玉器,所谓"高等级"墓葬并没有那么奢侈。因此红山文化虽然已经发生了社会分化,有无随葬玉器代表着不同的社会群体,但这时社会分化的程度还未达到良渚社会的高度,社会财富与资源聚集在少数人身上的程度较低。

对于红山文化周围区域的调查同样可以体现红山文化统治阶级的统治权是有限的。例如,对大凌河上游的调查表明,每个行政区都有独立的礼仪设施,最大行政区的人口也不会超过周边行政区的人口太多。虽然红山文化核心区(从牛河梁、东山嘴遗址到胡头沟墓地之间的区域)的建筑更为复杂,但并没有很多人口,精致的祭祀遗存并不是源于更大的人口规模、更多的劳动力或是更迫切的社会整合需要[42]。同样,辽宁省文物考古研究所对牛河梁遗址周边的区域调查表明,在调查区的南部,礼仪建筑高度集中分布,形式多样,规模巨大,礼仪建筑之间存在的生活类遗存可能只是为了满足建设、修缮礼仪设施,管理祭祀器物和组织礼仪活动之需,而不存在一个拥有这些礼仪建筑的超级社区[43]。因此在红山文化中,一片区域并不是以大型聚落为中心,而是以祭祀场所为中心,如牛河梁是红山文化最高等级的祭祀场所,其本身并不是一个大型聚落,也不是某一个大型聚落所独有的。由此可见,红山文化中并没有出现凌驾于其他聚落之上的、具有对周边控制权的大型中心聚落。

但如果红山文化中没有跨聚落的统治集团,那么各区域的祭祀中心如何形成?庙、坛、冢这样的大型宗教场所由何人建造?对于东山嘴遗址周边的考古调查表明,在75万平方米的范围内,红山时期人口为750~1500人[44],这意味着有750~1500人以东山嘴为祭祀中心,且祭祀中心的使用时间可能长达数百年,其中的祭坛、积石冢不是一代人建成的,而是经过数百年一代代人陆续扩建而达到了如今我们所见的规模,因此其工程量平均到每一代人身上可能并不会很大。不同于积石冢群,神庙的建造应当是一次性完成的,牛河梁女神庙为等级最高的祭祀场所之一,其总面积为75平方米。而在目前发现的规模较大的红山文化时期的聚落遗址魏家窝铺有面积较大的房址约60平方米[45]，年代更早的白音长汗遗址兴隆洼文化时期的最大房址面积超过50平方米[46]，可见女神庙的面积并未超过聚落中的大型房址太多，其工程量不会太大，即使没有大型中心性聚落，各个小型聚落的红山居民也可以完成对这些宗教场所与祭祀中心的营建。

良渚文化则不同，在环太湖的大片区域中分布着多个不同时期、不同地域的大型聚落，包括良渚古城、寺墩[47]、福泉山[48]等，每个大型聚落都是一片遗址群的中心，且这些中心之间还存在着沟通联系。例如，良渚古城为良渚遗址群的中心，古城面积达300万平方米，古城中的莫角山人工土台作为大型宫殿区可能有着举行仪式性活动的作用，其总面积30余万平方米。相比于红山，良渚文化有着更多大型公共工程，如莫角山土台、城墙、水利系统，以及瑶山、反山等高等级大墓，这些遗迹的工程量远远超过了红山文化的祭祀遗迹，总方量达到1000余万立方米（表三[49]）。据研究者估算，若以每年农闲时间参与古城建设100个工作日计算，1万人完成这些土石方的时间需要29.3年[50]，不过古城城墙、莫角山、水坝系统并非同时修建的，古城的完全建成是一个更加漫长的过程。根据古城、外郭、城外零星分布的其他聚落的面积来估算，古城及外郭的人口规模在15200~22900人，若加上古城外围零星分布的其他聚落，则总人口在22000~33400人，中间值约为28000人[51]，其聚落面积和人口规模都远远超过了红山文化的社会单元。且不同于仅作为祭祀中心的牛河梁，良渚古城是进行各类生产活动、实现各社群日常生活功能的早期城市型聚落，因此在良渚文化中出现了一个区域内的大型中心聚落。

表三 良渚古城各建筑设施土石方工程量统计表

建筑设施	堆土方/万立方米	石方/万立方米	总方量/万立方米	总计/万立方米
莫角山	228		228	约1005
城墙	110	约10	约120	
城内高地	281		281	
外郭	88		88	
水利系统	288		288	

不过在新石器时代良渚统治阶级不大可能对区域内众多聚落做到实际的政治统治，其中心地位不是来源于政治制度的构建或武力的威慑，而是基于文化信仰的认同，而这种控制信仰的能力很大程度上是基于对玉器原料与生产技术的控制。掌握宗教信仰与掌握玉器生产是相互成就的，玉器作为通神的工具，掌握玉器的生产便掌握了通神的能力，通过通神获得权力后便拥有更多人力、物力去制造玉器。虽然目前在良渚遗址群周围还未发现古玉矿，但苏浙一带的山地中具备形成玉矿的条件，塘山遗址便是良渚遗址群内的玉器作坊，2002年发掘中发现与制玉有关的石砌遗迹3处，玉质遗物100余件，其中半数以上为大小、形状不同的玉料，均留有切割痕迹，相当部分玉残件可辨器形，有琮、

璧、钺、镯、锥形器、管珠和管钻的内芯，无完整玉器[52]。这些半成品或残件与良渚遗址群内出土的玉器器类基本相同，因此这一制玉作坊为良渚遗址群内各个聚落提供玉器。

良渚文化中另一个重要的制玉作坊为丁沙地遗址，共发现各类玉器、玉料78件，其可辨的器形有琮、镯、璧、钺、柱形器等各类器物的钻芯。此地紧邻以寺墩、高城墩为中心的良渚文化太湖西北区，因此该作坊群必然最先与此区发生密切联系，逐渐成为良渚文化玉礼器的主要生产区之一[53]。寺墩遗址共出土91件玉器[54]，高城墩共出土287件玉器[55]，是良渚文化中同反山、瑶山、福泉山等"贵族"墓地同一等级的出土玉器最多的两个地点，与其他高等级贵族墓葬一样有着琮、璧、钺这些高级玉器。

塘山与丁沙地这两个制玉作坊的发现表明，良渚文化中每个高等级聚落或聚落群都拥有自己独立的制玉作坊，这些制玉作坊掌握着生产最高级玉器的技术，将成品玉器优先提供给高等级聚落。以玉琮为例，反山共出土20件，瑶山27件，寺墩33件，高城墩4件，而其余遗址大多仅出土一两件玉琮，可见这些低一等级的聚落没有自己独立生产多件玉琮的能力，而再低一等级的聚落甚至没有获得与使用玉琮的权力。良渚文化中还存在着切割再分配玉琮的现象，如浙江余杭横山M2中随葬4件玉琮，其中两件的玉质、形制、大小、纹饰大致相同，连接处也刚好吻合，说明其原系一件8节长琮，俗称"双子琮"[56]。当玉琮的数量不够时将成品玉琮不断分割来满足需求，可见制作玉琮的玉料及技术都是稀缺的。虽然良渚不同等级的聚落中均有玉器出土，但最高等级的玉器生产是牢牢把握在大型聚落的贵族阶层手中的，这些高级玉器基本都与通神有关，通过垄断这些高级玉器的生产技术，统治阶层便可以巩固自己的神权，将这些高级玉器再分配给次一等的聚落，便可以不通过武力就使其归附于自己，因此玉器在良渚文化的神权统治中扮演着非常重要的角色。

三、神权统治与社会演进

（一）红山与良渚的两种模式

从宗教信仰的发展规律而言，对神力的信仰在前，以后才发展到对神的信仰[57]。宗教的演进阶段可以分为原始宗教（泛灵崇拜）、多神宗教、一神宗教[58]。红山文化的信仰体系是信仰万物的神力，但不同的是在信仰万物的同时也发展出了具有人类形象的神，不同于泛灵信仰中各神灵平等，红山文化的信仰与"多神教"有相似之处，属于神力信仰向神灵信仰的过渡期。而到了良渚文化时期，便彻底地从泛灵信仰进化到了神灵信仰，神的形象被固定了下来。因此红山文化与良渚文化都有着统一的崇拜对象与信仰体系，但红山文化的宗教更近似于多神教，良渚文化的宗教更近似于一神教。二者不仅在宗教信仰的发展阶段方面存在差异，而且良渚文化玉器手工业也更加发达，社会分化程度更高，基本形成了一套完备的统治管理模式。这种发展程度不同的原因一方面是良渚文化年代较晚，社会发展的阶段不同，另一方面是二者的发展模式不同。虽然我们将红山文化与良渚文化都称为神权模式，但其本质上的社会结构发展道路有着很大差别，神权在社会中扮演的角色也完全不同。

红山文化中巫觋并不是社会政治权力的直接掌握者，其能力仅限于通神，其权力仅集中于宗教信仰这一方面。但这种权力不足以成为"神权"，我们所说的"神权"是指通过宗教信仰而获得的世俗意义上的社会权力，而不是指单纯的通神的能力，红山文化中的巫觋并未将其通神的能力转化为政治统治的权力，并没有成为聚落首领，更无法统治其他聚落，因此在红山文化，巫觋中没有形成真正的神权。但红山文化各聚落又有着高度统一的精神信仰，虽然没有世俗上的中心聚落将其统一起来，但对神灵的共同信仰使得红山各聚落的居民产生了向心力，从而共同营建祭祀中心，因此红山文化在没有大型中心聚落的情况下可以形成大型祭祀中心。其神权不是世俗社会中巫觋拥有的，也未被运用到政治统治上，而是信仰中的神灵本身所拥有的，是精神层面的统治力量，因此在这样的神权模式之下，红山文化在与通神有关的玉器方面有着辉煌的成就，在与祭祀有关的建筑物方面有着宏大的规模，而在社会分化与政治文明方面却没有明显的进步，笔者将其称为"神灵模式"。

良渚文化中神权成为统治阶层的工具，统治阶层的职能以政治统治为主，通神祭祀为辅，具有通神的能力可以证明统治地位的合理性，变成了获得政治权力的一种途径，因此良渚的"神权"掌握在世俗统治者的手中，且统治者通过控制高等级玉器的生产与分配来扩大统治范围，从而能够进一步集中人力物力、提高生产力。由于神权被世俗统治者所掌握，统治者便不仅会将权力运用于发展神权的宗教活动，也会将权力运用到发展世俗权力的方方面面，因此在这样的神权统治模式之下，良渚不仅制作出了更加精致、更加大量的玉器，同时也建立起了用于维系统治的发达的玉器手工业；不仅有着辉煌的精神文明，也发展出了在当时最为先进的物质文明和政治文明，跨入了新的文明发展阶段。有学者将良渚统治者称为"神王"[59]，因此笔者将良渚文化的神权统治模式称为"神王模式"。

（二）神权与社会衰落

许多学者认为，红山文化与良渚文化的快速衰落与其对宗教神权的过分重视有关，神权统治浪费了大量资源，导致社会无法持续发展[60]。导致社会衰落的原因是多种多样的，神权统治在红山文化与良渚文化的衰落中可能起到了重要作用，但这种影响不一定是决定性的，其社会的衰落不应完全归咎于宗教神权。

从红山文化来看，至今出土与采集的玉器有数百件，随葬玉器的墓葬不到积石冢内墓葬的一半，且墓中随葬玉器大多仅为两三件，可见红山的玉器数量实际上并不多。前文已经说明，红山文化中各个祭祀中心没有统一的规划建造者，而是由周边各聚落共同建设的，也就说明建造祭坛积石冢可能不是神权统治下的强制性行为，而更像是各聚落居民自发的行为。因此，红山没有真正意义上的神权统治需要靠对宗教行为的大肆投入来维系。

而良渚文化贵族墓葬中随葬数百件玉器的现象确实是一种过于奢侈浪费的行为，但这不代表良渚文化崇尚玉器一定是一种资源浪费的行为。前文说明了良渚文化的统治阶层通过控制信仰与控制玉器手工业，实现了对整个良渚文化区域内其他聚落的控制，其大型墓葬与墓地也并不像红山文化的积石冢一样用于祭祀，而更多的是统治阶级世俗权力的体现。良渚古城的城墙与水坝系统等大型工程更与宗教没有直接关系，其修建是为了提高生产力与防御力。虽然我们说良渚是神权社会，但实际上良渚先民在宗教信仰上的投入相比于正常的生产生活的投入而言并没有很多，并没有修建大型宗教场所。如果说良渚是神权与王权相结合的统治模式，那么神权在其中其实是起辅助作用的。

放眼世界，有许多真正的"神权国家"延续发展至今，我们不能肯定地说神权统治本身便是不可持续的，本身便会造成资源浪费、社会衰落，尤其是在新石器时代落后的生产条件与不完善的统治机制下，神权是集中人力物力、扩大社会规模的一种很好的手段，早期政治权力的起源与宗教信仰息息相关。红山文化与良渚文化对宗教信仰的大量投入或许是其衰落的原因之一，但宗教信仰与神权对其社会复杂化的进程同样也起到了巨大的推动作用，甚至对于早期中国的文明演进的进程也起到了不可或缺的作用。在中华文明发展历程中，只有在红山文化、良渚文化、殷商文化时期这样的特定时段与特定社会中，整个社会的人们有着统一的信仰，并将全社会的力量投入宗教活动中，因此红山文化与良渚文化在新石器时代的早期中国有着独特性，对其研究有助于思考为何神权模式没有在中国继续发展下去，而是从周代起逐步退出了政治舞台，被以王权为中心的统治模式取代，这也体现了中华文明在世界古代文明中的独特发展模式，因此研究红山文化与良渚文化的神权模式对于探索中华文明的起源与其独特性有着重要意义。

注　释

[１] a. 苏秉琦最初提出了国家起源的"三部曲与三模式"，三种模式为原生型、次生型、续生型，参看苏秉琦：《中国文明起源新探》，沈阳：辽宁人民出版社，2009年，第110页；b. 李伯谦提出了中国文明演进的两种模式，即以红山良渚为代表的神权国家模式和夏商周军权－王权国家模式，参看李伯谦：《中国古代文明演进的两种模式——红山、良渚、仰韶大墓随葬玉器观察随想》，《文物》2009年第3期，第47～56页；c. 栾丰实提出中国史前社会文明化进程的两种发展模式，一种是以中原地区和海岱地区为代表的"世俗"模式，一种是太湖地区和燕辽地区为代表的"宗教"模式，参看栾丰实：《中国古代社会的文明化进程和相关问题》，《东方考古》（第1集），北京：科学出版社，2004年，第302～312页；d. 赵辉提出文明化进程分为两种模式，在自然环境较好的东部、南部地区，社会复杂化和社会分层化程度较高，且宗教发挥着重要作用，在自然条件相对较差的西部和北部，社会分化程度普遍较低，冲突与暴力常常发生，参看赵辉：《中国的史前基础——再论以中原为中心的历史趋势》，《文物》2006年第8期，第50～54页。

[２] 李伯谦提出了"神权"的概念，并将红山文化与良渚文化称为"神权国家"，参看李伯谦：《中

古代文明演进的两种模式——红山、良渚、仰韶大墓随葬玉器观察随想》,《文物》2009 年第 3 期,第 52 页。本文在此对二者是否为国家不做过多讨论,仅就其"神权"之概念进行讨论。
[3] 高江涛:《试论中国早期国家形成的模式与动力》,《史学月刊》2019 年第 6 期,第 21~33 页。
[4] 辽宁省文物考古研究所:《牛河梁:红山文化遗址发掘报告 1983—2003 年度》(上),北京:文物出版社,2012 年,第 17~38 页。
[5] 同注[4],第 38、39 页。
[6] 刘国祥:《红山文化研究》,中国社会科学院博士学位论文,2015 年,第 224 页。
[7] 同注[4],第 132 页。
[8] 刘国祥:《红山文化研究》(上),北京:科学出版社,2015 年,第 219、220 页。
[9] 郭大顺、张克举:《辽宁省喀左县东山嘴红山文化建筑群址发掘简报》,《文物》1984 年第 11 期,第 1~11、98、99 页。
[10] 内蒙古文物考古研究所:《克什克腾旗南台子遗址发掘简报》,《内蒙古文物考古文集》(第一辑),北京:中国大百科全书出版社,1994 年,第 87~95 页。
[11] 孙国军、叶雅慧:《赤峰市全国重点文物保护单位(第七批)之十三:敖汉旗新石器时代草帽山遗址》,《赤峰学院学报(自然科学版)》2014 年第 19 期,第 277 页。
[12] a. 瑶山遗迹在瑶山西北坡依山势而堆筑,用砾石叠砌了多条斜坡状石坎,有人认为是方形祭坛,但遗迹表面没有发现建筑遗迹,无法判断其作为墓地以外的用途,目前的考古发现无法证明其存在着祭祀活动,参看浙江省文物考古研究所:《瑶山》,北京:文物出版社,2003 年;b. 汇观山遗址的祭坛为长方形,呈回字形内外三重的结构,祭坛主体形式复原为覆斗式,东西两端呈阶梯状的结构。但是在坛顶平面未发现柱洞等表明地面建筑存在的迹象,也未发现生活堆积和遗存,参看刘斌、蒋卫东、费国平:《浙江余杭汇观山良渚文化祭坛与墓地发掘简报》,《文物》1997 年第 7 期,第 4~19 页。
[13] 辽宁省文物考古研究所:《牛河梁红山文化遗址发掘报告 1983—2003 年度》(下),北京:文物出版社,2012 年。
[14] 浙江省文物考古研究所:《反山》,北京:文物出版社,2005 年。
[15] 杨兴宇:《红山文化人像的发现及研究》,《文物鉴定与鉴赏》2019 年第 22 期,第 53 页。
[16] 同注[14]。
[17] a. 王明达认为是"区别一般部族成员的显贵者的身份地位的徽记",参看王明达:《反山良渚文化墓地初论》,《文物》1989 年第 12 期,第 52 页;b. 刘斌认为是"人神面部特化的表现,是图腾神人格化的结果","琮上雕刻统一规范的徽像,说明具有比图腾崇拜更高层次的宗教形式,兽面纹表现的神灵应已具备了类似殷人的帝或上帝的性质",参看刘斌:《良渚文化玉琮初探》,《文物》1990 年第 2 期,第 32~35 页;c. 张光直的"动物伙伴"理论认为神人兽面纹是一种"人兽母题",是巫师借助动物伙伴升天入地的造型,参看〔美〕张光直著,郭净、陈星译,王海晨校:《美术、神话与祭祀》,沈阳:辽宁教育出版社,1988 年。
[18] 刘晋祥、杨国忠:《赤峰西水泉红山文化遗址》,《考古学报》1982 年第 2 期,第 183~198、265、266 页。
[19] 刘国祥:《敖汉兴隆沟发现红山文化罕见整身陶人经过及意义》,中国考古网 2012 年 8 月 14 日,见 http://www.kaogu.cn/cn/xianchangchuanzhenlaoshuju/2013/1026/40344.html。
[20] 董文义、韩仁信:《内蒙古巴林右旗那斯台遗址调查》,《考古》1987 年第 6 期,第 507~518 页。
[21] 同注[14]。
[22] 梁丽君:《崧泽、良渚文化三大纹样母题研究》,南京大学博士学位论文,2011 年,第 133~135 页。
[23] 浙江省文物考古研究所、北京大学考古文博学院、北京大学中国考古学研究中心等:《权力与信仰 良渚遗址群考古特展》,北京:文物出版社,2015 年。

[24] 陈杰、周云:《上海福泉山遗址吴家场墓地 2010 年发掘简报》,《考古》2015 年第 10 期, 第 64 页。
[25] 朱乃诚:《良渚文化玉器刻符的若干问题》,《华夏考古》1997 年第 3 期, 第 43 页。
[26] 孙维昌:《上海青浦福泉山良渚文化墓地》,《文物》1986 年第 10 期, 第 1～25、97、99～101 页。
[27] 根据 N2Z1 全景鸟瞰图(西—东)改绘, 参看注 [10]。
[28] 牛河梁遗址共出土 3 件玉猪龙(N2Z1M4:2、N2Z1M4:3、N16M14:3), 参看注 [4]。
[29] 半拉山遗址出土 1 件玉猪龙(M12:1), 参看熊增珑、樊圣英、吴炎亮等:《辽宁朝阳市半拉山红山文化墓地的发掘》,《考古》2017 年第 2 期, 第 18 页。
[30] 崔岩勤、赵爱民:《那斯台遗址出土玉器探析》,《赤峰学院学报(汉文哲学社会科学版)》2008 年第 S1 期, 第 100 页。
[31] 杨伯达主编, 牟永抗、云希正卷主编, 郭群等图版摄影:《中国玉器全集(上)原始社会—春秋·战国》, 石家庄: 河北美术出版社, 2005 年, 第 226 页。
[32] 同注 [26], 第 225、226 页。
[33] 浙江省文物考古研究所:《瑶山》, 北京: 文物出版社, 2003 年。
[34] 秦岭:《权力与信仰——解读良渚玉器与社会》,《权力与信仰——良渚遗址群考古特展》, 北京: 文物出版社, 2015 年, 第 1、2 页。
[35] 同注 [14]。
[36] 童恩正:《中国古代的巫》,《中国社会科学》1995 年第 5 期, 第 183、184 页。
[37] 同注 [4]。
[38] 王来柱:《红山文化出土玉器的新发现——田家沟红山文化墓地群的发掘与初步研究》, 2012 年 4 月北京艺术博物馆"时空穿越——红山文化出土玉器精品展学术报告会"。
[39] 方殿春、刘葆华:《辽宁阜新县胡头沟红山文化玉器墓的发现》,《文物》1984 年第 6 期, 第 1～5、98 页。
[40] 同注 [10]。
[41] 邵国田:《敖汉文物精华》, 呼伦贝尔: 内蒙古文化出版社, 2004 年, 第 27～29 页。
[42] 红山文化核心区的地方社区和超地方社区的发展模式与已知的周边区非常相像。大量的农舍散布在地表, 但大多数人口集中在较大的地方社区。这些地方社区不是布局紧密的村庄, 而是延伸达几百米的分散集合体。地方社区组合成多个行政区, 之间有互动关系, 但看起来没有政治结合。每个行政区都有独立的礼仪设施, 最大行政区的人口也不比周边行政区的人口多很多。红山文化核心区在礼仪活动、社会阶层方面表现出更加复杂的现象并不是人口数量大、密度高、更集中的社区和更大规模政治结合的必然结果。参看吕学明、柯睿思、周南等:《辽宁大凌河上游流域考古调查简报》,《考古》2010 年第 5 期, 第 33 页。
[43] 吕学明、熊增珑、郭明等:《2014 年牛河梁遗址系统性区域考古调查研究》,《华夏考古》2015 年第 3 期, 第 8 页。
[44] 同注 [42], 第 30 页。
[45] 段天璟、成璟瑭、曹建恩:《红山文化聚落遗址研究的重要发现——2010 年赤峰魏家窝铺遗址考古发掘的收获与启示》,《吉林大学社会科学学报》2011 年第 4 期, 第 20 页。
[46] 内蒙古自治区文物考古研究所:《白音长汗: 新石器时代遗址发掘报告》, 北京: 科学出版社, 2004 年。
[47] 汪遵国、李文明、钱锋:《1982 年江苏常州武进寺墩遗址的发掘》,《考古》1984 年第 2 期。
[48] 黄宣佩主编:《福泉山——新石器时代遗址发掘报告》, 北京: 文物出版社, 2000 年。
[49] 浙江省文物考古研究所:《良渚古城综合研究报告》, 北京: 文物出版社, 2019 年, 第 298 页。
[50] 同注 [49], 第 298 页。
[51] 同注 [49], 第 289 页。

[52] 王明达、方向明、徐新民等：《塘山遗址发现良渚文化制玉作坊》，《中国文物报》2002年9月20日第1版。
[53] 陆建方、杭涛、韩建立：《江苏句容丁沙地遗址第二次发掘简报》，《文物》2001年第5期，第22~36页。
[54] 同注［47］。
[55] 陆建方、唐汉章、翁雪花等：《江阴高城墩遗址发掘简报》，《文物》2001年第5期。
[56] 浙江省余杭市文管会：《浙江余杭横山良渚文化墓葬清理简报》，《东方文明之光：良渚文化发现60周年纪念文集（1936—1996）》，海口：海南国际新闻出版中心，1996年。
[57] 童恩正：《童恩正文集·学术系列·人类与文化》，重庆：重庆出版社，1998年，第258页。
[58] 同注［36］，第182、183页。
[59] 刘斌、王宁远、陈明辉等：《良渚：神王之国》，《中国文化遗产》2017年第3期，第4~21页。
[60] a. 李伯谦认为："红山古国采取的是无限扩大神权的模式，良渚古国虽神权、军权、王权相结合但仍是以神权为主的模式。神权高于一切，应该是两者最终均走向消亡的根本原因。第一，掌握神权的巫师，无所节制地将社会财富大量挥霍于非生产性的宗教祭祀设施的建设和活动上，掏空了社会机体正常运转和持续发展的基础，使社会失去了进一步发展的动力……第二，掌握神权的巫师，不是靠自己的军事才能和行政才能管理国家，而是靠向神致祭、同神对话秉承神的意志和个人想象来实现领导，这样做的结果可想而知。"参看李伯谦：《中国古代文明演进的两种模式——红山、良渚、仰韶大墓随葬玉器观察随想》，《文物》2009年第3期，第54页；b. 陈淳认为祭坛和玉器是"非基本生存需要的支出……全部依赖社会的剩余产量，而且是完全没有回报的额外消费。然而对良渚这种农业社会来说，生产力水平不会很高，社会整体产量的提高仍需依赖劳力的强化投入。当大量的社会能量与资源不断被投入到毫无经济效益可言的祭祀活动中去，随着社会复杂化的进一步发展，很快会达到开始损害其经济基础的一点。当整个社会为维持神权体制而透支能量与耗竭资源，无法再从物质上来维持统治阶层的神圣象征地位与权力基础时，那么，这个社会的解体就不可避免"。参看陈淳：《资源，神权与文明的兴衰》，《东南文化》2000年第5期，第18页。

Theocratic Societies in Early China: Two Models of Hongshan Culture and Liangzhu Culture

Zhu Wenyu

（2021 Graduate Student, School of Archaeology and Museology, Peking University）

Abstract: Primitive religion and theocracy had a profound impact on the development of early Chinese civilization. Through the research of the archaeological remains in the Hongshan Culture and Liangzhu Culture, this article first clarifies the concept of early Chinese theocracy society, and proposes that the same religion belief is the foundation of theocracy society. Then through the comparative study of jade, tombs, religious sites, settlements in Hongshan and Liangzhu culture, we conclude that the social differentiation between the two cultures is different, and the model of their theocracy and civilization is different. By summarizing the similarities and differences of Hongshan culture and Liangzhu culture, this article proposes that the two cultures have different theocracy models, that is, Hongshan culture is a religious "spiritual model", and Liangzhu culture is a secular "aristocratic model". The main difference between the two models is that the owners of theocracy and the ways in which theocracy is used are different, which affects the degree of social development and the progress of civilization.

Key Words: Hongshan Culture, Liangzhu Culture, Theocracy, Civilization Development

中原地区夏商周时期鹿角器加工初探

裴晓晨

（北京大学考古文博学院 2019 级博士研究生）

摘要：鹿角是制作器物的重要原料，但以往的研究往往将其与狭义的骨器放在一起讨论。本文把鹿角器加工当成一个独立的门类，对中原地区夏商周时期已公布的鹿角器及与鹿角器加工相关的遗存进行了梳理，从手工业生产的角度对鹿角器加工的技术和生产组织等问题进行了总结，发现这一时期古人在选材时以梅花鹿为主，还有少量的麋鹿；而且古人对鹿角的认识已经相当成熟，可以根据鹿角的形态制定不同的加工模板加工不同的器物。这一时期鹿角器加工以满足自身需求的家庭式小规模生产和归属于大型制骨作坊的小规模生产为主；除此之外，还出现了独立于狭义骨器生产、以单一鹿角器（鹿角镞）加工为目标的生产组织形式，为认识夏商周时期整个手工业的发展提供了新的角度。

关键词：夏商周时期；鹿角器加工；手工业生产

一、引　　言

鹿科动物是一种重要的动物资源，不仅可以提供肉食，而且其皮可以制作衣服，其骨、角也是制作器物的重要原料。例如，驯鹿，鄂温克人吃驯鹿肉、喝驯鹿奶，用驯鹿皮毛、驯鹿骨为原料加工制作生产生活用品，还用驯鹿运输货物[1]。鹿角是鹿科动物特有的结构，每年都会脱落再生[2]，它是从雄性鹿科动物（獐、驯鹿除外[3]）额骨上衍生出来的角形器官，由角柄、角环、角基和角枝组成[4]（图一）。与骨骼相比，鹿角硬度更高，更有弹性，与管状骨相比具有一定的厚度，尤其大型鹿角[5]更是如此，因此鹿角是制作器物的重要原料。考古遗址中常常出土有用鹿角制作的器物，早在旧石器时代早期，鹿角的物理特性就被人们所熟知，它们成为打制燧石的软锤；马格德林文化时期流行鹿角制

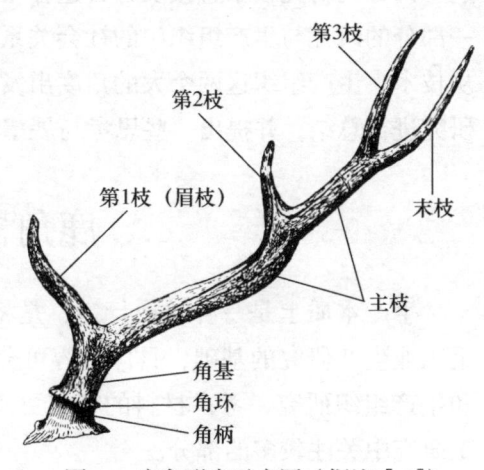

图一　鹿角形态示意图（据注［4］）

的单边或双边的带倒钩的尖状器[6];即使到了中世纪,斯堪的纳维亚半岛的工匠仍会从外地进口驯鹿角生产精美的鹿角梳[7]。在中国,最早的磨制鹿角器出现在旧石器时代晚期[8];新石器至夏商周时期,鹿角器和鹿角料也广泛地出现在各个遗址中。目前国内对鹿角器的相关研究主要集中在形态分类研究[9]、制作工艺研究[10]、特殊鹿角器功能性质的研究[11]上。因为鹿角器的数量与狭义的骨器(利用动物骨骼制作的器物)相比十分有限,因此目前学界多把鹿角器与狭义的骨器放在一起讨论,与鹿角器加工相关的研究整体比较缺乏,而且鹿角器有时会被误认为骨器,如在二里头遗址中,以往被定为骨镞的器物中很多是鹿角制成的角镞[12]。

近些年来,二里头遗址新发现了一处骨器、角器加工作坊[13],周原姚西居址[14]发现了专门加工鹿角镞的地点,这对鹿角器加工的研究提出了新的要求。一方面,随着与骨器加工相关的考古材料的日益丰富以及学界对制骨作坊和手工业研究的关注,"手工业作坊片区"[15]、"工业园区"[16]、"手工业园区"[17]等概念不断被提出,而鹿角器加工作为手工业生产中的一个小门类,其更全面、深入的研究有利于进一步认识不同手工业部门之间的关系、聚落分区等问题。另一方面,鹿角器是古人利用鹿科动物资源的方式之一,对鹿角的利用可能会影响古人获取鹿科动物的策略,可能会在其数量、年龄结构、性别比例等方面有所反映。以往的研究主要是关注鹿角器本身,很少从整个鹿科动物的角度出发,因此在未来的研究中需要将鹿角器加工与鹿科动物骨骼结合起来,更全面地认识人与鹿科动物之间的关系。

从现有材料看,青铜时代制骨作坊不断涌现,骨器加工和手工业研究比较丰富[18],因此本文将时间聚焦在夏商周时期,空间上则集中在广义中原地区(河南省、山西省南部、陕西省关中地区)。技术、组织、人(工匠/消费者)是手工业生产系统中的三个基本组成部分[19]。其中,人的研究是手工业研究中的重要内容,如工匠的身份地位、性别,消费者的身份地位等,这有利于更好地认识手工业生产的劳动分工、生产性质等问题。但这一部分的研究很难直接从考古遗存中发现,而且目前与鹿角器加工相关的材料较少,这一部分的研究与生产组织中的社会关系研究有相似之处,故不再单独讨论。因此,本文将从技术、生产组织这两个大的角度出发,对中原地区夏商周时期鹿角器加工的现有材料与研究进行总结,并提出一些思考与展望。

二、鹿角器加工的技术研究

生产本质上是一种转换行为,是将原料转换成生产生活所需物品的过程,而技术是手工业生产研究的基础,具体内容可分为原料、工具、加工流程三个部分[20]。相较于人和生产组织研究,考古材料的特点更支持手工业技术的研究,同时这也是目前鹿角器加工研究中关注较多的部分。

（一）原料选择

原料是手工业生产的基础，对原料的辨识有利于认识产品类型、加工技术的选择；此外，对原料的辨识还有助于进一步判断原料的来源和具体获取方式，是认识加工地点、手工业生产背后的交换网络、生产组织等问题的关键[21]。上文曾提到，鹿角本身的物理特性使得它在骨器加工上有特殊的优势，而且大部分雄性鹿科动物都会长出鹿角，那古人在选材时是否存在一定的倾向性，又会通过什么样的方式获取呢？

1. 种属鉴定

原料的种属鉴定是鹿角器加工研究的第一步，是认识古人选材倾向、原料来源、加工流程等问题的基础。目前鹿角种属鉴定的主要方法有形态鉴定、动物生态地理分布和分子生物学［如基于质谱的动物考古学（ZooMS）］。但是这些方法都有一定的局限性。比如大部分经过加工的鹿角料或鹿角器基本上已经丧失了原本的形态，而且经过数千年的埋藏，鹿角表面会出现不同程度的风化，因此很难仅从形态上进行种属鉴定。此外，虽然不同的鹿科动物的生态地理分布有所差异，但是这种方法的鉴定精度比较低，如中原地区常见的鹿科动物主要有梅花鹿、麋鹿、狍子，它们的鹿角都可以用来加工角器。最后，基于质谱的动物考古学鉴定的精度也是有限的，并不能对所有鹿的种属进行区分，如可以区分驯鹿和狍子，但是不能区分马鹿、驼鹿和黇鹿，具体区分还需要再结合鹿科动物的地理分布、鹿角的特点[22]。因此，鹿角器原料的种属鉴定存在一定的难度，这也导致了大部分报告中缺乏对鹿角料种属的介绍。

据统计，中原地区夏商周时期鹿角器加工的原料包括梅花鹿、麋鹿、狍子的角，以梅花鹿角为主。比如河南洛阳二里头遗址（二里头文化）[23]、陕西旬邑西头遗址（商周时期）[24]、陕西淳化枣树沟脑遗址（先周）[25]、陕西周原姚西遗址（西周早中期）[26]的角料均以梅花鹿角为主；而殷墟铁三路制骨作坊出土的角料则主要是麋鹿角[27]。可见，梅花鹿角是最常见的鹿角器原料，这一方面是因为梅花鹿是当时最常见的鹿科动物，夏商周时期出土麋鹿的数量少于梅花鹿[28]；另一方面，梅花鹿角分叉较多，一般4枝，偶分5枝，而狍子角分叉少且整体较短，在可利用原料的丰富度上不占优势，因此在一些遗址中，梅花鹿角是鹿角器加工的主要原料。

在未来的研究中，要加强对鹿角种属的鉴定，首先不仅要看到鹿角料和鹿角器本身，还应该扩大观察样本的范围，将遗址中出土的鹿科动物骨骼和没有明确加工痕迹的鹿角都考虑在内；此外，也可以尝试利用基于质谱的动物考古学等方法对鹿角进行鉴定，但中国常见鹿科动物的鉴定精度还不清楚，还需要进一步的工作。

2. 获取方式及季节

与动物骨骼只能在屠宰动物之后才能获得不同，大多数鹿（除麂属外）在出生后第二年才长角，以后每年都会脱角，因此古人除了可以通过宰杀鹿科动物获得鹿角外，也可以通过捡拾获得。这可以根据鹿角根部角环（角盘）的保存状况来判断，角环保存完整且平整的鹿角应是自动脱落后被古人捡拾带到遗址中的，而带有颅骨的鹿角或者角柄带有砍痕的鹿角应是通过狩猎得到的。除此之外，还可以利用遗址中出土的动物骨骼来判断鹿角的获取方式，如果鹿科动物的死亡季节集中在不长角的季节[29]；或者遗址中出土的某种鹿科动物数量明显少于该类动物鹿角的数量，那么鹿角可能是捡拾来的[30]。

除了可以判断鹿角的获取方式外，因为大部分鹿角的生长和脱落是季节性的，因此还可以推测鹿角的获取时间。多数生活在温带的鹿（梅花鹿、马鹿），鹿角生长的季节性变化尤为明显，鹿角在春季生长（北半球4～5月），到了8月完全成熟，并脱尽茸皮；进入秋季发情季节，鹿角骨化，一直到次年春季才脱落（图二）[31]。如果要利用鹿角加工器物，要等到鹿角完全骨化后才能使用，因此宰杀鹿科动物（角柄带有砍痕的鹿角）的时间可能是在9月至次年4月。而带有自然脱落的角盘的头骨意味着该个体是在春季脱角之后、长角之前很短暂的一段时间内被宰杀的。除此之外，以往认为自动脱落的鹿角可以在全年任何时候被捡拾，但是鹿角生长速度很快，需要大量的能量和矿物质加以补充，因此雄鹿会经常啃食上一年脱落的角和富含矿物的泥土（舔盐）[32]，所以为了避免鹿角被破坏，人们可能会在春季鹿角刚脱落后捡角[33]。

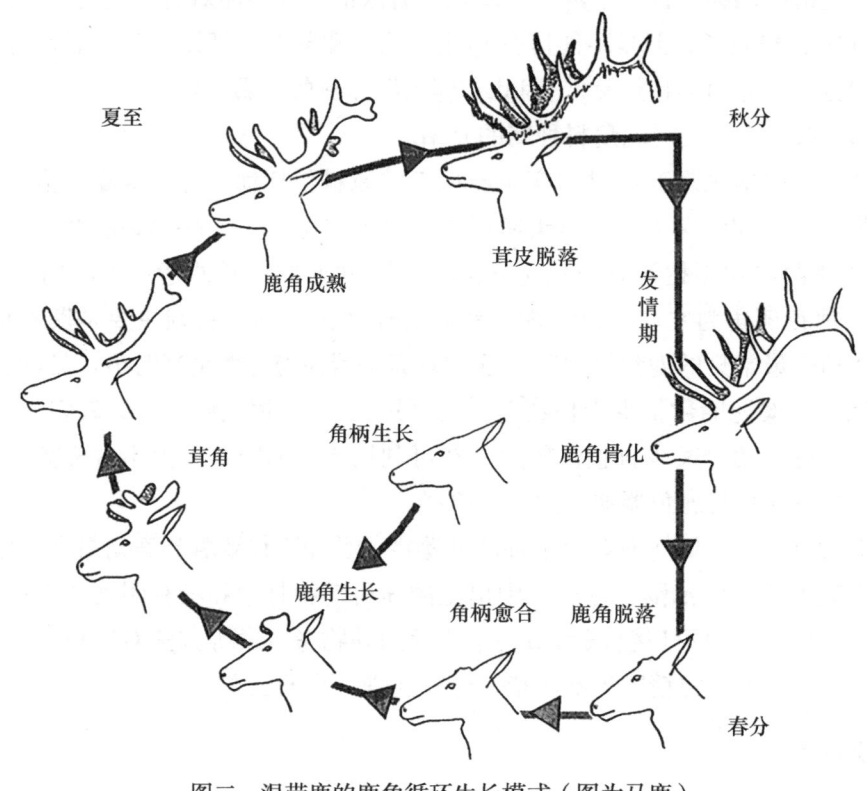

图二　温带鹿的鹿角循环生长模式（图为马鹿）
（据 https://veteriankey.com/antlers-and-reproduction/）

需要注意的是，如果是为了获取鹿茸，那么狩猎时间就应该在鹿角骨化之前，即4~8月。但利用鹿茸和利用鹿角制作器物的加工方式不同，因此可以加以区分。此外，鹿茸和完全骨化的角在厚度上有所差异，因此还可以通过测量鹿角的厚度来区分[34]。

3. 鹿角产源

这里的鹿角产源指的是空间上的概念。上文曾提到，不同鹿科动物的生态地理分布有所差异，因此当遗址中出土了不是本地鹿科动物的鹿角时，可能意味着鹿角器加工背后存在着较大范围内的供应网（supply network）[35]。然而，本地有分布的鹿角并非都是来自本地的，有学者对遗址中的马鹿角进行锶同位素比值分析，发现部分马鹿角是从外地进口的[36]。

（二）产品与加工流程

与陶器手工业研究不同的是，骨角器的加工是一种减法过程（subtractive technology），鹿角和动物骨骼的形态往往是已知的，因此能够从原料、成品两个方向同时出发，对其加工流程进行复原。鹿角形态复杂且有一定的厚度，因此不同的部位可以加工成不同类型的器物（图三）。目前学界对鹿角器尤其是鹿角镞的加工流程已经有了较为清晰的认识[37]，但除此之外，中原地区常见的鹿角器还有锥、锤、凿等，而不同鹿角器的加工流程可能有所不同。为了对鹿角的利用以及鹿角器的加工流程有更全面的认识，本文对中原地区夏商周时期出土的鹿角器和鹿角料进行了梳理，并对鹿角器加工时可能存在的不同加工流程进行了粗略的复原[38]。由于大部分遗址中出土的鹿角器和鹿角料数量、种类有限，而鹿角的形态结构有一定的规律性，因此本文把不同遗址不同时期的材料放到一起综合考察。

从目前公布的材料来看，一部分鹿角器只经过简单的打磨即使用，如锥或锄，保留了鹿角的基本形态；另外一部分是从鹿角的角干上截取一部分角料，加工成锥、镞、镖等，已完全看不出鹿角的形态。本文根据鹿角器成品的形状，将其分为四类，并对不同类别鹿角器的加工流程分别进行介绍。

图三 鹿角与各部位可加工鹿角器示意图
（据注[5]）

第一类鹿角器基本上保留了鹿角原来的形态，主要器形有锄、锥、凿。此类器物加工方式比较简单，或是直接打磨完整鹿角尖部成器（图四，A）；或是选择同时带有角枝

（图四第1、2、3枝）和主枝/末枝的部分，打磨其中一尖部成器（图四，B）；或是截取单独的角枝/末枝，打磨尖部使用（图四，C）。这三种不同的加工流程基本上都保留了鹿角原来的形态。

第二类鹿角器呈圆柱状，很少见。此类器物加工流程也相对比较简单，多是从主枝部分截取一段柱状鹿角料，然后加工上端、下端即可完成（图四，D）。

第三类鹿角器呈半片状，主要器形有匕、锥、凿，整体数量不多。具体加工流程可能是将第二类鹿角器加工过程中的柱状鹿角料纵向分成两半（图五，E），或者直接从鹿角根部截取半片状角料（图四，G），然后再进一步加工某一端成器。

第四类鹿角器基本没有保留鹿角最初的形态，主要是一些小型器物，如镞、镖、针等。此类器物加工过程较为复杂，多是将第三类鹿角器加工过程中的半柱状鹿角料进一步切割成鹿角条或鹿角片，然后再进一步加工成具体的小器物（图四，F、G）。

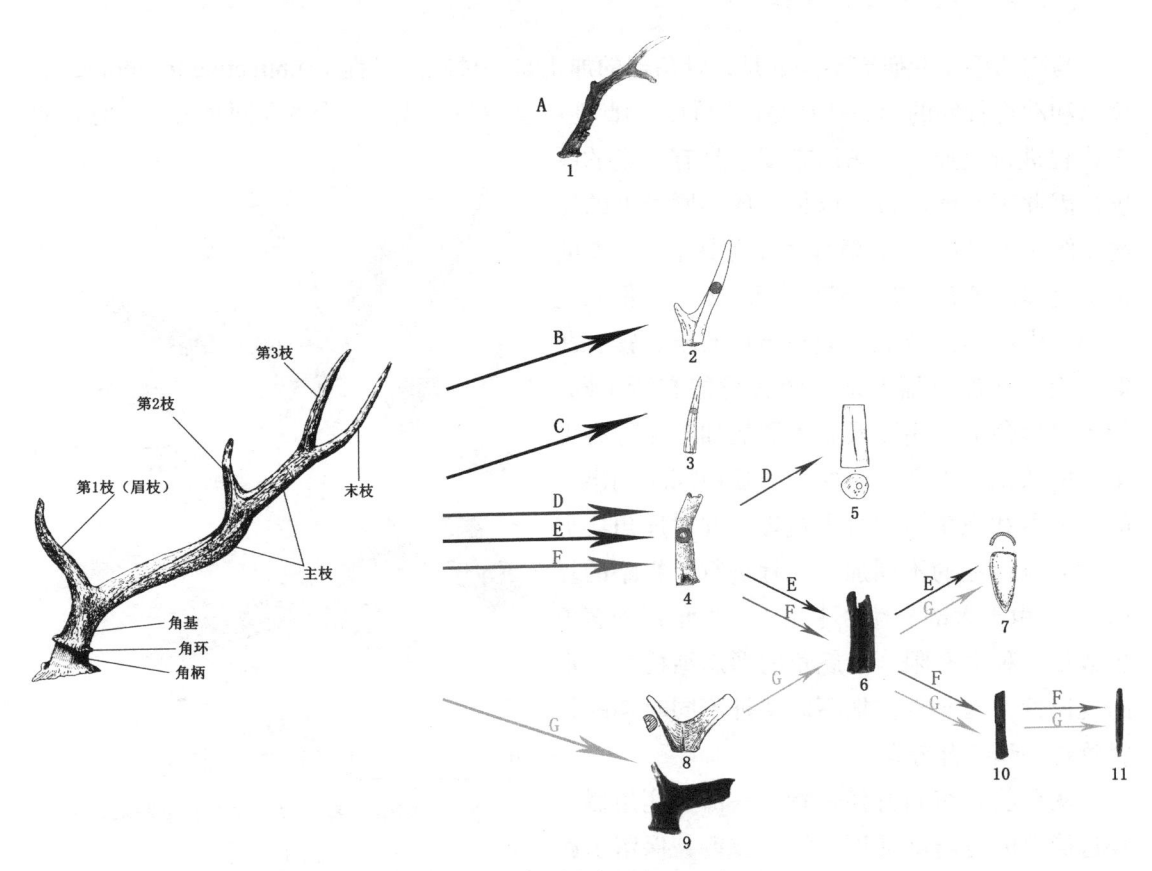

图四 不同类型鹿角器加工示意图

1. 鹿角锥，垣曲古城东关遗址出土（据注［39］） 2. 鹿角锥，二里头遗址出土（据注［44］） 3. 鹿角锥，偃师商城遗址出土（据注［40］） 4. 鹿角料，郑州商城紫荆山北出土（据注［50］） 5. 鹿角饰品，偃师商城遗址出土（据注［40］） 6. 鹿角料，二里头遗址出土（据注［49a］） 7. 鹿角锥，垣曲商城遗址出土（据注［41］） 8. 鹿角料，王城岗遗址出土（据注［42］） 9. 鹿角料，二里头遗址出土（据注［44］） 10. 鹿角条，二里头遗址出土（据注［49a］） 11. 鹿角镞，二里头遗址出土（据注［49a］）

通过上述分析，可以发现夏商周时期人们对鹿角器的加工已经相当灵活成熟，能够"因材制器"，能够充分利用鹿角的不同部位加工出不同的器物；同样也能根据需求生产单一的器物，如二里头遗址、周原姚西居址的鹿角主要用来加工鹿角镞。需要说明的是，上述鹿角器加工流程的复原以梅花鹿角为主，不同种类的鹿角（主要指鹿角的大小）的加工流程是否存在差异，如狍子角形态较小，是否多是直接打磨尖部使用还有待更多材料的积累。

（三）加工工具和加工方法

加工工具和加工方法反映了古人对原料特性的认识，同时也是影响骨角器制作技术、加工效率和生产规模的重要因素。根据对以往材料的总结可知，在鹿角器加工的不同阶段，古人可能会使用不同的加工工具和加工方法。以姚西居址为例[43]，在第一步截取角料时，存在砍断和锯切两种加工方法，其中锯切法的工具可能是金属工具，其在二里头文化时期就开始使用[44]，但最初很可能是铜刀而不是铜锯[45]；在进一步截取角料和角条时可能是使用石刀劈裂而成；将角条加工成角镞时，可能使用石刀或某种转动工具，具体加工方法可能是刮削、锯锉。不同遗址的加工工具可能存在差异，应结合考古材料具体分析。

三、鹿角器加工的生产组织研究

对生产组织（the organization of production）的研究是手工业生产研究的核心。生产通过时间、空间、社会三个不同的要素被组织起来，共同决定了工匠、消费者和产品之间的关系[46]。下文将从这三个角度对鹿角器加工的生产组织进行研究。

（一）时间

时间上，主要指的是生产过程中的时间规划（scheduling），如是全职（full-time）生产还是兼职（part-time）生产；是日常性（daily）还是季节性（seasonal）生产。一般而言，在非工业社会中，手工业生产的时间规划主要与农业周期或者环境条件有关，并对劳动分工造成直接影响。

手工业生产中的时间规划一般很难直接发现，除非原材料本身或生产流程可以指征时间。而大部分鹿角的生长和脱落是季节性的，这为研究鹿角器加工的时间规划提供了可能。以周原姚西居址为例，H3、H4集中出土了105件与鹿角器加工有关的样本，其中鹿角料82件（角尖4件、角条53件、其他25件），半成品14件，成品8件，残品1件；除此之外，还出土了可能为鹿角器加工工具的石器、蚌器，以及其他生活垃圾等。这些鹿角料经过鉴定几乎全是梅花鹿角，而且最小个体数为12，远大于根据动物骨骼鉴定的数量（MNI=2），所以这些鹿角可能是有意识收集的（可能是在春季脱角后不久）；

此外，H3、H4中所出的角料堆积和生活垃圾相互反复叠压堆积，研究者认为这从另一个角度证明了姚西居址角镞的生产是季节性的[47]。

（二）空间

空间上，指的主要是生产区域的位置和手工业生产的空间管理，其中最基础的工作在于确定生产地点。科斯汀（Costin）将判断生产地点的证据分为直接和间接两种。直接证据指的是与生产活动有关的设施/遗迹、工具、废弃堆积的分布；间接证据指的是成品的物理特性（如原料成分分析、风格分析）。除此之外，没有发现与生产有关的证据时，并不能说明其不存在，有可能是不易保存或者被重新利用，如一些青铜工具可能被回炉重铸[48]。

根据目前发现的材料，本文按生产区域空间位置的差异把鹿角器加工划分为以下三种类型：

（1）空间上属于大型制骨作坊。比如在二里头遗址[49]，郑州商城紫荆山北、南关外遗址[50]，殷墟大司空制骨作坊、北辛庄制骨作坊、铁三路制骨作坊[51]，丰京遗址张家坡村东、新旺村西南、冯村北地点[52]，镐京遗址白家庄北、落水村西、落水村北[53]一带，侯马晋国都城牛村古城南[54]等，均发现了鹿角器和鹿角料，尤其是在二里头遗址最新报道的材料中，动物肢骨、鹿角以及一些类似骨簪、骨锥、骨镞的骨器、角器半成品共同散落在灰坑内[55]。这说明在夏商周时期的大型制骨作坊中，鹿角加工多和狭义的骨器生产一起进行，似乎没有自己独立的生产空间，因此这种类型的鹿角器加工只能看作大型制骨作坊中的一部分生产内容，鹿角可能是牛骨或其他材料的补充。

（2）空间上独立于制骨作坊。以周原遗址姚西居址为代表，在姚西居址中，与鹿角器加工相关的遗物集中出土在个别单位中，而且生产的产品类型单一（鹿角镞）；说明此种类型的鹿角器加工在空间上是独立于狭义的骨器加工的。此外，H3、H4出土了完整组合的生活陶器、大块的红烧土块和其他动物的骨骼，其中部分陶器拼合度较高，动物骨骼较细小破碎，无人工使用或加工的痕迹，应该是生活消费遗存。虽然没有直接发现鹿角器加工的空间，但这说明角镞的生产空间可能在其附近，而且这是一个日常生活和鹿角镞生产并用的空间。

（3）零散的家庭式生产。以西头遗址[56]为例，与鹿角器加工有关的遗物零散地出土在很多单位中，而且数量不多，属于日常家庭生产的一部分。

（三）社会关系

社会关系指的主要是工匠之间、工匠与消费者之间的关系。工匠之间的关系主要包括是否存在工作组（work-group）的划分，以及他们之间的社会关系。而工匠与消费者之间的关系是双重的，一方面工匠本身可能是消费者中的一部分；另一方面生产本身创造了新的相互依赖的关系，为复杂的社会整合提供了保证[57]。

从工匠之间的关系看,在夏商周时期的大型制骨作坊中,鹿角加工多和狭义的骨器生产一起进行,那么在工匠中是否存在骨器加工小组与角器加工小组之间的划分?从工匠与消费者之间的关系看,以西头遗址为代表的家庭式生产所面向的消费者应该还是工匠家庭本身;大型制骨作坊加工的鹿角器和狭义的骨器一起生产,它们可能是一起面向市场进行流通的,工匠应该不是主要的消费者;姚西居址的鹿角器加工是以单一的鹿角镞生产为主,周原遗址中目前发现的类似的地点很少[58],但多个地点都出土了与姚西居址形制相同的角镞,因此姚西居址生产的这些鹿角镞面向的消费者可能是周原遗址其他地点的人群。这些问题都有待进一步分析,在未来的工作中或许可以从相关的文献、墓葬等进一步提取信息。

(四)生产组织类型与专业化

关于生产组织类型的划分一直是手工业研究中的热点话题,尤其是在陶器生产的研究中。比如从管理和赞助的角度看,生产组织可以划分为独立型生产(independent production)和附属型生产(attached production),前者指的是面向市场需求,自主生产、分配的生产;后者是指精英阶层赞助和控制产品的生产、分配和消费,属于政治发展中的一部分[59]。从规模和强度的角度看,生产组织也有多种不同的划分方法[60],如赖斯(Rice)将史前背景下的生产组织分成4种类型:家庭生产(household production)、家庭工业(household industry)、个体作坊工业(individual workshop industry)和核心作坊(nucleated workshop)[61]。在中国,马萧林提出了3个判断制骨作坊是否存在的依据[62];李志鹏在此基础上对家庭式生产和作坊区生产做出了进一步划分,他认为作坊区生产中如骨器成品、坯料和废料必须有一定量的发现和规模,否则有可能只是家庭副业的一部分,其制骨活动可能只是为了供家庭内部需要[63]。

专业化(specialization)是组织生产的一种方式,科斯汀认为专业化的关键在于生产者至少部分依赖超越家庭的生产来维持生计,消费者通过购买来获得自身不生产的物品,只要特定产品的生产者小于消费者时就可以认为是专业化生产[64]。但并不是所有的生产组织都是专业化的,专业化也不是简单的有和无的二分,它有不同的程度和类型[65]。科斯汀将判断专业化生产的证据分为直接和间接两种,直接证据指的是相关遗迹、废料、和工具,其中生产区域与专业化生产直接相关;间接证据指的是反映专业化生产的指标,包括标准化,效率、劳动力投资、技术,产出,技术复杂性等[66]。

在目前已公布的夏商周时期的大型制骨作坊中,牛骨是最主要的原料,鹿角料所占比重较低,而且学界对鹿角器加工的重视程度也不够,公布的信息不全面,这对认识这一时期鹿角器加工的生产组织类型和专业化造成了一定的困难。但是在上文的讨论中,已知夏商周时期鹿角器加工按生产空间的划分可以分为3种,在第一种类型中,制骨活动的原料几乎是以牛骨为主,鹿角器和鹿角料的比重低,鹿角可能是牛骨或其他原料的补充;鹿角器加工的工具和产品类型大多与狭义上的骨器类似,说明这种类型的鹿角器加工属于大型制骨作坊中的一部分，因此在讨论此类鹿角器加工的生产组织类型时，应该将其与大型制骨作坊看成一个整体而不是单独讨论。第二种类型中，鹿角器加工除了空间上独立于其他骨器生产外，生产的产品类型也很单一，以鹿角镞为主，或许是因为原料来源有限，所以生产规模较小，但其产品流通可能会面向更大的范围，这种类型的生产可能属于家庭或者个体作坊工业。第三种类型中，鹿角料分布零散，数量不多，生产的产品类型多样化，这种类型的鹿角器加工很可能是自给自足，属于非专业化的小规模日常家庭生产。

总的来说，夏商周时期鹿角器加工的生产类型可能包括归属于大型制骨作坊、家庭/个体作坊工业、小规模日常家庭生产。虽然鹿角器加工的总体规模有限，但是家庭工业/个体作坊工业的发现说明鹿角器加工业在夏商周时期（或者周原遗址）是一个很重要的门类，为手工业内部分化、管理，聚落布局等研究提供了新的思路。在未来的研究中，需要对上述三种不同类型的鹿角器加工进行更加细致深入的研究，比较它们在产品、技术、劳动力、市场等方面的差异；与此同时，也不能忽略鹿角器加工与狭义骨器加工之间的异同，鹿角器加工始终存在，这说明它有一定的优势，这种优势体现在何处，是否和产品类型有关，还需要进一步讨论。

四、余　　论

通过对广义中原地区夏商周时期鹿角器加工相关材料的梳理，本文发现学界对整个鹿角器加工的研究还不够充分，相关材料的发表还不够全面。但是整体而言，鹿角器加工在选材上以梅花鹿角为主，个别遗址以麋鹿角为主；加工流程上，人们对鹿角器的加工已经相当成熟，能够"因材制器"，充分利用鹿角的不同部位加工出不同的器物；同时也能根据需求生产单一的器物；加工工具上，鹿角器加工与狭义的骨器加工一致，从二里头文化时期开始已经开始利用金属工具；生产组织上，受鹿角来源的影响，鹿角器加工可能是季节性的，而且整体生产规模较小，没有出现像狭义骨器加工那样的大型制骨作坊，鹿角器加工只是大规模制骨活动中很小的一部分；此外，以满足自身家庭需求为主的小规模鹿角器加工也普遍存在，这一时期还出现了独立于狭义骨器生产、加工单一产品（鹿角镞）的家庭工业或个体作坊工业，为认识夏商周时期整个手工业的发展提供了新的角度。

鹿科动物作为一种野生动物资源，在龙山时代及其以后家养动物占据主导地位的时期仍然占有一定的比例，说明人们对鹿科动物资源的利用有着特定的目的和需求，这种需求或许与获取鹿角有关，有研究表明，以获取鹿角为目标的狩猎行为可能在仰韶时代就已经出现[67]，因此要加强对这一时期鹿角器加工和鹿科动物的研究。李悦[68]等发现枣树沟脑遗址出土的梅花鹿以成年雄性为主，说明当时狩猎鹿的策略是以获取鹿角为目标的（antler-oriented hunting strategy），而遗址中出土的三分之一的骨器都是梅花鹿角器（角锥、角镞）恰好证明了这一点。在未来的研究中，应该从动物资源利用的角度出发，把遗址中出土的鹿科动物骨骼、没有明确加工痕迹的鹿角和鹿角料、鹿角器综合起来研究，加强种属鉴定、性别和年龄的分析，进一步提取与鹿角原料种属、获取季节等有关的信息。此外，还应该把鹿角器加工放到整个手工业生产的背景中去分析，讨论劳动分工、聚落布局、产品流通等问题。

最后，由于受到材料的限制，本文只是对中原地区夏商周时期已公布的鹿角器及鹿角器加工相关的遗存进行了梳理，从手工业生产的角度对鹿角器加工的技术和生产组织等问题进行了简单总结，并提出了一些展望和研究思路。但是目前与鹿角器加工相关的材料数量十分有限，相关问题的展开讨论和分析需要更多材料的积累，希望通过这篇不成熟的文章来引起大家对鹿角以及鹿角器加工的重视。

注　释

[1] 卡丽娜：《论驯鹿鄂温克人的驯鹿文化》，《黑龙江民族丛刊》2007年第2期，第174～178页。

[2] 鹿角生长时，为了保护和滋养处于生长期的鹿角，角的表面包有具茸毛的皮肤，称为鹿茸，之后不断生长和骨化，茸皮逐渐萎缩脱落，最后保留磨光的骨质角。

[3] 獐两性均无角，驯鹿两性均有角。

[4] 董为：《鹿角形态演化综述》，《第十一届中国古脊椎动物学学术年会论文集》，北京：海洋出版社，2008年，第133～150页。

[5] Luik H. Material, Technology and Meaning: Antler Artefacts and Antler Working on the Eastern Shore of the Baltic Sea in the Late Bronze Age. *Estonian Journal of Archaeology*, 2011, 15 (1): 32-55.

[6] a. Pokines J T. Experimental replication and use of Cantabrian Lower Magdalenian antler projectile points. *Journal of Archaeological Science*, 1998, 25 (9): 875-886; b. Langley M C. Magdalenian Antler Projectile Point Design: Determining Original form for Uni-and Bilaterally Barbed Points., *Journal of Archaeological Science*, 2014, 44: 104-116; c. Langley Andy, Izzy Wisher UK. Have You Got the Tine? Prehistoric Methods in Antler Working. *EXARC Journal*, 2019: 1-22.

[7] Ashby S P, Coutu A N, Sindbæk, S M. Urban Networks and Arctic Outlands: Craft Specialists and Reindeer Antler in Viking Towns. *European Journal of Archaeology Archive*, 2015, 18 (4): 679-704.

[8] 曲彤丽、陈宥成：《试论早期骨角器的起源与发展》，《考古》2018年第3期，第68～77页。

[9] 李鑫叶：《西头遗址出土商周时期骨（角）镞研究》，西北大学硕士学位论文，2021年，第7～14页。

[10] a. 余金玲：《骆驼墩遗址出土鹿角的痕迹观察与研究——痕迹生成方式的模拟实验》，南京大学硕士学位论文，2016年，第1～94页；b. 同注［9］，第16～54页；c. 张俭、种建荣、陈钢：《论周原姚西居址鹿角镞的制作工艺》，《中国国家博物馆馆刊》2017年第1期，第6～19页。

[11] a. 颜张奕：《史前时代鹿角勾型器研究》，安徽大学硕士学位论文，2016年，第1～31页；b. 李默然：《鹿角靴形器与史前皮革生产》，《考古》2021年第6期，第79～92页。

[12] 李志鹏、［日］江田真毅：《二里头遗址的野生动物资源获取与利用》，《南方文物》2016年第3期，第162～168页。

[13] 智慧、李雅君：《二里头遗址新发现一处骨器、角器加工作坊》，《洛阳日报》2021年12月10日第011版。

[14] a. 同注［10］c；b. 郭士嘉、雷兴山、种建荣：《周原遗址西周"手工业园区"初探》，《南方文物》2021年第2期，第147～153页。该文中还提到云塘－齐镇区也有一处以加工角镞为目的的鹿角

加工地点，但是缺少具体信息。

[15] 孟宪武、李贵昌、李阳：《殷墟都城遗址中国家掌控下的手工业作坊》，《殷都学刊》2014年第4期，第13~20页。

[16] 常怀颖：《两周都邑铸造作坊的空间规划》，《三代考古》（七），北京：科学出版社，2017年，第519~553页。

[17] 同注［14］b。

[18] 马萧林：《近十年中国骨器研究综述》，《中原文物》2018年第2期，第51~56页。

[19] Costin C L. 2005 Craft Production (Handbook of Archaeological Methods). *Handbook of archaeological methods*, 2005: 1032-1105.

[20] 同注［19］。

[21] 同注［19］。

[22] 同注［7］。

[23] 陈国梁、李志鹏：《二里头遗址制骨遗存的考察》，《考古》2016年第5期，第59~70页。

[24] 同注［9］。

[25] a. 何静：《陕西淳化枣树沟脑遗址出土骨器的初步研究》，西北大学硕士学位论文，2018年；b. Li Y, Zhang C, Chen H, et al. Sika deer in Bronze Age Guanzhong: sustainable wildlife exploitation in ancient China? *Antiquity*, 2021, 95 (382): 940-954.

[26] 同注［10］c。

[27] 中国社会科学院考古研究所安阳工作队：《河南安阳市铁三路殷墟文化时期制骨作坊遗址》，《考古》2015年第8期，第37~62页。

[28] 据初步统计，夏商周时期，在经过动物考古鉴定的遗址中，出土梅花鹿的遗址数量比出土麋鹿的遗址数量多。

[29] Pike-Tay A, Valdés V C, de Duirós F B. Seasonal variations of the middle-upper paleolithic transition at El castillo, Cueva Morín and El pendo (Cantabria, Spain). *Journal of Human Evolution*, 1999, 36 (3): 283-317.

[30] Tejero José-Miguel. Towards Complexity in Osseous Raw Material Exploitation by the First Anatomically Modern Humans in Europe: Aurignacian Antler Working. *Journal of Anthropological Archaeology*, 2014,36: 72-92.

[31] 盛和林等：《中国鹿类动物》，上海：华东师范大学出版社，1992年，第22、23页。

[32] 同注［31］。

[33] 同注［30］。

[34] 同注［30］。

[35] Becker C, Grupe G. Archaeometry Meets Archaeozoology: Viking Haithabu and Medieval Schleswig Reconsidered. *Archaeological and Anthropological Sciences*, 2012 (4): 241-262.

[36] 同注［7］。

[37] a. 同注［9］；b. 同注［10］c。

[38] 暂不讨论加工之前是否存在浸泡或者其他前处理行为。

[39] 中国历史博物馆考古部、山西省考古研究所、垣曲县博物馆：《垣曲古城东关》，北京：科学出版社，2001年，图版一二八。

[40] 中国社会科学院考古研究所：《偃师商城》（第一卷），北京：科学出版社，2013年，第689页。

[41] 中国历史博物馆考古部、山西省考古研究所、垣曲县博物馆：《垣曲商城：1985~1986年度勘察报告》，北京：科学出版社，1996年，第202页。

[42] 北京大学考古文博学院、河南省文物考古研究所：《登封王城岗：考古发现与研究（2002~2005）》（上），郑州：大象出版社，2007年，第304页。
[43] 同注［10］c。
[44] 中国社会科学院考古研究所：《偃师二里头：1959~1978年考古发掘报告》，北京：中国大百科全书出版社，1999年，第85、86页。
[45] 同注［18］。
[46] 同注［19］。
[47] 同注［10］c。
[48] 同注［19］。
[49] a. 中国社会科学院考古研究所：《二里头：1999~2006》，北京：文物出版社，2014年，第136~143页；b. 同注［13］；c. 同注［23］。
[50] 河南省文物考古研究所：《郑州商城：1953~1985年考古发掘报告》，北京：文物出版社，2001年，第468~477页。
[51] 李志鹏、何毓灵、江雨德：《殷墟晚商制骨作坊与制骨手工业的研究回顾与再探讨》，《三代考古》（四），北京：科学出版社，2011年，第471~484页。
[52] 徐良高：《丰镐手工业作坊遗址的考古发现与研究》，《南方文物》2021年第2期，第38~146页。
[53] 同注［52］。
[54] 山西省文管会侯马工作站：《1959年侯马"牛村古城"南东周遗址发掘简报》，《文物》1960年Z1期，第11~14页。
[55] 同注［13］。
[56] 同注［9］。
[57] 同注［19］。
[58] 郭士嘉文中还提到云塘-齐镇区也有一处以加工角镞为目的的鹿角加工地点，但是缺少具体信息。
[59] a. Rice P M, Adams W Y, Ball J W, et al. Evolution of Specialized Pottery Production: A Trial Model [and Comments and Reply]. *Current Anthropology*, 1981, 22 (3): 219-240; b. Earle T. Comment on: Evolution of Specialized Pottery Production: A Trial Model. *Current Anthropology*, 1981, 22 (3): 230-231.
[60] a. Van Der Leeuw, Sander. Towards a Study of the Economics of Pottery Making. *Ex horreo*, 1977, 4: 68-76; b. Peacock D P S. *Pottery in the Roman World: An Ethnoarchaeological Approach*. London and New York: Longman, 1982: 6-11; c. Costin C L. Craft Specialization: Issues in Defining, Documenting, and Explaining the Organization of Production. *Archaeological method and theory*, 1991, 3: 1-56.
[61] a. Rice P M, *Pottery Analysis: A Sourcebook*. Chicago: University of Chicago Press, 1987: 184; b. 戴向明：《陶器生产、聚落形态与社会变迁：新石器至早期青铜器时代的垣盆地》，北京：文物出版社，2010年，第63、64页。
[62] 马萧林：《关于中国骨器研究的几个问题》，《华夏考古》2010年第2期，第138~142页。
[63] 李志鹏、何毓灵、江雨德：《殷墟晚商制骨作坊与制骨手工业的研究回顾与再探讨》，《三代考古》（四），北京：科学出版社，2011年，第471~484页。
[64] 同注［60］c。
[65] a. 同注［19］；b. 同注［60］c。
[66] 同注［65］。
[67] 王华、王炜林、胡松梅：《仰韶时代人类狩猎梅花鹿的策略：以铜川瓦窑沟遗址为案例》，《人类学学报》2014年第1期，第90~100页。
[68] 同注［25］b。

Antler Working in the Central Plain of China during the Xia, Shang and Zhou Dynasties

Pei Xiaochen

(2019 PhD Student, School of Archaeology and Museology, Peking University)

Abstract: Strong, tough and reproducible, antler is commonly used as material making artefacts. However, antler artefacts have not received enough attention comparing with bone artefacts and were sometimes misjudged as bone artefacts. This paper focuses on the antler working, summarizes the published antler artefacts and remains related to antler working during the Xia, Shang and Zhou Dynasties in the Central Plain, and discusses the antler working technology and production organization from the perspective of craft production. The research shows that Sika deer antlers were commonly used as raw materials, with a small number of milu deer antlers, and their shape was a key factor for template design, indicating that the ancients of the Xia, Shang and Zhou Dynasties had a good knowledge of antlers. The types of antler working organization during this period include household production which is self-sufficient and small-scale production which attached to the large-scale bone-working workshops. Furthermore, specialized antler arrow production was found independent of the traditional bone-working system at Zhouyuan site, providing a new perspective for us to understand the development of the craft production in Xia, Shang and Zhou Dynasties.
Key Words: Xia, Shang and Zhou Dynasties, Antler Working, Craft Production

试说甲骨金文中的"嫇"

管文韬
（北京大学考古文博学院 2018 级博士研究生）

摘要： 本文认为旧释商周金文中位于作器者位置上的"宁女""女嫇"，应同甲骨文中作为田猎地名的"嫇"和作为妇名的"寍/嫇"为一字，很可能本都指"嫇"这一族氏。《春秋》有地名"宁母"，似是这一族氏昔日所居之处。

关键词： 嫇；宁母；甲骨文；金文

日本奈良国立博物馆收藏有一件"宁母方鼎"（图一），笔者曾对其铭文略作过讨论[1]。拙文曾谓"诸家释文皆将现存铭文左行释为'宁女'二字，颇疑其或可能是'嫇'一字之析书"，然因此论与该文章主要讨论内容无关，未做进一步说明。今衷辑材料如次，试作臆解：

图一　　　图二　　　图三　　　图四　　　图五
（引自注[2]）（引自注[3]）（引自注[3]）（引自注[3]）（引自注[3]）

图二之器原释"宁母父丁，见《铭图》[3]01163，今藏上海博物馆。器形未见，据称为方鼎，《铭图》定其年代为商代晚期，从铭文字体看大体可从。图三之铭所在器本为椭圆体觯（10393），出土于山东苍山县庄坞乡东高尧村，为商晚期器，圈足铭"（旅？）"（《铭图》释为"旅"）；器内底铭原释为"宁女（母）"，早年著录多漏收。图四之铭《铭图》释为"母寍（嫇）日辛"（04001），系簋铭，原器现藏日本东京出光美术馆，商晚期器，存世同铭之物尚有鼎 1（铭三[4] 0113）、簋 1（铭三 0401）、角 5（08753、08773、铭三 0807~0809）、瓿 1（09769）、觯 1（铭三 0909）、尊 3（11460、11461、铭三 0981）、卣 1（12937）、方彝 1（13516），原当为同人所作，后流散。图五为鬲铭（02621），出土于陕西宝鸡市渭滨区姜城堡，西周早期器，现藏宝鸡青铜器博物院，《铭图》释为"寍（宁）母"。

将图四铭与图五铭对比，笔者认为，图五铭也应改释为"嬣"。旧将图一至图三皆释为"宁女（母）"，盖是将其看作女字，并据之认为上述诸器是妇女作器。事实上，图一铭中左列确定无疑的"母"字已比右列"女"字多加两个短点，可能就有故意区别两字的目的，由此看所谓的"宁女"也不宜读成"宁母"。联系图四、图五两铭来看，笔者认为图一至图三诸铭中的"宁女"，实际上也都应理解为"嬣"之析书。其情况当与商金文中所谓"司母戊""司母㠯康"应释为"姟戊""姟㝩"一致[5]。

图四铭的读法也要相应做一些解释。旧释"女嬣日辛"，认为"女"或作族氏名，或读为"母"，"嬣"理解为私名。笔者认为图四铭或可释为"嬣，日辛"或者"嬣，母日辛"。开篇的"女"字或是"嬣"的组成部件，"嬣"字从二女，类似"妇好"之"好"又可以写作"![]"，亦从二女。同组同铭器物中也有省去上面一个"女"旁的例子，见瓡铭（09769 ![]），似可视为这一看法的佐证。"嬣"字的宀内所从之"女"也可以认为兼用作"母日辛"之"母"字，这与卜辞或用"受"充当"受又"两字、"庸"充当"庚庸"二字、"伊"充当"伊尹"二字，金文中的"麩"可读为"麩犬"二字同理[6]。"嬣，日辛"或"嬣，母日辛"具为商金文中常见的格式，两种读法似以后一种可能性更大。

由于这些器物的年代、出土地域跨度皆较大，上引五个铭文中的"嬣"显然不会是同一个人。则这些"嬣"无外乎两种解释：①它们都是私名，但并非指同一个人，而是作器者偶然重名。李学勤先生指出，有些字大家都喜欢用，可能是造成重名现象的重要原因[7]。伯疑父簋盖（04843）："伯疑父作𡪄（嬣）宝簋，其万年子子孙孙永宝用。"此处的"嬣"有可能是女性私名，但其年代已晚至西周晚期，与殷周之际器物关系不大，可暂置不论。②它们是氏名，类似一些"族徽"，标识作器者的族氏。

联系甲骨文与传世文献中的有关线索来看，笔者偏向于它可能是族氏名的看法。在铭文中指称具体个人时，似可看作指称这一宗族的宗子。

甲骨文中有用作田猎地名的"嬣"，见于黄类卜辞：

戊申[卜，才（在）]嬣[贞，王田]，卒逐[亡灾]。　　　　　合[8]37563

此条卜辞残损较多，但所处辞例极为固定，诸家拟补皆如此。

甲骨文又有用为妇名的"𡪄/寍"，见于典宾类卜辞和丙种子卜辞：

癸亥卜，争贞，帚（妇）𡪄冥，妘。十二月。　　　　　合 14023
壬辰，子卜贞，帚（妇）寍子日戠。　　　　　合 21727

"𡪄"或作"寍"，属于偏旁的义近互换，诸家一般同意二者为一字之异体。加之从字体来看两条辞例的年代相近，它们应该是指同一个人。《新甲骨文编》将"𡪄/寍"与"嬣"分列两个字头，认为它们是两个不同的字[9]，似不必。"嬣"从"宁"得声，"宁"

字中"丂"的部分或有表音的作用[10]，其异体作"𡨦"，即省去声符。前述嬣母日辛诸器之"宼（嬣）"，亦有写作"𡨦"者，见觚铭（09769）▢、方彝铭（13516）▢。足可证"𡨦""宼""嬣"皆为一字异体。宾出类卜辞中有残辞"……帚（妇）嬣…………劦"（合 14066＝合 18605），当与合 14023 所卜同事。

甲骨文中"妇某"之"某"的性质，已有许多学者做过讨论。无可怀疑，其中有相当一部分是用为私名的；但也有许多与族氏、地名重合的例子，有学者认为这些例子中"妇某"之"某"应该有相当一些是用为族氏的[11]。汰除可能指称同一个人或所处辞例文义不详者，目前已发现的"嬣"已有 7 例。如果认为上述 7 例具只是巧合重名，频度似乎过高，可能性不大。据此，上引金文中的"嬣"、甲骨中"妇𡨦"之"𡨦"与用为地名之"嬣"，大概都与族氏或地名"嬣"有关。

若承认"嬣"可作为族名或地名，其地望在后世古书中或可找到一些线索。《春秋·僖公七年》："公会齐侯、宋公、陈世子款、郑世子华盟于甯母。"杜预注："高平方与县东有泥母亭，音如甯。"杨伯峻注："甯母当系鲁地，在今山东省鱼台县境。"[12] 颇疑"嬣"地与此"甯母"有关，盖因"嬣"字多作析书，后世沿袭过程中则误分为两字。类似的情况，吴良宝先生已举出如《史记·建元已来王子侯者年表》城阳王子"辟"侯，《汉书·王子侯表》作"辟土"侯，则是误拆"壁"为"辟土"二字；《史记·高祖功臣侯者年表》"甘泉"侯，《集解》引徐广曰"一作景"，《汉表》作"景"侯，这也是误分"景"为"甘泉"二字[13]。《玺汇》[14]0175 著录有一方齐玺，作▢，当从肖毅先生释作"豨母訇（司）間（关）"[15]，"豨"从"豕"得声，何琳仪先生曾疑"豕母"即读为"泥母"或"甯母"[16]。

黄类卜辞的田猎地名众多，许多地名的具体地望，目前还没有公认的考证意见。然通过系联可知，这些地点大多是以征人方路线上的重要据点"喜"为中心的[17]。征人方的路线，据李学勤先生研究，大约是从河南安阳出发，先后经由兖州、新泰、青州，最后抵达潍坊一带[18]。《春秋》所记的甯母，即在兖州之南 40～50 千米处。从兖州到甯母，大约相当于商代军旅行军 1～2 日的路程。商王在途经兖州一带时，在甯母附近田猎，是完全可能的。但由于此地毕竟不在征人方的必经之路上，因此商王在此处田猎的次数并不多，这可能也就是"嬣"地在黄类刻辞中仅一见的原因所在。

最后，《铭图》06450 收录一爵，鋬内有铸铭一字"▢"，原书定为商晚期器，铭文隶定为"吼"。今按此字右侧从跪踞之人形，早期古文字中从人、从卩、从女诸偏旁多互作无别，此字不知是否与上所论"嬣"字异体"𡨦/宼"有关，识此备考。

注 释

[1] 管文韬：《试说商周文献中读为"肆"的"甾（剗）"字》，《出土文献综合研究集刊》（第十四辑），巴蜀书社，2021年，第61～67页。

[2] 现有著录书所收此器铭文"宀""彝"二字皆模糊不清，上注引拙文复原的摹本"彝"字亦有误。承网友 miga376 提供其所摄的奈良国立博物馆展出此器照片及铭文拓片（复旦大学出土文献与古文字研究中心网站论坛《宁女方鼎照片》，http://www.fdgwz.org.cn/forum/forum.php?mod=viewthread&tid=25032，查阅时间：2022年3月17日），远较旧有著录更为清晰，谨致谢忱。另，网友 miga376 在论坛帖中怀疑此器铭文有问题，笔者认为此器器、铭具不伪。

[3] 吴镇烽：《商周青铜器铭文暨图像集成》，上海：上海古籍出版社，2012年。下文引青铜器铭文后径直括注数字者皆为所引铭文在该书中的著录号。

[4] 吴镇烽：《商周青铜器铭文暨图像集成三编》，上海：上海古籍出版社，2020年。

[5] 裘锡圭：《说"姛"（提纲）》，《裘锡圭学术文集·甲骨文卷》，上海：复旦大学出版社，2012年，第523～526页。

[6] a. 裘锡圭：《甲骨文字考释（续）》之四《再谈甲骨文中重文的省略》，《裘锡圭学术文集·甲骨文卷》，上海：复旦大学出版社，2012年，第189～193页；b. 裘锡圭：《䜌器探研》，《裘锡圭学术文集·金文及其他古文字卷》，上海：复旦大学出版社，2012年，第132～141页。

[7] 李学勤：《先秦人名的几个问题》，《历史研究》1991年第5期，第106～111页。

[8] 中国社会科学院历史研究所：《甲骨文合集》，北京：中华书局，1978～1982年。

[9] 刘钊：《新甲骨文编》（增订本），福州：福建人民出版社，2014年，第449页。

[10] "丂"本身可能同时是"杖"的表义初文，有阳部的读音，分别见：a. 陈剑：《甲骨文字中考释可注意的问题》，台湾政法大学2018深波甲骨学与殷商文明学术讲座，2018年11月16日；b. 李春桃：《释甲骨文中的"觔"字》，《古文字研究》（第32辑），中华书局，2018年，第87页。

[11] a. 陈絜：《商周姓氏制度研究》，北京：商务印书馆，2007年，第67～89页；b. 陈絜：《关于商代妇名研究中的两个问题》，《夏商周文明研究·六——2004年安阳殷商文明国际学术研讨会论文集》，北京：社会科学文献出版社，2004年，第248～255页。

[12] 杨伯峻：《春秋左传注》，北京：中华书局，1995年，第315页。

[13] 吴良宝：《战国秦汉传世文献中的地名讹误问题》，《出土文献与传世典籍的诠释》，上海：中西书局，2019年，第365页。

[14] 罗福颐：《古玺汇编》，北京：文物出版社，1981年。

[15] 肖毅：《古玺文分域研究》，武汉：崇文书局，2018年，第522页。

[16] 何琳仪：《战国文字形体析疑》，《于省吾教授百年诞辰纪念文集》，长春：吉林大学出版社，1996年，第224～227页。按，关于"豕"的上古音归部，素有归支、归歌两说。如何琳仪先生此读法可信，似对"豕"归支部说有利。

[17] 门艺：《殷墟黄组甲骨刻辞的整理与研究》，郑州大学博士学位论文，2008年，第131页。

[18] a. 李学勤：《夏商周与山东》，《烟台大学学报（哲学社会科学版）》2002年第3期，第332～337页；b. 李学勤：《商代夷方的名号和地望》，《中国史研究》2006年第4期，第3～7页。

On the Character Ning in the Oracle Bones and Bronze Inscriptions

Guan Wentao

(2018 PhD Student, School of Archaeology and Museology, Peking University)

Abstract: This article argues that those written at the position of the caster in the Shang and Western Zhou bronze inscriptions, which were often interpreted as "Ningnv"（宁女）and "Nvning"（女嬣）previously, should be related to the hunting place "Ning"（嬣）and the female name "Ning"（㚴/㚩）appearing in the oracle bones. All of them probably refer to the clan of "Ning"（嬣）. *The Spring and Autumn* once mentioned a place named "Ningmu"（甯母）, which is probably the former residence of this clan.

Key Words: Ning, Ning Mu, O Racle Bones, B Ronze Inscriptions

洛阳王城广场东周墓地形态研究

谷煜农

（北京大学考古文博学院 2021 级硕士研究生）

摘要：依据墓位形态等分区标准，王城广场东周墓地可分为 9 个墓区，所见墓地形态为"大墓带小墓独立成区"和"大墓近小墓远"。这两种形态亦见于周代许多墓地中，反映了周代"血缘关系等级化"。

关键词：王城广场墓地；墓地形态

王城广场墓地年代从春秋中期延续至战国中期，为洛阳地区迄今为止经发掘的规格最高、发掘墓葬较多、资料公布较全的东周墓地之一[1]。以往研究多集中在墓地性质、文化因素[2]等方面，少见对该墓地形态进行专题研究[3]。

本文所谓的墓地形态，是指各类墓葬分布的规律性现象。本文强调，墓地形态研究须以墓地分区为前提。一处考古发掘的墓地，有可能分属不同的墓地；即使同一个墓地也可能包含不同的墓区。只有进行墓地分区，才能避免混淆不同墓区、不同墓地的形态。

故本文拟在讨论三代墓地分区方法的基础上，首先对王城广场墓地进行分区，再分区考察墓地形态，并探讨所见形态在周代墓地中的源流，以期揭示墓地形态所反映的墓地制度。

一、墓位形态与墓地分区方法

以往关于三代墓地分区，常见方法多依据空白地带、葬俗和墓向等，有研究者已指出，这些方法尚需完善[4]，并指出以往研究对于墓地层级的重视不够，在墓地分析中应着重注意对不同层级墓区的分析，提出了墓位形态的研究理念。

本文亦认为，"墓位形态"可作为墓地分区的主要依据，是划分墓地不同层级的主位标准。"墓位形态"指墓葬的排列方式或者排列规律，反映了墓葬之间的内在联系，依据墓位形态进行墓地分区，可完善三代墓地分区方法。近年来有研究者依据墓位形态对一些墓地进行分区研究并取得较好成效[5]。

墓位形态存在层次性，可分基本墓位形态和发展墓位形态两个层次。两座遵循固定排列方式排列、期别相近、墓向相同的墓葬可称为基本墓位形态；三座及以上遵循一定规律排列、墓向相同的墓葬构成发展墓位形态。部分发展墓位形态由基本墓位形态构成。

墓地中不同层级的墓位形态可能与当时的社会组织相关。

本文总结王城广场墓地的几种墓位形态具体如下。

（一）基本墓位形态

（1）对墓：墓向相同，并排排列的两座墓葬。

（2）错位形态：两座墓葬墓向相同，错位排列的一组墓葬可以被称为错位形态。错位墓位有两种情况，一种情况两墓并排略有错位，一种情况两墓近乎前后相继。

（3）丁字形态：两座墓葬呈90°垂直，排列紧密者可称为丁字形基本墓位。采用这种墓位形态的墓葬一般一大一小，两座墓葬规模存在明显差异（图一）。

图一　基本墓位形态分类图（据注［1］）

（二）发展墓位形态

（1）一字形发展墓位：若干墓向相同，整齐成排的墓葬可称为一字形发展墓位。各排墓葬排列方向相同，墓葬规模一般相若，或由对墓发展而成。

（2）雁阵形发展墓位：王城广场常见一些墓葬规整呈斜线排列，这些墓葬墓向相同，排列规律，常见前后排墓葬错位排列的情况，形似成群飞翔的大雁，因此称这种墓位形态为雁阵形态。这类墓位形态可能是错位形态发展而成（图二）。

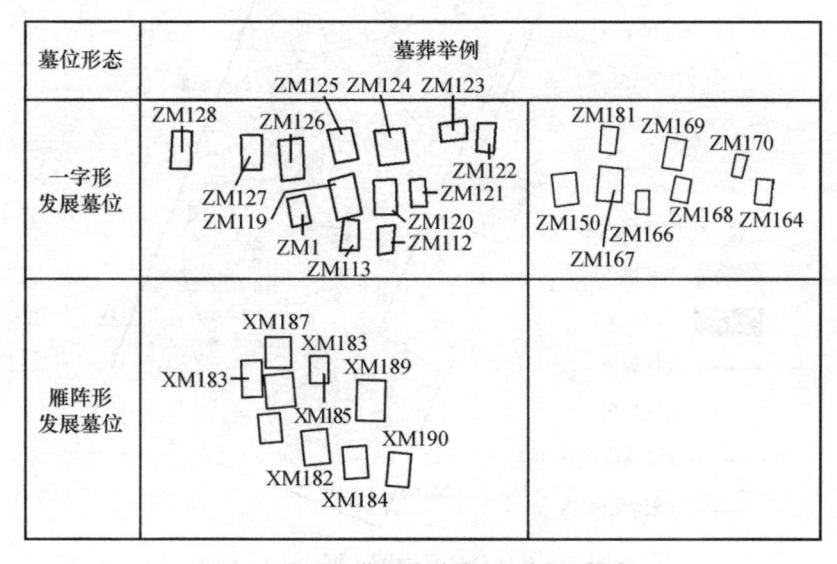

图二　发展墓位形态分类图（据注［1］）

二、墓 地 分 区

王城广场墓地使用年代从春秋中期到战国中期，是一处连续使用的墓地。墓地延续使用上百年而互相之间少有打破关系，暗示该墓地应当有专人管理且经过严密规划布局，可以进行墓地分区研究。

除墓位形态外，车马坑和大墓也是可使用的手段之一。王洋指出，车马坑和马坑往往设置在某一人群兆域的边界，这种边界可以有族群、等级等多种含义。东周时期的虢国墓地中，车马坑就往往位于墓地边缘，明显起到墓区边界的作用[6]。除车马坑外，甲字形大墓也可作为分区界标之一，等级最高的甲字形大墓XM66和XM153就将墓地区隔成不同区域。

在分区操作中，本文拟将甲字形大墓（XM66、XM153）、车马坑和较显著的空白地带这些较为明显的分区界标作为区分大区的标准；墓位形态、墓向和不甚明显的空白地带作为区分小区的标准。

遵循上述分区方法，可将王城广场墓地分为9个大区（图三）。

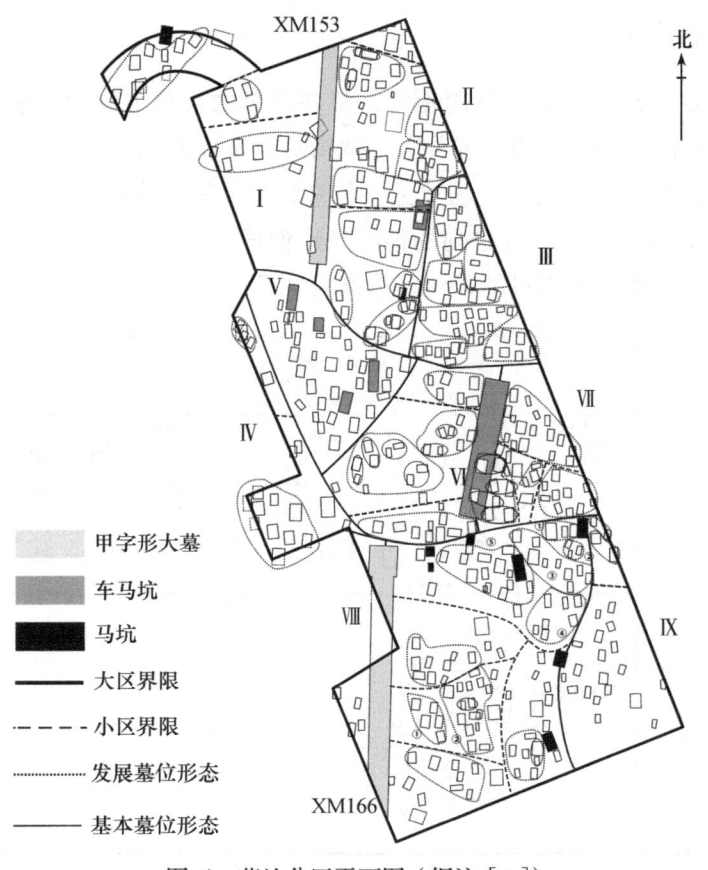

图三　墓地分区平面图（据注[1]）

（一）Ⅰ区

本区位于整个墓地的西北角。Ⅰ区右侧是本墓地规格最高的XM153，恰好将Ⅰ区和Ⅱ区区隔开来。Ⅰ区南侧则是大片的空白地带，最南端还有一座车马坑XK10。车马坑和空白地带充当了墓区界标，将Ⅰ区和Ⅴ区区分开。

依据墓位形态和空白地带，Ⅰ区内部还有继续细分的可能。Ⅰa区可以分出3组向西南方向斜向排列的墓葬，构成一个雁阵形态，与南侧墓葬有空白地带区隔。Ⅰb区为3座排列呈品字形的墓葬，呈雁阵形态。这3座墓葬墓向为北偏西，与南侧、北侧的墓群均不同。Ⅰc区为一组一字排开的墓葬。该组墓葬墓向与周围墓葬均有所不同，且和周围墓葬存在一定的空白地带（图四，1）。

（二）Ⅱ区

本区位于墓地的东北角。本区西侧为大墓XM153，将本区和Ⅰ区区分开；南侧为一组车马坑XK9、XK10、LK3，将本区和Ⅴ区分开。

Ⅱ区还可以继续向下分区。最北侧为Ⅱa区，与Ⅱb区有空白地带区隔。Ⅱb区处于中间，和Ⅱc区有空白地带区隔。Ⅱb区和Ⅱc区各有一座大型竖穴土坑墓，这两座墓葬周围均有一圈空地，外围还有一圈小墓。

两个小区内，还能观察出若干更小的发展墓位形态环绕大墓。Ⅱa区位于墓地最北侧，与Ⅱb区存在空白地带区隔。由于该区已发掘墓葬较少，暂未观察出墓葬排布规律。Ⅱb区可分4个较小的墓组，这4组墓葬均大致成排分布，排和排之间的墓葬一般错位排列，构成雁阵形态。Ⅱc可观察出4个更小的墓组，位于东南方向的两组对墓和一组

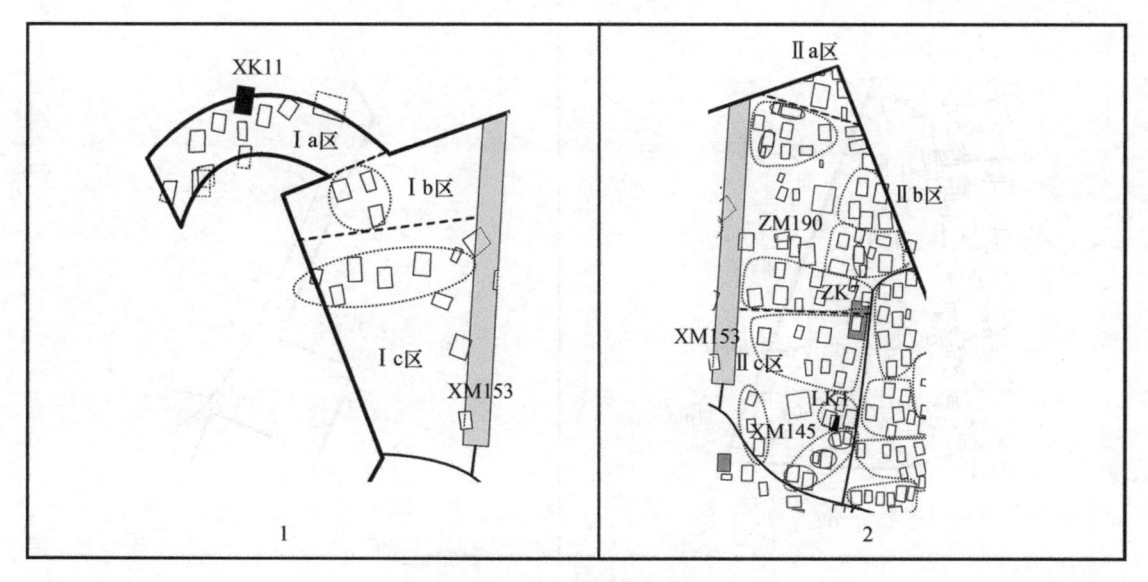

图四　Ⅰ区、Ⅱ区平面图（据注[1]）
1. Ⅰ区　2. Ⅱ区

错位形态、西南方向的3座单墓、北方的8座单墓均呈斜线排列，构成一个雁阵形态。东侧的3座墓葬呈品字形排列，也是雁阵形态（图四，2）。

（三）Ⅲ区

本区位于墓地东北部偏北。Ⅲ区东界与Ⅱ区被车马坑分开；Ⅲ区南界和Ⅳ区、Ⅴ区有一条明显的空白地带区隔。

Ⅲ区可以继续细分出若干个小区。Ⅲa、Ⅲb和Ⅲc三区墓葬位于Ⅲ区的南部，每组墓葬均成排排列，一组墓葬前后排紧密靠近，构成一字形发展墓位形态，不同小区之间的墓排错位且有空白地带区隔。Ⅲd、Ⅲe两区墓葬也大致成排排列，但各组墓葬之间排列相对疏松，与前几区有所区别。Ⅲf区仅有4座墓葬，但其中3座墓葬为东向墓，墓向相同且聚集分布，故而将其单独划作一区。

本区墓葬排列较Ⅱ区更加规整，但主体都是小型墓葬，一般仅随葬不成套的仿铜陶礼器，暗示本区墓主的身份与Ⅱ区可能存在区别，其等级较Ⅱ区墓主更低（图五，1）。

（四）Ⅳ区

本区位于墓地东部，发掘者仅勘探了墓区的一小部分。该区西侧为一条较大的空白地带，将这区墓葬和其他墓葬区隔开。

本区可以继续细分出2个小区。Ⅳa区位于墓区南部，墓葬明显斜向排列，可以观察出至少3排南北向的墓组，构成一个雁阵形态。Ⅳb区位于墓区北部，同样可以观察到一组墓葬呈南北向排列形成一个雁阵形态。Ⅳa、Ⅳb之间有空白地带，故而将其分作两区（图五，2）。

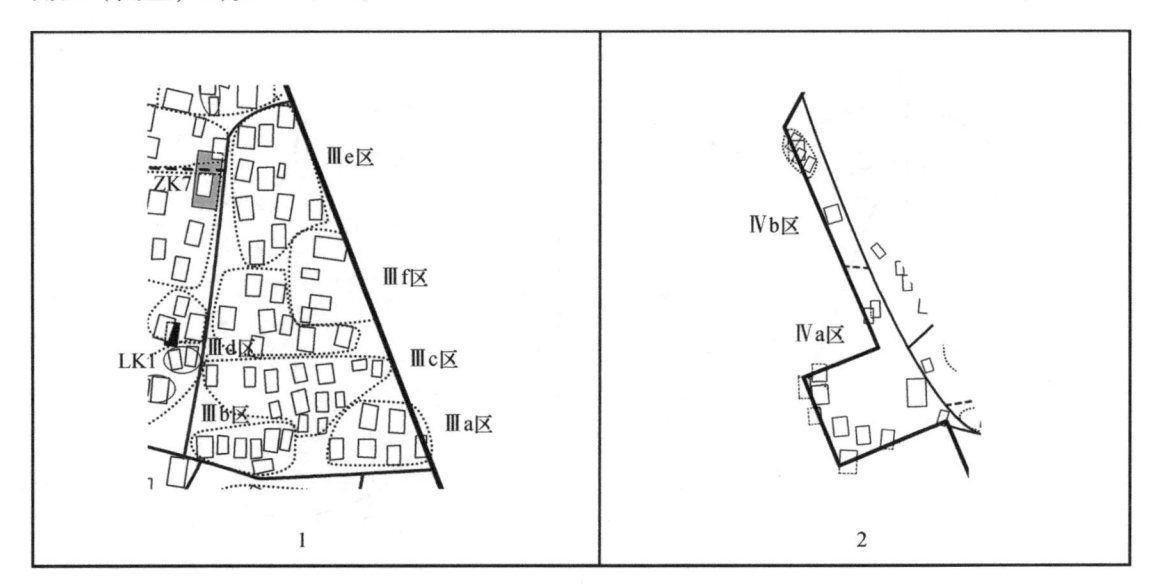

图五 Ⅲ区、Ⅳ区平面图（据注[1]）
1. Ⅲ区 2. Ⅳ区

（五）Ⅴ区

本区位于墓地中部。Ⅴ区东侧为一较大空白地带将其与Ⅳ区隔开，西侧为若干车马坑和一道较大的空白地带将其与Ⅵ区隔开，北侧则是一组车马坑将其与Ⅱ区区隔开。

本区墓葬排列较为紧密且极其规整有序，似不具备继续分组的条件。Ⅴ区的核心是大型墓葬XM121，周遭有一圈空地，空地外则是环绕的一群墓葬。墓葬排列明显呈雁阵形态，以XM103为首墓，其余墓葬分别向东北、西北方向斜向排列成两个墓组。Ⅴ区提供了一个较为完整的雁阵墓位样本，发掘不完全的Ⅰ区和Ⅳ区的墓葬也呈雁阵形态，其完整状态或与Ⅴ区相似（图六，1）。

（六）Ⅵ区

本区位于墓地中部。Ⅵ区西部为本墓地规格最高的大型车马坑ZK5，将其与西侧墓群分开。Ⅵ区南部为马坑XK4、XK3和大墓XM66，将这一墓区和南部的其他墓葬分开。

依据墓葬聚集程度，本区还可以分出若干个较小的墓区。最南侧一组墓葬为Ⅵa区，它们成排排列，构成一字形发展墓位。中间一组墓葬为Ⅵb区，虽然墓向较为杂乱，仔细观察可以发现本区包含两个雁阵墓位。西侧一组左侧为2组错位形态，右侧为2组丁字形墓位，两组墓葬均斜向排列。东侧一组雁阵墓位包含2组对墓，墓葬斜向排列呈品字形。北侧一组墓葬为Ⅵc区，墓葬排列成2排，构成一字形发展墓位（图六，2）。

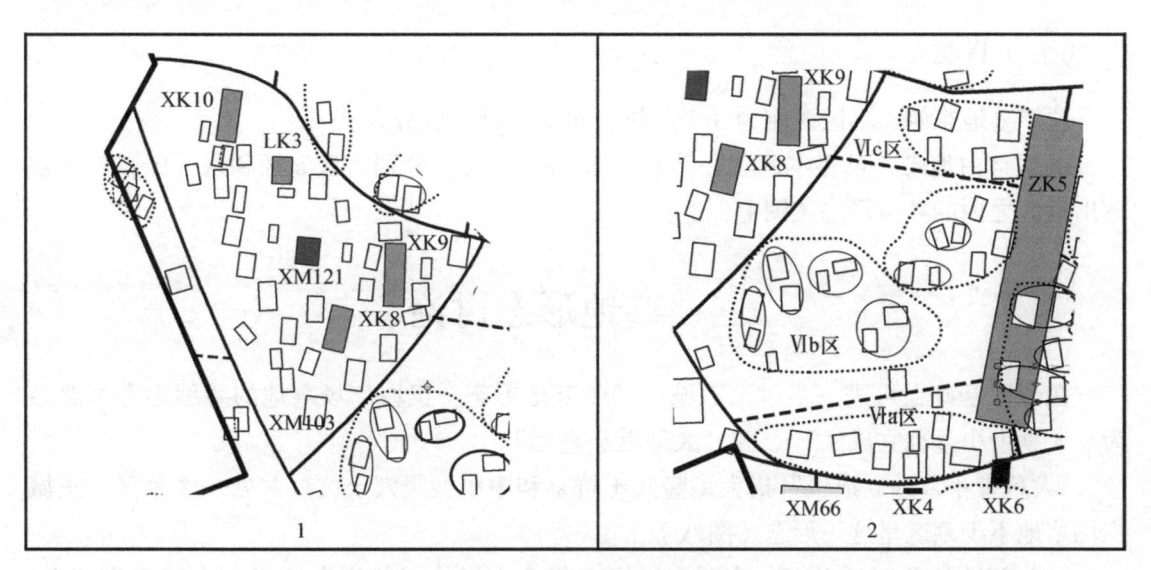

图六　Ⅴ区、Ⅵ区平面图（据注[1]）
1. Ⅴ区　2. Ⅵ区

（七）Ⅶ区

位于墓地东部。Ⅶ区东部为大型车马坑ZK5，南部为马坑XK6和ZK2，恰好将该区墓葬和其他墓葬区分开。

本区墓葬似可细分出 4 个小区。北侧Ⅶa区墓葬成排排列，构成一字形发展墓位。该区中间穿插了两座西北向墓葬，构成一个错位形态，与该区其他墓葬不属于同一墓位形态。东侧Ⅶb区墓葬排列较为散乱，同属一字形发展墓位。西侧Ⅶc区9座墓葬列成4排，其中南侧3排墓葬似由3组对墓构成，墓位形态暂不明确。本区中间有7座墓葬墓向为西北向，与其他墓葬不同，可将其单独划作一个小区，称为Ⅶd区（图七，1）。

（八）Ⅷ区

位于墓地西南部。依据空白地带可将Ⅷ区细分出 5 个小区。Ⅷa区包含 5 组墓葬，其中东北角的两组墓葬各由 3 座墓葬组成，①组 3 座墓葬平行排列，呈一字形发展墓位。②组 3 座墓葬排列呈品字形，构成雁阵形态。中部的③组墓葬由 9 座墓葬构成，大致可以分成两排，呈雁阵形态。东南、西侧的④、⑤两组墓葬大致成排分布，均成排布局，构成一字形发展墓位。

Ⅷb区仅有一组墓葬，该组墓葬大致错位排列成 3 排，构成雁阵形态。Ⅷc区包含 2 组墓葬，每组墓葬均成排布局，不同组的墓排错位，构成雁阵形态。①组包含 5 座墓，分 3 排布局，前后排墓葬错位排列；②组包含 15 座墓，分 5 排，后排墓葬与前排墓葬大致对齐。Ⅷd区有一组成排的墓葬。Ⅷe区也有一组成排布局的墓葬，两排墓葬错位排列，构成雁阵形态（图七，2）。

（九）Ⅸ区

位于墓地东侧。本区西侧为 3 个马坑，将其与Ⅷ区区分开。

根据空白地带，可将本区进一步细分成两个小区，分别为Ⅸa区和Ⅸb区，暂未观察出两区之内的墓位形态（图七，2）。

三、墓地形态讨论

在分区基础上可进一步讨论王城广场的墓地形态。王城广场墓地的墓地形态可总结为"大墓带小墓独立成区"[7]和"大墓近小墓远"。

"大墓带小墓独立成区"指大型竖穴土坑墓和中小型竖穴土坑墓共处一个墓区，王城广场墓地不少墓区呈这一形态（图八）。

（1）墓地的Ⅱ区可以细分为两个小区，每个小区均以一座大型竖穴土坑墓为核心，墓葬周围环绕有若干规律排列的发展墓位。

（2）墓地的Ⅴ区核心为一座大型竖穴土坑墓，外围环绕有排列呈雁阵形态的小墓。

（3）Ⅷ区可以分成 5 个小区，其中 b、c、d、e 这 4 个小区均以一座大型竖穴土坑墓为核心，周围环绕一、两组墓葬。Ⅸ区的中心也是一座大型竖穴土坑墓，周围有两个构

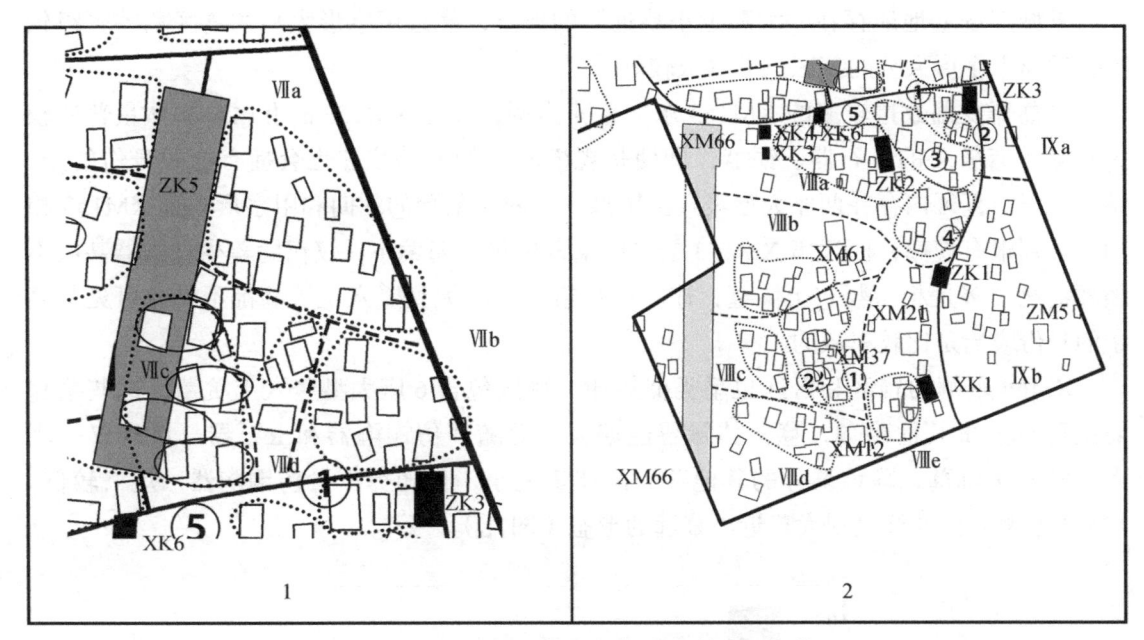

图七 Ⅶ区、Ⅷ区、Ⅸ区平面图（据注［1］）
1. Ⅶ区　2. Ⅷ、Ⅸ区

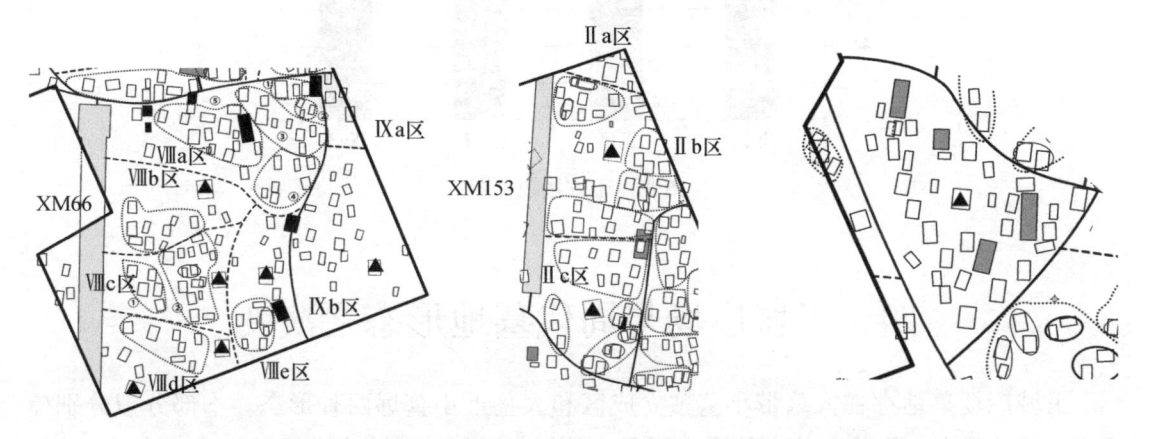

图八 "大墓带小墓"墓区平面图（标黑色三角者为大型竖穴土坑墓，据注［1］）

成雁阵形态的发展墓位。

（4）Ⅸ区以一座大型竖穴土坑墓为中心，周围有两组呈雁阵形态的发展墓位。

采用这种墓位形态的墓区有两个特点。其一，一般大型竖穴土坑墓居中，周围还会有若干组排列呈发展墓位形态的中小墓环绕四周。其二，大型竖穴土坑墓周围环绕有一圈空地，即使墓葬排布再密集，也很少侵犯到这片空地[8]。这些特点暗示大型竖穴土坑墓和同一墓区的其他墓葬应当有密切联系，可能属于同一家族。大型竖穴土坑墓边长3.4~6米，平面形状近似方形。类似结构保存较好的大型竖穴土坑墓可见针织厂C1M5269和中州中路C1M3750[9]。

王城广场墓地还存在"大墓近小墓远"的形态,靠近甲字形大墓的墓区墓葬等级较高,远离甲字形大墓的墓区墓葬等级较低。

以墓葬发掘数量较多的 XM153 东侧墓葬为例,靠近 XM153 的Ⅱ区墓葬体量普遍较大且随葬有较多的玉石器、铜器,即使是规模较小的墓葬往往也会拥有标识身份的圭、璧等礼玉。墓区内存在两座大型竖穴土坑墓,这两座墓葬的朝向和甲字形大墓 XM153 相同,排列很有规律;而远离 XM153 的Ⅲ区墓葬体量普遍偏小,仅仅随葬少量陶器甚或不随葬器物,多是小型竖穴土坑墓,连一座规格稍高的大型竖穴土坑墓都不见,可见其墓主的身份应当是比较卑微的。

XM66 东侧的Ⅷ区和Ⅸ区也呈类似规律。Ⅷ区包含 6 座大型竖穴土坑墓,这些墓葬周围还有大量其他墓葬,墓葬体量普遍偏大,常随葬仿铜陶器和玉石器。Ⅸ区仅一座大型竖穴土坑墓,除该墓外的其他墓葬的体量偏小,仅随葬少量仿铜陶器,规格较低。XM66 东侧墓区同样呈现大墓近小墓远的形态(图九)。

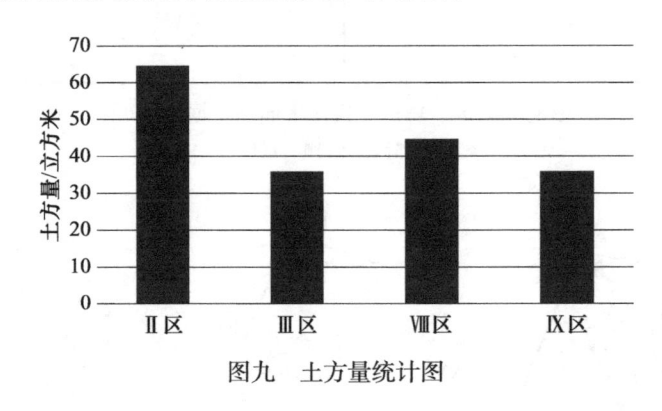

图九 土方量统计图

四、王城广场与周代墓地形态之演变

王城广场墓地存在大墓带小墓独立成区和大墓近小墓远两种形态。本部分拟分别梳理两种墓地形态在周代墓地中的演变情况,并初步总结墓地形态背后的社会形态。

周代大墓带小墓独立成区的墓区可分"多座/组大墓带中小墓"和"单座/组大墓带中小墓"两种情况。

多座/组大墓带中小墓这类形态特点为一个墓区内多座/组大型墓葬与中小墓共处一处,难以区分不同大墓和中小墓的隶属关系。

西周时期典型的呈此类形态的墓区的墓地可以琉璃河墓地为例。孙华将琉璃河墓地分作两群,第二群墓葬分作三组[10],其中第 3 组和第 2 组墓葬均包含多座带墓道大墓。第 2 组墓葬中已发掘的 M202 带两墓道,等级颇高。第 2 组、第 3 组墓葬南侧为中小型墓,北侧为大型墓。除琉璃河墓地外,张家坡井叔墓地和华县东阳墓地 C 区[11]也呈类似情况。朱凤瀚将张家坡井叔墓地分为北区北部和北区南部两区,并将北区南部细分成 4

个墓组[12]。其中南侧 3 个墓组包含 3 组 4 座带墓道大墓，每个墓组的大墓附近有不少中小墓分布，呈大墓带小墓独立成区的形态。

春秋时期呈此类形态的可以三门峡虢国墓地为例[13]。三门峡虢国墓地 20 世纪 90 年代发掘区北部包含虢国国君、夫人和太子的墓葬，与南部墓葬之间有兆沟区隔。若将兆沟北侧墓葬视作一区，则可发现该区内大型墓葬聚集分布在北侧，南侧和东侧则分布着中小墓，也呈大墓带小墓独立成区的形态。

单座/组墓葬带中小墓这类形态特点为一个墓区内仅有一座/组大墓，大墓所在墓区还包含若干中小墓。

西周时期典型的呈此类形态的墓区的墓地包括北窑、张家坡、叶家山等。以北窑西周墓地为例，报告指出，墓地可大致分为 3 个墓群[14]（其层级相当于本文所说的墓区），其中东侧的墓群包含 2 座中字形大墓。朱凤瀚先生指出，2 座中字形大墓墓主可能是"宗子一级的人物"，"M446 有戈随葬，M451 无，也不排除是夫妻并葬墓的可能"[15]。中字形大墓所在墓群包含大量中小墓。

东周时期呈此类形态的墓地可以虢国墓地 20 世纪 50 年代发掘的陪葬墓区为例。南部的上村岭墓地大致可以分成三区[16]，每一墓区的边缘均有一座/组大型竖穴土坑墓，同一墓区除大墓外还包含相当多的中小墓。随州义地岗墓地亦呈此类形态。张天宇在《叶家山墓地研究》中将该墓地分作八区，Ⅶa、Ⅶb、Ⅶc、Ⅶd 区均以一座或一组大墓为核心，墓区内囊括大墓和中小墓。Ⅶa、Ⅶb、Ⅶc 均出有曾子、曾孙铭文铜器，各区墓主当为曾国的公族成员[17]，居中的大型竖穴土坑墓或为家族族长之墓。

大墓近小墓远指以墓区为单位，靠近大型墓葬的墓区墓葬规格较高，远离大型墓葬的墓区墓葬规格较低。西周时期这一形态的墓地有姚家墓地。有学者将姚家墓地[18]分成三个大区，大墓集中于西区，北区以周系墓葬为主，距离西区较近，平均墓口面积达 6.97 平方米；南区墓葬以商系墓葬为主，距离西区较远，平均墓口面积为 4.26 平方米，呈大墓近小墓远的形态。

东周时期这一形态的墓地有两类。第一类中小墓与大型墓距离极近，以王城广场为典型代表。第二类大型墓和中小墓相对疏远，以兆沟区隔，以雍城秦公陵园[19]和严家沟秦陵[20]为典型代表。近年对雍城一、六号秦公陵园的钻探显示，陵园兆沟内集中分布大墓，兆沟外则是大量中小墓[21]。严家沟秦陵设内园墙、外园墙和外兆沟。内园墙内是亚字形王、后陵墓；内外园墙之间为带墓道大墓和中小墓，大墓居前，小墓居后；外园墙和外兆沟之间是大量小墓，其规模明显小于内外园墙之间的墓葬。

春秋中晚期以来以雍城秦公陵园为代表的秦陵虽然与王城广场墓地相异，但墓地形态有相似之处。这两处墓地，由于墓主等级不同，其所处的墓位也有所不同，其中严家沟秦陵这一现象尤为显著。陵园以兆沟和园墙为界区分不同墓区，距离王陵越远则墓区等级越低。

五、墓地形态所见墓地制度

总结周代墓地中这两类墓地形态可以发现，它们的渊源可以上溯到西周时期，并持续发展到战国时期。宗法制可能是形成两种形态的主导因素。

《周礼》[22]记载公墓布局为"先王之葬居中，以昭穆为左右。凡诸侯居左右以前，卿、大夫、士居后，各以其族"，这段记载提供了规划墓地的两个原则。其一，贵近贱远。安排陪葬墓时以墓主等级为准，等级高的居前；等级低的居后。其二，各以其族。墓地规划奉行族葬制，一片冢地内埋葬一族的死者。这两项原则体现了周代血缘关系等级化，是宗法制度在墓地规划中的反映。

王城广场的墓地形态与《周礼》中的相关记载有相合之处，或与宗法制度相关。高等级墓葬与中低级墓葬共处一区，可能是族葬的结果。大墓近小墓远的墓地形态可能是按血缘关系亲属埋葬族内成员的结果。

注　释

[1] 本文引用的所有有关王城广场墓地的资料均采自《洛阳王城广场东周墓》。即，洛阳市文物工作队：《洛阳王城广场东周墓》，北京：文物出版社，2009年。

[2] a.史家珍、吴业恒：《"天子驾六"产生的社会背景及祭祀功能初探》，《洛阳考古》2015年第1期，第64~67页；b.周新芳：《"天子驾六"问题考辨》，《中国史研究》2007年第1期，第41~57页；c.王震：《洛阳东周王城大墓与周王室陵寝的探索》，《考古》2020年第6期，第88~96页；d.张亮：《洛阳地区战国中晚期陶器墓的分群研究》，《考古》2019年第9期，第93~104页。

[3] 目前仅徐昭峰在《东周王城研究》一书中试图分析王城广场墓地，但其分析局限在两座大型甲字形墓与王城陵区其他大型墓之间的关系，对于墓地本身并未进行分析。可参见徐昭峰：《东周王城研究》，北京：文物出版社，2019年，第146~155页。

[4] 张家强、蔡宁、雷兴山：《郑州西司马墓地结构与社会结构分析》，《华夏考古》2018年第5期，第74~82页。

[5] a.西司马墓地同注［4］；b.姚家墓地可参见陕西省考古研究院、北京大学考古文博学院、宝鸡市周原博物馆：《周原遗址东部边缘：2012年度田野考古报告》，上海：上海古籍出版社，2018年，第325~330页；种建荣：《周原遗址姚家墓地结构分析》，《华夏考古》2018年第5期，第83~90页。

[6] 王洋：《西周车马坑为墓区界标说》，《古代文明研究通讯》2017年第6期。

[7] 本文对墓葬规格的划分参照徐昭峰先生在《东周王城研究》中提出的标准。徐昭峰将洛阳东周墓分为两大类五个等级，前两个等级为带墓道大墓，后三个等级为无墓道的大、中、小型竖穴土坑墓。本文所言的"大墓"为徐昭峰分类中的第三等级墓葬，即墓室长度多在4米以上的大型竖穴土坑墓。同注［3］，第176页。

[8] 报告注意到这一现象，猜测墓上可能存在封土或其他设施。同注［1］，第518页。

[9] a.洛阳市文物工作队：《洛阳市针织厂东周墓（C1M5269）的清理》，《文物》2001年第12期，第41~59页；b.洛阳市文物工作队：《洛阳市中州中路东周墓》，《文物》1995年第8期，第7~14页。

[10] 孙华：《周代前期的周人墓地》，《远望集：陕西省考古研究所华诞四十周年纪念文集》，西安：陕西人民美术出版社，1998年，第271页。

［11］王洋：《华县东阳西周墓地结构研究》，《中国国家博物馆馆刊》2021年第2期，第35页。
［12］朱凤瀚：《商周家族形态研究》（增订本），天津：天津古籍出版社，2004年，第440页。
［13］河南省文物考古研究所、三门峡市文物工作队：《三门峡虢国墓》（第一卷），北京：文物出版社，1999年，第4页。
［14］洛阳市文物工作队：《洛阳北窑西周墓》，北京：文物出版社，1999年，第366页。
［15］同注［14］，第630页。
［16］上村岭虢国墓地分三区/组的意见被邹衡、俞伟超等先生提及。可参见：a.北京大学历史系考古教研室商周组：《商周考古》，北京：文物出版社，1979年，第194页；b.俞伟超：《上村岭虢国墓地新发现所揭示的几个问题》，《中国文物报》1991年2月3日第3版。
［17］同注［12］，第247页。
［18］同注［7］。
［19］a.陕西省雍城考古队：《凤翔秦公陵园钻探与试掘简报》，《文物》1983年第7期，第30～37页；b.陕西省雍城考古队：《凤翔秦公陵园第二次钻探简报》，《文物》1987年第5期，第55～65页；c.陕西省考古研究院、凤翔县博物馆：《雍城十四号秦公陵园钻探简报》，《考古与文物》2015年第4期，第3～8页；d.陕西省考古研究所、宝鸡市考古研究所、宝鸡先秦陵园博物馆：《雍城一、六号秦公陵园第三次勘探简报》，《考古与文物》2015年第4期，第9～14页。
［20］陕西省考古研究院、咸阳市文物考古研究所：《陕西咸阳严家沟秦陵考古调查勘探简报》，《考古与文物》2021年第1期，第8～21页。
［21］除一、六号秦公陵园外，二、九号秦公陵园兆沟外也发现有中小型墓群。田亚岐认为这些中小型墓葬墓主可能是当时的宗室贵族、秦公夫人、军功大臣及其服侍人员。可参见：a.陕西省考古研究院、宝鸡市考古研究所、宝鸡先秦陵园博物馆：《秦雍城六号秦公陵园兆沟西南侧中小型墓葬与车马坑发掘简报》，《考古与文物》2015年第4期，第15～20页；b.田亚岐、王保平：《凤翔南指挥两座小型秦墓的清理》，《考古与文物》1987年第6期；c.雍城考古队：《陕西凤翔西村战国秦墓发掘简报》，《考古与文物》1986年第1期。
［22］（清）孙诒让著，王文锦，陈玉霞点校：《周礼正义》，北京：中华书局，2013年，第1694页。

The Cemetery Structure of Eastern Zhou Period at the Capital City Square in Luoyang City

Gu Yunong

（2021 Graduate Student, School of Archaeology and Museology, Peking University）

Abstract: According to the pattern of the tombs, Capital City Square Cemetery can be divided into 9 zones. There are two patterns in this cemetery. The first pattern is that the large tomb leads the small tombs in one zone, while the second pattern is that large tombs locate near the tombs with long slope path. These two patterns also exist in many Zhou dynasty cemeteries, which may be the results of the Patriarchal Clan System.

Key Words: Capital City Square Cemetery, Patterns of the Cemetery

青铜至早期铁器时代中国北方地区洞室墓的分类与来源

刘一诺

（吉林大学考古学院2019级硕士研究生）

摘要：洞室墓从新石器时期开始就已出现于中国北方地区，到了青铜至早期铁器时代洞室墓的分布范围更加广泛，是北方地区较有特色的一类墓葬形制。对于洞室墓，本文将在已有的研究成果的基础上，尝试进行类型学研究，从洞室墓的墓葬形制入手，结合偏室数量与墓道和墓室的相对位置，将这一时期中国北方地区洞室墓分为A、B、C、D四种类型。根据并结合葬式葬俗对各类型洞室墓进行综合分析，讨论其区域特征与年代特征，进而推测各类洞室墓来源。

关键词：洞室墓；中国北方地区；青铜时代；早期铁器时代

洞室墓又称土洞墓，是一种比较特殊的墓葬形式。建造方法是从地表先挖一竖穴坑作为墓道，然后在墓道一端或长边一侧横穿掏洞作为墓室[1]。中国北方地区新石器时代就已经发现该类结构的墓葬，青铜至早期铁器时代洞室墓的分布范围更加广泛。

本文涉及的中国北方地区西起陇山，向东经鄂尔多斯高原、桑干河谷至燕山，这一地区的自然环境、经济类型和生活方式均与中原地区存在差异[2]。关于中国北方地区青铜时代洞室墓的研究已有很多成果。如谢端琚将新石器时代晚期至青铜时代西北地区的洞室墓据墓底形状分为"凸"字形墓与"曰"字形墓两类，并与窑洞式居室加以比较推测其来源[3]；韩建业将先秦洞室墓区分为北方、西方和秦三大传统，进而将北方系统划分为东方支系和甘青宁支系，西方传统划分为天山支系、河西支系和长城支系[4]；马金磊根据墓道与墓室中轴线的关系，将甘青地区洞室墓分为直线式、垂直式和平行式三型[5]；曹建恩等将北方地区东周西汉时期偏洞室墓与新疆地区洞室墓作对比研究，认为沙井文化与偏洞室墓的传播存在联系[6]。

青铜至早期铁器时代，中国北方地区考古遗存的文化因素构成情况比较复杂，中原地区、草原地区人群和当地居民的文化交流十分频繁，因此对于这一地区洞室墓的研究也有必要分层次进行，以便于区分不同的文化和人群的特征。本文拟从洞室墓形制出发，首先对北方地区洞室墓进行分类，并结合葬式葬俗对各类洞室墓进行综合分析，进而推测其来源。

一

根据青铜至早期铁器时代洞室墓的分布，中国北方地区洞室墓可以分为甘青宁、内蒙古中南部和燕山南北三个地区，现以考古学文化为线索对各地区洞室墓的形制和葬俗加以概述。

(一) 甘青宁地区

甘青宁地区发现的洞室墓数量比较丰富，主要见于齐家文化、四坝文化、辛店文化、卡约文化、寺洼文化、沙井文化，以及宁夏的固原地区（表一）。

表一　甘青宁地区发现洞室墓考古学文化地域年代对照表

考古学文化	分布地域	年代范围
齐家文化	形成于甘肃省东南部，扩展至河西走廊以东的甘肃大部、青海东缘和宁夏南部，晚期进入关中和商洛地区，西南向渗透到川西北高原	公元前2400～前1500年[7]
四坝文化	主要分布于河西走廊中西部	形成于公元前2000年，约公元前1600年开始逐渐衰落
辛店文化	分布在甘肃省的洮河、大夏河流域和青海湟水流域	夏晚期到西周晚期[8]
卡约文化	主要分布于黄河上游及其支流湟水流域	距今3600～2800年[9]
寺洼文化	兰州市以东的甘肃境内	早商晚期至西周晚期
沙井文化	甘肃中部的民勤、金昌、永昌	上限可至西周晚期，下限可能晚到战国中期前后
	宁夏固原地区	春秋战国之际

齐家文化洞室墓主要见于青海乐都柳湾墓地[10]和甘肃临潭磨沟墓地[11]。柳湾墓地发掘报告称其为"带墓道呈凸字形的墓"，计48座，占发掘墓葬总数的13%，数量从早到晚呈递减趋势。磨沟墓地的主体年代处于齐家文化时期，下限大致在公元前两千纪中叶[12]。该墓地存在竖穴土坑墓与竖穴偏洞室墓两种形制，其中齐家文化时期大多为竖穴偏洞室墓，结构较复杂，一般由长方形竖穴墓道和位置、数量不同的偏室组合而成，以单偏室墓数量最多。

四坝文化洞室墓目前仅见于甘肃西部的玉门火烧沟墓地[13]，是该墓地很普遍的墓葬形制。盛行殉牲，多见羊头、羊角、羊腿等，大体处于四坝文化扩展时期[14]。

辛店文化、卡约文化、寺洼文化是三支年代大体平行的青铜文化。辛店文化墓葬以土坑竖穴墓为主[15]，发现洞室墓的遗址主要有青海民和核桃庄小旱地墓地[16]、青海互助总寨墓地[17]和青海大通上孙家寨墓地[18]。核桃庄小旱地有洞室墓25座，占墓葬总数的7%；互助总寨的辛店文化墓地仅见1座偏洞室墓；上孙家寨墓地的辛店文化陶器墓共

14座，其中8座为偏洞室墓。卡约文化洞室墓数量相当丰富，主要见于青海湟中潘家梁墓地[19]、青海大通上孙家寨墓地[20]、青海循化苏呼撒墓地[21]以及青海民和喇家墓地[22]。潘家梁墓地共发掘196座洞室墓，是该墓地主要的墓葬形制；上孙家寨墓地洞室墓数量也较多，洞室通常略长于墓道；苏呼撒墓地仅发现一座洞室墓；喇家遗址发现的几座洞室墓原发掘报告认为属于辛店文化墓葬，任瑞波指出应该属于卡约文化[23]，从墓葬形制来看，喇家遗址的洞室墓确实与潘家梁墓地更为相似。寺洼文化仅于磨沟墓地[24]发现13座偏洞室墓，占发掘墓葬总数的比例很小，以竖穴单偏洞室墓为主，上下型和左右型多偏洞室墓的形制同该墓地齐家文化时期多偏洞室墓形制相似。

沙井文化的甘肃永昌蛤蟆墩墓地[25]、西岗墓地[26]和柴湾岗墓地[27]偏洞室墓数量丰富。蛤蟆墩墓地发掘的20座墓葬中有偏洞室墓12座；西岗墓地墓葬包括偏洞室墓、长方形土坑竖穴墓、双竖井过洞墓三种形制，以偏洞室墓数量最多，占墓葬总数的62%；柴湾岗墓地洞室墓占墓葬总数的40%左右。

宁夏固原地区洞室墓主要分布于彭堡于家庄墓地[28]、彭阳张街村墓地[29]和马庄墓地[30]。于家庄墓地共清理完整的洞室墓16座，竖穴土坑墓6座。彭阳张街村墓地发掘了2座完整洞室墓，发掘报告称之为"凸字形土洞墓"。马庄墓地可辨明形制的29座墓葬中，仅有1座竖穴土坑墓，其余均为洞室墓。

概括而言，甘青宁地区洞室墓数量很多，在自夏商至春秋战国时期的多支考古学文化中均有发现，不过在各墓地中所占比例仍然有较大差别。

（二）内蒙古中南部

内蒙古中南部地区以鄂尔多斯高原为中心，北至阴山山脉，西起包头，南部到鄂尔多斯高原南缘，东达黄旗海左近[31]。这一地区洞室墓主要见于白敖包基地[32]、包头西园墓地[33]、新店子墓地[34]、清水河阳畔墓地[35]和凉城小双古城墓地[36]（表二）。

表二 内蒙古地区发现洞室墓考古学文化分布及年代对照表

考古学文化	分布地域	年代范围
朱开沟文化	北起阴山以南，南至窟野河水系，西到鄂尔多斯高原东部，东达洋河流域	公元前2100~前1300年
西园类型	大青山南麓的土默特平原及其以南浑河流域的丘陵地带	春秋晚期到战国早期
	凉城小双古城墓地位于内蒙古自治区乌兰察布市凉城县八苏木乡小双古城村东南1千米的向阳坡地上	春秋晚期到战国早期

朱开沟文化的伊金霍洛旗白敖包墓地发现竖穴土坑偏洞室墓20座，洞室与土坑的长度比或大或小，洞室大多数低于土坑竖穴。

王立新曾根据畜牧业特征将东周时期该地区的遗存划分为四个类型，其中西园墓地、新店子墓地和阳畔墓地均属于西园类型[37]，本文从之，并将此三处墓地一并概述。西园墓地墓葬形制均为偏洞室墓；阳畔墓地发掘的8座墓葬中可辨明形制的洞室墓有5座；

新店子墓地洞室墓占墓葬总数的 60.8%，该墓地发现有两类洞室墓，一类洞室墓墓室开口于墓道右侧并形成二层台，墓室平面近长方形，另一类洞室墓墓室位于墓道东壁正中，人骨上半身放置在洞室中。

小双古城墓地发掘洞室墓 12 座，竖穴土坑墓 2 座。报中所列举的洞室墓墓道平面均近梯形，墓室均开口于墓道底部右侧并留有二层台，有墓室前端略长于墓道的情况。

青铜时代内蒙古中南部地区洞室墓出现的时间也不晚，早在朱开沟文化时期就已出现，但是似乎并未形成自身传统并得到延续。朱开沟文化以后基本不见洞室墓。到了春秋战国之际，洞室墓再次出现在这一地区且短暂流行。

（三）燕山南北地区

燕山南北地区的行政区划主要为冀北地区。这一地区洞室墓发现不多，目前仅在属于夏家店下层文化的大甸子墓地[38]发现三座洞室墓（表三）。墓葬形制是在土圹接近底部的长壁一侧挖出一个浅长洞室，洞室与土圹的长度接近，有的有壁龛。

表三　山南北地区发现洞室墓考古学文化分布及年代对照表

考古学文化	分布地域	年代范围
夏家店下层文化	东起医巫闾山以西，西到赤峰七老图山，南起燕山以北，北至西拉木伦河	夏至早商阶段

二

从文化属性上看，洞室墓所属的文化属性复杂丰富，分布在不同时期不同文化当中。先秦时期的中国北方地区本身处于一个境内外各地区人群流动融合的地带，人群关系复杂，因此不同墓地所发现的偏洞室墓在形制葬俗上有相似之处，但又因所属不同文化而各具特色。所以本文对于洞室墓类型的划分从洞室墓的墓葬形制入手，结合偏室数量与墓道和墓室的相对位置，将这一时期中国北方地区洞室墓分为 A、B、C、D 四种类型。

（一）A 型洞室墓

A 型洞室墓的形制特点为墓室平面呈不规则圆形，墓道宽度相对于墓室显得十分短窄，墓葬平面更像不规则"凸"字形。从形制上来看也可称为倒"凸"字形洞室墓，因为其墓道与洞室的比例与马庄墓地发现的常被称为"凸"字形洞室墓的比例刚好相反。马庄等墓地的"凸"字形洞室墓的形制是属于墓道的宽度整体宽于墓室，墓室突出于墓道而使平面形制呈"凸"字形（图一，1）。

（二）B 型洞室墓

B 型洞室墓的形制特点是墓道宽度宽于或等于墓室的宽度，洞室开口于竖穴土坑墓道短端，并沿墓道竖直向前挖进形成洞室，墓道平面为规则长方形，洞室平面为无棱角的圆弧形或规则长方形。根据墓道与墓室的宽窄比不同，平面形制略有不同，主要分为墓室墓道同宽和墓道宽于墓室两种情况。墓道宽于墓室的洞室墓，平面形制根据墓室的位置不同可分为"凸"字形或刀把形（图一，2）。

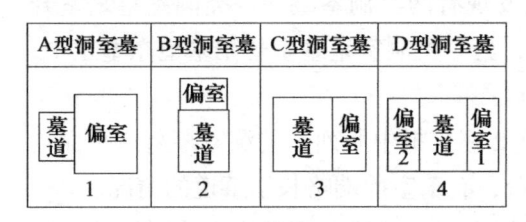

图一 洞室墓类型示意图

（三）C型洞室墓

C型偏洞室墓的特征是墓室开口于土坑竖穴墓道长边侧，墓道与墓室基本同长或略有不同。平面形制呈"曰"字形，墓室轮廓有圆角长方形或规则长方形，一般带有生土二层台，有的带有壁龛（图一，3）。

（四）D型洞室墓

D型洞室墓形制比较特殊，因此无法归入上述任何一类洞室墓。D型洞室墓墓道与洞室的位置虽和C型洞室墓相同，均属于在墓道长侧挖洞作为洞室，但是墓葬结构更为复杂，存在多偏洞室的情况。根据洞室的数量和位置不同，分为单偏洞室墓、单向多偏洞室墓、双向多偏洞室墓。这类墓葬的平面形状呈"曰"字形或扁"目"字形（图一，4）。

三

根据墓葬形制将中国北方地区青铜至早期铁器时代的洞室墓划分为以上四种类型，现结合墓地的葬俗与殉牲对中国北方地区的洞室墓进行分析（表四）。

表四 北方地区发现洞室墓遗址墓向及殉牲情况表

遗址	墓向	殉牲
柳湾墓地	南北向为主	无
磨沟遗址	西北	齐家文化：极个别墓发现殉牲习俗；不仅随葬猪下颌骨和羊，而且新出现了牛和鹿等动物
		寺洼文化：无
火烧沟墓地	基本呈东西向	多用大量的羊作为殉牲
核桃庄小旱地墓地	大多北偏东	有9座发现有殉牲，仅占2.5%；可知动物种类为羊
互助总寨墓地	南北向	无
上孙家寨墓地		辛店文化：殉牲有牛、猪、羊和狗等（材料还未发表）
		卡约文化：殉牲主要有马、牛、羊、狗等，还有少量的猪
潘家梁墓地	主要为北向偏西	共发现有殉牲墓14座，仅占5.7%。殉牲整体数量不是很多，有羊、牛、狗等

续表

遗址	墓向	殉牲
循化苏呼撒墓地	主要为西向	无
民和喇家墓地		无
蛤蟆墩墓地	头向东北	有14座墓葬发现有殉牲,占总数的70%;可见殉牲习俗是蛤蟆墩墓地普遍存在的一种葬俗之一;殉牲有羊、牛、马和驴,其中羊的数量最多,牛、马和驴的数量均非常少
西岗墓地	大多向东北	随葬有动物的有10座,殉牲率仅为2.2%;殉牲种类有羊、马、骆驼、兽、猪和禽爪;每种动物的数量均较少,羊略多一点
柴湾岗墓地	大多向东北	仅有7座墓葬发现有殉牲骨骼,占总数的6.1%;殉牲有羊和猪两种
彭堡于家庄墓地	头东或东北	殉牲率高达92.3%;羊的数量是最多的,其次为牛,最后为马
彭阳张街村墓地	头向东	殉牲率达100%;羊的数量是最多的,其次是马,最后是牛
马庄墓地	东或北	殉牲率75.9%;羊的数量是最多的,其次为牛,最后为马
白敖包墓地	墓向均朝北,大多数为东北向	6座墓葬发现有殉牲,占总墓葬的8.7%;包括狗、猪和不明动物
凉城小双古城墓地	头东北	殉牲率78.6%;羊最多,其次是牛,再次是马
新店子墓地	东北	殉牲率76.8%;羊最多,其次是牛,再次是马
清水河县阳畔墓地	头东北	殉牲率50%;羊最多,其次是牛,再次是马
西园墓地	头东北	殉牲率100%;殉牲种类有牛和羊两种
大甸子墓地	头向北	其中有殉牲的墓葬237座,占墓葬总数的29.5%;种类多为猪、狗和鸡三种

注:据发掘报告及以下文献整理。
包曙光:《中国北方地区夏至战国时期的殉牲研究》,北京:科学出版社,2016年。

（一）区域特征

根据A、B、C、D四型洞室墓的分布情况可知：

A型洞室墓目前仅见于甘青宁地区齐家文化时期的柳湾墓地（图二,1），这类洞室墓的人骨及随葬品全部放置在洞室中，墓向以南北向为主，葬式以单人仰身直肢葬为主，还存在二次葬、俯身葬、屈肢葬与断肢葬。葬具主要为长方形木棺，有些木棍和石块封堵墓室口。为了多人合葬会将洞室挖得宽大[39]，目前来看A型洞室墓中不见殉牲（表四）。

B型洞室墓在甘青宁地区及内蒙古中南部地区均有发现，但墓葬形制略有不同。甘青宁地区的B型洞室墓主要集中分布在宁夏固原地区（图二,2~4）。该地区的洞室前端平面均为较规则的长方形。于家庄、马庄和张街墓地均以B型洞室墓为主，墓室位置不一，人骨全部置于洞室或部分放置在墓道。杨建华教授认为，宁夏地区洞室墓洞室位置的不同与年代差异有关：其发展序列为竖穴土洞墓—凸字形墓—斜凸字形墓—刀形墓，同时还伴随洞室底部逐渐低于墓道底部，以及人骨和随葬品逐渐移动进洞室的现象[40]。内蒙古中南部地区的B型洞室墓见于新店子墓地和阳畔墓地（图二,5、6）。洞室墓前端平面均为圆弧形。两处墓地均以洞室墓为主要形制，其中新店子墓地B、C型洞室墓共存。宁夏和内蒙古中南部地区 B 型洞室墓均以仰身直肢葬为主，头向主要为东北向，殉牲普遍且以羊数量最多（表四）。

C 型洞室墓在甘青宁、内蒙古中南部和燕山南北地区有着广泛分布。甘青宁地区的齐家文化、四坝文化、辛店文化、卡约文化、寺洼文化、沙井文化中均见有此类洞室墓（图二，7~12），但是流行程度不一，火烧沟、蛤蟆墩、西岗和柴湾岗、潘家梁和上孙家寨墓地数量相对丰富。平面主要为圆角长方形或长方形，不过也存在特例，如潘家梁墓地（卡约文化）洞室墓的墓道和洞室平面皆为不规则的圆角长方形或椭圆形，有可能是为了容纳尸体延长洞室[41]。大多数墓地以单人仰身直肢葬为主，辛店文化、卡约文化和寺洼文化中的墓葬二次扰动现象比较明显。寺洼文化的磨沟遗址部分墓葬使用木质葬具，沙井文化的蛤蟆墩、西岗和柴湾岗墓地葬具很有特色，人骨下铺有白灰和芨芨草，其上盖有芨芨草席或芦苇席。其余墓地基本不见或少见葬具。火烧沟墓地头向为东方，其余墓地洞室墓墓向大多为南北向，头向北偏东或北偏西。火烧沟墓地、蛤蟆墩墓地和宁夏固原地区流行大量殉牲，以羊数量最多，其余地区殉牲现象罕见（表四）。内蒙古地区的 C 型洞室墓见于朱开沟文化的白敖包、西园、小双古城和新店子墓地（图二，13~16）。头向以东北向为主，使用葬具的情况较少见，除白敖包墓地外均普遍流行以羊为主的殉牲现象。燕山南北地区属于夏家店下层文化的大甸子墓地发现少量 C 型洞室墓（图二，17），头向均为北，该墓地殉牲以猪、狗、鸡为主（表四）。

D 型洞室墓主要见于磨沟墓地（图二，18、19）。该墓地包含齐家文化和寺洼文化两个时期的洞室墓遗存。该类洞室墓主要属于齐家文化时期，墓向为西北向，墓葬结构复杂，可能有棚架结构，墓道下部两端靠近偏室（或主偏室）一侧多建有封门用的竖槽，墓道多设有头龛，少数设有脚龛或侧龛，个别墓葬墓道部分还设有二层台。合葬现象相当普遍，葬式既有一次葬，也有二次葬、扰乱葬，且有在墓道埋人的现象。多偏室形成过程复杂，大体分为先后使用过程与分阶段填埋墓道、废止前期偏室而重新营建新偏室、共同使用或填埋墓道三种情况[42]。磨沟墓地洞室墓的存在更像是为了强调合葬的意义，显得这个墓地的群体关系十分紧密。磨沟墓地洞室墓的形成与该墓地的社会关系息息相关，不论是复杂多样的洞室墓结构还是多人多次合葬现象都显示出该墓地同一座墓葬内成员之间具有紧密的社会关系。

（二）年代特征

从年代上看，青铜时代中国北方地区发现的洞室墓属 A 型洞室墓，年代最早，发现于柳湾墓地，该墓地大约处于齐家文化的中期，年代范围大概处于公元前 2200~前 1900 年[43]，此后基本不见该类洞室墓。

C 型洞室墓开始出现于四坝文化的火烧沟墓地、朱开沟文化的白敖包墓地和夏家店下层文化的大甸子墓地。火烧沟墓地处于四坝文化的偏早阶段；白敖包墓地处于朱开沟文化的第一期到第四期，年代上限为公元前 2100 年，下限大概处于公元前 1500 年[44]；

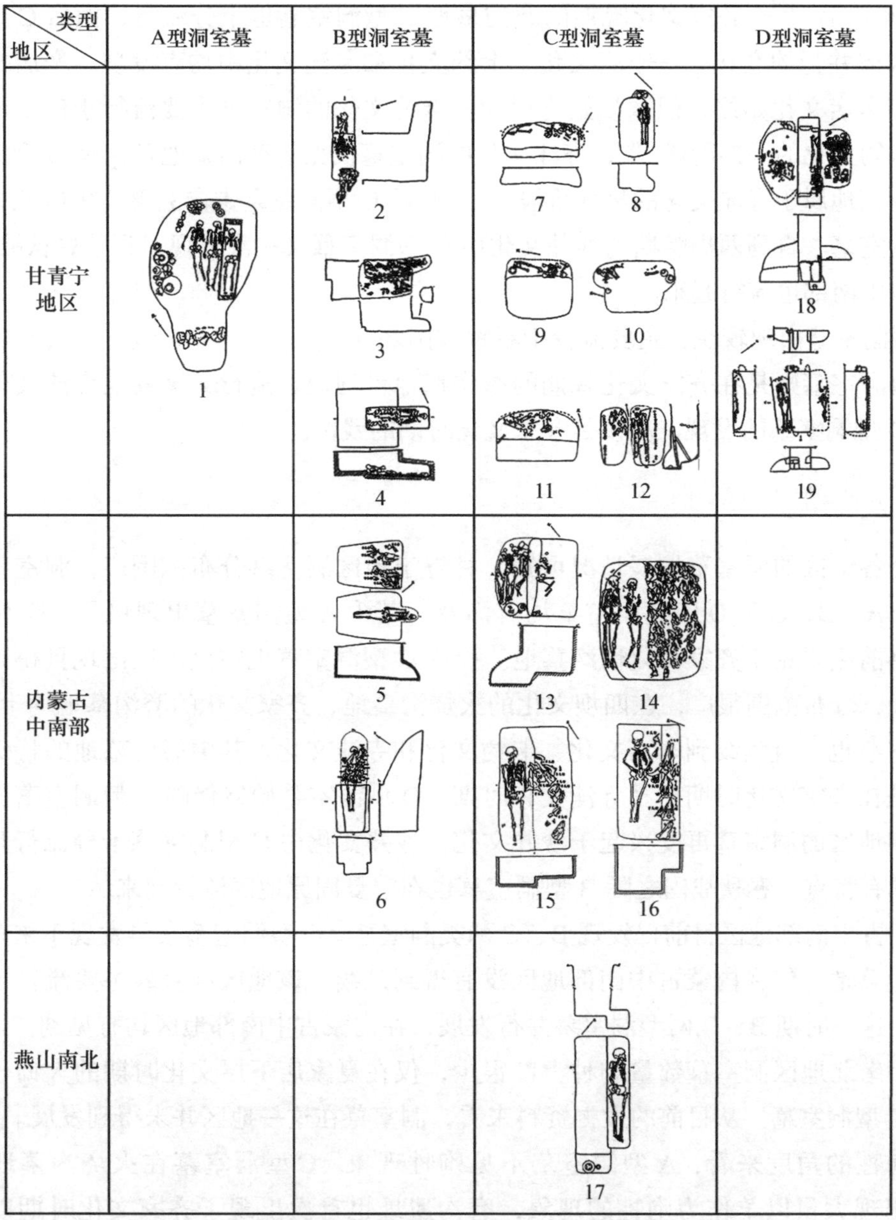

类型 地区	A型洞室墓	B型洞室墓	C型洞室墓	D型洞室墓
甘青宁地区	1	2, 3, 4	7, 8, 9, 10, 11, 12	18, 19
内蒙古中南部		5, 6	13, 14, 15, 16	
燕山南北			17	

图二　青铜时代到早期铁器时代中国北方地区洞室墓举例

1. 柳湾墓地 M972（据注 [10]）　2. 于家庄墓地 M12（据注 [28]）　3. 马庄墓地Ⅲ M4（据注 [30]）　4. 彭阳张街村墓地 M2（据注 [29]）　5. 新店子墓地 M9（据注 [34]）　6. 阳畔墓地 M1（据注 [35]）　7. 火烧沟墓地 M10（据注 [13]）　8. 民和庄小旱墓地 M54（据注 [16]）　9. 互助总寨墓地 M32（据注 [17]）　10. 潘家梁墓地 M231（据注 [19]）　11. 民和喇家墓地 M19（据注 [22]）　12. 蛤蟆墩墓地 M15（据注 [25]）　13. 白敖包墓地 M41（据注 [32]）　14. 包头西园春秋墓地 M3（据注 [33]）　15. 小双古城墓地 M5（据注 [36]）　16. 新店子墓地 M36（据注 [34]）　17. 大甸子墓地 M799（据注 [38]）　18. 磨沟遗址 M206（据注 [11]）　19. 磨沟遗址 M30（据注 [24]）

夏家店下层文化的大甸子墓地延续时间不是很长，墓葬之间排列井然有序，基本无打破关系，根据其墓内具有明显的中原二里头文化器物特征的遗物，可知其年代大体在公元前1700年前后[45]。齐家文化晚期的磨沟墓地C型洞室墓也十分流行，而后C型洞室墓在三支大体并行的文化——辛店文化、卡约文化和寺洼文化中均有发现。辛店文化的洞室墓贯穿辛店文化始终，但数量始终很少；卡约文化的洞室墓主要流行于位于湟水中游地区的卡约文化的早期阶段[46]；寺洼文化的洞室墓仅见于磨沟墓地且伴有D型洞室墓存在。磨沟墓地属于寺洼文化的早期阶段[47]。此后C型洞室墓走向衰落，中国北方地区基本不见洞室墓。直到西周晚期的沙井文化中C型洞室墓又一次出现，到了春秋战国之际，在内蒙古中南部也流行起来。

B型洞室墓出现较晚，主要流行于春秋战国之际。

D型洞室墓则是在齐家文化晚期的磨沟墓地得到短暂流行，该墓地寺洼文化时期还有少量D型洞室墓的发现，应该是齐家文化时期的残留。

（三）小结

综合各地区的洞室墓发展情况可知，甘青宁地区洞室墓分布范围广，洞室墓类型也最丰富，A、B、C和D四类洞室墓均有涉及。其中A型洞室墓出现最早，但延续时间不长，目前主要见于齐家文化柳湾墓地。而后C型洞室墓也在该地区出现且得到很长时间的发展，分布范围很广，在四坝文化的火烧沟墓地、齐家文化的磨沟墓地均十分盛行，该型洞室墓也一直延续到辛店文化、卡约文化和寺洼文化。其中磨沟墓地的特殊之处在于不论是在齐家文化时期还是寺洼文化时期，D型洞室墓始终伴随C型洞室墓出现。之后甘青宁地区的洞室墓再度兴起于沙井文化，沙井文化中C型洞室墓十分流行且芨芨草葬十分具有特点。春秋战国之际B型洞室墓也在宁夏固原地区流行起来。

内蒙古中南部地区目前仅发现B、C两类洞室墓。C型洞室墓最早发现于朱开沟文化的白敖包墓地，但在内蒙古中南部地区没有得到延续。该地区洞室墓主要流行于春秋战国之际，这一时期B、C两型洞室墓并行发展，在内蒙古中南部地区均有见到。

燕山南北地区洞室墓数量和种类都很少，仅在夏家店下层文化时期的大甸子墓地发现三座C型洞室墓。从目前的发掘资料来看，洞室墓在这一地区并未得到发展。

从殉牲的角度来看，A型洞室墓不见殉牲现象。C型洞室墓在火烧沟墓地十分流行并且出现大量以羊作为殉牲的现象，磨沟遗址也首次出现了齐家文化时期以牛和鹿等作为殉牲的现象。饲养羊、牛和鹿的生业模式是典型的畜牧业模式，这似乎显示着甘青宁地区青铜时代早期C型洞室墓的出现与畜牧业的发展具有一定的同步性，但其中的关联性还需更多的资料来进一步研究。沙井文化之后，在相对集中的时间段内，B、C型洞室墓与以羊、牛、马为主要殉牲的习俗再次在中国北方地区兴起，这一时期B、C型洞室墓的葬式葬俗也十分相似，这两类洞室墓所代表的族群之间应该关系十分密切。

四

通过上述分析，可知四类洞室墓的文化因素很复杂，各类洞室墓的成因也很难界定，目前来看北方地区洞室墓的发展并非一脉相承，下面对各类洞室墓来源进行试析：

柳湾墓地的洞室墓是目前北方地区青铜时代发现的最早的 A 型洞室墓，该墓地还发现有马厂类型的洞室墓：墓室平面基本呈椭圆形，墓道与墓室之间往往有成排木棍或木板封堵，大多使用木质葬具，葬式以仰身直肢为主[48]（图三，1）。这类洞室墓在马厂类型中多地可见，如土谷台墓地[49]（图三，2），无论从墓葬形制还是葬式上齐家文化时期的倒"凸"字形洞室墓都显示出与马厂类型洞室墓有很密切的联系。与其余类型洞室墓形制相比，A 型洞室墓的形制接近新石器时代洞室墓形制，属于青铜时代洞室墓中较为原始的形态，因此可以推测 A 型洞室墓应该是从甘青地区新石器时代洞室墓发展而来的，且与马厂类型洞室墓关系十分密切，是新石器时代甘青地区洞室墓的延续。

C 型洞室墓时空分布范围广且不连续，就目前发现情况来看，来源并非单一。关于四坝文化的来源问题，李伊萍先生通过陶器的对比认为四坝文化是在马厂文化的基础上发展而来[50]。从墓葬形制来看，甘肃永昌鸳鸯池遗址清理的马厂类型墓葬中有少量偏洞室墓，大多数墓葬头向东南，葬法有单人葬、合葬和二次葬等，葬式主要是仰身直肢葬[51]，与火烧沟墓地有诸多相似之处。但发掘简报中未发表洞室墓平面图，因此洞室墓形制暂不清晰。但西北地区早在新石器时代已出现 C 型洞室墓，如属于半山类型的土谷台 M49[52]（图三，3）。虽然还未在马厂类型中确定 C 型洞室墓的存在，不过结合文化来源可以确定的是西北地区青铜时代早期 C 型洞室墓的重要来源之一应为本地的新石器时代文化。内蒙古地区的白敖包墓地的 C 型洞室墓，学者主张是甘青地区洞室墓东向传播的结果[53]，这一观点比较合理，此处不再多加赘述。夏家店下层文化的大甸子墓地所发现的 C 型洞室墓，应该并非甘青地区洞室墓东传的产物。该地区发现的洞室墓仅三座，具有一定偶然性。且洞室墓的平面规整，为规则长方形，带壁龛。从葬式来看，头向北。

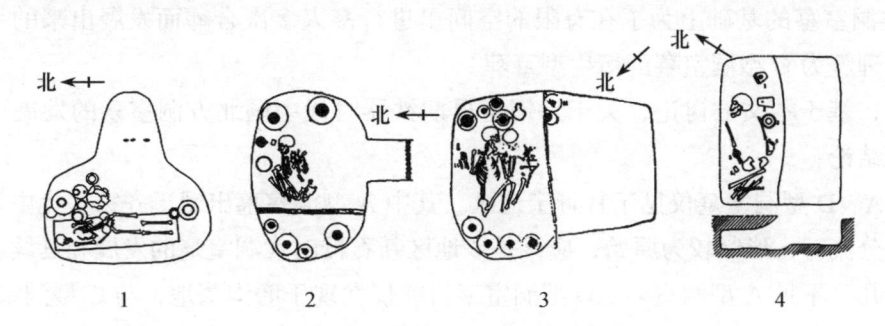

图三 新石器时代北方地区洞室墓举例
1. 柳湾墓地马厂类型 M1250（据注 [48]） 2. 土谷台墓地马厂类型 M13（据注 [49]）
3. 土谷台墓地半山类型 M49（据注 [49]） 4. 大南沟墓地 M52（据注 [54]）

这与同一时期甘青地区和内蒙古地区洞室墓形制差异较大。而属于新石器时代的赤峰大南沟墓地见有C型洞室墓且墓葬平面为规则长方形[54]（图三，4），因此大甸子墓地的C型洞室墓可能是该地区新石器时代洞室墓的残留。

四坝文化之后甘青地区C型洞室墓在辛店文化、卡约文化、寺洼文化中逐步发展，辛店文化、卡约文化和寺洼文化的文化面貌各有不同，但均与齐家文化关系密切，文化传统与齐家文化有一定传承性[55]。虽然洞室墓形制变化较大，基本不见葬具，葬式也以单人葬为主，但整体来看这些洞室墓所属文化还属于甘青地区青铜时代文化的延续与发展，因此洞室墓大体也应是此前甘青地区洞室墓的发展。关于这一时期C型洞室墓形制的来源，曾有人猜想是凸字形土洞墓与土坑竖穴墓相互影响而产生[56]，这种说法不无道理。因此辛店文化等洞室墓或是齐家文化A型洞室墓的变体，或是受四坝文化C型洞室墓形制的影响产生，总之在整体面貌上没有脱离甘青地区传统洞室墓性质。但此后甘青地区青铜时代的考古发现存在很长一段空白期，洞室墓的传统也在此地基本不见。

西周晚期后再次流行的C型洞室墓和B型洞室墓的葬式葬俗十分相似。发现洞室墓的墓地洞室墓数量占比很大，整体呈现出一种洞室墓十分繁荣的景象；头向均以东北为主；葬式以单人仰身直肢葬为主；除沙井文化外均无葬具，基本留有二层台；除西岗柴湾岗墓地外，其余墓地流行大量殉牲，以羊最多，牛、马其次，且以头蹄殉牲为主，殉牲摆放位置有一定规律性。从年代上看。这一时期B、C型洞室墓流行的主体年代均处于春秋战国之际。另外，属于沙井文化的三角城墓地人骨材料和彭堡于家庄颅骨材料人种鉴定均显示与北亚人种接近[57]；西园、新店子和阳畔墓地人种鉴定结果也均为北亚人种；小双古城墓地则为北亚类型与古中原类型共存[58]。葬式反映不同族群的文化习俗，殉牲可以体现生业模式，人骨鉴定则更为直观地指出了人群成分。种种现象都显示这一时期北方地区C型洞室墓与B型洞室墓的直接来源并非本土，而是来源于更北的欧亚草原。

D类洞室墓见于齐家文化晚期，由于磨沟墓地至今未发布正式发掘报告，因此关于D型洞室墓的来源还不是很清晰。目前来看，D型洞室墓均伴随C型洞室墓出现，或许是在C类洞室墓的基础上为了在有限的空间里进行多人多次合葬而发展出来的一类洞室墓，可以理解为C型洞室墓的衍生型墓葬。

因此，基于本文的讨论，关于青铜至早期铁器时代中国北方洞室墓的发展可以得出以下三点结论：

（1）A、D型洞室墓仅见于甘青宁地区。其中A型洞室墓出现于齐家文化中期，在柳湾墓地十分流行，形制较为原始，应该是该地区新石器时代洞室墓的发展和延续。在此后北方地区几乎不见A型洞室墓。D型洞室墓目前仅发现于磨沟墓地，与C型洞室墓共存。该类洞室墓合葬的意义十分鲜明，多人多偏室的洞室墓形制也十分有特点，可能是在C型洞室墓的基础上为了进行多人合葬而衍生的一类洞室墓，或可称为C型洞室墓的变体。

（2）C型洞室墓是中国北方地区的主要洞室墓类型。分布范围广，存续时间长，但是其发展并非一脉相承。四坝文化、辛店文化、卡约文化、寺洼文化中的 C 型洞室墓是西北地区本土洞室墓的发展与传承,其重要来源应为甘青宁地区新石器时代的洞室墓传统。朱开沟文化中白敖包墓地的洞室墓也应是受西北地区的洞室墓的影响。夏家店下层文化中的 C 型洞室墓则是燕山南北地区新石器时代洞室墓的残留。

(3) B 型洞室墓主要流行于宁夏固原地区以及内蒙古中南部的西园类型。出现时间较晚,主体流行年代为春秋战国之际。与此类洞室墓同时流行的还有西周晚期以后再次出现的 C 型洞室墓。这类 C 型洞室墓首先在沙井文化中流行,到了春秋战国之际内蒙古中南部也有见到。这一时期的两类洞室墓在葬式葬俗上具有一定相似性,且并非中国北方洞室墓传统,应是一群来自欧亚草原的游牧人群南下到中国北方地区而带来的新一阵洞室墓兴起。

本文对青铜至早期铁器时代中国北方地区洞室墓进行了分类梳理,但未能结合欧亚草原洞室墓的发展情况对中国北方各类洞室墓的来源进行进一步讨论和分析,缺乏对春秋战国之际 B、C 型洞室墓所代表的人群之间的联系进行进一步研究。对于这一课题,希望有机会可以结合欧亚草原洞室墓的资料,从欧亚草原的视角,再审视洞室墓在中国北方地区的发展。

注　释

[1] 谢端琚:《试论我国早期土洞墓》,《考古》1987 年第 12 期,第 1097~1104 页。
[2] 杨建华:《春秋战国时期中国北方文化带的形成》,北京:文物出版社,2004 年。
[3] 同注 [1]。
[4] 韩建业:《中国先秦洞室墓谱系初探》,《中国历史文物》2007 年第 4 期,第 16~25 页。
[5] 马金磊:《甘青地区青铜时代土洞墓的初步研究》,《考古与文物》2013 年第 2 期,32~40 页。
[6] 曹建恩、孙金松:《中国北方东周西汉时期偏洞室墓遗存及相关问题》,《边疆考古研究》(第 27 辑),北京:科学出版社,2020 年,第 221~240 页。
[7] 韩建业:《齐家文化的发展演变:文化互动与欧亚背景》,《文物》2019 年第 7 期,第 60~65 页。
[8] 张学正、水涛、韩翀飞:《辛店文化研究》,《考古学文化论集》(三),北京:文物出版社,1993 年,第 122~152 页。
[9] 水涛:《甘青地区青铜时代的文化结构和经济形态研究》,《中国西北地区青铜时代考古论集》,北京:科学出版社,2001 年,第 243 页。
[10] 青海省文物管理处考古队、中国社会科学院考古研究所:《青海柳湾》,北京:文物出版社,1984 年,第 170~229 页。
[11] a.甘肃省文物考古研究所、西北大学丝绸之路文化遗产保护与考古学研究中心:《甘肃临潭磨沟墓地齐家文化墓葬 2009 年发掘简报》,《文物》2014 年第 6 期,第 4~23 页;b.甘肃省文物考古研究所、西北大学文化遗产与考古学研究中心:《甘肃临潭磨沟齐家文化墓地发掘简报》,《文物》2009 年第 10 期,第 4~24 页。
[12] 北京大学中国考古学研究中心、甘肃省文物考古研究所、西北大学文化遗产与考古学研究中心:《甘肃临潭磨沟寺洼文化墓葬出土铁器与中国冶铁技术起源》,《文物》2012 年第 8 期,第 45~53 页。

[13] 甘肃省文物考古研究所、十月科技公司：《甘肃玉门火烧沟遗址2005年发掘简报》，《文物》2019年第3期，第4~18页。

[14] 李水城：《四坝文化研究》，《考古学文化论集》（三），北京：文物出版社，1993年，第80~121页。

[15] 刘晓天：《辛店文化墓葬初探》，中央民族大学硕士学位论文，2009年。

[16] 青海省文物考古研究所、青海省文物管理处、西北大学文博学院：《民和核桃庄》，北京：科学出版社，2004年。

[17] 青海省文物考古队：《青海互助土族自治县总寨马厂、齐家、辛店文化墓葬》，《考古》1986年第4期，第306~317页。

[18] 同注［15］，第32页。

[19] 青海省文物考古研究所：《青海湟中下西河潘家梁卡约文化墓地》，《考古学集刊》（8），北京：科学出版社，1994年，第28~68页。

[20] a. 谢端琚：《甘青地区史前考古》，北京：文物出版社，2002年，第155~157页；b. 许新国：《试论卡约文化类型与分期》，《西陲之地与东西方文明》，北京：燕山出版社，2006年，第45~60页。

[21] 李伊萍、许永杰：《青海循化苏呼撒墓地》，《考古学报》1994年第4期，第425~470页。

[22] 何克洲：《青海民和县喇家遗址的辛店文化墓葬》，《考古》2015年第3期，第115~120页。

[23] 任瑞波：《论喇家遗址"辛店文化"墓葬的文化归属》，《考古》2017年第5期，第114~120页。

[24] a. 穆琼洁：《甘肃临潭磨沟遗址2012年度发掘简报》，西北大学硕士学位论文，2015；b. 甘肃省文物考古研究所、西北大学丝绸之路文化遗产保护与考古学研究中心：《甘肃临潭磨沟墓地寺洼文化墓葬2009年发掘简报》，《文物》2014年第6期，第24~38页。

[25] 甘肃省文物考古研究所：《永昌三角城与蛤蟆墩沙井文化遗存》，《考古学报》1990年第2期，第205~237页。

[26] 甘肃省文物考古研究所：《永昌西岗柴湾岗——沙井文化墓葬发掘报告》，兰州：甘肃人民出版社，2001年，第7~112页。

[27] 同注［26］，第113~186页。

[28] 宁夏文物考古研究所：《宁夏彭堡于家庄墓地》，《考古学报》1995年第1期，第79~109页。

[29] 宁夏回族自治区文物考古研究所、彭阳县文物站：《宁夏彭阳县张街村春秋战国墓地》，《考古》2002年第8期，第14~24页。

[30] 宁夏文物考古研究所、宁夏固原博物馆：《宁夏固原杨郎青铜文化墓地》，《考古学报》1993年第1期，第13~55页。

[31] 王立新：《秦统一前内蒙古中南部地区的文化多元化及其历史背景》，《边疆考古研究》（第10辑）2011年，第161~190页。

[32] 内蒙古自治区文物考古研究所、伊金霍洛旗文物管理所、鄂尔多斯博物馆：《伊金霍洛旗白敖包墓地发掘简报》，《内蒙古文物考古文集》（第二辑），北京：中国大百科全书出版社，1997年，第327~337页。

[33] 内蒙古文物考古研究所、包头市文物管理处：《包头西园春秋墓地》，《内蒙古文物考古》1991年第1期，第13~24、127~130页。

[34] 内蒙古文物考古研究所、乌兰察布博物馆：《内蒙古和林格尔县新店子墓地发掘简报》，《考古》2009年第3期，第3~14页。

[35] 内蒙古师范大学科学技术史研究院、内蒙古文物考古研究所：《内蒙古清水河县阳畔东周墓地发掘简报》，《考古与文物》2018年第1期，第17~24页。

[36] 内蒙古文物考古研究所：《内蒙古凉城县小双古城墓地发掘简报》，《考古》2009年第3期，第15~27页。

[37] 同注［31］。

[38] 中国社会科学院考古研究所:《大甸子——夏家店下层文化遗址与墓地发掘报告》,北京:科学出版社,1996年,第60~64页。
[39] 同注[10],第170~229页。
[40] 同注[2],第104~107页。
[41] 同注[19]。
[42] 赵东月:《磨沟齐家文化墓地多偏室墓研究》,西北大学硕士学位论文,2012年,第22~28页。
[43] 韩建业:《齐家文化的发展演变:文化互动与欧亚背景》,《文物》2019年第7期,第60~65页。
[44] 魏坚、冯宝:《试论朱开沟文化》,《考古学报》2020年第4期,第461~484页。
[45] 杜金鹏:《试论夏家店下层文化中的二里头文化因素》,《华夏考古》1995年第3期,第57~62页。
[46] a. 同注[19],第28~68页;b. 同注[20]。
[47] 孟琦:《寺洼文化分期及有关问题研究》,吉林大学硕士学位论文,2016年,第45~48页。
[48] 同注[10],第53~165页。
[49] 甘肃省博物馆、兰州市文化馆:《兰州土谷台半山—马厂文化墓地》,《考古学报》1983年第2期,第191~223页。
[50] 李伊萍:《半山、马厂文化研究》,《考古学文化论集》(三),北京:文物出版社,1993年,第64页。
[51] 员安志:《永昌鸳鸯池新石器时代墓地的发掘》,《考古》1974年第5期,第299页。
[52] 同注[49]。
[53] a. 同注[4];b. 曹建恩、孙金松:《内蒙古地区青铜时代至早期铁器时代墓制的初步研究:以内蒙古中南部和东南部的墓葬资料为中心》,《内蒙古师范大学学报(哲学社会科学版)》2010年第5期,第65~75页。
[54] 辽宁省文物考古研究所、赤峰市博物馆:《大南沟——后红山文化墓地发掘报告》,北京:科学出版社,1998年,第7~9页。
[55] 陈小三:《河西走廊及其邻近地区早期青铜时代遗存研究:以齐家、四坝文化为中心》,吉林大学博士学位论文,2012年,第85~109页。
[56] 同注[55],第103页。
[57] 赵永生、毛瑞林、朱泓:《从磨沟组看甘青地区古代居民体质特征的演变》,《东方考古》(第11辑),北京:科学出版社,2014年,第284~301页。
[58] 张全超:《内蒙古和林格尔县新店子墓地人骨研究》,北京:科学出版社,2010年,第76页。

Classification and Provenance of Cave Tombs from Bronze to Early Iron Age in Chinese Northern Zone

Liu Yinuo

(2019 Graduate Student, School of Archaeology, Jilin University)

Abstract: Cave tombs have appeared in Chinese Northern Zone since the Neolithic Age. From Bronze to Early Iron Age, cave tombs were more widely distributed, which is a kind of tomb shape with more characteristics in northern China. Based on the existing research results, this paper will try to do typological studies of cave tombs, starting from the tomb shape of cave tombs, combined with the number of partial chambers and the relative position of the tomb ramps and chambers, the Chinese Northern Zone in this period can be divided into four types: A, B, C and D. According to and in combination with the burial style burial custom, this paper makes a comprehensive analysis of all kinds of cave tomb, discusses its regional characteristics and chronological characteristics, and then speculates the origin of all kinds of cave tomb.

Key Words: Cave Tombs, Chinese Northern Zone, Bronze Age, Early Iron Age

昌平白浮墓葬年代、性质及相关问题再议

张振腾

（吉林大学考古学院 2021 级博士研究生）

摘要：对铜器和陶器的年代研究表明白浮 M2、M3 的年代应在西周早中期之际。两墓的葬俗、随葬品及服饰传统表明 M3 男性墓主身份为殷遗民，M2 墓主为有北方背景的外族女子。女性墓白浮 M2 随葬兵器与墓主作为军人的特殊身份有关。

关键词：白浮墓葬；年代；族属；女性

20 世纪 70 年代发现的昌平白浮墓葬，是北京地区继房山琉璃河后西周考古的又一重要发现[1]。多年来学界就该墓地的年代与性质等多有探讨，但仍存争议。白浮墓葬不仅是探讨燕文化在冀北地区分布的重要材料，墓中随葬的一大批北方系青铜器也是探索西周时期戎狄文化面貌的重要参考。有鉴于此，笔者不揣浅陋，试对上述问题再做探讨。

一、既往研究回顾

（一）年代问题

白浮墓地共发现南北排列的三座墓葬，墓葬形制均为长方形竖穴土坑墓，墓主人头向北。墓地东北部的 M1 规模较小且随葬品极少，西北部的 M2 与南部的 M3 规模较大且底部有腰坑，随葬品极为丰富。

关于白浮墓葬的年代，主要存在三种观点。发掘者根据白浮墓葬出土中原式铜器与琉璃河、张家坡等墓地材料的相似性及木椁的 ^{14}C 年代将墓葬定为西周早期，刘绪也同意这一认识[2]。邹衡在《关于夏商时期北方地区诸邻境文化的初步探讨》一文中首次将白浮 M2 定为西周中期，但并未详细论证[3]。林沄在《早期北方系青铜器的几个年代问题》中根据两墓出土的平裆陶鬲及"残陶鼎"将该墓年代定为西周中期，并认为可能晚到西周晚期[4]。朱凤瀚则根据两墓随葬的中原式铜器将 M2、M3 年代分别定为西周中期早段的穆王时期和西周早期早段的成康时期[5]。杨建华、韩金秋、韩建业、张礼艳与胡保华等学者均将两墓定为西周中期[6]，并未对两墓年代再做系统论证。

表面上学界基本已达成白浮墓葬年代已进入西周中期的共识，但颇为有趣的是，林沄和朱凤瀚在判断 M2、M3 两墓年代时都将琉璃河 M54 所出的平裆鬲作为白浮两墓陶鬲

重要的对比材料,但所得结论却相差甚大。对于林沄所提出的两墓年代甚至可能晚到西周晚期的结论也未有学者给予关注。

(二)性质问题

关于该墓地的性质,学界主要存在围坊三期文化[7]、张家园上层文化[8]、北方民族[9]、受燕国统治的殷遗民之墓四种观点[10]。张礼艳及胡保华对这些观点做过充分的总结,并从墓向、葬具、葬式、随葬品等方面充分反驳了其余三种观点,将 M2、M3 两墓认定为受燕国统治的高等级殷遗民之墓[11],其说至确。但张文将 M2、M3 两墓墓主确定为殷遗民,主要证据是葬俗。从现有商周考古的材料看,葬俗只是确定墓主身份的一个重要证据,但并非绝对。于此可举出两反例,如山西吕梁石楼镇桃花坡商墓为一南北向的带腰坑墓,该墓葬俗与商人相同,但晋陕高原在晚商时期并不属商人所控,学界公认该墓非商人墓葬,可能属李家崖文化[12]。又如绛县横水墓地,该墓地中存在不少东西向带有腰坑殉狗、殉人的墓葬,如 M1006、M1101 等,这些葬俗特征都是典型的商人葬俗,在商人墓葬中亦不乏东西墓向者[13]。然铭文显示绛县横水墓地墓主并非殷遗民,而是与可能出自鬼方的"怀姓九宗"有关。西周考古近年来的多项发现表明,典型商人的葬俗不仅存在于西周时期的殷遗民墓中,在一些晚商时期深受商文化影响的人群中也存在同样的葬俗[14]。故欲证明两墓属受燕国统治的殷遗民,还需要更多证据。

通过对研究史的回顾,我们发现学界在两墓的年代和性质的论证上还有不甚充足的地方,以下我们针对这两点问题再做分析。

二、昌平白浮墓的年代

(一)中原式青铜器的年代

白浮 M2、M3 两墓共出土 5 件中原式青铜容器,其中 M2 出有橄榄形穿带壶、有盖簋各 1(图一,1、8),M3 出土簋、觯、鼎各 1(图一,10、13、17)。其中铜簋破损尤甚,仅余口沿及腹部,铜觯原报告称为簋,但从其形制和尺寸看该器应为西周早中期常见的矮体觯。M2 所出的橄榄形穿带壶一向被认为是西周中期才出现的器形[15],叶家山墓地的相关发现将此类壶的出现年代提前到西周早期晚段的康昭时期[16]。相比于康昭时期的叶家山 M27、M28、M111 所出铜壶(图一,2~4),穆恭时期的绛县横水 M2158、1975 扶风庄白墓和宝鸡茹家庄 M1 乙室随葬的同类器腹径更大且腹部更为下垂[17](图一,5~7)。白浮 M2 随葬的铜壶整体更为修长,形态上更接近叶家山 M27、M28、M111 所出同类器,故白浮 M2 铜壶年代应在西周早期晚段。白浮 M2 所出素面带盖铜簋,腹部倾垂,最大径靠下,与之形态最为相似的铜簋当属宝鸡竹园沟 M20[18],两器鼓腹尤甚的特点极为相似,朱凤瀚认为竹园沟 M20 的年代约在西周康昭时期[19],白浮 M2 铜簋的年代与之相近。

白浮 M3 所出铜簋为一无盖簋，虽残损尤甚，但仍可看出该簋腹最大径靠下，倾垂明显（图一，10），类似形制的无盖簋在晚商及西周早期均较为流行，如随州叶家山 M27∶28[20]。M3 铜簋口沿处所饰的鸟首龙身纹亦是西周早期常见的纹饰（图一，12），故其年代当在西周早期。M3 所出的矮体觯制作极为粗糙，此类觯在西周早期早段已经出现，如成王时期的小臣单觯（图一，14）[21]。相比于小臣单觯，西周中期的伯觯和趞觯

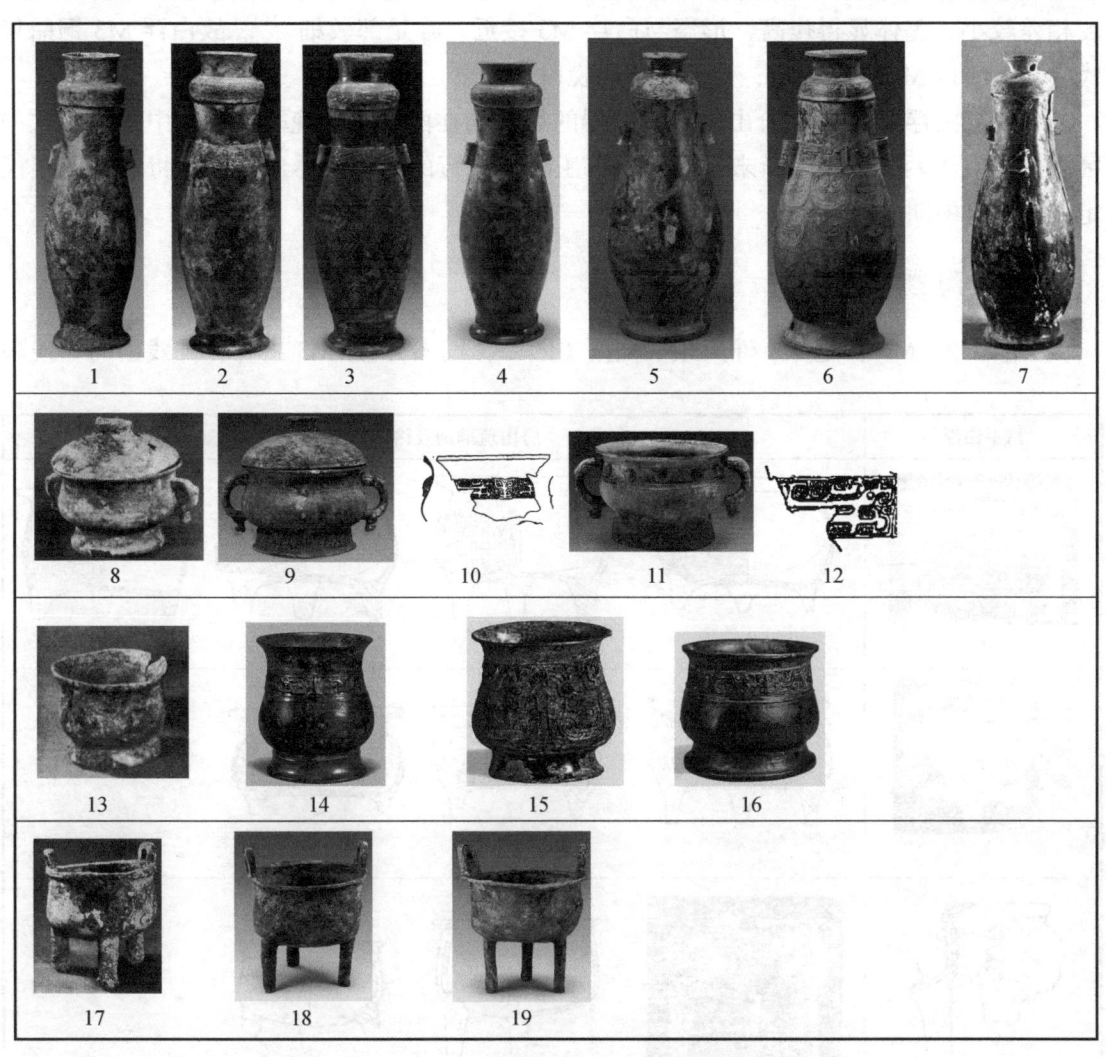

图一 白浮墓葬青铜容器断代

1. 橄榄形穿带壶，昌平白浮 M2∶1（据注［1］） 2. 橄榄形穿带壶，随州叶家山 M27∶3（据注［16］a） 3. 橄榄形穿带壶，随州叶家山 M28∶178（据注［16］a） 4. 橄榄形穿带壶，随州叶家山 M111∶116（据注［16］b） 5. 橄榄形穿带壶，绛县横水 M2158∶127（据注［17］a） 6. 橄榄形穿带壶，1975 庄白 M1 出土（据注［17］b） 7. 橄榄形穿带壶，宝鸡茹家庄 M1 乙∶19（据注［17］c） 8. 簋，昌平白浮 M2∶2（据注［1］） 9. 簋，宝鸡竹园沟 M20∶3（据注［18］） 10、12. 簋及其颈部纹饰，昌平白浮 M3∶44（据注［1］） 11. 簋，叶家山 M27∶28（据注［17］a） 13. 矮体觯，昌平白浮 M3∶9（据注［1］） 14. 小臣单觯（据注［21］） 15. 伯觯（据注［22］） 16. 趞觯（据注［22］） 17. 鼎，昌平白浮 M3∶8（据注［1］） 18、19. 鼎，大河口 M1 出土（据注［24］）

出现了圈足变矮[22]（图一，15、16）、腹最大径进一步下移的趋势。M3 的矮体觯更为接近西周中期的形态，已有研究表明，西周中期早段后铜觯便迅速走向消亡[23]。趞觯铭文的纪年为懿王二年，大体代表了觯流行的最晚年代，故白浮 M3 铜觯的年代应在西周中期早段。白浮 M3 随葬铜鼎，立耳，三粗柱足，腹部整体呈方形，腹略下垂。西周早中期常见铜鼎口径远大于器腹高度，整体呈长方形，形态与白浮 M3 铜鼎有别。与其最相似的鼎当属大河口 M1 所出的两件（图一，18、19），二者均制作粗糙，且口径与器腹高度相差较小，整体显得瘦高，形态与白浮 M3 接近，唯足部较细[24]。故白浮 M3 铜鼎年代应与大河口 M1 两鼎接近，为西周早期晚段。

综上，白浮 M2、M3 所出中原式铜器的年代均在西周早期晚段到西周中期早段这一区间内，由于两墓铜器中尚未见到典型穆王时期流行的纹饰及器形，故暂将两墓的年代定在西周早中期之际。

（二）陶器的年代

白浮 M2、M3 各随葬 1 件束颈平裆鬲（图二，1、6），且 M3 出有一件残损的"残陶

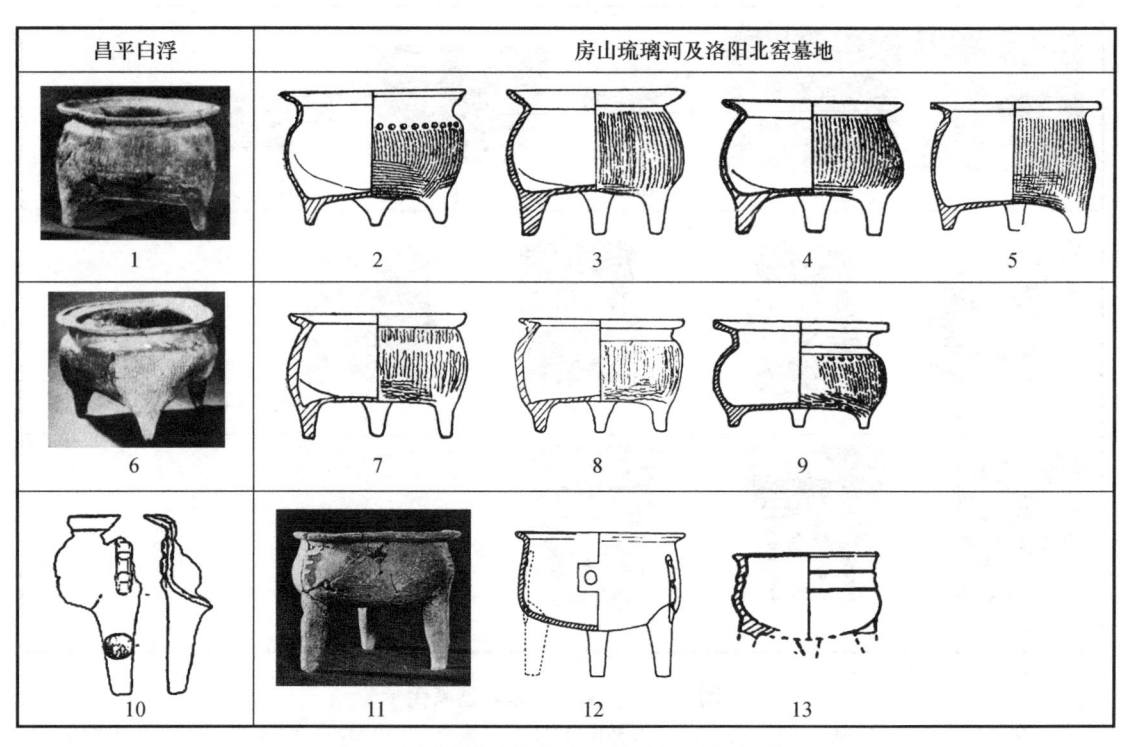

图二 白浮墓葬陶器与房山琉璃河及北窑对比

1. 平裆鬲，昌平白浮 M3：10（据注[1]） 2. 平裆鬲，房山琉璃河ⅠM24：1（据注[25]） 3~5、8. 平裆鬲，房山琉璃河ⅠM54：36、ⅠM54：8、ⅠM54：17（据注[25]） 6. 平裆鬲，昌平白浮 M2：26（据注[1]） 7. 平裆鬲，房山琉璃河ⅠM53：13（据注[25]） 9. 平裆鬲，洛阳北窑 M93：4（据注[27]） 10. 平裆鬲，昌平白浮 M3：41（据注[1]） 11. 柱足鼎，房山琉璃河ⅠM19：1（据注[28]） 12. 柱足鼎，房山琉璃河 96G11H94：1（据注[29]a） 13. 柱足鼎，洛阳北窑 M362：5（据注[29]b）

鼎"（图二，10）。束颈平裆鬲是房山琉璃河墓地中常见一类陶鬲，如ⅠM24、ⅠM53、ⅠM54等墓所出者[25]（图二，2~5、7、8）。白浮M2、M3所出陶鬲与其形态极为相似。琉璃河ⅠM24、ⅠM53、ⅠM54所出陶鬲多为斜折沿，口沿下夹角较大，三墓所出陶罐最大径均在肩部左右。陶簋唇部较厚，腹较深，这些都是墓葬年代较早的表现（图三）。根据豆海锋的研究，琉璃河ⅠM24、ⅠM53、ⅠM54的年代基本都在西周早期晚段[26]。除房山琉璃河墓地外，在洛阳北窑墓地M93中也发现了类似的陶鬲（图二，9），该墓的年代也为西周早期晚段[27]。故白浮两鬲的年代大致与其同时。多数学者认为白浮M3所出的残陶鼎应为西周时期常见的仿铜鬲，实际上二者存在一些差异，西周墓随葬的仿铜鬲虽多为平裆或微弧裆，柱足较高，但其中绝大多数都保留了极浅的袋足，腹部多微鼓。而白浮M3的残陶鼎直腹、无袋足，与仿铜鬲有所差别。与之类似的器物在琉璃河墓地中有少量发现，如ⅠM19所出陶鼎，高柱足、平底、无袋足[28]

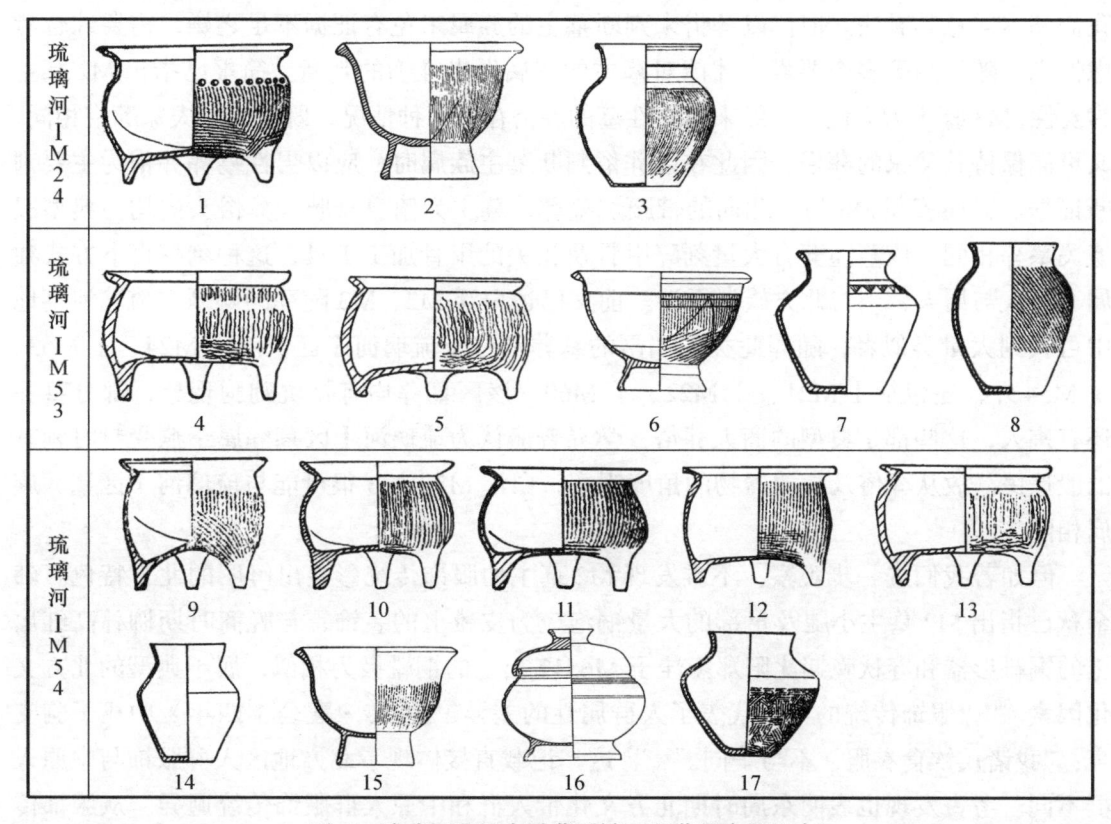

图三 琉璃河墓地中随葬平裆鬲墓葬的陶器组合

1.平裆鬲，房山琉璃河ⅠM24：1 2.陶簋，房山琉璃河ⅠM24：2 3.陶罐，房山琉璃河ⅠM24：3 4、5.平裆鬲，房山琉璃河ⅠM53：13、ⅠM533：3 6.陶簋，房山琉璃河ⅠM53：1 7、8.陶罐，房山琉璃河ⅠM53：20、ⅠM53：4 9.联裆鬲，房山琉璃河ⅠM54：32 10~13.平裆鬲，房山琉璃河ⅠM54：36、ⅠM54：8、ⅠM54：17、ⅠM54：15 14、17.陶罐，房山琉璃河ⅠM54：9、ⅠM54：22 15、16.陶簋，房山琉璃河ⅠM54：34、ⅠM54：3（以上图片均据注[25]）

（图二，11），与白浮 M3 极为相似，唯白浮 M3 为直腹而ⅠM19 为垂腹，类似的陶鼎还见于琉璃河遗址 96G11H94 以及洛阳北窑墓地 M362[29]（图二，12、13）。此类陶鼎目前发现数量较少，暂不清楚其演变规律，但一般情况下墓中随葬的陶器年代基本一致，不会存在如铜器般早期器物埋藏在晚期墓葬的现象。白浮 M3 残陶鼎的年代应与同墓所出陶鬲年代相近。

综上，白浮两墓出土陶器的年代大致在西周早期晚段，但不排除晚至西周中期早段的可能，与同墓所出铜器的年代基本相同，两墓的下葬年代定在西周早中期之际最为妥当。

三、昌平白浮墓的族属

张礼艳及胡保华从葬俗方面对两墓的性质做过细致的研究，认为两墓为殷遗民墓葬，我们基本同意其看法。但仅以葬俗来判断墓主的族属未免有证据不足之嫌，需要综合考虑性别、随葬品等多个要素，才能对墓主的族属做出准确的判断。简报已指出 M2 墓主为女性，M3 墓主为男性。一般来说女性墓的葬俗存在两种情况，既可能与夫家葬俗相同，又可能保持其父家的葬俗。因此在以葬俗判断墓主族属时，应以男性墓葬葬俗为主要判断证据。男性墓葬 M3 为一北向的带腰坑墓葬，墓主为俯身直肢，葬俗头向均与典型殷遗民墓葬相同。该墓随葬有大量刻辞甲骨及相关的甲骨加工工具，这种刻辞贞卜方式独属于商人与周人，当与北方族群无涉。前文已述白浮 M2、M3 随葬的陶鬲在琉璃河墓地中可找到大量类似者，随葬此类平裆鬲的墓葬都位于琉璃河Ⅰ区，除ⅠM24、ⅠM53、ⅠM54 外，还包括ⅠM21、ⅠM22、ⅠM60。该区墓葬均有腰坑殉狗现象，部分墓葬还有殉人，这些都是典型的商人葬俗，学界普遍认为琉璃河Ⅰ区墓葬属于燕受封时领有的殷遗民。故从葬俗及随葬器物的角度观察，白浮 M2、M3 很可能与琉璃河Ⅰ区墓葬族属相同。

但如若我们进一步观察，不难发现 M2 墓主的服饰传统彰显出鲜明的北方特色。韩金秋已指出 M2 墓主小腿及足部的大量铜泡应为皮靴上的装饰，与晚商时期柳林高红出土的铜靴形器和春秋晚期沈阳郑家洼子 M6512 出土的铜靴极为相似，属于典型的北方文化因素[30]。服饰传统的不同代表了人群属性的差异，《左传·襄公十四年》中戎子驹支言："我诸戎饮食衣服，不与华同。"[31] 这一记载直接体现了北方地区人群服饰与中原人群不同。考古发现也表明东周时期北方文化带人群和中原人群服饰传统迥异。从服饰传统考虑，M2 的墓主很可能是使用北方青铜器的外族女子，在其死后采用了其夫家的葬俗，但在服饰上仍保持自身传统。正是出于 M2 墓主的北方人群背景，我们在 M2 和 M3 中才能看到大量的北方系青铜兵器，这些器物可能来自 M2 父家在女儿出嫁时的赠与或平时来往时的交换。

四、白浮 M2 女性墓主随葬兵器现象辨析

白浮 M2 女性墓葬随葬兵器的现象早已引起了学界的关注，有多位学者探讨过这一问题，或认为北方民族女性存在"尚武习俗"，或认为只是特殊情况[32]。张礼艳全盘梳理了两周时期北方地区墓葬的性别差异，指出北方民族女性不存在尚武习俗，其说甚是。

在西周时期周文化圈内，除昌平白浮墓葬外，在关中地区的铜川活龙村墓地和西安少陵原墓地中也存在着女性随葬兵器的现象。铜川活龙村墓地是一处等级较低的平民墓地，女性墓葬 M25 中随葬一件铜戈的援部，巧合的是这件铜戈的内部随葬在邻近的男性墓葬 M25 中[33]。两墓位置邻近，且出有同件器物的不同部分，墓主关系当十分密切。M25 墓主的年龄为 20 岁左右，M24 墓主的年龄为 40～45 岁，M25 墓主可能是 M24 墓主的女儿或妻子。M25 随葬的铜戈可能是 M24 墓主为寄托哀思而放入，并不代表 M25 女性墓主的职业属性。这种情况同白浮 M2 随葬大量兵器的现象有所区别，二者用意并不相同。

少陵原墓地是一处等级极低的平民墓地，该墓地墓葬中随葬铜戈及其他武器的比例极高，在不考虑性别差别的前提下该墓地西周早期墓葬中随葬兵器的比例高达 50%。发掘者由此推测该墓应为一处军队墓地。此墓地存在一些女性墓随葬兵器的现象，在可辨性别的 28 座随葬武器的墓葬中，有 21 座墓主为男性，7 座墓主为女性，女性墓数量虽较男性墓较少，但所占比例依旧极为可观，故发掘者认为该墓地的部分女性可能也有从军经历[34]。笔者起初认为这些随葬兵器的女性可能是男性军人的直系女性亲属，由于他们作为军人的职业属性，可能拥有多件青铜兵器，故以兵器以寄托哀思，与其亲人一同下葬。然细致分析，这些随葬兵器的女性死亡年龄均集中在 20～35 岁，均属于青年。有 2 座墓葬随葬铜兵器数量超过 1 件，其中既有作为进攻性兵器的铜戈，又有作为防御性兵器的盾（仅发现盾钖），武器组合完整，与男性墓相同（表一）。如果仅仅是男性亲属寄托哀思，似乎不用随葬如此多且成组合的兵器，因此我们认为发掘者提出的意见是可信的。

表一　少陵原墓地随葬兵器的女性墓葬

墓号	年龄/岁	随葬品/件	是否被盗
M47		鬲 1、戈 3、泡 1	否
M145	30～35	鬲 1、罐 1、簋 1、戈 1、泡 1	墓主骨骼扰动
M181	20～24	鬲 1、戈 2	否
M248	30	鬲 1、戈 1	是
M254	20	鬲 1、壶 1、戈 1	是
M298	14～16	鬲 1、戈 1	否
M373	成年	鬲 1、戈 1	否

昌平白浮墓葬位于燕文化与冀北土著文化分布区的交接地带，燕国在此设立据点具有明显的军事防御属性。白浮两墓随葬有大量的青铜兵器，表明了墓主的职业属性，两墓的墓主可能为军队成员，其职业属性与少陵原墓地相似。从微观角度观察，白浮 M2 墓主的头部摆放有作为防御性武器的铜胄，表明其在下葬时是戴在墓主头上的，有明显的实用性。兵器除 1 件铅戈外均为实用器，且集中在棺外两侧分布，这与中原地区高等级男性贵族墓中兵器的摆放位置相同，如叶家山 M111 等[35]，其摆放位置也不具有特殊性。此外，M2 随葬的青铜兵器数量甚至多于旁边的男性墓白浮 M3。甲骨卜辞表明晚商时期存在妇好这样的女性将领，其墓葬小屯 M5 中也有随葬兵器的现象[36]，那么白浮 M2 的情况并非孤例，种种线索表明，白浮 M2 墓主很有可能是一位女性军事长官。

综上，我们通过对铜器及陶器的细致对比，将白浮两墓的年代定为西周早中期之际。综合考虑葬俗、随葬陶器、性别、服饰传统等要素，认为男性墓葬 M3 墓主身份为殷遗民，女性墓葬 M2 墓主为有北方背景的外族女子。女性墓白浮 M2 随葬兵器的原因可能出于其作为军人的职业属性。少陵原墓地和白浮 M2 的现象启示我们，西周时期可能存在女性从军的现象，在以后的考古工作中需要多加留意。

注　释

[1] a. 北京市文物管理处：《北京地区的又一重要考古收获——昌平白浮西周木椁墓的新启示》，《考古》1976 年第 4 期，第 246～258 页；b. 文中采用的部分图片引自李伯谦主编：《中国出土青铜器全集 1——北京·天津·内蒙古》，北京：龙门书局，2018 年，第 46 页。

[2] a. 同注［1］；b. 刘绪、赵福生：《琉璃河遗址西周燕文化的新认识》，《文物》1997 年第 4 期。

[3] 邹衡：《关于夏商时期北方地区诸邻境文化的初步探讨》，《夏商周考古学论文集》，北京：文物出版社，1980 年，第 253～294 页。

[4] 林沄：《早期北方系青铜器的几个年代问题》，《林沄学术文集》，北京：中国大百科全书出版社，1998 年，第 289～295 页。

[5] 朱凤瀚：《中国青铜器综论》，上海：上海古籍出版社，2009 年，第 1410、1411 页。

[6] a. 杨建华：《燕山南北商周之际青铜器遗存的分群研究》，《考古学报》2002 年第 2 期，第 157～174 页；b. 韩金秋：《白浮墓葬的微观分析与宏观比较》，《边疆考古研究》（第 7 辑），北京：科学出版社，2008 年，第 102～118 页；c. 韩建业：《略论北京昌平白浮 M2 墓主人身份》，《中原文物》2011 年第 4 期，第 36～38 页；d. 张礼艳、胡保华：《北京昌平白浮西周墓族属及相关问题辨析》，《边疆考古研究》（第 22 辑），北京：科学出版社，2017 年，第 177～190 页。

[7] 韩嘉谷：《燕国境内诸考古学文化的族属探索》，《北京建城 3040 年暨燕文明国际学术研讨会会议专辑》，北京：燕山出版社，1997 年，第 234～251 页。

[8] a. 北京市文物研究所：《北京市考古五十年》，《新中国考古五十年》，北京：文物出版社，1999 年，第 8～11 页；b. 乌恩岳斯图：《北方草原考古学文化研究——青铜时代至早期铁器时代》，北京：科学出版社，2007 年，第 252～275 页。

[9] a. 杨建华：《商周时期女性墓葬中的军事将领——妇好墓与白浮墓的分析》，《女性考古与女性遗产》，南京：南京大学出版社，2011 年，第 77～81 页；b. 同［6］b。

[10] a. 李伯谦：《张家园上层文化类型若干问题研究》，《考古学研究》（二），北京：北京大学出版社，

[11] 同[6]d。
[12] 谢青山、杨绍舜：《山西吕梁县石楼镇又发现铜器》，《文物》1960年第7期，第50~52页。
[13] 墓葬具体葬俗信息参见山西省考古研究所、山西大学北方考古研究中心、运城市文物工作站等：《倗金集萃：山西绛县横水西周墓地出土青铜器》，上海：上海古籍出版社，2021年。
[14] 同注[13]，第1~18页，谢尧亭先生对此有详细评述。
[15] 同注[5]。
[16] a.湖北省博物馆、湖北省文物考古研究所、随州市博物馆：《随州叶家山——西周早期曾国墓地》，北京：文物出版社，2013年，第69、193、209页；b.湖北省文物考古研究所、随州市博物馆：《湖北随州叶家山M111发掘简报》，《江汉考古》2020年第2期，第4~86页。
[17] a.山西省考古研究所、运城市文物工作站、绛县文物局等联合考古队：《山西绛县横水西周墓地M2158发掘简报》，《考古》2019年第1期，第15~59页；b.扶风县文化馆、陕西省文管会：《陕西扶风出土西周伯㦰诸器》，《文物》1976年第6期，第51~60页。该墓出土的橄榄形图片引自曹玮主编：《周原出土青铜器》，成都：巴蜀书社，2005年，第1389页；c.宝鸡市博物馆：《宝鸡強国墓地》，北京：文物出版社，1988年，第304页。
[18] 宝鸡市博物馆：《宝鸡強国墓地》，北京：文物出版社，1988年，第192页。彩图引自李伯谦主编：《中国出土青铜器全集15——陕西·上》，北京：科学出版社，龙门书局，2018年，第214页。
[19] 同注[5]，第1520页。
[20] 同注[16]，第193页。
[21] 吴镇烽：《商周青铜器铭文暨图像集成》，上海：上海古籍出版社，2012年，第19卷，第471页。
[22] 同注[21]，第19卷第442、475页。
[23] 曹斌：《青铜觯研究：商周青铜器的考古学和礼制文化研究》，北京：科学出版社，2017年，第64、65页。
[24] 山西省考古研究院、临汾市文物局、山西大学北方考古研究中心等：《山西翼城大河口西周墓地一号墓发掘》，《考古学报》2020年第2期，第177~290页。
[25] 北京市文物研究所：《琉璃河西周燕国墓地（1973-1977）》，北京：文物出版社，1995年，第85页。
[26] 豆海锋：《太行山东麓西周时期考古学研究研究》，吉林大学硕士学位论文，2008年，第10页。
[27] 洛阳市文物工作队：《洛阳北窑西周墓》，北京：文物出版社，1999年，第63页。
[28] 同注[25]，图版四十九。
[29] a.琉璃河考古队：《琉璃河遗址1996年度发掘简报》，《文物》1996年第7期，第4~13页；b.同注[27]，第201页。
[30] 同[6]b。
[31] 杨伯峻：《春秋左传注》（襄公十四年），北京：中华书局，2021年，第206、207页。
[32] 尚武说见注[6]b；特殊情况说见注[6]d。
[33] 陕西省考古研究院、铜川市考古研究所：《陕西铜川耀州区石柱活龙村西周墓地发掘简报》，《考古与文物》2019年第6期，第10~21页。
[34] 陕西省考古研究院：《少陵原西周墓地》（上），北京：文物出版社，2009年，第720~723页。
[35] 同[16]b。
[36] 中国社会科学院考古研究所：《殷墟妇好墓》，北京：文物出版社，1980年。

Re-discussion on the Era, Nature and Related Issues of the Baifu Tombs in Changping

Zhang Zhenteng

(2021 PhD Student, School of Archaeology, Jilin University)

Abstract: The dating of bronze and pottery has shown that the age of white float M2 and M3 should be in the early and mid-Western Zhou Dynasty. The burial customs, burial items and costume traditions of the two tombs indicate that the male tomb owner of M3 is a Yin remnant, and the owner of M2 tomb is a foreign woman with a northern background. The reason for the female tomb white floating M2 burial weapon may be due to the special status of the tomb owner as a soldier.

Key Words: Baifu tombs, Era, Ethnicity, Female

泉州明清佛寺布局与信仰的分类研究

戴 恬 王蕻荃

（北京大学考古文博学院 2019 级本科生）

摘要：佛教寺庙作为宗教活动的载体，其布局与所呈现的信仰，反映着佛教的流变、信徒与佛教的互动，具有重要的研究价值。本文以泉州明清佛寺的布局与信仰为对象，将佛寺按照规模、地理位置两个影响因素进行分类。在此基础上，建立明清时期泉州不同类型佛寺布局、信仰的基本框架，找寻普遍性与特殊性，并试图探究佛教文化与闽南地方文化的互动关系，阐述明清时期泉州百姓的信仰生活形态。

关键词：明清；佛寺布局；佛教信仰；泉州

一、学术史回顾与选题缘起

佛教创始于印度，自传入中国以来，在时间层面绵延不绝，在空间层面遍地开花，对社会的各个方面产生了极为深远的影响。佛教寺庙作为佛教进行宗教活动的场所、被物化的信仰形态，具有重要的研究价值：一方面，佛寺的布局及其呈现的信仰，受到经济、政治、文化等多方面的影响；另一方面，布局与信仰的变化，反映着佛教本身的流变、信徒与佛教的互动。纵观学术史，佛寺相关的研究虽不在少数，却仍存可补白之处。

（一）佛寺布局研究简述

宿白最早在《东汉魏晋南北朝佛寺布局初探》《隋代佛寺布局》《试论唐代长安佛教寺院的等级问题》《唐代长安以外佛教寺院的布局与等级初稿》等文中，探讨了东汉至唐的佛教寺院布局，得出了若干基础性的结论，奠定了地面佛寺布局研究的基础[1]。其后，学界关于佛寺布局的研究，大致可以从宏观、微观两部分概言。

宏观层面，如王贵祥《中国汉传佛教建筑史——佛寺的建造、分布与寺院格局、建筑类型及其变迁》[2]、孙宗文《我国佛寺平面布局沿革考》[3]、戴俭《禅与禅宗寺院建筑布局研究》[4]、赵文斌《中国佛寺布局演化浅论》[5]、范培松《中国寺院形制及布局特点》[6]等，较完整地梳理了东汉至清佛寺布局及形制的演变特征。总体而言，建塔之风的衰微化、佛寺配置的复杂化、禅宗等佛教宗派思想对布局演化产生的影响等，是宏观层面着重关注的问题。这些研究虽阐明了地面佛寺的整体变化特征，却鲜见对不同地域、宗派、规模的佛寺的个性化研究，在一定程度上忽视了佛寺因各种因素产生的特殊性。此即微观研究出现的背景。

微观层面，如龚国强《隋唐长安城佛寺研究》[7]、曹如姬《山西五台山寺庙建筑布局及空间组织》[8]、朱永生《江南禅宗寺院的布局探讨——武汉归元禅寺保护扩建工程规划的思考》[9]、杜季月《20个中国汉传佛寺的平面布局研究》[10]、李若水《辽代佛教寺院的营建与空间布局》[11]等，多以特定朝代、地域或宗派的佛寺为研究对象。将研究视角下放，固然有其优越性，但也面临一系列挑战：

第一，文献记载有限。一方面，史书中往往只存有较负盛名、较大规模的佛寺的相关记载，且地方志等微观材料的丰富度在不同朝代、地域有较大差异；另一方面，正如龚国强所言，由于古代学术传统的限制，历史文献中多记录寺院位置、壁画、高僧、掌故等，而往往忽视对形制布局的记载[12]。如李若水曾坦言道，辽代遗留的文献记载十分有限，仅存的百余年甚至数百年后的方志也不甚全面、准确[13]，所以在《辽代佛教寺院的营建与空间布局》一文中，其虽列举了诸多个案研究对象，但能较完整地分析布局配置的并不多。

第二，考古材料有限。历史较为悠久的佛寺，或已成为地下遗存。以隋唐长安佛寺为代表的位于城市中的大佛寺，现今往往被叠压于城区之下，难以被完整揭露；位于山林中的佛寺，由于规模较小、遗存较少、历史记载较为缺乏等因素，亦很难开展考古工作。此外，存留至今的佛寺，往往经历多次破坏与重建，失去了早先的布局配置，仅留重建后的结构。

第三，微观研究容易缺乏系统性、全面性。一些个案分析虽能阐明佛寺布局情况，但所举实例之间的内在联系并不明朗，似不成体系；而能自成体系的微观讨论，也常忽略"规模"这一因素，而仅关注较有名的大佛寺，未将规模较小、位置较偏的佛寺纳入讨论范围。此外，既有的若干研究虽有涉及地理因素对佛寺布局的影响，却较少关注其对佛寺信仰的影响。

佛教考古亦要"透物见人"。研究地面佛寺时，若忽视对规模、地理位置等的探讨，对有关僧侣与民众信仰生活的研究便缺乏全面性。因而，若能根据这两个因素对佛寺进行分类考察，或许能得到新的认识。不过，正如前文所述，年代较早的佛寺，由于种种原因，暂时难以开展深入的研究；而年代较晚的佛寺，历史记载、摩崖碑刻等材料更加丰富、翔实，甚至有部分佛寺经重修后沿用至今，可供实地考察。由此，晚近佛寺应作为目前进行全面探讨的对象。

（二）闽地佛教及研究概况

当代的全国重点汉传佛寺，在长江中下游沿江地区、浙江、福建沿海地区多见，这些区域也是历史上佛教信仰较为发达的地方[14]。其中，福建佛寺在文献中最早见于西晋[15]。何绵山指出，一般认为，佛教发展经历了依附（东汉）、发展（魏晋南北朝）、鼎盛（隋唐）和衰微（宋代以降）四阶段，但福建与此略有不同，其佛教在宋元以后虽受到局部打击，总体上仍在发展[16]。福建佛教不仅香火旺盛、至今不绝，且地方志等文献记载丰富：自宋代《三山志》始，至《八闽通志》《闽书》，再至明清以降修纂的各府志、县志、寺志，皆为可资参考的材料。

与闽地佛教相关的研究，目前主要涉及历史概况[17]、与台湾及东南亚佛教的关系[18]、信仰[19]、建筑艺术与景观空间[20]等方面，成果颇丰，尤以佛寺建筑的相关研究为甚。然而，其多着眼于建筑本身，少部分关于空间布局的讨论也都是从建筑学的角度出发，尚未有学者对某一地区、时段的佛寺遗存进行系统、全面的考察、梳理。

就地区而言，闽地佛教发展存在明显的不平衡性。闽南地区经济发达，泉州港、漳州月港系历史上海上丝绸之路的重要港口，对外贸易发达、文化交流频繁，佛教发展持久且信仰较盛。闽南地区内部亦有差异，明代蔡清曾言："天下僧田之多，福建为最。举福建又以泉州为最，多者数千亩，少者不下数百。"[21]何绵山曾根据志书统计了福建唐至清新建寺院的数量：厦门有17座、漳州有73座，而泉州有203座[22]，故以泉州[23]佛寺作为考察对象，具典型性、可行性。

就时段而言，泉州自古有"泉南佛国"之美誉。中国佛教尚处译经阶段时，南安县便已有佛寺兴建，为福建最早的几座佛寺之一[24]。虽然寺院往往屡经毁废、重建，现存格局已和原有格局大不相同，但据《泉州市志》可知，有不少佛寺最后重建或重修于明清，保存有明清时期的布局[25]，可资深加研究。

由上，本文将考察对象定为泉州明清佛寺，试图建立不同类型佛寺的布局、信仰的基本框架，为佛教考古的地面佛寺研究提供具地方性的基础资料；进而，本文将探究规模、地理位置对佛寺布局、信仰的影响，揭示其中的具体联系；在此基础上，分析佛教文化与闽南地方文化的相互作用，阐述前述框架反映的民俗生活形态等问题。

二、部分泉州明清佛寺的布局、信仰复原

（一）概要

以前述标准为依据，本文选定9座泉州明清佛寺，对其布局、信仰情况进行复原。现列图表如下（表一），并逐一叙述。对于无法完全复原，但部分信息对研究具有价值的佛寺，将在后文提及时介绍，此处不单列。

表一　部分泉州明清佛寺情况简介

名称[26]	行政位置[27]	规模[28]	地理位置[29]	名称[26]	行政位置[27]	规模[28]	地理位置[29]
开元寺	晋江	大	城市、近海	飞瓦岩	南安	小	山林
龙山寺	晋江	大	城市、近海	岩峰寺	惠安	小	山林

续表

名称[26]	行政位置[27]	规模[28]	地理位置[29]	名称[26]	行政位置[27]	规模[28]	地理位置[29]
龙江禅寺	晋江	小	城市、近海	虎岩寺	惠安	小	山林
福林堂	晋江	小	城市、近海	清水岩	安溪	大	山林
福清寺	南安	小	城市、近海				

（二）分寺复原

1. 开元寺

开元寺，始建于唐垂拱二年（686年），系州民黄守恭舍宅为寺。初建大悲阁及正殿，赐额"莲花寺"。唐长寿年间改名"兴教寺"，神龙年间改名"龙兴寺"，玄宗开元二十六年（738年）诏令天下诸州各建一寺，以纪年为名，遂改为"开元寺"。五代至宋创支院多所。元至元二十二年（1285年），合众支院为一寺，赐额"大开元万寿禅寺"。元至正年间遭难。明洪武、永乐、万历、崇祯年间等有重修[30]。现以明崇祯年间的情况为主，复原开元寺主体部分的布局与信仰（图一）。需要注意的是，图示核心为佛寺的平面布局，建筑开间与屋顶形式仅作示意，下文同。

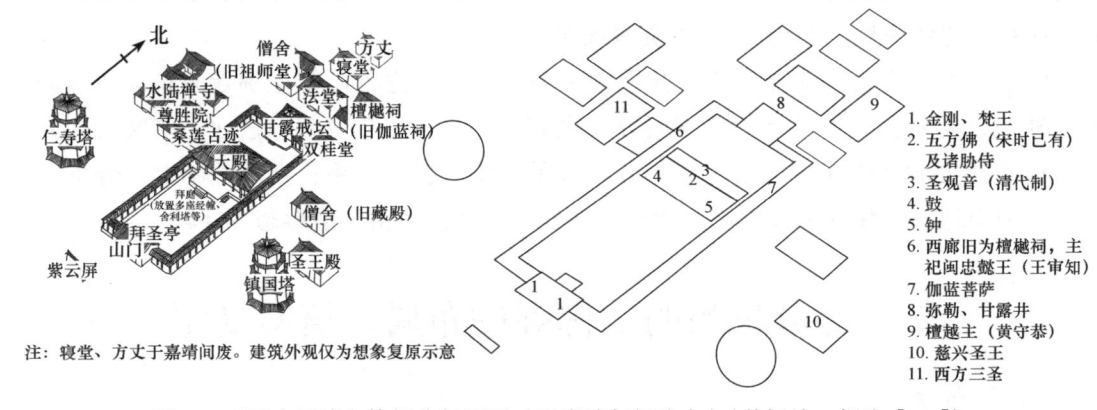

图一 开元寺明清主体部分复原图（以崇祯年间为主）（戴恬绘；据注[31]）

由图一可见，开元寺坐北朝南，中路由南至北依次为紫云屏、山门、拜圣亭、拜庭（置若干经幢、舍利塔等）、大殿（钟、鼓分置于大殿两侧[32]）、甘露戒坛、法堂、寝堂（于嘉靖年间废）、方丈（亦于嘉靖年间废），山门至甘露戒坛四周有廊庑，法堂以西为僧舍（旧祖师堂），以东为檀樾祠（旧伽蓝祠）。中路之外，大殿以东为僧舍（旧藏殿），以西为桑莲古迹、尊胜院。甘露戒坛以东为双桂堂。寺内另有东、西二塔，东塔号镇国，后有圣王殿，西塔号仁寿。寺之西，旧极乐院、西藏殿、禅堂等，共同组成水陆禅寺及其附属建筑。

山门内祀金刚、梵王，大殿内祀五方佛及诸胁侍，殿后有圣观音[33]，东廊祀伽蓝菩萨，西廊旧为檀樾祠，主祀闽忠懿王王审知，甘露戒坛后甘露井上祀弥勒，檀樾祠内祀檀樾主黄守恭，圣王殿内祀慈兴圣王，尊胜院内祀西方三圣。

2. 龙山寺

龙山寺，始建于隋皇泰年间，明天启间重修。清顺治十八年（1661年）迁界，寺宇保留但已荒芜。康熙二十三年（1684年）复界后经多次重修、扩建。道光十五年（1835年）重修[34]。现复原清代龙山寺主体部分的布局与信仰如下。

由图二可见，龙山寺坐北朝南，进入山门后，中路由南至北依次为前殿、大殿、大雄宝殿，前殿、大殿之间有庑和拜亭。前殿之东南为钟楼，其东为报德祠（亦称城隍庙）。前殿之西南为鼓楼，其西为地藏王庙。前殿、大殿以东为罗汉堂，以西为节孝祠。

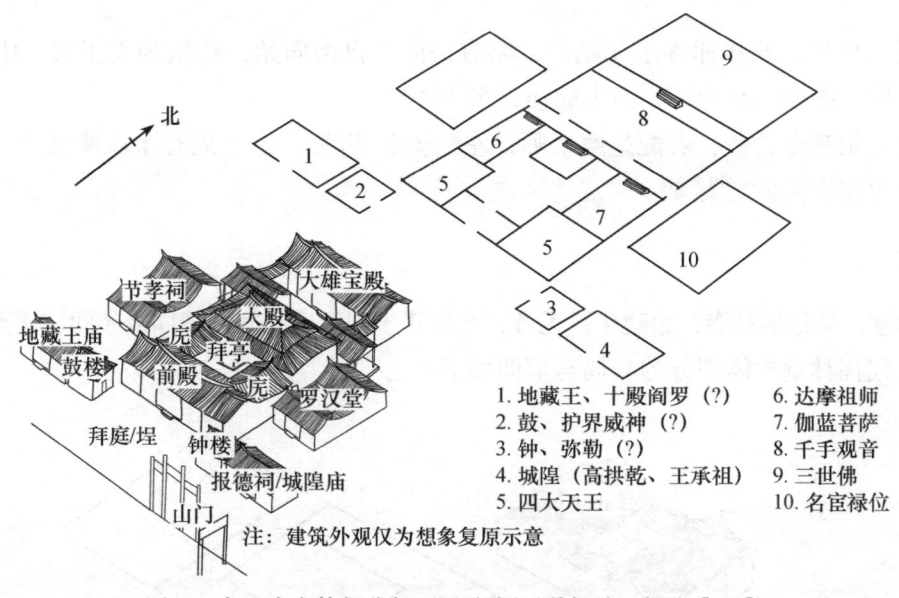

图二 龙山寺主体部分复原图（清）（戴恬绘；据注[35]）

1. 地藏王、十殿阎罗（?）　6. 达摩祖师
2. 鼓、护界威神（?）　　　7. 伽蓝菩萨
3. 钟、弥勒（?）　　　　　8. 千手观音
4. 城隍（高拱乾、王承祖）　9. 三世佛
5. 四大天王　　　　　　　10. 名宦禄位

注：建筑外观仅为想象复原示意

地藏王庙今祀地藏王、十殿阎罗[36]，鼓楼内今祀护界威神，钟楼内今祀弥勒[37]，城隍庙内供奉高拱乾、王承祖[38]，前殿内奉四大天王，庑内西祀达摩祖师，东祀伽蓝菩萨[39]，大殿祀千手观音，大雄宝殿祀三世佛，罗汉堂祀名宦禄位。

3. 龙江禅寺

龙江禅寺始建年代有诸说，考察所见若干碑刻，记载沿革不尽相同，有"寺起于天顺年间"说，亦有其系东汉永平间所建"中天竺"说，但清光绪年间的重修情况为共同记载之内容[40]。现复原清代龙江禅寺主体部分的布局与信仰如下。

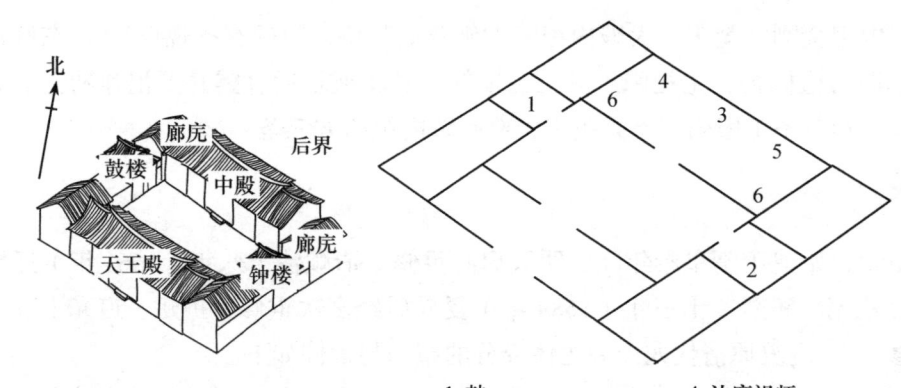

图三　龙江禅寺主体部分复原图（清）（戴恬绘；据注［41］）

注：清代重兴，天王殿在计划之中，但直到民国年间才建成。建筑外观仅为想象复原示意

1. 鼓　　　　　　　　4. 达摩祖师
2. 钟、注生夫人（?）　5. 伽蓝菩萨
3. 观音菩萨　　　　　6. 十八罗汉（?）

由图三可见，龙江禅寺坐北朝南，略有偏向，自南向始，依次为天王殿、中殿、后界。天王殿、中殿间有廊庑，西为鼓楼，东为钟楼。

中殿主祀观音菩萨，右配达摩祖师，左配伽蓝菩萨[42]，今周有十八罗汉[43]。此外，钟楼内今祀注生夫人[44]。

4. 福林堂

福林堂，又称福林寺，始建年代无考，相传建于明万历年间，清同治年间移溪重建[45]。现复原清代福林堂主体部分的布局与信仰如下。

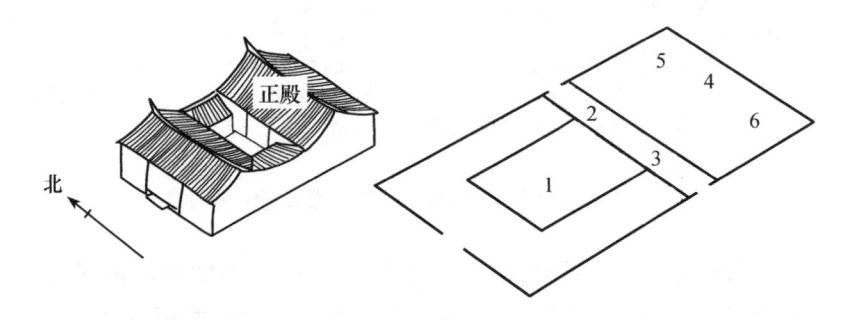

注：建筑外观仅为想象复原示意

1. 弥勒　3. 钟　5. 地藏菩萨
2. 鼓　　4. 佛　6. 观音菩萨

图四　福林堂（福林寺）主体部分复原图（清）（戴恬绘；据注［46］）

由图四可见，福林堂坐东朝西，有两进建筑，钟、鼓置于正殿前。天井处祀弥勒[47]，正殿今祀横三世佛、地藏菩萨、观音菩萨[48]。

5. 福清寺

福清寺建于五代[49]。明洪武年间重建，后又废。清咸丰年间重建[50]。现复原清代福清寺主体部分的布局与信仰如下。

由图五可见，福清寺坐北朝南，自南向北依次为山门、拜亭、大雄宝殿、后殿。钟、鼓置于大雄宝殿前。大雄宝殿内今祀释迦牟尼佛、地藏菩萨、观音菩萨，与布置相似的福林堂可相互对照；周有十八罗汉。

注：建筑外观仅为想象复原示意

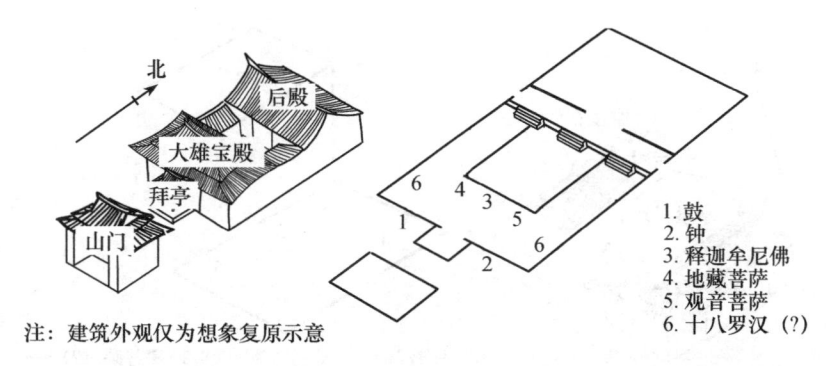

图五　福清寺主体部分复原图（清）（戴恬绘；据注［51］）

6. 飞瓦岩

飞瓦岩相传建于元代，清光绪年间重修[52]。现复原清代飞瓦岩主体部分的布局与信仰如下。

由图六可见，飞瓦岩坐北朝南，略有偏向，自南向始，依次为拜庭（埕）、两殿，前殿两侧有禅室。天井内祀弥勒，大殿前置钟、鼓。今可见大殿主尊为横三世佛，配伽蓝菩萨、韦陀菩萨，周有十八罗汉。殿内西另祀飞瓦岩夫人，东另祀福德正神[54]。

注：建筑外观仅为想象复原示意

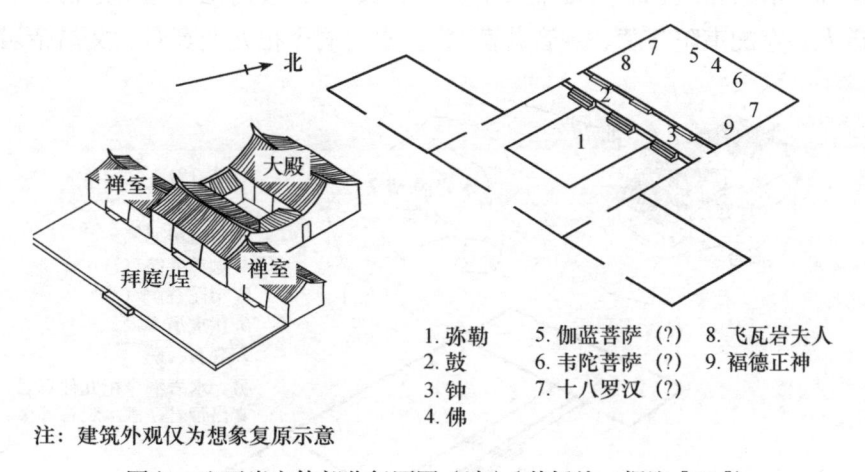

图六　飞瓦岩主体部分复原图（清）（戴恬绘；据注［53］）

7. 岩峰寺

岩峰寺，唐代开山，宋代建寺，清代重建[55]。现复原清代岩峰寺主体部分的布局与信仰如下。

由图七可见,岩峰寺坐北朝南,略有偏向,前、后二殿皆借巨石为其后墙。前殿巨石上刻有阿弥陀佛,今右配地藏菩萨,左配观音菩萨[57],殿内有钟、鼓。后殿巨石上刻有观音菩萨。

1. 鼓　　　　　　4. 地藏菩萨（?）
2. 钟　　　　　　5. 观音菩萨（?）
3. 阿弥陀佛（石刻）6. 观音菩萨（石刻）

注：建筑外观仅为想象复原示意

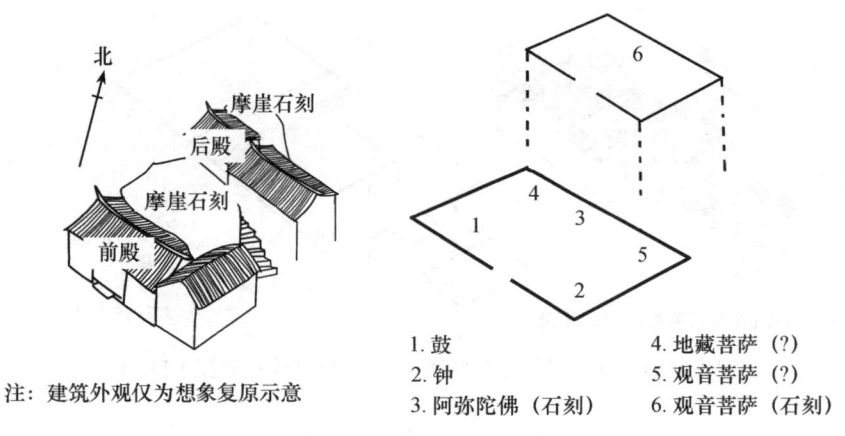

图七　岩峰寺主体部分复原图（清）（戴恬绘；据注［56］）

8. 虎岩寺

虎岩寺,建于北宋大中祥符年间,明崇祯年间有增建,清乾隆年间等有重修[58]。现复原明代虎岩寺主体部分的布局与信仰如下。

由图八可见,虎岩寺坐南朝北,位于高台上,前有拜庭,大雄宝殿为主殿,西侧有水岩洞(又称"清泉石室")。大雄宝殿前置钟、鼓[60],殿内祀释迦牟尼佛,右配伽蓝菩萨、伏虎道人,左配韦陀菩萨、观音菩萨[61]。水岩洞今祀九仙真君、文昌帝君、洒水观

1. 鼓（?）
2. 钟
3. 释迦牟尼佛
4. 伽蓝菩萨（?）
5. 韦陀菩萨（?）
6. 伏虎道人
7. 观音菩萨

另,水岩洞今祀九仙真君、文昌帝君、洒水观音等像。

注：建筑外观仅为想象复原示意

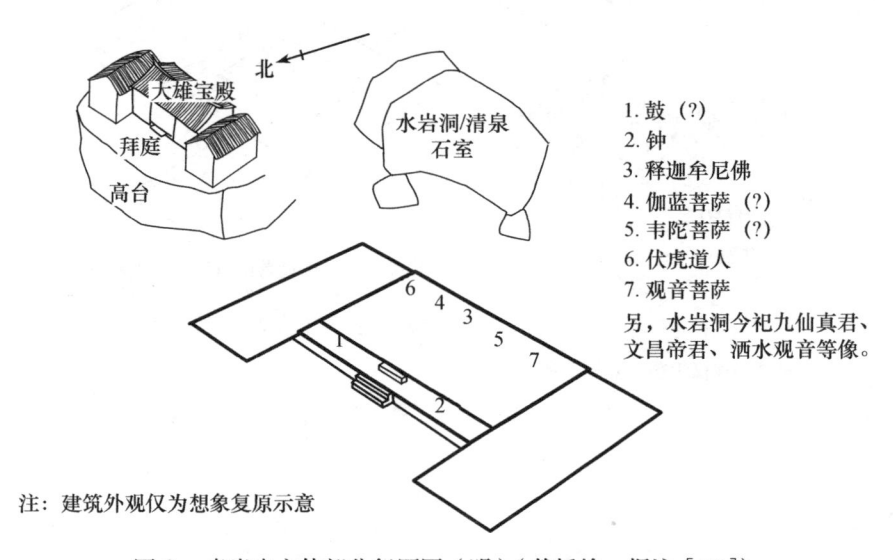

图八　虎岩寺主体部分复原图（明）（戴恬绘；据注［59］）

音等像，应为信众渐次摆入。

9. 清水岩

清水岩始建于北宋元丰六年（1083年），元祐七年（1092年）改建。南宋景炎二年（1277年），因兵乱，岩宇遭焚，寻复建。明正统年间重建。嘉靖八年（1529年）遭难，嘉靖四十三年（1564年）修葺、拓建。清顺治十二年（1655年）建清水法门，重塑四尊护法神像。康熙、雍正、乾隆、嘉庆、光绪年间，均曾大兴土木[62]。现复原明清时期清水岩主体部分清水祖殿的布局与信仰如下[63]。

由图九可见，清水祖殿坐东朝西，入清水法门后，右前方为主体建筑。一层为昊天口，右为观音楼，左为藏殿，两旁有僧舍。二层为大殿，右为方丈，左为钟楼。三层为释迦楼。建筑后方为真空塔（清水祖师舍利塔）。

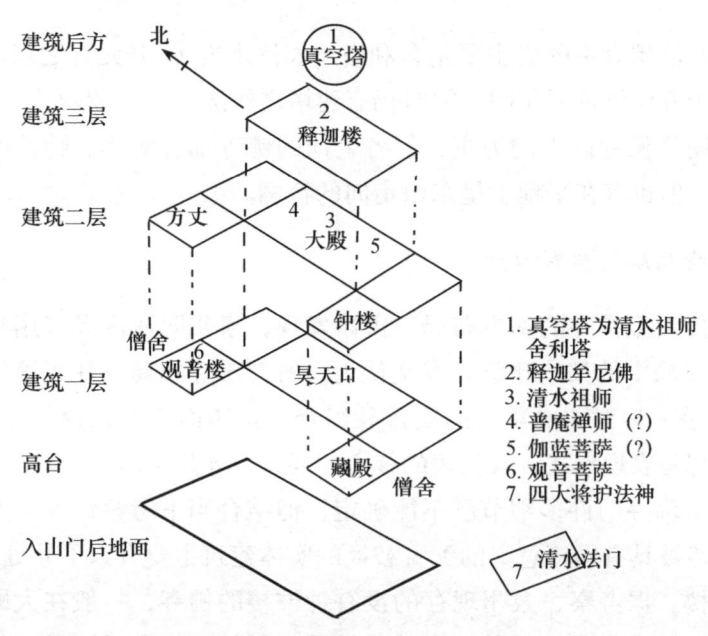

图九　清水祖殿明清主体部分复原图（戴恬绘；据注[64]）

清水法门内祀四大将护法神[65]，观音楼内祀观音菩萨，大殿内祀清水祖师，今可见右配普庵禅师，左配伽蓝菩萨[66]，释迦楼内祀释迦牟尼佛。

三、泉州明清佛寺布局与信仰的分类研究

（一）泉州明清佛寺布局的分类研究

1. 明清佛寺的基本布局

欲考察规模、地理位置对泉州明清佛寺布局的影响，应将后者与同时期汉传佛寺的

基本布局进行比较。一般而言，佛寺多坐北朝南，中轴线上从南至北，为山门、佛殿、法堂、方丈。明中期以后，一般禅寺的中轴线上出现两座以上大殿，法堂的功能与地位衰微。左右对置的有：禅堂与斋堂、祖师堂与伽蓝堂（位置从宋元时的法堂两侧变为明时的佛殿两侧）；此外，宋元时钟楼与经藏对置的格局，到明时为藏殿与观音阁对置的格局取代，而钟楼则与鼓楼相对[67]。建塔之风已然衰颓，佛寺中少见佛塔。

将其与泉州明清佛寺的布局情况相比，二者大致能够对应。但有几点需要说明：

其一，多数泉州明清佛寺的禅堂、斋堂、方丈等建筑，现今已无法复原。这固然与佛寺的规模有关，但这类建筑本身稳定性不高，容易被侵占或改建；此外，这类建筑本身不如内祀神祇的建筑重要，相关记载极少，应是更重要的原因。

其二，泉州明清佛寺的钟楼不止可与鼓楼相对，如清水岩，钟楼与方丈相对[68]。

其三，观音阁与藏殿相对的情况较为少见，清水岩为一例。观音菩萨所在的建筑多位于中轴线上。

其四，泉州明清佛寺中的塔主要是舍利塔（如清水岩）。开元寺之双塔，东塔建于咸亨年间、西塔建于五代梁贞明年间，彼时仍有建塔之作法[69]，为例外。

其五，泉州明清佛寺以南向为主，但各朝向的佛寺都有实例。特殊的朝向与地理条件有很大的关系，但也有在平地上呈东西走向的特例。

2. "要素论"：佛寺布局与要素组合

对比同期汉传大型佛寺的基本布局，可以发现，泉州明清佛寺多用具有同等意义的配置，替代基本布局中的某些建筑。本文认为，所谓佛寺布局，并非等价于实体的建筑布局，而更多的是一种对"要素"的安排和组合。具体而言，无论是建筑，还是雕饰、物件、塑像等，都是表现形式，其代表的核心"要素"才是本质。

虽然泉州明清佛寺的许多细节已不能确定，但结合当下考察情况，类似的理念应可成立。概言之，能被具有同等意义的配置替换的实体建筑主要有以下几处。

其一，钟鼓楼。据考察，泉州现存的没有钟鼓楼的佛寺，一般在大殿前面或内部悬挂或放置钟、鼓，这可能是一种传统做法。钟的出现较早，文献记载可见钟的使用，且确有悬于正殿中的实例[70]。在中原地区，钟鼓楼对置出现的时间不早于明朝[71]，这种做法传播到闽南地区（尤其是山区）需要一定的时间。泉州佛寺钟、鼓楼对置明确出现的时间不晚于清代（如龙山寺、龙江禅寺），钟、鼓并置之始见，应与钟、鼓楼并置的时间线索相呼应。

其二，伽蓝殿与祖师殿。一般而言，东为伽蓝殿，西为祖师殿。没有伽蓝殿与祖师殿的佛寺，可按照两殿的方位，摆放伽蓝菩萨像与达摩祖师像代替，如龙山寺、龙江禅寺。

其三，大悲殿或圆通宝殿。如开元寺，中轴线上无圆通宝殿，却在大殿北部又开一间，摆放圣观音像[72]，这与大雄宝殿后的圆通宝殿具有相同的象征意义。大雄宝殿内前祀佛、后祀观音，也成为晚近汉传佛寺的常见做法。

其四，天王殿。一般而言，天王殿内祀弥勒菩萨、韦陀菩萨、四大天王。部分佛寺没有天王殿，便通过供奉弥勒菩萨像或四大天王像的做法代替。如福林寺、飞瓦岩祀弥勒于天井；清水岩也在昊天口祀弥勒（系后补祀）[73]，因其处于进入清水祖殿内的必经之路上，与天王殿所象征的"要素"应也类同；又如现代重修的紫竹寺[74]，在左右两小门前的垂莲柱上各雕有二天王；以及现代重修的双灵寺[75]，在大雄宝殿的屋脊上置四大天王像，皆可作为参照。

其五，经藏。部分现代小寺无经藏建筑，便在殿内一隅用柜放置佛经以代替之。

3. 佛寺规模对布局的影响

泉州明清时期规模大的佛寺，多有官方背景；规模小的佛寺，多仅为民间宗教活动场所。在考虑佛寺规模对布局的影响时，也应考虑官方背景的影响。

首先，部分佛寺布局的"要素"，可以充当佛寺规模的"标尺"。佛寺规模对布局的影响，在这些"要素"上得到重点体现，这是通过两种途径来表征的：第一，部分"要素"仅存于大寺，不见于小寺；第二，部分"要素"在大寺以建筑形式出现，在小寺中以其他具有同等意义的配置代替。举例来说，能作为规模的"标尺"的"要素"有以下几处。

其一，檀樾祠。檀樾祠是供奉檀樾主的殿堂，一般而言，大寺有更多获得力度较大的赞助的机会，也更有能力、更有必要设檀樾祠以纪念之，如开元寺。另，清水岩有檀樾主[76]，承天寺亦有檀樾祠[77]。

其二，戒坛。戒坛作为举行受戒仪式、说戒的坛场，本身便是高等级佛寺的象征。在泉州明清佛寺中，只有开元寺有甘露戒坛。

其三，天王殿。对于某些大寺而言，天王殿以实体建筑的形式存在，如龙山寺之前殿有四大天王。然而，在某些小寺内，或是没有天王殿，或是以其他方式代替，已如前述。另外，龙江禅寺在清末重建时，天王殿在规划范围内，却未能及时兴建[78]，或许也能说明天王殿在佛寺中的必要性并不排在前列，小寺因财力或空间等种种原因不建天王殿，也可被理解。

其四，经藏。规模大的佛寺，往往兼具传法、供僧进修等功能，对经藏有明确的需求，如开元寺、清水岩，其中清水岩的藏殿还放置皇帝敕书[79]。规模小的佛寺或没有经藏，或如前述在殿内一隅以柜放置佛经代替。

除此之外，大佛寺往往有较多支院。如开元寺，在历史上便有诸多支院[80]，明代仍存尊胜、东塔、极乐三院[81]。一些支院距离主院较近，有时难以与主院相区分，使佛寺布局更加复杂。

另外，从官方背景角度而言，泉州明清时期规模较大的佛寺，或受过敕封[82]，或为官方相关人士所兴修[83]。因此，官方往往利用其宣扬意识形态，实现意识形态与佛教信仰的有机共存。其所带来的影响虽是信仰层面的，但直接反映在了作为信仰载体的布局之上。

典型的例子为龙山寺，除佛寺基本要素外，另有城隍庙、节孝祠。其中，城隍庙祀清朝泉州郡守高拱乾、晋江县尹王承祖，节孝祠旌表孝义忠节者[84]。另外，罗汉堂内祀名宦禄位，亦与官方意识形态密切相关。而这些官方意识形态，都能与佛教信仰相融合：城隍庙与地藏王庙相对，二者同祀民间观念中管理"阴间"的神祇；地藏王以孝闻名，又与节孝祠的宗旨相合；罗汉堂内祀罗汉与名宦禄位，同与"圣人信仰"密切相关[85]，节孝祠与罗汉堂的相对，或也与此不无关联。

4. 佛寺地理位置对布局的影响

佛寺位于山林还是城市（包括郊区），对其布局有显著的影响。因此，本文在此部分将佛寺分为山林型佛寺与城市型佛寺，从以下几个方面加以探讨。

其一，山林型佛寺，往往随地形的抬高而抬高。如岩峰寺的两块巨石具有高度差，依巨石而建的佛殿便也具有高度差。又，飞瓦岩主体部分自南至北随地形的抬高而抬高，天井与大殿间的台地系为适应坡度而作。而城市型佛寺对于佛寺建筑群的抬高，往往通过人为地建造台基进行，如开元寺、崇福寺[86]。

其二，山林型佛寺的朝向受地形的影响较为明显[87]。大寺如清水岩的清水祖殿，坐东朝西[88]，小寺如虎岩寺，坐南朝北，与一般情况下的坐北朝南均不同。岩峰寺、飞瓦岩虽大致上坐北朝南，但仍有一定的偏向。城市型佛寺的朝向，总体而言以坐北朝南居多，方向的偏差较山林型佛寺小，但仍有特殊情况，如福林堂坐东朝西、今崇福寺坐西朝东。

其三，受制于地形，山林型佛寺的布局往往较为碎片化。如清水岩，除清水祖殿外，另有觉亭、觉路、蓬莱坊、三忠庙、放生池、多位僧人的舍利塔等[89]，清水岩有岩图碑一方（图一〇），

图一〇 清水岩岩图碑线描图
（戴恬绘；据注[90]）

其中描绘的内容也可说明布局的分散性;又如虎岩寺的水岩洞、始建年代未知的观音亭、现代增建的念佛堂一类建筑,与主体部分也不在一个区域;现今的飞瓦岩,除主体部分外,山林中另散见塔、坛、门、宫等建筑,也可作为参考。而位于平地之上的城市型佛寺,布局较少被切割,集中性较强。

其四,山林型佛寺常利用巨石、岩洞作为建筑的构件(房顶、墙壁等),与自然环境融为一体。如岩峰寺的前、后二殿,皆借巨石为其后墙;西资岩(卓望大石佛寺),清乾隆二十八年(1763年)"就岩构地兴建"[91]。又如一片寺(南安)、石室岩寺(南安)、一片瓦寺(惠安),都有一定历史并存续至今,皆在巨石下构筑屋宇、奉祀神祇。城市型佛寺未见此类情况。

其五,山林型佛寺,若有士人于山中读书,多兴建文昌阁,或直接供奉文昌帝君[92]。如惠安的科山,又名登科山,曾为众多名士的读书之地[93],故清代科山寺[94]内有文昌阁[95];虎岩寺的清泉石室乃蔡襄读书处[96],今内祀文昌帝君;惠安圆常寺(灵瑞山寺)曾为明进士张岳读书处[97],今有文昌祠[98];惠安片瓦岩(一片瓦山、石室山)曾为明进士戴一俊读书处[99],今一片瓦寺[100]亦有文昌祠[101]。

5. 佛寺规模、地理位置对布局稳定性的影响

明清时期,与山林型佛寺相比,城市型佛寺,特别是大寺,更易受到战争、政治事件的影响,布局显得更不稳定。明代的情况以开元寺为例。开元寺作为城市型大寺,明时其建筑常常被居民或豪强侵占[102],用作他途。这种现象与政府的决策密切相关:

> 明嘉靖后,官府把寺院经济作为缓解"军储告匮"的主要渠道之一,甚至变卖寺产以充兵饷。一些豪强势族也伺机侵夺寺产,使一些寺院僧逃寺荒[103]。

而政府的这种决策,又与倭寇的入侵相关。明时闽南作为抗倭前线,时而无暇顾及信仰生活,靠近战地的寺院或被征用,或毁于兵燹。如此,战争和政治事件便直接地作用到了以开元寺为代表的城市型大寺中。相较而言,山林型佛寺,甚至城市型小寺,受到的影响较小,在明代因战争等毁废的相关记载较少[104]。

到了清代,统治者实施"迁界"。泉州地处沿海,城市型佛寺有许多位于"迁界"的范围内。除个别例外,多数城市型佛寺受到了毁灭性的打击:

> 清朝中叶因"倭患"和"迁界",一些寺院被毁,泉州晋江建于唐宋间的古寺如法云寺、方广寺、崇真寺、普照寺、广教寺、安福寺、龙兴寺、报恩寺等都于当时被毁。但也有因地僻而相对平安,佛教得以发展者[105]。

《重修安平志》亦载：

> 顺治十八年辛丑迁界，滨海梵宫灰烬，惟寺（按：指龙山寺）岿然独存[106]。

另如晋江安海云水寺[107]亦曾毁于"迁界"，可见此政策影响之广。然而，地处偏僻山林的清水岩等，就未受影响。

佛寺布局的稳定性，对佛寺布局的"规制性"具有鲜明的影响。所谓"规制性"，即佛寺布局与同时期基本布局的相合程度。布局不稳定的佛寺往往是要素本就复杂的城市型大寺。如明代的开元寺，许多建筑曾被占用，导致佛寺布局支离破碎；虽形势好转后多被赎回，但其原始的建置已然改变，在这种情况下，一般很难保持"规制"布局。而布局较为稳定的佛寺，往往地处偏僻，能够保留早期的"规制"布局，如清水岩的观音楼与藏殿对置。

（二）泉州明清佛寺信仰的分类研究

1. 明清时期泉州佛教信仰概况

明清时期泉州佛教信仰的基本情况，大致可用"三教合一""民间信仰融入""诸宗合一"三个关键词概括。

在明代，"三教合一"与"民间信仰融入"实际上是中国佛教文化发展的总体趋势：

> 宋代以来汉地佛教文化的发展趋势大致是三教合一与大众化。三教合一的趋势使佛教与儒学、道教的关系越来越密切，佛教信仰借助于三教合一之力更加深入普及。更重要的是佛教与民间宗教信仰及群众的现实需要相结合，向大众化、实用化和通俗化的方向迅猛发展，佛教寺院的构成与性质随之发生变化，表现出相应的世俗化的色彩。佛教之寺与民间之庙逐渐相互接近、融合，佛教寺院渐脱去其袈裟外衣，宗教色彩日趋淡薄，相应地民间宗教氛围及儒家的成分则日益显著了起来。明代就是这样一个典型的时期[108]。

明代的泉州，大致符合这种趋势，并延续到了清代。

对于"诸宗合一"，中国明清佛教以禅宗为主，天台宗、净土宗、律宗亦较显赫，诸宗派融合的趋势明显，尤以禅净结合、禅律结合为重。潘谷西对此有精准的概括：

> 元明以来，随着佛教思想的发展演变，禅寺逐渐失去其鲜明的个性乃至失去其独立的形态。诸宗合一、融混佛教也给寺院布局带来相应的影响[109]。

"诸宗合一"的影响不仅是布局层面的，更是信仰层面的，其例在泉州明清佛寺中广泛可见。就宏观层面而言，主流的宗派大多可见于泉州明清佛寺中[110]，如开元寺以密宗为主线；西资岩主祀西方三圣[111]、岩峰寺主祀阿弥陀佛，属净土宗的典型信仰；清水岩、龙江禅寺等，有禅宗色彩。但就微观层面而言，佛教的不同宗派可并见于一寺中，互相融合。

明清时期，泉州佛寺的规模与地理位置对佛寺的信仰情况具有显著的影响。总体而言，在"三教合一""民间信仰融入""诸宗合一"的背景下，明清泉州佛寺的信仰皆有一定的复杂性。细化之，这种复杂性体现在佛教体系外（包括"三教合一""佛教体系外的民间信仰融入"）、佛教体系内（包括"诸宗合一""佛教体系内的民间信仰融入"）两个方面，前者多见于小寺，后者多见于大寺，这是佛寺规模的影响。至于佛寺地理位置的影响，主要体现在民间信仰的层面。

2. 佛寺规模对信仰的影响

泉州明清大型佛寺的信仰深受"诸宗合一"的影响，单座佛寺内不同宗派的佛教信仰融合明显。开元寺最为典型，其建寺以来的信仰情况，可用"密宗主线""多元一体"概括之。

"密宗主线"，指开元寺自玄宗赐额后，始终以密宗信仰为主。《温陵开元寺志》载：

> 玄宗改额开元，仍赐佛像，后毁。乾宁四年，检校工部尚书王审邦重建，塑四佛像，中尊是先有御赐像[112]。

考虑到玄宗崇奉密宗，其赐予开元寺的佛像大概是毗卢遮那佛，那么，王审邦以玄宗御赐像为中心补塑的四尊佛像，大概就是东方阿閦佛、西方阿弥陀佛、南方宝生佛、北方不空成就佛，五者共同组成密宗的典型信仰"五方佛"。这之后，遵循"密宗主线"的有山门的金刚、梵王，大殿后方的清代制圣观音，寺东侧的清代建造的准提禅寺[113]等。此外，尊胜院虽后祀西方三圣，但考其院名，可能与密宗的尊胜佛母或佛顶尊胜陀罗尼等有关，且宋时仍祀密宗的千手眼观音[114]，说明某些信仰后虽经改变，但对"密宗主线"仍保持着一定程度的尊重。

"多元一体"，指开元寺在"密宗主线"下，各宗派融合，并有各自的代表性建筑。如尊胜院后祀西方三圣，为净土宗；甘露戒坛具有律宗的色彩[115]；西塔与净土宗相关[116]；东塔最为典型，虽以禅宗为主，但各宗派的元素都有体现[117]。这与泉州作为海上丝绸之路的重要起点，文化交流频繁、城市氛围开放包容等因素有关。开元寺作为城市型大寺，受影响最为明显。这更与该寺历代住持、高僧分属不同宗派有关。据记载，历代住持与高僧分属法华宗、唯识宗、禅宗、律宗、净土宗等，王荣国对此有详细的考释[118]。

此外，明清时期泉州的民间信仰，可分为佛教体系内的民间信仰、佛教体系外的民间信仰两部分。前者的神祇虽为当地百姓所崇奉，具有鲜明的地方性，但其事迹及背后蕴含的教义与佛教高度相关，如地方高僧；后者的概念与前者相对。大寺中若出现地方民间信仰，往往是前一情况，如清水岩主祀清水祖师（普足禅师）。总之，大型佛寺的信仰虽复杂，却始终处于佛教体系内。

而明清泉州小型佛寺信仰的复杂性，主要体现于佛教体系外，即受"三教合一"与"佛教体系外的民间信仰融入"的影响明显。

"三教合一"的趋势由来已久，明清时越发清晰。云水寺又称关夫子忠义庙，原主祀关羽，后亦祀如来[119]；西资岩清代碑刻以"儒者以传道为心，而释者亦以传法为□"开篇[120]，可作为儒、释结合之一例；今西资岩除石佛寺大殿、僧舍外，还建有朱子祠、文昌阁、观音亭、元武殿，显系"三教合一"。

"民间信仰融入"实质上是佛教文化与闽南地方文化的互相影响，小寺中其例甚多。如虎岩寺的伏虎道人，飞瓦岩的飞瓦岩夫人和土地公，又如现今云峰庵可见的仕公妈、许多小寺中可见的注生夫人等。小寺出现的民间信仰既有佛教体系之内的高僧，也有很多与佛教基本无关的地方神祇。

3. 佛寺地理位置对信仰的影响

对于山林型佛寺，融入其中的信仰多与山林相关，如虎岩寺的伏虎道人、飞瓦岩的飞瓦岩夫人，前文相关注释中已有详论，此处重点阐述近海型佛寺的情况。

在百姓的观念中，近海型佛寺所供奉的神祇多能保佑出海平安。观音菩萨便是典例，孙大章认为："在福建沿海地区多信仰佛教千手千眼观音，俗称'安海观音'，以保佑船民航行平安顺利。"[121] 据实地考察，观音菩萨在闽南地区信仰极盛，百姓崇奉观音菩萨，乃相信其无所不能。"观音救八难"中，也有相关的"大水难无畏"。由此，观音菩萨能够保佑出海平安，应不误。此外，在印度，观音信仰亦盛于南方，据《华严经》载，观音道场位于南印度海中的补怛洛迦山[122]，或可为一辅证。总之，观音信仰在近海型佛寺中多见，大寺如龙山寺，小寺如龙江禅寺，皆主祀观音菩萨。

又如现今云峰庵内供奉的仕公妈，也是被认为能够护佑航海安全的神祇，另有位于泉州惠安的三宝宫[123]，内祀浮雕于岩石上的三尊像"三宝佛"。一种说法为，寺中"三宝佛"的形象应为三宝太监郑和，但随着时间推移，当地百姓渐渐讹传其为三宝佛，并留下三宝佛"姓郑"、可以保佑出海平安的传说。在此实例中，虽然郑和原本并非佛教神祇，但在信众心中已然成为可以护佑出海平安的佛，这一现象也与近海的地理位置密切相关。

4. 其他信仰情况

除上文所述，明清时期泉州佛寺的信仰情况仍有以下几点值得关注：

其一，不主祀释迦牟尼佛或观音菩萨的佛寺，往往属于禅寺，且多主祀该寺的高僧祖师。如清水岩主祀普足禅师；位于泉州德化的大白岩寺，内祀高僧黄圆通、徐证圣、郑顿悟[124]，今地方百姓尊其为"黄公祖师""徐公大师""郑公大师"，为禅寺；泉州永春的云峰岩主祀武功祖师[125]，也为禅寺；泉州安溪的九峰岩[126]主祀三代祖师，其为宋禅门临济宗高僧。究其原因，或与禅宗较不拘泥于偶像崇拜、倡导人人皆有佛性、重视祖师与传承等特点有关。

其二，部分佛寺崇奉由未婚女性所化之神祇。如泉州南安的双灵寺祀高家姐妹榜娘、瓜娘肉身佛[127]；又，泉州永春的乌髻岩供奉乌髻观音（佛号显化大士）[128]。女性得道的故事由来已久，《法华经》中的龙女成佛是最早的女性成佛典例，但其在成佛瞬间化为了男身，泉州已有更进一步的传说。这一方面或许与当地人并不熟知佛教教义，而受女身观音形象以及后来妈祖形象的影响有关；另一方面则可能与当地人的生活生产方式有关：男性长时间出海，女性需要独立操持家事甚至社区事务，形成了具有地方特点的两性关系——"惠安女"文化的形成即是一例。

四、余论：明清泉州信仰生活的功利主义

本文将佛寺布局研究的视角，从传统研究中的"建筑布局"转移到了"要素组合"。前人未讨论小型佛寺的布局，其原因不仅是资料的缺乏，更是由于小型佛寺不过一进或两进建筑，在传统的"建筑布局"视域中几乎不存在研究的空间。厘清实体的建筑布局与"要素"的安排、组合之间的关系，将佛寺布局的核心转移到"要素"上，是研究不同规模佛寺所需接受的理论前提。

在此基础上，本文讨论了佛寺的规模、地理位置对其布局、信仰情况的影响，建立了这一问题的基本框架，进行了地区性的、较全面而系统的探讨。由此，可以"透物见人"，体察明清泉州信仰生活的整体情况。

汉民族的宗教信仰带有鲜明的功利主义色彩。费孝通曾提出：

> 我们对鬼神也很实际，供奉他们为的是风调雨顺，为的是免灾逃祸。我们的祭祀很有点像请客、疏通、贿赂。我们的祈祷是许愿、哀乞。鬼神在我们是权力，不是理想；是财源，不是公道[129]。

这种功利主义可归结为：有求必应是百姓对神明最主要的期望，为此，百姓"有应必酬"，作为对神明灵验的回报[130]。这本质上是一种"交易式"的信仰形态，在明清泉州的信仰生活中体现为：

其一，见神就拜。这鲜明地体现在涉及"三教合一""诸宗合一""民间信仰融入"的佛寺中，如云水寺主祀关羽，旁祀佛教神祇，百姓并不会因为宗教信仰的不同而选择性地祭拜；开元寺内祀佛教体系内不同宗派的神祇，百姓也并不会因为信仰宗派的不同，而只祭拜若干神祇。

其二，不断地赋予原有神祇新的功能。典例当为观音菩萨，"像人们崇拜的观音，原本是祈求此神救苦救难，后来人们增加了向她求子的功利要求，于是改成了送子观音"[131]，另如弥勒在发展过程中被赋予了"财神"的内涵。这些在今天的泉州佛寺中都较为常见。

其三，不断创造新的神祇。这典型地体现在"民间信仰融入"中，以对佛教高僧的神化居多。除前文所述的清水祖师、伏虎道人、显化大士、武功祖师、黄公祖师等外，单就永春地区而言，便还有无比、普惠、道徽、普明等，皆被当地百姓供奉[132]。

泉南佛国，香火未绝，这种信仰模式，直到今天还鲜活地存在。

附记：本文系 2021 年北京大学第二十九届"挑战杯"——五四青年科学奖二等奖作品，此稿有修订。

注　释

[1] a. 宿白：《东汉魏晋南北朝佛寺布局初探》，《魏晋南北朝唐宋考古文稿辑丛》，北京：生活·读书·新知三联书店，2020 年，第 287～311 页；b. 宿白：《隋代佛寺布局》，《魏晋南北朝唐宋考古文稿辑丛》，北京：生活·读书·新知三联书店，2020 年，第 312～320 页；c. 宿白：《试论唐代长安佛教寺院的等级问题》，《魏晋南北朝唐宋考古文稿辑丛》，北京：生活·读书·新知三联书店，2020 年，第 321～341 页；d. 宿白：《唐代长安以外佛教寺院的布局与等级初稿》，《魏晋南北朝唐宋考古文稿辑丛》，北京：生活·读书·新知三联书店，2020 年，第 342～363 页。

[2] 王贵祥：《中国汉传佛教建筑史——佛寺的建造、分布与寺院格局、建筑类型及其变迁》，北京：清华大学出版社，2016 年。

[3] 孙宗文：《我国佛寺平面布局沿革考》，《法音》1985 年第 2 期，第 12～14 页。

[4] 戴俭：《禅与禅宗寺院建筑布局研究》，《华中建筑》1996 年第 3 期，第 94～96 页。

[5] 赵文斌：《中国佛寺布局演化浅论》，《华中建筑》1998 年第 1 期，第 116～118 页。

[6] 范培松：《中国寺院形制及布局特点》，《考古与文物》2000 年第 2 期，第 82～88 页。

[7] a. 龚国强：《隋唐长安城佛寺研究》，中国社会科学院研究生院博士学位论文，2002 年；b. 本文据龚国强：《隋唐长安城佛寺研究》，北京：文物出版社，2006 年。

[8] 曹如姬：《山西五台山寺庙建筑布局及空间组织》，太原理工大学硕士学位论文，2005 年。

[9] 朱永生：《江南禅宗寺院的布局探讨——武汉归元禅寺保护扩建工程规划的思考》，《古建园林技术》2007 年第 2 期，第 38～41 页。

[10] 杜季月：《20 个中国汉传佛寺的平面布局研究》，西安建筑科技大学硕士学位论文，2013 年。

[11] 李若水：《辽代佛教寺院的营建与空间布局》，清华大学博士学位论文，2015 年。

[12] 龚国强：《隋唐长安城佛寺研究》，北京：文物出版社，2006 年，第 116 页。

[13] 李若水：《辽代佛教寺院的营建与空间布局》，清华大学博士学位论文，2015 年，第 21 页。

[14] 袁牧：《中国当代汉地佛教建筑研究》，清华大学博士学位论文，2008 年，第 48 页。

[15] "〔侯官县〕灵塔寺，在十一都。晋太康三年（282 年）建。唐武德二年（619 年）赐额。"又，"〔怀安县〕乾元寺，在府城北隅越山之南麓。晋太康三年建。初名'绍因'。唐乾元三年（760 年）赐额。"见（明）黄仲昭修纂，福建省地方志编纂委员会主编：《八闽通志（修订本）》，福州：福建人民出版社，2017 年，第 1097、1101 页。

[16] 何绵山：《浅谈福建佛教的特点》，《宗教学研究》1996 年第 2 期，第 69～73 页。

[17] a. 何绵山概述了福建佛教的历史，并将其特点加以总结，参见何绵山：《闽文化概论》，北京：北京大学出版社，1996年，第130~149页；b. 较系统梳理福建佛教发展史的著作，另有王荣国：《福建佛教史》，厦门：厦门大学出版社，1997年。

[18] a. 方拥：《福建佛教丛林与新加坡双林寺的比较研究》，《古建园林技术》2000年第2期，第18~24页；b. 林从华：《闽台传统建筑文化历史渊源的研究》，西安建筑科技大学博士学位论文，2003年。

[19] a. 李向平：《"信仰但不归属"的佛教信仰形式——以浙闽地区佛教的宗教生活为中心》，《世界宗教研究》2004年第1期，第44~60页；b. 林拓：《福建早期宗教信仰的地域形态》，《宗教学研究》2004年第2期，第120~124页；c. 由于在福建的信仰体系中，繁复的民间信仰占据极为重要的一部分，故这类研究还特别注重民间信仰与宗教的关系，如彭维斌揭示了闽南民间信仰与佛道宗教一体化的大趋势：群众不会因神灵身份较正统而更重视祂们，亦不会深究不同宗教的本质区别，参见彭维斌：《从百越巫鬼信仰到汉式佛道宗教——闽南民间信仰历史变迁的分析》，《福建师范大学学报（哲学社会科学版）》2007年第6期，第251~256页。

[20] 该类研究较多，如：

a. 金立敏著，中共厦门市委宣传部、厦门市社会科学界联合会：《闽台宫庙建筑脊饰艺术》，厦门：厦门大学出版社，2011年；b. 童丽娟：《福建佛寺园林艺术初探》，北京林业大学硕士学位论文，2015年；c. 汤景：《福建佛教建筑的空间与结构》，华侨大学硕士学位论文，2006年。该文与佛寺布局的主题较为接近，但更侧重于佛寺室内空间设置，与整体布局相关的讨论稍显笼统，且并没有明确特定的考察时段，也未考虑小型佛寺的情况。

[21] （明）蔡清：《民情四条答当路》，《蔡文庄公集》卷一，北京：商务印书馆，2018年，第22页。

[22] 何绵山：《闽文化概论》，北京：北京大学出版社，1996年，第139页。

[23] 需要说明的是，本文中的"泉州"皆为今日的"泉州市"，而非历史上的"泉州府"。"泉州府"的范围是不断变动的，难以用历史上某个特定时期的辖区来概括。

[24] 泉州市地方志编纂委员会：《泉州市志》卷四十八《宗教》，北京：中国社会科学出版社，2000年，第3520页。

[25] 参见泉州市地方志编纂委员会：《泉州市志》卷四十二《文物》、卷四十八《宗教》，北京：中国社会科学出版社，2000年。

[26] 此处的"名称"，为一般通用名称。佛寺若存在多个名称，或其名称存在沿革，将在下文详细说明。

[27] 此处的"行政位置"，为明清时期佛寺所属行政区。

[28] 此处的"规模"，有大、小二类。由于表中涉及的佛寺原面积难以详尽考证，布局各有特点，故无法以量化的方式确定规模大小的界限。然而，开元寺、龙山寺、清水岩在面积、布局复杂程度方面，与其余佛寺存在显著区别，故将其定为规模大的佛寺，其余佛寺则定为规模小的佛寺。

[29] 此处的"地理位置"，有山林、近海、城市（包括郊区）三类，其中，山林既与近海相对，也与城市相对。需要说明的是，山林与近海的类别划分，并不单纯以佛寺与海岸线的绝对距离为判断标准，而是以占主导性的地理因素为分类依据。例如，若佛寺位于近海的深山中（如虎岩寺），更宜将其归入山林型。

[30] a.（清）方鼎等修，朱升元等纂：《晋江县志》（清乾隆三十年刻本 奎阁藏版）卷十五《杂志·寺院宫观》"开元寺"条，《中国地方志佛道教文献汇纂·寺观卷》第202册，北京：国家图书馆出版社，2013年，第293页；b. 关于开元寺的沿革，亦可参见（明）释元贤著，吴幼雄点校：《温陵开元寺志·建置志》，《温陵开元寺志 瘦松集》，北京：商务印书馆，2019年，第9页。

[31] 除实地考察所获资料外，该图建筑部分的主要复原依据为《温陵开元寺志 瘦松集》（第9~13、16、36页）所载相关内容：

"紫云大殿，唐垂拱二年，僧匡护建。时有紫云盖地之瑞，因以得名。玄宗改额开元，仍赐佛像，后毁。乾宁四年（897年），检校工部尚书王审邽重建，塑四佛像，中尊是先有御赐像。……崇祯丁丑（1637年），大参曾公樱、总兵郑公芝龙重建，殿柱悉易以石，壮丽视昔有加矣。效其力者僧广轮。"

"甘露戒坛，在大殿之后。先是唐时，其地常降甘露，僧行昭因浚甘露井。宋天禧三年（1019年），朝例普度僧始筑戒坛。建炎二年（1128年），僧敦炤以坛制不尽师古，特考古《图经》更筑之，为坛五级。……隆庆间，戎器、火药诸匠，贪缘入坛，挈妻子居之。……万历二十二年（1594年），居民回禄见梦，且夕弗宁。檀越黄公文炳，力白当道，尽驱诸匠。由是率众重修，坛复焕然。"

"法堂，在戒坛之后。至元乙酉（1285年），僧录刘鉴义建。至正丁酉毁。洪武三十一年（1398年），僧正映奉旨来住持。及陛辞，帝勉以'清心洁己'。映来寺首复此堂，而额曰'清心洁己'示不忘也。景泰中，僧惠琏稍葺之。嘉靖戊申（1548年），太守程公秀民，捐俸重葺。自隆庆间诸匠窟穴戒坛，后遂阑入法堂，而二三豪右，亦睥睨其间。万历甲午（1594年），当道力为抉去，而堂始复故，仍悬旧额于其上。"

"禅堂，在大殿之右。至元间开山妙恩建，元季毁。僧正映复建。永乐庚寅（1410年），僧至昌重修，额曰'莲苑觉场'。至嘉靖三十七年（1558年），水陆寺为豪右所夺，僧无所，乃拨堂水陆僧舍，至今（按：'今'指崇祯年间）尚存。"

"双桂堂，旧香积堂也，在戒坛之左。僧妙恩开山时，首建此堂七间。……后废折民间。万历九年（1581年），邑侯彭公国光清归寺，旋复贸为书塾。天启四年（1624年），总宪陈公亮采捐金赎之，以为接待十方之所。……崇祯丙子（1636年），鼓山住山元贤，开法于此，始命今名，盖以庭植双桂方盛云。"

"檀越祠，旧为伽蓝祠，在法堂之左。至元间，僧妙恩建。至正丁酉灾。洪武间僧正映重建，岁久倾圮，浸入民间。万历二十四年（1596年），郡守程公朝京宪归寺。檀越宪副黄公文炳，率族建祠，祀黄守恭长者。"

"伽蓝祠，旧在法堂之左。既废乃改祀东廊，实罗汉堂之故址也。"

"圣王殿，在东塔后。祀慈兴圣王，即百二十院总伽蓝神也。……其兴创岁月俱失记。万历十九年（1591年），郡绅请为四贤祀。二十四年，郡守程公朝京，复给炤归寺，祀圣王如故。"

"东塔，号镇国塔。唐咸亨文偁禅师始作木塔，凡五级。……宝庆丁亥（1227年）复灾，僧守淳改造砖塔，凡七级。嘉熙戊戌（1238年），僧本洪始易以石，仅一级而止。法权继之，至第四级化去。天竺讲僧乃作第五级及合尖，凡十年始成。"

"西塔，号仁寿塔。五代梁贞明二年（916年）戊申建。……凡七级，号无量寿塔。……僧守淳改造砖塔。绍定元年（1228年）戊子，僧自证始易砖为石。……壬子（1612年）秋，寺僧募众重修。"

"拜圣亭，俗呼拜香亭。在大殿之前，附于三门之后，不知创自何代。……后之改创，多与三门仝。"

"三门，始创自垂拱三年（687年）。……寺前炤墙，乃万历四年（1576年）郡丞丁公一中所筑。天启甲子（1624年），郡总宪陈公亮采重筑。"

"寝堂，在法堂之后，至元丁亥（1287年），刘鉴义同平章伯颜建，后毁。洪武戊申（1368年），僧麟祥复建，塑卧佛像于其中。嘉靖间废，遂为居民所据，今不可复问矣。"

"方丈，在寝堂之后，背抵华仕铺，今街犹呼大寺后。嘉靖间火劫之后，废不复振，遂尽属民居云。"

"旧檀越祠，在大殿西廊。元至元间僧妙恩建，祀闽忠懿王，以黄守恭、董思安配。今废址折入民居。"

"旧祖师堂，在法堂之右，与伽蓝祠对。至元僧妙恩建。洪武间僧正映重建。后废折入民居。

万历二十四年，寺僧赎回，今作僧舍。"

"东藏殿，旧在大殿之东。……后其址贸之民间。崇祯己卯年（1639 年），赎回为僧舍。"

"西藏殿在弥陀殿南。……成化间毁。今上座地为郡绅请，给下座地并为水陆僧舍。"

另为关系较近的支院：

"极乐院，在寺之西。宋淳熙间，高僧了性与其徒守净创是院，专祀西方大圣，故俗呼弥陀殿。……嘉靖三十七年（1558 年），水陆寺为豪右所夺，僧无所栖，乃拨是殿为水陆焚修。"

"守恭即产莲处建尊胜院，延匡护大师居之。……嘉靖间废尽，为告给者所有矣。崇祯五年壬申（1632 年），寺僧戒瑝思本源之地，不可不复，乃捐衣钵赎其故地。郡刺史烜奎陈公为主缘，繇是众缘辐辏，更创杰阁，上奉西方三大圣，而周环小屋，以便居守。"

[32] 此处的钟、鼓，为近现代所制。但经考察，钟、鼓置于殿内或悬挂于殿前的做法，见于今几乎所有不置钟鼓楼的寺院，可能有一定传统。依下文所述，泉州佛寺中，钟鼓楼及钟的使用至迟在明代已经出现，钟、鼓楼对置明确出现的时间不晚于清代，故推测明清时不设钟楼（或钟、鼓楼）的佛寺，会在殿前或殿内置钟（或钟、鼓）。

[33] 经实地考察，发现该圣观音身后的焰光屏存二铭牌，上书"康熙辛卯（1711 年）春上元日楼云比丘正澄奉制"。

[34] 见（清）柯琮璜纂：《重修安平志（清道光十五年修 抄本）·宫寺坛庙》"龙山寺"条，《中国地方志佛道教文献汇纂·寺观卷》第 203 册，北京：国家图书馆出版社，2013 年，第 85~86 页。关于"迁界"对龙山寺的影响，另有："安平古寺……前年以迁徙地界，遂致荒芜。寺宇仅存，蒲牢已废。幸兹展界，复属内地。"（清）释超弘著，杨清江点校：《瘦松集》卷三《序叙上》"龙山寺募铸铜钟序"，《温陵开元寺志 瘦松集》，北京：商务印书馆，2019 年，第 134 页。

[35] 该图的复原依据除《重修安平志》相关内容外，另据实地考察，有：

《安平镇龙山寺重兴碑记》（康熙）："龙山寺……奉千手眼佛祖。……皇清顺治丙申迁界，……展复后，……鼎建山门。……殿堂门庑、钟鼓楼亭以次俱举。又以余力，西建地藏王庙，东立高、王二公报德祠。经始于康熙丁酉（1717 年）……越明年戊戌八月初三日竣工。"

《安平镇龙山寺重兴碑记》（道光）："……乾隆己酉（1789 年）……重修，今又数十年……咸倾颓剥落，道光辛卯年（1831 年），然信又募化而修葺之。自钟鼓楼亭、大殿暨后院、静室皆异木以石、易土以砖……惟正殿朽腐较多，工程浩大，骤难更动。……至戊戌年（1838 年）而落成。"

《安平镇龙山寺重兴碑记》（光绪）："殿堂门庑、钟鼓楼亭，一尽卸平，重新起盖。易大柱以石柱，析土墙为砖墙。山门之外，左右壁堵皆用青石。刚成而于殿之后新建大雄宝殿，崇奉三世尊佛。两旁翼堂互对环列，为中堂屏障。东旧有罗汉堂，前厅祀名宦禄位。兹又于西再建一堂与东相配，前厅为节孝祠，规模宏□，……蔚为宝刹之巨观，虽大禅林不是过也。是役始于同治癸酉（1873 年）年正月，……告竣于光绪己卯年（1879 年）。"

另见"极乐国土"坊门上有："'极乐国土'明天启三年（1623 年）桂月 住持僧玄默重建"字样。

另见"龙山古地"坊门正面有："'龙山古地'康熙癸酉年（1693 年）颜克英书 民国乙酉（1945 年）季冬颜昌铭、颜昌龄重修"字样，背面有："'天竺钟梵'康熙癸酉年施韬重建"字样。

[36] 今地藏王殿内祀十殿阎罗，清时是否有，未能确定，故在复原图中加问号以示区别。

[37] 护界威神为独特的神祇，今被祭祀，可能系自早年延续，怀疑与"迁界"有关。但清朝情况未能完全确定。与之相对，钟楼内今祀弥勒。图中保留了护界威神、弥勒，但加问号以示区别。

[38] 各地城隍一般即忠良官吏，清时高、王二公即为当地城隍。经实地考察，发现安平城隍公像旁现存一立牌，上书"清顺治钦嘉晋江县主王公"。

[39] 现庑内的达摩祖师、伽蓝菩萨，虽未见文献记载，但符合同期佛寺伽蓝殿、祖师殿的配置规则。

[40] 且如前述，开元寺也有在廊庑中祀伽蓝与檀樾的做法，故可合理推测。
[40] 见龙江禅寺《民国十七年（1928年）碑记》及《共和丙寅年（1986年）碑记》两方，下详。
[41] 该图的复原依据为：

《民国十七年碑记》："龙江寺为龙霞寺之遗址。……寺起于天顺年间，明□，海氛不靖，寺□坍塌□前。清光绪甲午年（1894年），禅师成华过之，慨然以兴寺为己任。随集都人士，倡起中殿及后界等处。嗣后又有宝源师者力加修葺，并建钟鼓楼一切，而于天王殿及下落则有志未建云造。……民国十七戊辰年三月。"

《共和丙寅年碑记》（其一）："龙江寺乃东汉之中天竺地。……郑成功屯田寺戍兵抗清，遭于烽火，留有遗址破宫，都人倡建。……经僧成华、成法师共事，光绪丙申（1896年）……修中殿、两廊、钟鼓二楼。……民初妙振……捐建下殿。……共和丙寅阳春十月吉旦。"

清代该寺重兴，天王殿在计划之中，但直到民国年间才建成，故将天王殿补入图中，以不同颜色示分别。

[42] 今所祀伽蓝菩萨、达摩祖师虽未见于文献记载，但二者在"要素"上构成伽蓝、祖师对置的常规格局；另外，龙山寺与龙江禅寺存在着多方面的联系：一是地理位置相近，二是均主祀观音菩萨，三是在民间均有始于东汉的传说、古名均为"天竺"（见于碑文）。上述龙山寺可能存在伽蓝、祖师对置的配置，龙江禅寺或亦同。按，本文描述布局所使用的"左""右"，均以建筑或造像本身的左右为准。

[43] 十八罗汉今祀，但非必要元素，且工程量偏大，清时是否有，未能完全确定，故复原图中加问号以示区别。

[44] 注生夫人为常见的民间神祇，今被祭祀，可能系早年延续，但未能完全确定，故复原图中加问号以示区别。

[45] 经实地考察，寺前有说明："福林寺相传始建于明万历年间，清初毁于兵，'番沁移溪'后重建，名'福林堂'。后于民初重修，改名'福林寺'，并扩建后殿、'祇园楼'。"另，传寺内有《福林移溪并建福林堂记》碑刻，但实地考察未得见。

[46] "〔福林堂〕由放生池、门楼、正殿、后殿和左右厢房组成。正殿面宽三间，进深七间，单檐硬山式。"泉州市民族与宗教事务局：《泉州宗教志》，泉州：泉州晚报印刷厂，2005年，第28页。经实地考察，放生池有自铭："民国廿二年（1933年）癸酉仲秋'放生池'福林寺住持僧转伴立。"结合前注可知，放生池、后殿建于民国，清末的布局应只包括前二进建筑与左右厢房。

[47] 祀弥勒于天井，类似实例见于飞瓦岩、清水岩（于昊天口祀弥勒，但系近现代补祀）等。该做法不知始于何时，可能有代替天王殿中弥勒的含义，清时有存在的可能。详见下文。

[48] 释迦牟尼佛、地藏菩萨、观音菩萨共称娑婆三圣，为固定组合，稳定性应较高，故保留。今主尊位置的横三世佛，在现代常见，但在明清文献与实物中较少见，故谨慎起见，复原图中仅标注"佛"。

[49] "福清寺在三都灵秀峰前，五代刺史王延彬建，以居高丽僧元衲，今废。"（清）怀阴布修，黄任、郭庚武纂：《泉州府志》（清乾隆间修，光绪八年补刻本）卷十六《坛庙寺观·南安县》"福清寺"条，《中国地方志佛道教文献汇纂·寺观卷》第202册，北京：国家图书馆出版社，2013年，第247页。

[50] 据实地考察，有《泉州福清寺重修记》碑刻（1989年）："……沧桑兴□，□替相乘，明洪武年重建，后又废。清咸丰间乡绅陈御史庆铺为存古迹，鼎建三进及厢廊……"

[51] 参见前注，福清寺清时有三进和厢廊。另据《泉州福清寺重修记》碑刻："近则寺宇圮坏，□焉将倾。……一九八八年戊辰七月经始重建，并于第三进增筑为楼。……"说明现第三进的楼为现代增改，已经不清楚原有格局。

[52] 据实地考察，有《重兴飞瓦岩碑记》："……第高山梵宇，历久倾颓，几沉埋于蔓草荒烟之际。幸戊子（1888年）仲夏，观音佛祖显化，适引游僧圆瑞暨本都诸董事者登山示异，见宏规虽废，遗

址犹存，遂动重兴之念。而殷勤众之捐，维时闽风乐助，远迩咸输。由是集囗而成古迹，重新气象。……光绪十七年（1891年）岁次辛卯瓜月。"

[53] 该图的复原依据除前注外，另有：

大雄宝殿右侧柱上长方形木牌有字样："光绪癸巳年（1893年）花月立，本都朴山乡弟子李则偃捐银二百一十六元，充寺田乙段兼董事建造。"说明大雄宝殿于光绪年间重兴飞瓦岩时建。

《民国壬子年（1912年）碑》："重修大殿及东西禅室诸善信题捐芳名开列于左。"此时距清朝覆亡之时极近，说明此次重修之前，即清朝时，存在大殿和东西禅室。

[54] 询问飞瓦岩僧侣信得，现祀的自在观音、送子观音等为新增，故不体现。图中所列神祇，清时都可能存在。但与佛像相比，十八罗汉、伽蓝、韦陀均是护法，山间小寺是否有余力造诸护法像，未能完全确定，故复原图中加问号以示区别。且不同于伽蓝与祖师的对置，韦陀较少见于文献中。飞瓦岩夫人为特殊的神祇，应与飞瓦岩的始建有密切关系，可能系自早年延续。与之对称的是福德正神，即土地公。据闽南习俗，一般入厝即安土地公，盖房子、改地基等都要请示土地公，飞瓦岩夫人在此处应是与之相对的山神、寺神或性质类似的神祇。

[55] "从寺中石壁刻有净土宗经文（宋代该宗流行于闽南一带）和刻于'绍定五年壬辰（1232年）二月望'的'盘泉'摩崖石刻看，可判定该寺始建于宋代。清光绪二十三年（1897年）曾辟为'清光会众堂'（清光会系清末民间佛教会社的一种组织）。"泉州市民族与宗教事务局：《泉州宗教志》，泉州：泉州晚报印刷厂，2005年，第38~39页。另据实地考察，有"重修岩峰寺并造大路 光绪二十八年（1902年）正月十五日仝立。……唐代开山黄自然 一辞而归凡多年 清时佛迹指定示 百般起头再题捐"。

[56] 该图的复原依据为：据实地考察，前侧巨石上刻阿弥陀佛像，旁有"唐道传神现身说法，清光兴宇洗旧增新"字样，并刻题为《观无量寿经》《大慈菩萨发愿偈》的部分内容；摩崖前建筑门匾题"光绪丁酉年（1897年）端月吉日建"。后侧巨石上刻观音菩萨，旁有题为《观世音菩萨二殊胜》《普贤菩萨十大愿王》的部分内容，摩崖落款"唐吴道子作"，但显系伪作；摩崖前建筑门匾题有"光绪丁酉年"字样。

[57] 今前殿有地藏菩萨、观音菩萨，组成净土信仰中地藏、弥陀、观音的常见组合，可参考陈佩妏：《从地藏造像的组合看其与西方净土信仰的关系》，《宗教学研究》2010年第2期，第190~194页。但地藏、观音为单体小像而非摩崖石刻，清时是否有，未能确定，故复原图中加问号以示区别。

[58] "伏虎岩在崑崙山南。宋祥符中僧道养隐于此，能伏虎。元泰定中连应元刻其事于石上。有'清泉石室'，蔡忠惠母卢氏家焉，忠惠尝读书于此。"（清）吴裕人纂修：《惠安县志》（清嘉庆八年修，民国二十五年林鸿辉铅印本）卷六《山川》"伏虎岩"条，《中国地方志佛道教文献汇纂·寺观卷》第203册，北京：国家图书馆出版社，2013年，第104页。

另有更详细的记述："虎岩寺在县北鳌塘铺。宋禅（按：依前文，应勘为'祥'）符中，僧道养精习律乘，能驯伏猛虎，出山暮归，辄伏山下。元泰定间，里人连应贤（按：依前文，应勘为'元'）刻其事于石。蔡忠惠襄尝读书于此，刻'伏虎岩'三大字于石。后尼师别开山门，凿坏题石，另摹刻于今山门。明崇祯中尼被劫逃去。国朝康熙间僧维岗偕徒石拍募缘再建。"同上书卷十一《寺院》"虎岩寺"条，第109页。

此外，有"〔虎岩寺〕明崇祯间增建小阁、亭台"。泉州市地方志编纂委员会：《泉州市志》卷四十二《文物》，北京：中国社会科学出版社，2000年，第2939页。

另据实地考察，有摩崖石刻："'伏虎胜境'崇祯辛巳年（1641年）重兴。"

[59] 因缺少清代重修的相关资料，故复原年代为明代。结合多方材料，明崇祯年间，尼姑增建庭台、小阁，破坏了原"伏虎岩"题石，摹刻于一旁。据考察，所谓"庭台"应为今寺下石头垒砌的高台和寺前拜庭（埕）。虎岩寺位于山中石砌高台上，可改变的空间极为有限，这也为其保存明代布局提供了依据。且据调查，该寺于21世纪以"修旧如旧"原则翻新，只有中殿加深，其余基本保

持原状。总之，可认为虎岩寺主体部分一直都只有一进，即正殿（大雄宝殿），而两侧小间建筑有改变的可能。

[60] 前文述及，泉州佛寺中，钟、鼓楼对置明确出现的时间不晚于清代，明清时不设钟楼（或钟、鼓楼）的佛寺，会在殿前或殿内置钟（或钟、鼓）。由于复原图中虎岩寺的年代为明代，故在鼓后加问号以示区别。

[61] 伽蓝菩萨、韦陀菩萨今祀，清时是否有，未能完全确定，故复原图中加问号以示区别。伏虎道人与该寺历史相关。据当地传说，高僧丧身虎口后，村民遂供奉其为神祇。与之相配的观音菩萨，也可能延续自早年布置。陈怀宇认为，驯虎的故事应该是中国佛教的发明，是一种对高僧身份认同的构建。因为驯虎和伏虎，是僧人生活中很能体现僧人修行和道德的行为，也从而将僧人社区与在俗社区分别开来。除此之外，更可以将猛虎视为孤独修道僧人的法侣与法徒，摘编自陈怀宇：《中古佛教驯虎记》，《动物与中古政治宗教秩序》，上海：上海古籍出版社，2012年，第152、160、170、199页。在文献中，也多见泉州明清时期与"伏虎""驯虎"相关的佛寺。

[62] 关于该寺更详尽的沿革，见清水岩志编纂委员会：《清水岩志》，香港：中国文化出版社，2011年，第6~7、60~64页。

[63] 清水岩除清水祖殿外，在山林间还有觉亭、觉路、三忠庙、舍利塔等配置，下详。

[64] 该图的复原依据为：

清水法门，"弘光乙酉（1645年）春正月，邑令周宗壁新建本岩山门，改塑四护法神像。"陈家珍：《安溪清水岩志》（民国十五年增修本）卷上《史略》（按编者王明发序言，底本为清嘉庆夏以槐重修本），《中国佛寺志丛刊（全130册）》第101册，扬州：广陵书社，2006年，第66页。

观音楼，"观音楼，亦曰大悲阁，藏殿以前。旧名百尺楼是也。……明嘉靖间正隆复重修之。"同上书卷中《构造类》，第179页。

藏殿，"藏殿，岩图载在殿东，贮藏敕书文。……成于宋理宗绍定癸巳年（1233年）。"同上书卷中《构造类》，第178页；又，"南宋绍定癸巳，本岩住持惠清募捐改建大藏楼，费金钱千缗。"同上书卷上《史略》，第61页。

昊天口，"殿下为昊天口，外而大庭，又外而山门。"同上书卷中《构造类》，第174页。

大殿，"佛殿，殿即祖师宝座之住，粉塑庄严。"同上书卷中《构造类》，第176页；另，"（按：清水祖师圆寂后）乡人刻沉香木为师像，供于岩殿中。"同上书卷上《史略》，第59页。

释迦楼，"释迦楼，楼在大殿上，寺之极顶处，崇奉世尊，亦曰佛殿。释迦为佛开宗，祖师衣钵所自来也，上天下地，此佛独尊，故崇奉之顶上一层。"同上书卷中《构造类》，第178页。

方丈，"方丈厅与大殿地平，在殿之西。"同上书卷中《构造类》，第178页。

钟楼及其与方丈、观音楼、僧舍的相对位置，"钟楼在东，方丈在西，观音楼又在方丈下，左右皆僧舍。"同上书卷中《构造类》，第174页。

真空塔，"宝塔。塔在殿后，名曰真空宝塔，祖师蜕骨藏此，有亭覆其上焉。"同上书卷中《构造类》，第177页；另，"建中靖国元年（1101年）……乡人葬师于岩后，运石甃塔，筑亭其上，名真空塔。"同上书卷上《史略》，第58页。

僧舍，"观音楼又在方丈下，左右皆僧舍。"同上书卷中《构造类》，第174页；又，"明嘉靖辛卯年（1531年），泉州开元寺三轩派日盈来山襄岩事。……日盈者亦正隆（按：即原住持）弟子……日恩（按：即现住持）年少，未能独肩重任，故来岩襄助。……日盈住岩四载，将岩事付其徒县勋掌理。日恩逝，复岩事付其徒县俊管理。自是本岩遂分东西楼二派。"同上书卷上《史略》，第64页，据此理解，"东西楼"即僧舍。

另外，"清光绪己亥年（1899年），本岩住持僧智慧募捐重修岩宇，凡大殿、释迦楼、东西楼、昊天口、观音楼等一律新建。"同上书卷上《史略》，第70页，也可作为本复原图之依据。

[65] "塑四大元帅（赵、王、苏、李）分立两旁，俗称'四大将'。"清水岩志编纂委员会：《清水岩

志》，香港：中国文化出版社，2011年，第52页。按，"四大将"，为清水祖师收复的"四小鬼"。

[66] 普庵禅师为高僧，与清水祖师（普足禅师）有类似之处，今被祀于祖殿中。但在极详细的岩志中没有相关记载，故存疑，复原图中加问号以示区别，与之相对的伽蓝菩萨也应如此。

[67] 摘编自潘谷西主编：《中国古代建筑史（第四卷）：元明建筑》，北京：中国建筑工业出版社，2001年，第301～305页。

[68] 玄胜旭探讨了中国佛寺钟楼与不同建筑相对的情况，如钟楼与佛塔相对（孤例为河北正定开元寺）、钟楼与观音阁相对（如南宋天童寺）、钟楼与井亭相对（如南京静海寺）等，参见玄胜旭：《中国佛教寺院钟鼓楼的形成背景与建筑形制及布局研究》，清华大学博士学位论文，2013年，第41～43、48～50、53～54页。可见钟楼在佛寺布局中的所属组合并不固定。这为清水岩钟楼与方丈相对的情况提供了一种解释。

[69] "寺院主院建双塔，大中复法之后仍在长安以外的地方佛寺流行，故咸亨中（670～674年）文偁禅师于福建泉州开元寺大殿之前东侧兴建九级木塔，直到五代贞明二年（916年）始补建西侧木塔。"宿白：《唐代长安以外佛教寺院的布局与等级初稿》，《魏晋南北朝唐宋考古文稿辑丛》，北京：生活·读书·新知三联书店，2020年，第342～363页。

[70] 钟的使用，如云峰庵："云峰庵在城东南隅，旧传为宋时所建，不知何年倒坏，遗址尚有存焉。今尤呼其地为'庵山'，所堂谯楼悬一铜钟，乃是此庵故物。"（明）朱彤纂，陈敬法增补：《崇武所城志（明嘉靖二十一年修，崇祯七年补修 抄本）·庙记》"云峰庵"条，《中国地方志佛道教文献汇纂·寺观卷》第203册，北京：国家图书馆出版社，2013年，第124页。云峰庵在今泉州惠安崇武。又如崇福寺："崇福寺在城东北隅。……寺有巨钟，明时寺废，为南安僧所得，康熙间复归。"（清）胡之鋘修，周学曾、尤逊恭等纂：《晋江县志》（清道光九年修 抄本）卷之六十九《寺观志·城中寺观》"崇福寺"条，《中国地方志佛道教文献汇纂·寺观卷》第203册，北京：国家图书馆出版社，2013年，第18～19页。崇福寺在今泉州鲤城。悬钟于正殿者，如清水岩："天启二年（1622年）仲春，慈悟等铸中殿大钟、云板，铜价不计，铸工银三十两，钟成而声不响。"陈家珍：《安溪清水岩志》（民国十五年增修本）卷上《史略》，《中国佛寺志丛刊（全130册）》第101册，扬州：广陵书社，2006年，第65页。

[71] 据玄胜旭梳理，大多数学者认为，佛寺钟鼓楼制度大致始于明代。但有些学者认为佛寺钟鼓楼始建于金元时期，甚至有的看作宋代以后开始，详玄胜旭：《中国佛教寺院钟鼓楼的形成背景与建筑形制及布局研究》，清华大学博士学位论文，2013年，第70页。

[72] 依前文，开元寺圣观音自铭清康熙年间所制，说明开元寺在清代已有这种做法。

[73] "昊天口大殿的下一层，古时县宰树匾旌表祖师者多在此。今正中增崇开口便笑的弥勒爷。"清水岩志编纂委员会：《清水岩志》，香港：中国文化出版社，2011年，第55页。

[74] 紫竹寺位于泉州晋江。相传建于隋，唐时迁建于半山，明洪武间又迁今址。见泉州市民族与宗教事务局：《泉州宗教志》，泉州：泉州晚报印刷厂，2005年，第28页。

[75] 双灵寺位于泉州南安，下文"其他信仰情况"部分详。

[76] "……后（按：此"后"字，不知指代何时）本岩因公锐舍业襄事，有大功于师，立为檀越主，祀于岩左东轩。凡春日抬大师像下山迎香，必以公锐像配迎驾前。……中华民国十五年丙寅（1926年）旧历六月十五日……陈家珍撰。"陈家珍：《安溪清水岩志》（民国十五年增修本）卷上《本传》，《中国佛寺志丛刊（全130册）》第101册，扬州：广陵书社，2006年，第74～75页。该篇标明新增于民国，清水岩何时开始祀檀樾未知，该书构造部分也没有檀樾祠。然而，可肯定的是，清水岩原有檀樾主，今有檀樾祠。

[77] 承天寺亦为城区大寺，与开元寺、崇福寺并称泉州"三大丛林"，但据实地考察，其原始布局保存情况较差。据文献记载："承天寺（一名月台寺），在崇阳门东南，五代节度使留从效南园地也。……嘉靖间增建檀樾祠，寻毁于兵。"（清）怀荫布修，黄任、郭赓武纂：《泉州府志》（清乾

隆间修，光绪八年补刻本）卷十六《坛庙寺观·晋江县［附郭］》"承天寺"条，《中国地方志佛道教文献汇纂·寺观卷》第202册，北京：国家图书馆出版社，2013年，第215页。

［78］《民国十七年碑记》："清光绪甲午年，禅师成华过之，慨然以兴寺为己任。随集都人士，倡起中殿及后界等处。嗣后又有宝源师者力加修葺，并建钟鼓楼一切，而于天王殿及下落则有志未建云造。"

［79］"藏殿，岩图在殿东，贮藏敕书文。"陈家珍：《安溪清水岩志》（民国十五年增修本）卷中《构造类》，《中国佛寺志丛刊（全130册）》第101册，扬州：广陵书社，2006年，第178页。

［80］"历五代至宋，更创支院百余区。"（清）方鼎等修，朱升元等纂：《晋江县志》卷十五《杂志·寺院宫观》"开元寺条"，《中国地方志佛道教文献汇纂·寺观卷》第202册，北京：国家图书馆出版社，2013年，第293页。

［81］"支院，旧有一百一十七区，自合一之后，诸院俱废，但有其名，略存影迹者，则尊胜、东塔、极乐三院也。"（明）释元贤著，吴幼雄点校：《温陵开元寺志·建置志·支院》，《温陵开元寺志 瘦松集》，北京：商务印书馆，2019年，第17页。

［82］如清水岩，曾受四次敕封，牒文可见清水岩志编纂委员会：《清水岩志》，香港：中国文化出版社，2011年，第69~74页。

［83］如重兴开元寺的黄文炳，官至宪副。

［84］"凡孝义忠节者，察实以题而旌焉。京师暨各省府州县卫，各建……节孝祠一，祠外建大坊，应旌表者题名其上，身后设位祠中。"光绪《钦定大清会典》卷三十《礼部·仪制清吏司四》，第13页。可见龙山寺设节孝祠，代表其地位之高。

［85］佛教中的罗汉，在中国本土，也是一种"圣人信仰"。在百姓看来，成佛似乎遥不可及，成为罗汉较为容易，这是一种现实主义式的希冀。祀名宦禄位于罗汉堂，表明两者居于一个地位，皆为圣人。

［86］崇福寺为泉州佛寺"三大丛林"之一，但原始布局保存较差。其沿革如下："崇福寺在城东北隅。《名胜志》：'寺故在城外，宋初陈洪进有女为尼，以松湾地建寺。'（《八闽通志》：'地有晋松四株，故名。'）拓罗城包之，名千佛庵。太平兴国中赐名崇胜，至道中改名洪钟，元祐六年（1091年）改名崇福。元至正五年（1345年）火，寻复建。明永乐、景泰、天顺间相继修，后废。国朝顺治年间，参将孙龙为僧重建。康熙间，守蒋毓英，僧希觉、实哲等修，提督蓝理继修，镌'松湾古地'四字于寺口。乾隆间，乡绅郭赓武捐倡，住僧法樑募缘重修。嘉庆壬戌（1802年），守王绍兰令徐汝澜捐俸倡修。"（清）胡之鋘修，周学曾、尤逊恭等纂：《晋江县志》卷之六十九《寺观志·城中寺观》"崇福寺"条，《中国地方志佛道教文献汇纂·寺观卷》第203册，北京：国家图书馆出版社，2013年，第18~19页。

［87］此处的理论前提为：若佛寺非经完全摧毁，而只经扩建、修葺，其朝向一般不会发生变化。本段所举实例，皆无曾被完全摧毁的情况。

［88］清水岩虽非坐北朝南，但《安溪清水岩志》中，在描述方向的时候，都是以坐北朝南为标准的，以岩左为东，岩右为西，或许是出于行文方便，抑或是一种对形式上的标准的追求。

［89］相关记载见陈家珍：《安溪清水岩志》（民国十五年增修本）卷中《古迹》，《中国佛寺志丛刊（全130册）》第101册，扬州：广陵书社，2006年。

［90］岩图碑的年代，一般认为是宋代，见陈雪霞：《浅谈"岩图"》，《闽台清水祖师文化研究文集》，香港：香港闽南人出版有限公司，1999年，第246~248页。本文认为，虽然岩图碑的年代有可能晚于宋代，但应该不晚于清代，因为民国初陈家珍增订的《安溪清水岩志》中称其为"古岩图"。

［91］"卓望大石佛寺，在十五都西资岩。初建莫考，宋绍兴十八年（1148年）、明天顺三年（1459年）修，后废。国朝乾隆二十八年（1763年）里人陈起鸣、起彬以父廷风遗命重建。又因父偕众原建朱子祠偏窄倾颓，就岩构地兴建。"（清）方鼎等修，朱升元等纂：《晋江县志》卷十五《杂志·寺

[92] 这类影响首先应是信仰层面的，但对佛寺布局的影响更为直接，故置于此处叙述。
[93] "登科山在县治西，上有寺，旧名登高。……宋卢瞻读书于此，刻'春台'二字。……〔明李光缙记〕……先是刘笔山使君，为令兹邑，多善政。于簿书之暇，问俗揽胜，因建登科书院于山之巅，以壮市民之观。"（清）怀阴布修，黄任、郭赓武纂：《泉州府志》（清乾隆间修，光绪八年补刻本）卷七《山川二·惠安县山》"登科山"条，《中国地方志佛道教文献汇纂·寺观卷》第202册，北京：国家图书馆出版社，2013年，第147~149页。
[94] "科山寺在县西科山上。宋时建，明景泰间道士陈静怀重建。"（清）怀阴布修，黄任、郭赓武纂：《泉州府志》（清乾隆间修，光绪八年补刻本）卷十六《坛庙寺观·惠安县》"科山寺"条，《中国地方志佛道教文献汇纂·寺观卷》第202册，北京：国家图书馆出版社，2013年，第261页。
[95] 据实地考察，摩崖上有石刻，落款为："清田广运诗，辛酉（1981年）小阳春陈奋武书。原题寺文昌阁前之亭壁上。"可知科山寺文昌阁的年代不晚于清代。
[96] "……有'清泉石室'，蔡忠惠母卢氏家焉，忠惠尝读书于此。"（清）吴裕人纂修：《惠安县志》卷六《山川》"伏虎岩"条，《中国地方志佛道教文献汇纂·寺观卷》第203册，北京：国家图书馆出版社，2013年，第104页。
[97] "圆常寺在邑南灵瑞山，梁乾化二年（912年）里人赵氏建，名废（按：据《泉州府志》，应勘为'广'）福，宋治平二年（1065年）改今名。元至元己未（按：元至元无己未年，己未年为南宋开庆元年，即1259年，或元延祐六年，即1319年，此处应为纂者之误）毁于兵，惟佛殿存，明少保张襄惠公岳尝读书于寺中，宦后与王桢甫以宁□游，有诗十首。"（清）吴裕人纂修：《惠安县志》卷十一《寺院》"圆常寺"条，《中国地方志佛道教文献汇纂·寺观卷》第203册，北京：国家图书馆出版社，2013年，第108页。
[98] 当地相传圆常寺（灵瑞山寺）的文昌祠乃明代修建，但目前未寻得依据。
[99] "明嘉靖末广东按察司副使戴卓峰（崇武人）（按：即戴一俊，号卓峰）于39岁时辞官归隐到此（按：即片瓦岩）开辟"，泉州市民族与宗教事务局：《泉州宗教志》，泉州：泉州晚报印刷厂，2005年，第39页。
[100] 一片瓦寺，传为以戴一俊隐居之石室改建，在史籍中未见记载。其建寺时间当在戴一俊隐居之后，即不早于明代。
[101] "清代，洞外增建二进间的土木结构文昌祠。"泉州市民族与宗教事务局：《泉州宗教志》，泉州：泉州晚报印刷厂，2005年，第39页。
[102] 如，"甘露戒坛，在大殿之后。……隆庆间，戎器、火药诸匠，夤缘入坛，挈妻子居之。……至万历四年（1576年），火死材官四人。僧诉于官，乞移诸匠。诸匠恋为窟穴，官亦置不问。万历二十二年，居民回禄见梦，旦夕弗宁。檀越黄公文炳，力白当道，尽驱诸匠。由是率众重修，坛复焕然。卒任其劳者，僧如祐也。旧藏经散失，仅存十之三。崇祯元年戊辰（1628年），僧如祐、僧广轮抵南都，恳通政使周公维京为主缘，募成全藏归，安置戒坛内。"（明）释元贤著，吴幼雄点校：《温陵开元寺志·建置志》，《温陵开元寺志 瘦松集》，北京：商务印书馆，2019年，第10页。其他例证，详见该书第9~13页。
[103] 何绵山：《闽文化概论》，北京：北京大学出版社，1996年，第136页。
[104] 这可能与佛寺的规模有关，即规模越小的佛寺，记载越不详细。不过，如清水岩这样的拥有寺志的山林型大寺，都几乎未见相关记载。
[105] 何绵山：《闽文化概论》，北京：北京大学出版社，1996年，第138页。
[106] （清）柯琮璜纂：《重修安平志（清道光十五年修 抄本）·宫寺坛庙》"龙山寺"条，《中国地方志佛道教文献汇纂·寺观卷》第203册，北京：国家图书馆出版社，2013年，第85页。

[107] "关夫子忠义庙（按：云水寺别名），原在安海东城角（即今寨边）。明嘉靖甲子（1564年）倭寇至，神显英灵，驰马纵刀杀贼。贼退纵焚，反风灭火。万历间，募修庙门，匾曰'忠义庙'，二门匾曰'海邦雄镇'，左右两石华表。国朝顺治十八年（1661年）间迁都（按：即"迁界"），庙毁，负像逃郡城承天寺内东畔，今旧址犹存庙石及东西两坊柱。"（清）胡之鋘修，周学曾、尤逊恭 等纂：《晋江县志》卷之六十九《寺观志·城外寺观》"关夫子忠义庙"条，《中国地方志佛道教文献汇纂·寺观卷》第203册，北京：国家图书馆出版社，2013年，第40~41页。

[108] 潘谷西：《中国古代建筑史（第四卷）：元明建筑》，北京：中国建筑工业出版社，2001年，第301页。

[109] 潘谷西：《中国古代建筑史（第四卷）：元明建筑》，北京：中国建筑工业出版社，2001年，第305页。

[110] 虽然由于"诸宗合一"及佛教的世俗化，明清泉州的一部分佛寺无法被归入某一宗派，但根据佛寺相关记载、主祀神祇、名称等，大致可寻得一些典型的例子，文中所述即属于此。

[111] 西资岩乾隆《重修西资岩纪德碑》记："石佛寺相传始在隋唐间，今莫可考，而石壁所镌者，曰有宋绍兴戊辰（1148年）王圆、蔡姿养合出七十千文助架宝殿。"一般认为现存西方三圣造像凿于宋代。

[112] （明）释元贤著，吴幼雄点校：《温陵开元寺志·建置志》，《温陵开元寺志 瘦松集》，北京：商务印书馆，2019年，第9、10页。

[113] "温陵古称佛国，独准提道场未有建立。惟深禅师，郡谢氏子也。早修净业，脱白于德化戴云寺，梵行精勤，依止博山古航和尚，参叩多年。……师矢愿建准提道场，普作福利，而黏道冲居士与师凤契，惬其初心，偕同志诸君子共舍净资。……中塑准提佛母圣像，鬃以金漆，慈严妙丽，金容月满，宝座莲披。"（清）释超弘著，杨清江点校：《瘦松集》卷六《记》"开元寺新建准提禅林记"，《温陵开元寺志 瘦松集》，北京：商务印书馆，2019年，第203页。可见准提禅寺主祀准提佛母，为密宗信仰。至于建寺者，为一早修净业的禅师，则说明其他宗派混合的情况。

[114] "宋改为十方教院，本观始立大悲阁，造千手眼观音像。"（明）释元贤著，吴幼雄点校：《温陵开元寺志·建置志》，《温陵开元寺志 瘦松集》，北京：商务印书馆，2019年，第13、14页。

[115] "建炎二年，僧敦炤以坛制不尽师古，特考古《图经》更筑之，为坛五级。"（明）释元贤著，吴幼雄点校：《温陵开元寺志·建置志》，《温陵开元寺志 瘦松集》，北京：商务印书馆，2019年，第10页。关于僧敦炤，有："释敦炤，守律精严，以身范物，故四方咸宗师之，其徒万人。宋建炎二年，匡众之暇，览南山戒坛《图经》。因叹寺之戒坛制度，粗陋不尽师古。乃与其徒体瑛等，更筑之。凡五级，轮广高深之尺度，悉手板雠律法，必有据依，无一出私意。既成，犹恐来者诞之也，使崇灌序表法，刻之石。"同上书之《开士志》，第27页，可见营造者本身就与律宗相关。而《图经》乃初唐律宗创始人道宣所作，这也更进一步证明了甘露戒坛与律宗的关系。

[116] "凡七级，号无量寿塔。宋政和甲午（1114年）十月十日，有青黄光起塔中，高侵云，须臾五色，质明乃灭。有司具奏，赐名'仁寿'。"（明）释元贤著，吴幼雄点校：《温陵开元寺志·建置志》，《温陵开元寺志 瘦松集》，北京：商务印书馆，2019年，第12页。"无量寿塔"之名，与净土宗所崇阿弥陀佛有关，且西塔之"西"，也与净土有关。

[117] 据实地考察，辅之以相关资料对照，可得：东塔在第二、三层，刻有法藏（华严宗创始人）、玄奘（法相宗创始人）、智𫖮（天台宗创始人）、慧远（净土宗创始人）、达摩（禅宗创始人）等。在第五层，释迦牟尼佛与达摩祖师并列，可见东塔的核心仍是禅宗信仰。

[118] 王荣国：《福建佛教史》，厦门：厦门大学出版社，1997年，第463~466页。开元寺此情形并不特殊，唐长安西明寺也存在类似的情况："西明寺……是皇家建立的寺院，规模宏伟，与律宗、法相宗、密宗等关系密切，曾是各派高僧大德集中之所，如玄奘、道宣、道世、慧琳、圆测。显庆三年（658年）西明寺建立后，高宗即命律宗创始人道宣（596~667年）为上座，律宗东塔宗

创始人怀素为维那，后又诏请法相宗创始人玄奘住持，在此译经说法，有著名弟子圆测和窥基辅助。另外，密宗创始人善无畏、不空也曾在该寺居住或讲经。"中国社会科学院考古研究所：《青龙寺与西明寺》，北京：文物出版社，2015年，第218页。

[119] 云水寺的沿革已于前文列出。另据实地考察，有《重兴安海忠义古庙扩建云水禅寺概略》："时至民国丙辰一九一六妙月禅师驻锡古庙，躬亲率众开荒辟田，行医济世。然庙貌已是破旧不堪，瓦砾渗漏。禅师不辞辛劳，四处缘集资金再度修建庙宇，并开设云水堂，供衲子挂搭，创该庙未有盛举"可见至迟在民国初，佛教元素已对该寺产生影响。

[120] 据西资岩现存乾隆乙酉（1765年）《重修西资岩纪德碑》。

[121] 孙大章：《中国古代建筑史（第五卷）：清代建筑》，北京：中国建筑工业出版社，2001年，第342页。

[122] （唐）实叉难陀译：《大方广佛华严经》卷六八之九："'善男子！于此南方有山，名：补怛洛迦；彼有菩萨，名：观自在。汝诣彼问：菩萨云何学菩萨行、修菩萨道？'即说颂言：'海上有山多圣贤，众宝所成极清净，华果树林皆遍满，泉流池沼悉具足。勇猛丈夫观自在，为利众生住此山；汝应往问诸功德，彼当示汝大方便。'"大正藏第十册，第279经，第366页第3栏，见（日）高楠顺次郎、渡边海旭：《大正新修大藏经》，东京：大正一切经刊行会，1924～1932年。

[123] 三宝宫相传建于明代，未见于文献记载。今宫内存一香炉，上刻"三宝尊佛 光绪丙申（1896年）郑家弟子敬"，可见清时已有该寺。三宝宫之沿革，可参考惠安县文化体育新闻出版局、惠安博物馆：《惠安文物史迹》，厦门：厦门大学出版社，2013年，第86页。

[124] "大白岩，在县西南界白岩山。宋嘉定问，僧圆通、证圣、顿悟同坐化于此。有虎为卫，因号'虎砼'。"（清）鲁鼎梅修，王必昌等撰：《德化县志》[清乾隆十二年（1747年）刻本]卷八《祠宇志[寺宇附]》"大白岩"条，《中国地方志佛道教文献汇纂·寺观卷》第203册，北京：国家图书馆出版社，2013年，第287页。

[125] "云峰岩，一名大山庵，宋时建，祀武功祖师。"郑翘松：《永春州志》[民国十九年（1930年）中华书局铅印本]卷八《名胜志·寺观》"云峰岩"条，《中国地方志佛道教文献汇纂·寺观卷》第203册，北京：国家图书馆出版社，2013年，第229页。武功祖师曾于永春普济寺拜音净法师为师，该寺也为禅寺。

[126] 该寺始建无考，亦不见于文献记载。但寺中存有铸于清光绪廿六年庚子（1900年）的大钟、金楮炉，似能说明其建寺年代不晚于清。

[127] 双灵寺传建于清嘉庆七年（1802年），不见于文献，而榜娘、瓜娘有载："佛姑娘讳榜，邑三十九都埕边乡高氏女也。……七岁持斋识经文，心念作佛，矢志不嫁。……初，姑娘绝粒时，谈休咎辄有验。嗣后，远近闻者皆奉为神。……因其未嫁，称曰'姑娘'。四方绅士赠以联匾，醵资建寺，以其余修安平西桥，名传益远。后其妹四姑娘亦学绝粒，守寂五十余日，遂脱凡于嘉庆甲子年（1804年）三月初八日子时……与姑娘同宫比肩而坐。"苏镜潭：《南安县志》（民国泉州泉山书社铅印本）卷之三十九《人物志之十四》"佛姑娘"条，《中国地方志佛道教文献汇纂·人物卷》第63册，北京：国家图书馆出版社，2013年，第156～157页。

[128] 乌髻岩的相关传说可参考杨强：《发现黑脸观音：从四川方山到福建飞凤山》，《环球人文地理》2013年第9期，第64～73页。另，《八闽通志》记永春县有"乌髻庵"，建于元至正年间，见（明）黄仲昭修纂，福建省地方志编纂委员会主编：《八闽通志（修订本）》，福州：福建人民出版社，2017年，第1171页。

[129] 费孝通：《美国与美国人》，北京：生活·读书·新知三联书店，1985年，第110页。

[130] 摘编自甘满堂：《灵验与感恩——汉民族宗教体验的互动模式》，《民俗研究》2010第1期，第67～75页。

[131] 乌丙安：《中国民间信仰》，长春：长春出版社，2014年，第6页。

[132] 具体情况详见（清）郑一松修，颜璹纂：《永春州志》（清乾隆五十二年刻本 州衙藏版）卷十一《人物》，《中国地方志佛道教文献汇纂·人物卷》第 63 册，北京：国家图书馆出版社，2013 年，第 38～57 页。

Classification Study on the Layout and Beliefs of Ming and Qing Dynasties Buddhist Temples in Quanzhou

Dai Tian　Wang Hongquan

（2019 Undergraduate Student, School of Archaeology and Museology, Peking University）

Abstract: As places for Buddhist activities, Buddhist temples, especially their layout and the beliefs they carry, are of great research value, for they reflect the evolution of Buddhism, illustrate the interaction between believers and Buddhism. Taking the layout and beliefs of Buddhist temples in the Ming and Qing dynasties in Quanzhou as research object, this paper classifies them according to their size and geographical location. On this basis, this paper establishes the basic framework of different types of Buddhist temples' layout and beliefs, seeks for things in common and differences, tries to explore the interaction between Buddhist culture and local culture in southern Fujian, and expounds the beliefs form of Quanzhou people in the Ming and Qing dynasties.

Key Words: The Ming and Qing Dynasties, Buddhist Temple Layout, Buddhist Belief, Quanzhou

浅析南宋德化窑瓷器外销阶段性变化

董佳馨

(北京师范大学历史学院 2020 级硕士研究生)

摘要：北宋中期是海外贸易相对平缓的时期，南宋时期外销瓷贸易主体转变，闽广地区产品迅速兴起并挤压海外市场份额，越窑青瓷逐渐退出市场，作为闽南地区窑场的德化窑自然也在其中。提到德化窑的外销，我们往往会联想起"中国白""猪油白"等形容明清德化窑瓷器的词语，但经历了北宋末年闽南、广东窑场青白瓷的繁盛，德化窑在北宋末年便开始逐渐挤入固定的外销瓷器组合中，南宋时期，更是作为固定的外销组合出现在远航贸易之中。以此为切入点，结合伴出南宋贸易陶瓷的南宋沉船及其出水遗物，以期探究南宋时期德化窑外销的阶段性变化。

关键词：南宋；德化窑瓷器；古代沉船；外销阶段性变化

提到德化窑瓷器，我们往往会想到"猪油白""中国白"等，显然它们已经成为德化窑瓷器的伴生词。但这仅是对明清时期德化窑瓷器显著特点的描述，而德化窑的制瓷历史可追溯到商周时期[1]。

宋代作为海外陶瓷贸易的又一高峰期，一直备受重视。北宋中期海外贸易活动相对平缓，南宋再次兴盛。其中，闽广地区产品迅速兴起并占领海外市场，形成新的外销瓷器组合，德化窑青白釉瓷就跻身其中。自 20 世纪 80 年代以来，德化窑外销瓷器的研究逐渐得到重视，学界的关注点大多集中在明清时期，或是将宋元作为一个整体时间跨度来研究这一阶段德化窑瓷器的外销状况。然而，对德化窑外销情况的研究并未得到进一步细化，南宋时期正是德化窑青白釉瓷的外销兴盛期，却鲜少研究，仍有诸多问题尚待探讨。

20 世纪末 21 世纪初，水下考古学的兴起，为我们提供了新的材料与研究方向，水下沉船资料也开始成为学者研究外销陶瓷贸易强有力的论证材料。本文试从南宋德化窑外销着手，结合宋代沉船及其出水遗物，浅析南宋德化窑的外销性质、外销阶段性变化问题。

一、南宋德化窑业发展概况

宋代是福建窑业的蓬勃发展时期，这一时期窑址分布数量多，地点相对集中。泉州地区发现宋元窑址 74 处，而德化独占 42 处，可分为浔中窑群、盖德窑群、三班窑群、上涌窑群和杨梅窑群。德化窑窑址范围之广大，窑址数量众多，说明德化县在宋代以制瓷业为主要行业，售卖瓷器是全县的主要收入来源之一。

1976年福建省博物馆组织并科学系统发掘了盖德碗坪仑窑址与浔中屈斗宫窑址两个地点，取得了重大收获并编写成《德化窑》[2]。之后，林忠干将宋元德化瓷业分为三期，即第一期以碗坪仑窑址下层为代表，相当于北宋晚期至南宋中期；第二期以碗坪仑窑址上层为代表，年代相当于南宋晚期至元代初年；第三期以屈斗宫窑址为代表，相当于元代早期至晚期。他认为，宋元德化窑瓷业的发展脉络大略是：北宋晚期德化窑外销迅速崛起，持续至南宋，宋元之交制瓷工艺略有衰退。入元以后渐趋鼎盛，元末则衰，明清再次出现外销高峰[3]。

元祐二年（1087年），朝廷把福建路市舶司设置在泉州专门管理对外贸易，这是泉州港承上启下的关键时期。南宋皇室南渡，一切财源依靠东南，依托泉州港的快速发展，使得福建成为南宋最重要的后方基地之一，因而鼓励手工业和商业发展。北宋时期中原战乱纷争，南方相对稳定，北方大量窑场的能工巧匠跟随南宋皇室赶赴南方各窑场，南北、南南各窑场之间的相互交流，直接促进了南方窑业的快速发展。其中，从碗坪仑窑下层出土的青白印花瓷器来看，其构图题材、刻花风格、印花工艺以及器物形状等方面都与景德镇窑存在明显的师承关系。泉州港口的发展也直接推动了德化制瓷业的蓬勃发展。至南宋末，以泉州港为依托进行海上贸易的国家从北宋的近30个扩大到50多个[4]。

二、南宋德化窑的外销性质

陶瓷器一直是我国海外贸易中十分重要的对外输出商品。宋元时期是我国外销瓷器的繁荣时期，尤以东南沿海地区最为繁荣，主要集中在广东、福建、浙江三省，并形成了以外销为主的窑业体系。正如徐苹芳先生所言："一是研究中国境内发现的外国遗物；二是研究在国外发现的中国遗物。这两个方面结合起来才能构成中外关系和文化交流的考古学研究的全部内容。"[5]因此，对于南宋德化窑外销性质的判断，我们可以通过古代文献记载和考古遗存的发现情况两方面验证，具体分为三个部分。

第一，古代文献记载。

宋代制瓷业有了较大的发展，并附舶远销海外。《萍洲可谈》记："舶船深阔各数十丈，商人分占贮货，人得数尺许，下以贮物，夜卧其上，货多陶器，大小相套，无少隙处。"[6]同样，被称为宋代航海商业指导书的《诸蕃志》[7]中也记载了瓷器大量地被输出和运输到海外各国，如"真腊"（今柬埔寨）、"占城"（今越南南部）等条均有"番商兴贩用瓷器等博易"[8]；另有西龙宫、什庙、日丽、葫芦曼头、苏勿里等今印度尼西亚加里曼丹岛附近，"商人以白瓷器货金易之"[9]；"阇婆"（今印度尼西亚爪哇）条则更为详细地记载"番商兴贩用青白器交易"[10]，德化窑青白瓷也包含其中。

唐代诗人颜仁郁是土生土长的德化本地人，他在《赞神曲》一诗中，生动描写了全村老少制造陶瓷的场面:"村南村北春雨晴,东家西家地碓声。"宋代关于明确为德化窑所产外销瓷的记载并不多,地方志中也仅是蜻蜓点水[11]。目前,最为确切的记载是意大利旅行家马可·波罗在其《马可波罗行记》中写道:繁荣的刺桐(泉州)港附近,"屹立着廷基(德化)城,这里除了制造瓷杯或瓷碗碟,别无其他值得注意的地方……大量的瓷器是在城中出售,一个威尼斯银币能买到八个瓷杯"[12],并盛赞德化窑址"制造碗及瓷器,既多且美","购价甚贱"[13]。从《马可波罗行记》的记载中,我们可以推测出宋代德化窑外销发展之盛。首先,德化瓷业在宋元时期大体属于逐渐繁荣直至鼎盛时期,其发展是一脉相承的。其次,宋元时期德化外销瓷主要从泉州港出口。宋代时泉州港"南通占城诸国,北通朝鲜诸国"[14],与广州、明州、杭州并列为我国四大商港,陶瓷与丝绸在当时是对外贸易的重要商品。元代,泉州港已成为当时世界上最大的商港之一,"亚历山大或他港运载胡椒诸船赴基督教国,乃至此刺桐港者,则有船舶百余"[15]。在这些远销的瓷器商品中,闽南地区瓷器(包括德化)产品占着相当大的比重,为大宗对外贸易商品[16]。因此,宋代虽无确切的文献记载,但可以看出宋元一体,即德化窑在宋元时期的发展存在一定的共性。元代记载表明,福建德化窑专为外销而生,南宋时期存在着广阔的海外市场,销售方式以船运为主,以出口瓷器赚取利润作为其主要目标。

第二,除德化窑窑址外,国内考古资料发现较少。

从上文可知,福建地区已发现的宋代烧造青白瓷的窑址数量众多,烧瓷历史悠久且具有稳定的市场来维持其生产、贸易和消费三个环节。70年代以来,德化窑址大量发现,其中最具代表性的是盖德碗坪仑窑址与浔中屈斗宫窑址,前者持续烧造于两宋时期,后者则盛烧于元代,为国内外、水下沉船发现的宋代德化窑瓷器的窑口判断提供了确凿的依据,是德化窑瓷器年代断定的一个重要标准。

冯先铭先生在归纳宋元时期瓷业的特点时提到,沿海地区是宋代瓷业密集区之一,包括广东、福建、浙江和江西的一部分。但这些沿海地区瓷窑的产品在宋代墓葬和城址中很少发现,如德化、安溪、南安等县[17]。相反,随着越来越多的水下沉船面世,在这些沉船中发现了大量的德化窑瓷器,且国外的发现也不在少数,并能从器物特征上看出是德化窑所产。这表明宋代的德化窑瓷器并不具备广阔的内销市场,主要以外销作为市场导向。

第三,海外地区及水下考古沉船德化窑瓷器的发现。

80年代初,外销瓷作为我国的新课题逐渐得到重视,40年来取得了斐然的进步[18]。在非洲东部的坦噶尼喀,东南亚的菲律宾、印度尼西亚和沙捞越,南亚的印度和斯里兰卡[19],东亚的日本,西亚的伊朗和阿拉伯等地均出土了德化窑瓷器[20],这是德化窑出口最有力的证据。

南宋诗人王十朋在《提举延福祈风道中有作次韵》写道:"大商航海蹈万死,远物输官被八垠。"[21]足以见海外贸易的风险之大。事实上也确实如此,有些古代远航贸易的海船并未到达目的地港口,而是沉睡在了航线海域里。1989年发掘于苏门答腊岛东南鳄鱼岛海域的鳄鱼岛沉船(Pulau Buaya Wreck)[22]、1997年在印度尼西亚日巴拉的爪哇海域发掘的哲帕拉沉船（Jepara Wreck）[23]、1998年底至1999年发掘的西沙海域的"华光礁一号"沉船[24]、马来西亚海域发现满载中国陶瓷器的丹戎新邦孟阿瑶沉船（The Tanjung Simpang）以及阳江海域发现的"南海Ⅰ号"沉船等均出水了大量的德化窑瓷器。这不仅表明宋代德化窑具有广阔的海外市场，同时也反映出德化窑外销需求的旺盛。

综上，我们通过中国古代文献记载、宋代海内外地区出土情况、航线上发现的两宋沉船三方面来论证德化窑在宋代的外销性质，可以看出，海外市场是两宋时期德化窑瓷器的重要消费地，从而印证了南宋时期德化窑瓷器也是以出口为主。

三、南宋德化窑瓷器外销阶段性变化

事实上，德化窑在南宋时期的生产状况，基本上也就反映了其外销产品的情况。但外销阶段性的讨论不仅要涉及南宋德化窑产品的生产和发展情况，还要考虑到较为准确断代且伴出南宋德化窑外销瓷产品的沉船。

沉船作为"时间胶囊"，其特点是器物时代明确，出水器物数量众多，保存完整，是研究外销瓷的主要材料之一。宋代海上丝绸之路兴盛，海外贸易发达，在中国的福建沿海地区、广东海域、西沙群岛海域，东南亚的印度尼西亚海域、爪哇岛海域、马都拉岛海域等出水了满载瓷器商品的宋代沉船[25]。不同的外销阶段，外销瓷器组合不同，存在于组合之中的德化瓷器在外销陶瓷体系中的地位自然也会有所差别。政治的变动传导至社会风尚、文化风貌、经济贸易的改变是有时间差的。因此，本文将以沉船年代为主线，尽可能选取年代确定、数据相对充分的典型沉船，并把观察时段上延和下伸，以保证阶段性变化的连续性，也可以更直观地看到相互之间的纵向关系，把握重要节点对比。不过，从沉船的绝对年代来看，并非紧密连接的，尚待新材料补充。

（一）北宋末期至南宋初期

这一时期选取的沉船主要以西沙群岛海域的北礁五号、北礁四号、赵述岛二号遗存点[26]和印度尼西亚廖内林加群岛西北部的鳄鱼岛沉船[27]作为典型代表（表一）。从沉船所出的瓷器情况来看，外销瓷器品种有青白瓷、酱釉瓷、青釉瓷。外销瓷产地以广东地区窑口为主，包括潮州窑、奇石窑、西村窑等，还有福建地区德化窑等窑口。相对于晚唐五代末的越窑时代，这一时期外销瓷器组合明显多样化，越窑青瓷退出海外市场，青白瓷抢占了市场份额，出口数量增多，外销地位上升。货品来源开始向华南地区转移，尤其是南部沿海地区。由于记载材料的缺失与不全，我们很难判断所出瓷器的具体窑口及具体数量，而这一判断是分析和判定德化窑瓷器生产和发展状况最直观的依据。这批材料中仅鳄鱼岛沉船明确出水了德化窑瓷器，表明北宋末年至南宋初期德化窑并非外销组合中的大宗商品，德化瓷器的外销刚刚崭露头角，开始走向世界，向外输出。

表一　北宋末年至南宋初期沉船出水瓷器

序号	沉船名称	出水瓷器情况
1	北礁五号	以青白釉为主，产地以广东潮州窑为主，还有广东奇石窑
2	北礁四号	遗物多为青白釉、白釉瓷器，多为广东潮州窑、西村窑及福建南安窑等地的产品
3	赵述岛二号遗存点	以青白瓷碗为主，有广东奇石窑产品
4	鳄鱼岛沉船	以广州西村窑、奇石窑、潮州窑等瓷器为主，并有少量福建德化窑、江西景德镇等产品

（二）南宋早期

这一时期选取的沉船主要有西沙群岛海域的全富岛一号沉船[28]和华光礁一号[29]、福建沿海地区的莆田北土龟礁一号沉船[30]、东南亚海域的爪哇海沉船[31]以及南沙群岛海域的布雷克暗沙沉船[32]（表二、表三）。外销瓷器主要品种为青白瓷、青瓷、黑釉瓷、酱釉瓷等。外销瓷窑口以江西景德镇窑、浙江龙泉窑以及福建地区窑口为主要组合，包括松溪窑、义窑、南安窑、磁灶窑等。这一阶段最大的变化莫过于广东地区窑场产品数量的大幅下降甚至消失，而转为以福建地区瓷器、浙江龙泉窑和江西景德镇窑为主的产品组合。

表二　南宋早期沉船出水瓷器表

序号	沉船	出水瓷器情况
1	莆田北土龟礁一号沉船	共出水61件瓷器，59件为龙泉窑系青瓷
2	全富岛一号沉船	以福建地区窑口为主，包括德化窑青白瓷和白瓷、闽清义窑青白瓷和青灰釉瓷、景德镇青白瓷、龙泉窑青瓷、松溪窑青瓷、闽南地区窑场青瓷、磁灶窑酱黑釉瓷等
3	爪哇海沉船[33]	出水瓷器近12000件，德化窑青白瓷和景德镇青白瓷占比12.83%
4	布雷克暗沙沉船	德化窑、景德镇窑、闽清义窑青白瓷，闽清义窑、南安窑青瓷，磁灶窑酱黑釉器，以及福建地区的黑釉瓷和白地褐彩瓷等

其中，爪哇海沉船、布雷克暗沙沉船和全富岛一号沉船均与华光礁一号出水器物组合相似，且年代相近，而华光礁一号所披露的资料和数据较为详尽，故为了进一步观察德化窑在这一阶段的外销地位，应以华光礁一号作为南宋早期[34]外销瓷器的重要参考。根据笔者所整理的华光礁一号沉船出土瓷器数量及占比所示[35]（表三），德化窑瓷器占全船的24.07%，仅次于闽清义窑瓷（64.76%），反映了华光礁一号沉船中出水的德化窑青白瓷是第二大宗贸易品。

表三　华光礁一号沉船出水瓷器数据表（据注[35]）

品种	窑口	《西沙水下考古》 数量/件	《西沙水下考古》 占比	《发掘报告》 数量/件	《发掘报告》 占比
青白釉瓷	景德镇窑	11	1.3%	119	1.1%
	德化窑	170	20.12%	2598	24.07%
	闽清义窑	481	56.92%	6989	64.76%
	存疑	16	1.9%		

续表

品种	窑口	《西沙水下考古》 数量/件	《西沙水下考古》 占比	《发掘报告》 数量/件	《发掘报告》 占比
青釉瓷	龙泉窑	159	18.82%	13	0.12%
青釉瓷	松溪窑	159	18.82%	22	0.2%
青釉瓷	南安窑	159	18.82%	540	5%
青釉瓷	武夷山遇林亭窑	159	18.82%	7	0.06%
酱黑釉瓷	磁灶窑	8	0.95%	504	4.67%
总计/件		845	100%	10792	100%

总体而言，这一阶段中，福建地区窑场外销地位的上升给德化窑带来了冲向世界的机遇，观察这组沉船出土瓷器，德化窑瓷器出现频率及外销数量明显增加。值得注意的是，华光礁一号出水了一件德化窑印花瓶盒，是仿景德镇南宋早期产品，表明德化窑此时仍处于仿景德镇瓷器的发展初期阶段，正在探索符合自身发展特点的生产模式和产品特色，企图慢慢打开国际市场。

（三）南宋中晚期

这一时期选取的沉船主要有广东海域的南海Ⅰ号、马来西亚丹戎新邦孟阿瑶沉船[36]、印度尼西亚爪哇海域的哲帕拉沉船[37]、南沙群岛榆亚暗沙东北部海域的榆亚暗沙沉船[38]（表四）。外销瓷品种以青釉瓷、青白釉瓷、酱釉器、黑釉瓷和低温绿釉器为主。外销窑口仍以福建地区窑场为主要商品产地。这一阶段器物组合基本稳定，以景德镇青白瓷、龙泉青瓷、闽清义窑青白瓷、德化青白瓷、磁灶酱釉器为稳定外销瓷组合。

表四 南宋中期沉船出水瓷器

序号	沉船	出水瓷器情况
1	马来西亚丹戎新邦孟阿瑶沉船	德化窑青白瓷、闽清义窑瓷器、南安窑青瓷、磁灶窑酱釉瓷器等
2	哲帕拉沉船	德化窑青白瓷、闽清义窑、连江浦口窑、莆田庄边窑青白或青灰釉瓷、龙泉窑和闽南窑场青瓷、磁灶窑酱釉器
3	榆亚暗沙沉船	景德镇青白瓷、龙泉青瓷、福建德化窑青白瓷、闽清义窑青灰瓷、磁灶酱釉器

鉴于本阶段沉船出水瓷器组合一致，故选取瓷器数量最为丰富、披露资料最为详尽的南海Ⅰ号沉船进行进一步研究。丁雨根据目前所刊布的《南海Ⅰ号沉船考古报告之一》[39]和《南海Ⅰ号沉船考古报告之二》[40]对1989~2004年考古工作正式发掘登记的数据以及不同窑口瓷器所摆放的船舱位置做了整理和爬梳（表五）[41]，参考这些数据，可以直观地看到德化窑青白瓷与闽清义窑青白瓷所占比例较大，分别为25.74%和37.57%。南海Ⅰ号发掘整理项目至今未完全结束，这部分的数据仅为1989~2004年所发掘的数量统计，与如今所示19万件瓷器相差甚远，必会与船舱内具体货物数量及比例有

误差。但这些散落在船舱之外的器物是沉船在沉没过程中从船舱中掉落在外的船货，或许具体数据有待考证，但各舱分布的船货大致是固定的，即使掉落在船舱之外，其所展现的船舱货物的比例也并不会有太大误差，故这一数据还是具有参考价值的。

表五　丁雨所列南海 I 号出水瓷器数量表（据注［41］）

	中国朝代	沉船年代	沉船位置	景德镇窑青白瓷	德化窑青白瓷	闽清义窑青白瓷	闽清义窑青瓷	龙泉窑青瓷	磁灶窑瓷器	其他	总计
南海 I 号	南宋中晚期	12世纪后期至13世纪初	广东省台山舟山群岛附近	233	783	1143	409	410	62	2	3042
				7.66%	25.74%	37.57%	13.45%	13.48%	2.04%	0.07%	100%
				"一定数量"	"数量众多"	"数量众多"		"比重较大"			
				各个船舱均有分布	各个船舱均有分布	集中分布在C11左右两小舱、C12右小舱、C13左中右小舱		在船舱前、中、后舱有分布	主要分布在沉船中前部、后部第11舱以后很少见到		

除此之外，南海 I 号沉船所出德化窑瓷器的器类是最多的，包括罐、碗、粉盒、军持、执壶、注子、瓶、大盘。值得注意的是，沉船所出的军持、大盘和执壶无疑是专为外销而生产的。"军持"一词是从印度佛经中翻译过来的，与佛教的传播有着密切关系。船中所载的大盘，口径都在26～30厘米，体型之大，显然是据东南亚人围坐吃饭的饮食习惯所专门生产的器具。根据海外市场消费者需求制作出专为外销的独特产品，表明德化窑已经能够很好地适应外销市场，洞察海外市场的需求，这已是相对于上一阶段的飞跃。或可说明，南宋中期晚期德化窑已稳固了其在外销陶瓷体系中的地位，拥有广阔而稳定的外销市场，产品销往世界各地。

（四）南宋末期至元代早期

这一时期选取的沉船主要有福建沿海地区的泉州湾后渚港沉船[42]和法石沉船[43]，漳州海域的半洋礁一号[44]和莆田北日岩一号水下文物点[45]，以及连江定海白礁一号沉船[46]等（表六）。可以看出南宋中期以龙泉青瓷、青白瓷、黑釉瓷、酱釉器为主的外销产品结构在陶瓷贸易中得以延续，与此同时，福建窑场依旧窑火兴旺。

表六　南宋末期至元代早期沉船出水瓷器

序号	沉船	年代	出水瓷器情况
1	泉州湾后渚港沉船	南宋度宗咸淳年间（1265～1274年）	德化窑青白瓷、福建窑场青灰釉瓷、龙泉窑和闽南窑场青瓷、晋江磁灶窑酱釉器等
2	法石沉船	南宋时期[47]	陶瓷片共32件，5件德化窑残片、6件晋江磁灶窑碎片、1件景德镇窑残片、6件同安汀溪窑青瓷片等
3	半洋礁一号	南宋末期至元代早期	共173件陶瓷器，黑釉瓷碗135件、青白瓷碗和盘37件等，主要为福建产品

续表

序号	沉船	年代	出水瓷器情况
4	北日岩一号水下文物点	南宋末期至元代早期	12件青白瓷
5	连江定海白礁一号沉船	元代早期	瓷器总计2678件，主要为福建产品，青白瓷碗415件（占比15.5%），黑釉盏2251件（占比84.06%等）

半洋礁一号沉船出水瓷器中，78.03%为黑釉瓷碗，21.39%为青白瓷器。北日岩一号水下文物点所出12件标本均为青白瓷，但其窑口不确定，发掘者认为是南宋时期景德镇窑产品，刘未认为是浦城大窑口窑等福建北部窑场产品，即并非闽南窑口德化窑产品[48]。连江定海白礁一号沉船则以建窑系黑釉盏、仿龙泉窑系青瓷为主，青白瓷仅占全船瓷器15.5%，黑釉盏则占84.06%。半洋礁一号和白礁一号沉船所出青白瓷均为福建地区窑口产品，并不能直接断定其中必有德化窑产品，材料不详必然会影响客观判断环节，但我们不论是假设沉船所出青白瓷中有德化窑产品，还是没有德化窑瓷器，从青白瓷在各船所占比例来看，二者均不是全船外销陶瓷中的大宗货物。或可说明，德化窑产品虽仍在出口，但并非此时的大宗外销货物。事实上，宋元之交时，德化窑瓷器出水数量减少，恐与德化窑窑口本身的生产情况密切相关。

据此，从对北宋晚期至元代早期出水德化窑瓷器的沉船爬梳中可以得知，南宋德化窑产品外销情况具有较为明显的阶段性变化（表七），而这正是德化窑窑口南宋时期发展脉络的具体表现，恰恰是外销与窑口发展的一致性，才表明了德化窑是以外销为主打市场的民间窑场。从外销瓷品种来看，也与南宋陶瓷贸易空前绝后的产品多元化相一致的。

表七 南宋德化窑瓷器生产与发展一览表

序号	时期	外销瓷品种	主要外销窑场	德化窑窑口发展阶段	德化窑外销阶段
1	北宋末期至南宋初期	青白瓷、青瓷、酱釉瓷	广东、福建地区窑场	迅速兴起	开始走向世界，向外输出
2	南宋早期	青白瓷、青瓷、酱釉瓷、黑釉瓷	福建地区、江西景德镇、浙江龙泉窑场	仿景德镇青白瓷阶段	探索期，摸索符合自身发展特点的生产模式和产品
3	南宋中晚期	青白瓷、青瓷、酱釉瓷、黑釉瓷	福建地区窑场	进入生产高峰	已找到适合自身发展的模式，根据外贸市场需求烧造专门的产品，跻身于稳定的外销组合中，拥有广阔的外销市场
4	南宋末期至元代早期	青白瓷、青瓷、酱釉瓷、黑釉瓷	福建地区、江西景德镇、浙江龙泉窑场	工艺略有衰退	仍为稳定的外销组合，出口数量减少

四、小　结

本文首先通过梳理古代文献资料、海内外出土的宋代德化窑瓷器以及航线上出水的沉船材料，较为全面印证了德化窑的外销性质。在此基础上，对出水了德化窑青白釉瓷的沉船进行汇集和整理，将南宋德化窑瓷器的外销变化分为四个阶段：第一阶段为北宋末期至南宋初期，德化窑外销瓷处于起步阶段，开始向海外市场迈出试探性的第一步；第二阶段为南宋早期，处于仿景德镇青白瓷阶段，仿效景德镇的同时也在探索创新海外市场，试图寻求符合自身特点的产品；第三阶段为南宋中晚期，德化窑外销进入高峰，出口数量激增，根据外销市场需求烧造专门的产品，器物的中外因素融合十分显著，跻身于稳定的外销组合产品之中；第四阶段为南宋末期至元代早期，即宋元之交的过渡期，此时工艺略有衰退，产品质量等问题影响了销售环节，外销数量减少，但元代初期又迎来了新的高峰，便不在本文讨论了。国际上日益稳定的贸易路线和国内政府对外销的鼓励政策都是南宋德化窑瓷器的外销阶段性变化的重要原因，但究其根源还是在于德化窑自身基于市场需求和自我定位做出相应的调整。

注　释

[1] 陈建中、陈丽华、陈丽芳：《中国德化瓷史》，上海：上海交通大学出版社，2011年。
[2] 福建省博物馆：《德化窑》，北京：文物出版社，1990年。
[3] 林忠干：《德化窑瓷器的分期研究》，《德化陶瓷研究论文集》，德化陶瓷研究论文集编委会，2002年，第42～50页。
[4] a.（宋）赵彦卫撰，傅根清点校：《云麓漫钞》，北京：中华书局，1996年；b.（宋）赵汝适：《诸蕃志》，北京：商务印书馆，1937年。
[5] 苋岚：《7～14世纪中日文化交流的考古学研究》，北京：中国社会科学出版社，2001年，序—第一页。
[6] （宋）朱彧撰，李国伟点校：《萍洲可谈》卷2，北京：中华书局，2007年，第133页。
[7] （宋）赵汝适：《诸蕃志》，北京：商务印书馆，1937年。
[8] 《诸蕃志》中的"瓷器"只是一种泛称，在统称的瓷器当中也应有包括青瓷、白瓷和青白瓷三种，因此也是包含了德化窑青白瓷。
[9] 同注[7]。
[10] 同注[7]。
[11] 杨卓轩：《略论福建德化古瓷——以地方志资料为中心的考察》，《中国地方志》2019年第6期，第82～90页。
[12] a.〔法〕A.J.H.Charignon注，冯承钧译：《马可波罗行记》，北京：中华书局，1954年；b.同注[3]。
[13] 同注[12]a。
[14] 刘琳、刁忠民、舒大刚等校点：《宋会要辑稿》，上海：上海古籍出版社，2014年。
[15] 同注[13]。
[16] 叶文程、徐本章：《畅销国际市场的古代德化外销瓷器》，《海交史研究》1980年第2期，第21～29页。
[17] 冯先铭：《中国古代外销瓷的问题》，《海交史研究》1980年第1期，第14～21页。
[18] a. 孟原召：《40年来中国古外销陶瓷的发现与研究综述》，《海交史研究》2019年第4期，第16～52页；b. 同注[1]。
[19] 三上次男、奚国胜：《斯里兰卡发现中国瓷器和伊斯兰国家陶瓷——斯里兰卡出土的中国瓷器调查纪实》《南方文物》1986年第1期。
[20] 李炳辉：《关于德化屈斗宫窑的我见》，《文物》1979年第5期，第68页。
[21] （宋）王十鹏：《王十鹏全集》，上海：上海古籍出版社，1998年，第500页。

[22] Abu Ridho, Sumarah Adhyatman, E Edwards McKinnon. *The Pulau Buaya Wreck: Finds from the Song Period*. Jakarta: Himpunan Keramik Indonesia, 1998: 6, 98.

[23] Atma Diana, E Edwards McKinnon. The Jepara Wreck.《十二至十五世纪中国外销瓷与海外贸易国际研讨会论文集》，香港：中华书局，2005，第 126~142 页。

[24] 中国国家博物馆水下考古研究中心、海南省文物保护管理办公室：《西沙水下考古：1998~1999》，北京：科学出版社，2006 年，第 231~233 页。

[25] a. 吴春明：《环中国海沉船——古代帆船、船技与船货》，南昌：江西高校出版社，2003；b. 刘未：《中国东南沿海及东南亚地区沉船所见宋元贸易陶瓷》，《考古与文物》2016 年第 6 期，第 65~75 页；c. 同注 [18] a。

[26] 国家文物局考古研究中心编著，宋建忠主编：《中国沉船考古发现与研究》，科学出版社，2021 年，第 172~173 页。

[27] a. 同注 [22]: 1-98；b. 胡舒扬：《宋代中国与东南亚的陶瓷贸易——以鳄鱼岛沉船（Pulau Buaya Wreck）资料为中心》，《人海相依：中国人的海洋世界》，上海：上海古籍出版社，2014 年，第 48~67 页。

[28] 同注 [26]，第 183 页。

[29] a. 同注 [24]；b. 浙江省博物馆：《扬帆南海：华光礁 1 号沉船出水文物特展》，北京：中国文化出版社，2014 年；c. 国家文物局考古研究中心、海南省文物局、海南省文物考古研究所：《华光礁一号沉船遗址发掘报告》（全三册），北京：文物出版社，2022 年。

[30] a. 福建沿海水下考古调查队：《2008 年莆田沿海水下考古调查简报》，《福建文博》2009 年第 2 期，第 4~6 页；b. 国家文物局水下文化遗产保护中心、中国国家博物馆、福建博物院等：《福建沿海水下考古调查报告（1989-2010）》，文物出版社，2017 年，第 163~186 页。

[31] a. William M. Mathers, Michael Flecker. *Archaeological Report: Archaeological Recovery of the Java Sea Wreck*. Annapolis: Pacific Sea Resources, 1997:1-94; b. Michael Flecker. The Thirteenth-century Java Sea Wreck: A Chinese Cargo in an Indonesian Ship. *The Mariner's Mirror*, 2003 (4): 388-404.

[32] Marie-France Dupoizat. The Ceramic Cargo of a Song Dynasty Junk Found in the Philippines and its Significance in the China-South East Asia Trade. *South East Asia and China: Art, Interaction and Commerce*, London: Percival David Foundation of Chinese Art, 1995: 47-68.

[33] 此船年代大体在 12~13 世纪，但对其具体年代争议较大。戴柔星认为此船年代可能为 13 世纪晚期至 14 世纪早期，刘未认为与华光礁一号年代相近，皆在 12 世纪中后期，秦大树认为此船应为 13 世纪，分别参见：
a. 戴柔星：《东南亚发现的宋元时期沉船出水陶瓷研究》，北京大学博士学位论文，2012 年，第 91~94 页；b. 同注 [25] b；c. 秦大树：《从海外出土元代瓷器看龙泉窑外销的地位及相关问题讨论》，《天下龙泉——龙泉青瓷与全球化·卷三·风行天下》，北京：故宫出版社，2019 年，第 266~291 页。

[34] 华光礁一号出水有一件刻有"壬午载潘三郎造"字样的青灰釉碗，结合出水瓷器整体特征，研究者一般推断"壬午年"为 1162 年，故华光礁一号沉船年代应距此不远。

[35] 同注 [29] c。

[36] Michael Flecker. The China Borneo Ceramics Trade Around the 13th Century: The Story of Two Wreck. 秦大树、袁旔主编：《2011：古丝绸之路——亚洲跨文化交流与文化遗产国际学术研讨会论文集》，新加坡世界科技出版公司，2013 年，第 177~184 页。

[37] 同注 [23]。

[38] a. Frank Goddio, et al. *Weisses Gold*. Göttingen: Steidl Verlag, 1997:69-78; b. Marie-France Dupoizat. The Investigator Shipwreck. Paper Presented at the Symposium on Chinese Export Ceramics Trade in

Southeast Asia, Organized by Asian Research Institute, National University of Singapore, 12th-14th, March, 2007.

［39］a. 国家文物局水下文化遗产保护中心、中国国家博物馆、广东省文物考古研究所等：《南海Ⅰ号沉船考古报告之一 1989~2004 年调查（上）》，北京：文物出版社，2017 年；b. 国家文物局水下文化遗产保护中心等：《南海Ⅰ号沉船考古报告之一 1989~2004 年调查（下）》，北京：文物出版社，2017 年。

［40］a. 国家文物局水下文化遗产保护中心广东省文物考古研究所、中国文化遗产研究院等：《南海Ⅰ号沉船考古报告之二 2014~2015 年发掘（上）》，北京：文物出版社，2018 年；b. 国家文物局水下文化遗产保护中心广东省文物考古研究所、中国文化遗产研究院等：《南海Ⅰ号沉船考古报告之二 2014~2015 年发掘（下）》，北京：文物出版社，2018 年。

［41］丁雨：《南宋至元代中国青白瓷外销情况管窥》，《古代文明》（第 15 卷），上海：上海古籍出版社，2021 年，第 299~319 页。

［42］a. 泉州湾宋代海船发掘报告编写组：《泉州湾宋代海船发掘简报》，《文物》1975 年第 10 期，第 1~18 页；b. 福建省泉州海外交通史博物馆：《泉州湾宋代海船发掘与研究》，北京：海洋出版社，1987 年。

［43］中国科学院自然科学史研究所、福建省泉州海外交通史博物馆联合试掘组：《泉州法石古船试掘简报和初步探讨》，《自然科学史研究》1983 年第 2 期，第 164~172 页。

［44］国家文物局水下文化遗产保护中心、中国国家博物馆、福建博物院等：《福建沿海水下考古调查报告（1989-2010）》，北京：文物出版社，2017 年，第 277~304、382~386 页。

［45］同注［44］，第 186~191 页。

［46］a. 中国国家博物馆水下考古研究中心、厦门大学海洋考古学研究中心、福建博物院考古研究所等：《福建连江定海湾沉船考古》，北京：科学出版社，2011 年；b. 同注［26］，第 67 页。

［47］发掘者认为该船的年代与泉州湾后渚沉船年代相去不远，但在《泉州法石古船试掘简报和初步探讨》中仅初步判断这是一艘南宋时期的沉船。

［48］同注［25］b。

Preliminary Analysis on the Periodic Changes of Export of Dehua Kiln Porcelain in Southern Song Dynasty

Dong Jiaxin

(2020 Graduate Student, School of History, Beijing Normal University)

Abstract: In the middle period of the Northern-Song dynasty, the ceramic trade overseas was relatively steadily, which was the transition period for the main goods of the export porcelain trade. The products from Fujian and Guangdong region grew fast and dominated the overseas market, while the *Yue* Kiln's green-glazed wares gradually withdrew from the market, the *Dehua* kilns' white-glazed wares, as the manufacturers of ceramics in Southern Fujian, are naturally among them. When we think of the export of Dehua Kilns, we often think of terms such as "BLANC DE CHINE" and "Lard White ware", which describe the porcelain of Dehua kilns in the Ming and Qing dynasties. In fact, they experienced the prosperity of white-glazed wares in Southern Fujian and Guangdong region in the late Northern Song dynasty, Dehua kiln had begun to gradually enter into a fixed export porcelain combination. In the Southern Song dynasty, it also as the fixed ceramic products combination in the voyage trade. Taking this as the breakthrough point, combining the sunk ships of the Southern Song dynasty with their relics, this paper probes into the periodic changes of Dehua Kiln's export in the Southern Song dynasty.

Key Words: Southern Song Dynasty, Dehua Porcelain, Ancient Shipwrecks, Phased Changes in Export

须弥座式棺床初探

宋奕璇

（南开大学历史学院 2019 级本科生）

摘要：须弥座式棺床作为棺床中特殊的一类，以精美豪华著称，在其发展演变的过程中，不同时期呈现出不同特点，反映了宗教、民族、艺术、文化在中国古代社会中的融合与变迁，系统梳理须弥座式棺床的发展脉络对于还原社会面貌具有一定价值。目前学界相关研究较少。本文通过梳理已发现的须弥座式棺床，从发展流变，包括材质、尺寸、摆放位置、出土地域等方面，明确了须弥座式棺床的演进情况。针对使用者身份问题，本文从使用者等级与信仰两个角度入手，分析得出须弥座式棺床普遍见于墓主信奉佛教且等级较高、财力雄厚的墓葬中。

关键词：须弥座；棺床；葬具；等级；佛教

棺床，一般指墓葬中位于尸体或棺椁之下，略高于墓底，或木制，或石制，或垫土层，或用砖砌的设置。须弥座也称"须弥坛""金刚座"，是用于安置佛像、佛塔等的座台，用砖或石砌，以象须弥山，座身呈"工"字状，上镌刻有花纹图饰。须弥座式棺床正是二者相结合的产物，兼具须弥座的外形与棺床的功用。棺床经历了萌芽与发展阶段，至东汉时使用已十分普遍。早期棺床形式简单，有的仅为简易土台，有的形似木床，后发展为用砖在尸骨或棺椁下垒砌一层高出墓底的方形平台。魏晋以后，受低足家具向高足家具转变的影响，棺床形态较前朝更为丰富。棺床与须弥座的诸多相似性，如都是作为基座置物、都为砖或石制等为二者融合奠定了基础，在佛教思想的影响下，出现了须弥座式棺床，旨在将棺室转化为居所，是"事死如事生"观念的延续和发展，同时实现了实用性、美观性、信仰性的统一。

须弥座式棺床最初出现在魏晋南北朝时期中原地区的墓葬中，材质主要是砖，也有等级更高者采用石制的。它们多发现于佛教昌盛之地，足见此类棺床是在对佛教须弥座形式借鉴的基础上形成的一种特殊葬具，也不排除死者就是佛教信徒的可能[1]。对于须弥座式棺床的认识，不同学者有不同看法，沈仲常认为须弥座式棺床是佛座[2]，郑以墨则认为它们是墓葬美术与佛教艺术交流互动的结果[3]。笔者认为此类棺床最初兴起无疑与佛教关系密切，是佛教文化与中国传统墓葬文化相结合的产物，但后来的兴盛与流行并非仅与佛教这一宗教文化有关，还与其在使用过程中逐渐被固化赋予的等级观念，以及其自身的艺术美感有着莫大联系。本文共搜集到不同时期发现的须弥座式棺床56座（附表），涵盖单体须弥座式棺床与北方宋辽金时期仅立面呈须弥座式的炕式棺床，并对须弥座式棺床的产生、发展进行了系统性梳理，意在研究其发展脉络、各阶段特点，以及使用者身份等级、信仰崇拜等问题。

一、研究回顾

目前，学术界专论须弥座式棺床的研究较为少见，大多是在探讨其他问题时兼有提及，而且讨论多集中在宋代以前，即对中古时期的须弥座式棺床进行研究。如王环宇的《北朝棺床艺术探究》[4]在分析北朝棺床形态特点时专门对须弥座式棺床进行了阐释，包括须弥座的由来、与佛教的关联等；韦正、吴娇的《从平城到邺城——聚焦于墓葬文化的变迁》[5]在研究佛教在墓葬中扮演的角色时谈及须弥座式棺床为其中的一种表现形式；张肖马的《前后蜀墓葬制度浅论》[6]将棺床作为研究前后蜀墓葬制度的角度之一；韩莎的《略论前后蜀墓葬特征》[7]将须弥座式棺床作为一种极具时代特色的产物特别介绍。

再者，在墓葬发掘时将出土的须弥座式棺床认定为独具特色的重要随葬品时，也会着重对其进行细致的刻画、描写，如崔汉林、阴志毅的《耀县药王山隋墓清理记》[8]对出土棺床不同层次的尺寸、纹饰介绍翔实，刘乃涛的《刘济墓考古发掘记》[9]同样分别介绍了出土石棺床不同层次的纹饰。

还有一些是集中对某一棺床进行的个体性研究，最为典型的有王建墓须弥座式棺床。针对该墓出土棺床的研究有对须弥座式棺床上雕刻的伎乐及东西两侧十二半身像身份的考证，冯汉骥将其解释为六壬式十二神[10]，张勋燎将其认定为道教中的随斗十二神[11]，王玉冬认为与佛教"飞升"信仰有关[12]，郑以墨则认为是药师佛的眷属十二神将[13]，与当时的西方净土、东方净土信仰有关；还有的将棺床上的装饰图像与当时的宗教信仰、政治背景相联系，试图揭示图像背后的社会文化内涵，这里就包含了佛教和道教两种文化因素的碰撞，如郑以墨从王建墓着手，对墓中须弥座式棺床雕刻以及其反映的宗教观念进行了较为详尽的分析[14]。

由此可见，目前学界多是针对某一棺床，就其雕刻纹饰或思想内涵进行单独研究，至多也不过将某一时期的须弥座式棺床作为其他研究的辅助佐证兼论之，缺乏将须弥座式棺床作为一个类别的系统性研究，故而针对此类棺床进行研究有助于弥补相关研究的缺陷，关注到新的可探究问题，有其必要性。

二、须弥座式棺床的时代特征

须弥座式棺床兴起于魏晋南北朝时期，但由于棺床葬并不是北朝社会的主流，发现较少，共5座，主要集中在山西大同、太原，河南安阳，河北磁县等地。此时的须弥座式棺床与墓室壁、墓底相连接，内部多用生土或五花土填充，平均长3、宽2、高0.5米，最长者可达近6米，多紧靠墓室北壁或西壁，常见于砖室墓中，占据墓室面积约1/3到1/2。北魏开始出现形式简化的须弥座式棺床，多素面无装饰，如大同市迎宾大道北魏墓群的M2、M3、M26、M78[15]，大同沙岭新村北魏墓群M22[16]；东魏立面作壶门，但此时须弥座形制由于财力和能力有限并不十分严格，存在上下叠涩不对称、壶门用方形门洞代替等现象，如安阳固岸墓地Ⅱ区M51[17]。早期在使用上也并不存在严格的等级划分，北齐一改前朝将尸体直接放在棺床上的葬俗，转而设置棺椁，以河北磁县湾漳大墓[18]石棺床（图一）为代表，样式精美、上施彩绘，出现更多装饰，为帝王专用。北齐末期，受战乱影响，对使用者等级限制逐渐放宽，如太原南郊北齐壁画墓[19]。总体而言，此时须弥座式棺床的断面轮廓十分简单，少有线脚，叠涩较少，中间束腰，大多素面无装饰，或仅有一些简单的莲瓣纹、卷草纹、忍冬纹、连环纹等，风格简洁洗练。

图一 磁县湾漳大墓须弥座石棺床（据注[20]）

隋唐时期的须弥座式棺床仅见唐代5例[21]，集中在北方地区，宁夏、甘肃、河北、陕西、北京均有发现，时间跨度上贯穿唐代始末。发现有须弥座式棺床的墓葬同魏晋南北朝时期一样多为弧方形砖室墓，仅史索岩夫妇墓[22]一例为土洞墓。棺床位于墓室中部或东侧，多为石质，规模最大者当属安禄山田庄大墓[23]，长可达4米，高足1米有余。同为唐代须弥座式棺床的还有杨家沟唐墓[24]、药王山唐墓、刘济墓[25]。以安史之乱为分水岭，社会各方面都在发生着剧烈的变化，有的变化受战乱的直接影响，有的则是战乱所引发的系列联动效应的间接产物，体现在墓葬中折射着地方风俗，反映了民间信仰，关乎人伦情感[26]，田庄大墓与刘济墓特殊的墓葬规模与须弥座棺床的使用都与安史之乱后唐王朝的动荡密切相关，是战乱时期等级不森严的产物。细致观察隋唐时期的须弥座式棺床，不难发现，此时叠涩层增多，外轮廓复杂，整体较北朝更加精美，立面用小立柱作分格，内嵌壶门，多雕刻有人物、飞禽、走兽、莲花等装饰纹样，有的还在叠涩上施以彩绘，如刘济墓石棺床（图二）共六层，每层形式各异，均有雕刻，或浮雕彩绘金刚及瑞兽造型，或彩绘云纹及牡丹图案。

图二 刘济墓彩绘须弥座石棺床（据注[27]）

五代十国时期的墓葬处于"唐宋之变"的过渡阶段,具有承上启下的衔接作用,在传承与变革的矛盾中不断发展。该阶段使用须弥座式棺床的墓葬共11座,包括李克用墓[28]、后唐德妃墓[29]、前蜀王建墓[30]、前蜀周皇后墓[31]、王宗侃夫妇墓[32]、后唐孟知祥与福庆长公主合葬墓[33]、后蜀张虔钊墓[34]、赵廷隐墓[35]、徐铎墓[36]、后蜀孙汉韶墓[37]、徐公夫妇墓[38],除山西李克用墓、内蒙古后唐德妃墓外集中发现于两蜀地区。蜀地由于距离政治中心较远,社会稳定,经济状况良好,才能在战乱时期支撑营建如此豪华的墓室以及十分精美的棺床,这也是唐皇室贵族奢靡之风的延续。两蜀时期墓葬汇聚了南、北两源的文化因素,即蜀地自有墓葬文化与北方集团的后唐文化[39]。此时须弥座式棺床的形制在继承隋唐的基础上继续发展,同时也做出了一些改变,摆放位置均在墓室中央,规制受墓主身份和墓室空间的影响而有所不同,但体量普遍大于前朝,最长者为王建墓红砂岩棺床(图三),7.45米,最短者为徐公夫妇墓石棺床,仅2.88米,最高者为后蜀和陵红砂石棺床,高2.1米。有石、砖两种材质,石制居多且在叠涩上雕刻繁复的装饰,如雕刻瑞兽、力士、伎乐、花纹等,常配合有抬棺力士,砖棺床的装饰则较为简单,还有的外包石或砖、内部填土,其上放置棺椁。后蜀须弥座式棺床上的力士多被安排在束腰处壸门间的立柱上,不同墓葬的力士数量和布局不尽相同。

图三 王建墓石棺床南面(正面)(据注[40])

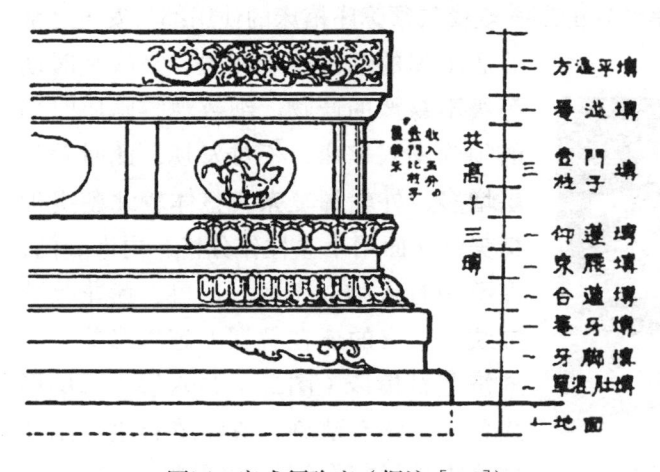

图四 宋式须弥座(据注[41])

中原北方地区宋墓从唐代颇具程式化的装饰向宋代世俗化方向发展,由繁到简,辽金时期墓葬形制除了方形墓、圆形墓外,还出现了前所未见的八角形墓和六角形墓,多为仿木结构砖雕墓室。宋辽金时期须弥座装饰更加繁缛,流行多层线脚的须弥座,同时走向程式化,《营造法式》对其形制做出了明确规定(图四)。此时出土须弥座式棺床的墓葬主要分布在长江以北的河南、河北、北京、山西、内蒙古、辽宁以及陕甘一带，南方地区仅见湖北省谷城肖家营墓地宋墓 M1 一例，总量较多，宋墓 10 座，辽墓 7 座，金墓 3 座。

宋代须弥座式棺床有砖、石两种材质，用砖铺成者众，多置于墓室后部，为倒"凹"字形或长方形，占地面积大。就棺床体量而言，远小于五代时期，除宋太宗元德李后陵[42]中须弥座式石棺床长 7.9、宽 4.7、高 0.62 米外，余皆长 2、宽 1 米左右，包括郑州二里冈宋墓[43]、郑州南关外宋墓[44]、林县城关宋墓[45]、山西长治马预修墓[46]、谷城肖家营墓地宋墓 M1[47]、白沙宋墓[48]、洛阳邙山壁画墓[49]、米河宋墓[50]、甘肃陇西宋墓[51]。此时棺床上装饰纹饰不多，最精美的当属等级最高的宋太宗元德李后陵，装饰花纹图案，方涩上线刻二方连续的缠枝牡丹花卉，束腰装饰有剔地卷草纹，合莲上线刻小瓣覆莲。

与此同时，北方少数民族建立的辽政权统治地域内也常见须弥座式棺床的使用，并随着汉化程度不断加深，常常集晚唐、佛教、契丹、西亚四种风格于一身，中晚期还受佛教影响流行多角形墓。张家口地处中原汉族和北方游牧民族文化的交流融合地带，蔚县三关辽代家族墓地 M3[52]充分体现了中原宋代文化与北方辽金文化间的碰撞交融。大兴北程庄墓地[53]发现须弥座式棺床的三座墓葬均为火葬墓，没有尸骨葬，骨殖函置于须弥座式棺床上，须弥座样式简省。除辽晚期的大兴北程庄外，其余棺床外表普遍加彩绘，装饰开光、瑞兽、花卉、如意云纹、波浪纹等，如辽韩佚墓[54]须弥座式砖棺床立面有六个花瓣形壸门，白灰底，用红彩涂边框，壸门内用墨线勾绘花卉，类似的还有内蒙古科右中旗代钦塔拉辽墓[55]、通辽吐尔基山辽墓[56]、翁牛特旗辽广德公墓[57]、关山辽墓 M6[58]等。总体看来，此时棺床体量类似于宋代，摆放于墓室中部或紧靠墓室北壁，早期多木制，上有围栏（图五），中晚期为砖制。

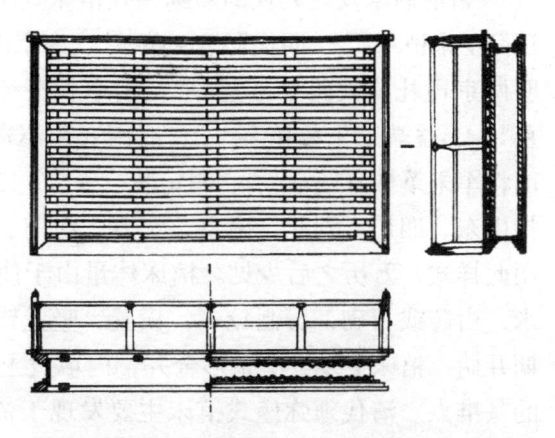

图五　内蒙古兴安盟科右中旗代钦塔拉辽墓须弥座式木棺床（据注[59]）

由女真族建立政权的金统治区域内同样常见须弥座式棺床的使用，金代棺床随墓葬形制而做，由于此时墓葬多八角形或椭圆形，故须弥座式棺床不同于以往的长方形，多为沿墓壁而建的炕式棺床，仅立面呈须弥座式，如登封王上壁画墓[60]须弥座式砖棺床（图六）。此外还有林县赵处墓[61]和华能热电厂金代墓葬 M5[62]，三处棺床均为砖垒砌而成，置于墓室北部，素面，少复杂装饰。作为宋代与金代壁画墓之间的过渡形式，林县赵处墓发现的须弥座式棺床既有倒"凹"字形棺床的余味，又开金代直边须弥座式棺床的先河。

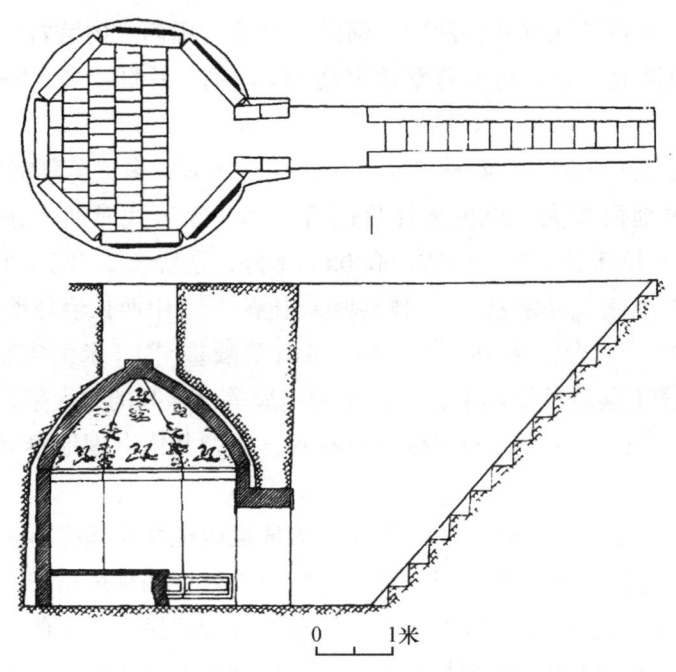

图六 登封王上壁画墓须弥座式砖棺床平、剖面图（据注［63］）

目前尚未发现元代的须弥座式棺床。明代使用颇多，有鲁荒王墓[64]、朱悦燫墓[65]、辽简王朱植墓[66]、明代蜀僖王陵[67]、南京南郊司礼监太监金英墓[68]、任庄明代王陵[69]、明两京司礼监太监牛玉墓[70]、山东长清德庄王朱见潾墓[71]、广元市元坝区樟树村明墓[72]、益端王朱祐槟墓[73]、河南安阳赵藩汝源端僖王朱厚炟墓[74]、西安明代秦藩辅国将军朱秉橘家族墓[75]、明定陵[76]，共13处。大多存在于嘉靖以前的亲王地宫中，包括山东、四川、湖北、南京、宁夏、河南、河北、江西、陕西等地，帝后陵中定陵也采用此样式，万历之后少见。棺床体量由于使用者等级较高而有所增大，平均长3、宽1.5米，由砖或石砌，石制较多，横置、竖置皆有，位于墓室中部或中部偏后位置。洪武晚期开始，棺床上多有窄条形金井，内填黄土，用以通地"乘生气"，并作为整个墓葬建设的基准点。清代须弥座式棺床主要发现于帝后陵寝中，目前明确已知的有2座，即裕陵妃园寝中容妃地宫[77]与慈禧菩陀峪定东陵[78]，体量依墓主身份等级而有所不同，但因等级高于亲王，故略大于明。均为青白石制，位于金券内北部正中，束腰处雕刻有琬花结带。至明清时期，须弥座形式整体趋于简练（图七），但不同于早期的简洁朴素，此时

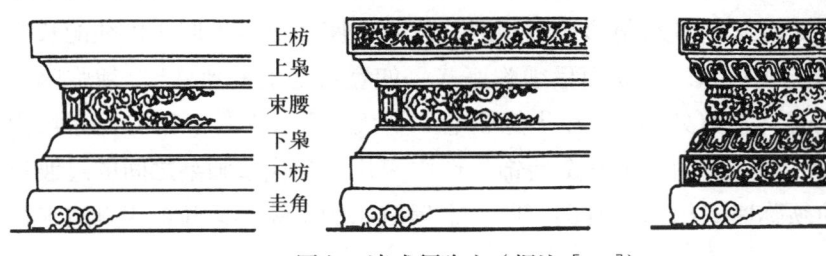

图七 清式须弥座（据注［79］）

装饰更加丰富细腻，大量采用卷草纹、云纹、水纹、动物纹、莲瓣纹等。

考古发现的须弥座式棺床，从材质上讲，主要有砖制、石制、木制三种，木棺床仅发现于辽代，石棺床较砖棺床等级略高；从尺寸上看，棺床平面的具体大小与墓室面积有关，随墓室面积不同而产生相应变化；棺床在墓葬中的摆放位置，虽然不同时期略有差异，但大抵分为墓室北侧、西侧和中部三种情况；出土地域上，多发现于北方地区，尤其是统治中心，这当与棺床使用者等级有关，中国历代政治中心多集中在北方，而须弥座式棺床的使用者多为高级官吏或皇室宗亲，死后葬于京畿附近；装饰上，早期须弥座断面轮廓简洁，大多为素面，个别会在叠涩上装饰简单的莲瓣纹，在不断扩大的佛教的影响下，须弥座式棺床从简单的砖土垒砌至开始施加彩绘、纹样，到后期还出现了雕刻繁复的石质须弥座式棺床；使用者等级上，主要为高等级贵族，但在社会动荡时期存在一些僭越情况，如唐朝安史之乱后藩镇节度使墓中发现有须弥座式棺床、明朝中后期宦官墓葬中也有发现；宗教信仰上，多数墓主为佛教徒，同时也存在兼信道教、祆教的情况，或与墓主民族出身有关，或是为迎合政权统治的需要。

以上为概括得出的须弥座式棺床一般性特征，但细化来看，不同时期的须弥座式棺床因其社会背景、政治制度、经济水平、宗教文化等方面的不同，存在一些差异。须弥座形式的演化经历了"简单—繁缛—简练"的过程，其上装饰由少到多[80]，而须弥座式棺床的形制变化大体与须弥座的演进同步，是一个连续发展的过程，但其发展并非与佛教严格同步。因佛教文化对传统丧葬观念的改变和向墓葬渗透需要一定时间，作为葬具的须弥座式棺床的演化具有滞后性。纵观须弥座式棺床产生与发展的全过程（图八），可分为魏晋南北朝兴起、隋唐五代发展、宋辽金黄金、明清繁荣四个阶段。其中，针对明清时期，根据目前已发现的须弥座式棺床并结合相关时代背景，不难发现明代亲王与清代帝后陵寝中使用须弥座式棺床的情况较多，由此可知出于保护原因尚未发掘的明清墓葬中也不乏此类棺床，而且此时不论是棺床装饰的精致程度，还是使用者身份地位的固化状况，都达到了一个较高水平，所以称之为繁荣时期具有一定依据。此外，需要注意的是，由于通过发掘发现的棺床具有偶然性和特殊性，上述阶段划分只能基本代表其发展脉络，并不绝对。

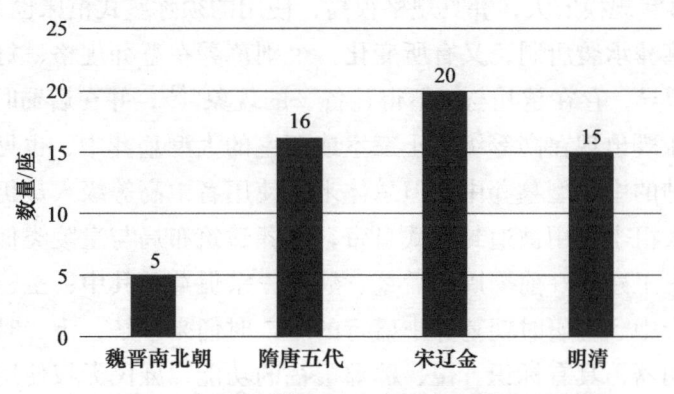

图八 不同时期须弥座式棺床数量统计

三、须弥座式棺床使用者身份

对于须弥座式棺床使用者的身份分析包括两个方面，一是使用者身份等级，二是使用者宗教信仰。前者从政治地位着眼，后者从文化角度入手，两者共同反映了使用者的政治与文化倾向。

（一）使用者的等级

须弥座作为台基，是台基中等级最高的[81]，同理，于墓葬中发现有须弥座式棺床的墓葬多为高等级砖室墓，墓室面积大，且使用了具有高等级规制内涵的石葬具，使用须弥座式棺床的人也大多是拥有较高身份地位的高等级贵族。值得注意的是，虽然须弥座式棺床的使用者多为皇室成员，但一些郡王级高官和刺史等中级官吏也有使用，反映在墓葬上则为上至特大型墓，下至中型墓均有发现。

须弥座棺床的使用首先见于北魏平城时期的百姓墓葬中，后由于北齐高氏对佛教推崇备至，才将这一形制的地位抬升。北朝有"皇帝即当今如来"之说，已发现的王一级墓葬均使用普通砖砌棺床，仅特大型砖室墓湾漳大墓采取须弥座式棺床这一具有强烈佛教象征性的棺床形制，可见此时须弥座式棺床代表着帝王的特殊性。北朝以后，由于皇室的使用，民间争相效仿，须弥座式棺床逐渐流行，不限于帝王，使得后期使用主要凭借财力而非等级。

唐代对墓葬形制规定严格，能够使用石葬具的都是身份特殊或受皇帝特许恩宠之人[82]。此时须弥座式棺床的使用者主要为高级官吏和地位较高的僧人，且棺床多采用石质。初唐时期有史索岩夫妇墓，该墓虽然是土洞墓，但墓葬规模和石制葬具的使用无不彰显着此墓等级之高。史索岩任平凉郡都尉，为四品官员，但他使用了须弥座式棺床，当为受到特殊礼遇之故。安史之乱后，唐王朝中央集权削弱、藩镇势力强大，使得须弥座式棺床的使用不限于帝王。如刘济是唐代幽州卢龙节度使，又称范阳节度使，为天宝十节度之一，他的墓葬中使用了彩绘须弥座式石棺床；再如田庄大墓，在修建时安禄山并没有称帝，但墓室规模宏大，葬具规格很高，使用的须弥座式棺床也为汉白玉材质。

五代十国的墓葬承袭唐制，又有所变化，个别墓葬在墓葬规格、材料的选择上并没有严格遵守等级差异，存在越礼与"不得礼备"的现象[83]，并在后蜀时期表现得尤为明显。须弥座式棺床既出现在高等级人士三室或两室的大型墓葬中，也见于宋琳墓、徐公夫妇墓等地方官绅的中小型墓葬中，但总体来看使用者中高等级人员仍占比较大。有类皇帝者，如后唐太祖李克用被追封为武皇帝，墓葬建筑布局与皇陵类似，规模略小；有封王级别，如蜀王王建墓、前蜀周皇后墓、魏王王宗侃墓。其中，王建墓棺床两侧十二神的形象可以结合中、晚唐时期墓葬中盛行的十二时俑来理解，十二时俑是法定官员等贵族阶级的独享明器，具有标识方位、辟邪攘福的功能，庶民无权使用，王建墓中选取十二神的形象或可看作对这一制度的延续继承，这也是须弥座式棺床应用于高等级人员墓葬中的又一例证。王宗侃夫妇为分封的一品亲王夫妇，并且后两墓的墓室都采用特制砖建成，这些都是高等级的体现。至后蜀，须弥座式棺床不再为帝王所独享，更多地出现在等级较高的宠臣墓中，但帝王与臣属的棺床无论从材质、装饰还是规模上仍存在显著差别[84]，如后蜀张虔钊墓、彭州刺史徐铎墓、乐安郡王孙汉韶墓等。

宋辽金时期使用者群体也较为多样化，宋代使用者分为与皇室有关的人物和地主豪绅两类。皇室宗亲如宋太宗元德李后陵、洛阳邙山壁画墓，洛阳邙山壁画墓墓主为一位无品阶的女性，但从随葬品丰厚和随葬品银葵花盘上的"行宫公用"铭文可知墓主家财雄厚，且与皇室存在某种关联。地主豪绅有林县城关宋墓墓主郭登，白沙宋墓墓主兼营商业的地主赵大翁，以及山西长治马预修墓墓主商贾马预修。山西长治马预修墓除使用须弥座式棺床，还采用了一般人禁用的四铺作斗栱，墓主仅为一般的地主商贾，突破了当时建筑等级制度，存在僭越情况，反映了北宋此时的等级制度和民间埋葬习俗。辽金时期与宋代类似，发现于贵族墓葬和官吏、地主墓葬中，贵族墓葬如内蒙古科右中旗代钦塔拉辽墓、通辽吐尔基山辽墓、关山辽墓M6，官吏墓葬如辽营州刺史韩佚墓、内蒙古翁牛特旗辽广德公墓，地主墓葬有大兴北程庄墓地辽墓、林县赵处墓。其中，韩佚为辽开国功臣韩延徽之孙，作为汉族官吏担任营州刺史，可见虽然须弥座式棺床应用于官吏与地主墓葬中，但并非普遍使用，仍局限于功勋或宠臣，以及具有一定财力的地主中。

明代定陵和大多数亲王墓葬中的棺床均为须弥座式，并雕刻有纹饰。在其他公、侯和职官墓葬中较少出现须弥座式棺床，表明须弥座式棺床应是朱氏成员墓葬中的特定因素[85]。明代各地亲王墓室基本上仿造中央皇帝的地宫修建，它们的建筑布局相同，只是在规模和结构上有所区别。最早一座当属鲁荒王墓，鲁荒王名朱檀，是朱元璋第十子，作为明初第一位去世的亲王，其丧葬礼仪为后来者典范，彰显着明朝同等级墓葬的设置标准，采用须弥座式棺床反映了明朝皇室的一种普遍选择，并为此后亲王棺床样式奠定了基础。其他使用须弥座式棺床的亲王墓葬还有明朝第一任辽王朱植墓、蜀僖王朱友壎墓、庆康王朱秩煃墓、德庄王朱见潾墓、宪宗第四子朱祐槟墓等。明蜀庄王朱悦㷆虽然还未承袭蜀王王位便早早夭折，但他的墓属亲王级别，模拟王府规制建造，同样代表了明初亲王陵墓制度，并使用了须弥座式棺床。除亲王一级的墓葬外，也有极少数高级官员墓葬使用了须弥座式棺床，可见须弥座式棺床的使用虽不止于亲王，却也应为高等级人员所使用。如广元市元坝区樟树村明墓墓主为品级较高的官员，兼具政治地位与经济实力，使用的须弥座式石棺床形制规整、雕刻精美；作为朱氏一族的秦藩辅国将军朱秉橘家族墓中也有须弥座式棺床，且在棺床周边装饰有花纹。明代须弥座式棺床的使用还在一定程度上反映了墓葬形制规模的僭越现象，尤其表现在明代宦官墓葬中，最典型的就是司礼监太监金英墓和河北涿州太监牛玉墓，两墓均采用前、中、后三室的墓葬形制，并使用了须弥座式棺床。在明代，太监采用这种公侯或者一、二品官员的墓葬形制，显而易见是一种越制的体现。至明中期，宦官的势力日益强盛，这种僭越已不再是个别现象。

清朝的须弥座式棺床发现于帝后陵寝中，目前所见仅容妃地宫和慈禧定东陵两例，数量不多。

综上所述，须弥座式棺床的使用者均为高等级人员或财力雄厚之人，具体而言可分为四类：第一类为王朝兴盛时期的帝王、亲王等，此时国家财力发达、经济繁荣、严格遵循等级制度，须弥座式棺床为帝王所专享；第二类为高级官吏、功勋、宠臣，该类人员多蒙皇恩而受到特殊封赏；第三类为王朝晚期的地主、豪绅、商贾，此时战乱多发，等级往往并不森严，致使棺床使用不再凭借政治地位而是依据财力；第四类为僭越情况下的越制行为，典型的有安史之乱后的田庄大墓、刘济墓，以及明朝宦官墓葬。可见，能够使用须弥座式棺床的人员或多或少都具有其特殊性，或是拥有较高的政治地位，或是家财丰厚，再或二者兼具。正是基于这种特殊性，须弥座式棺床越来越成为封建等级制度的象征，且墓主人等级越高，须弥座形式在符合时代总体特征的前提下越精美、体量越大。同时，值得说明的是，虽然使用须弥座式棺床的多为高等级人员，但二者并不是严格的直接对等关系，即并非所有高等级人员都会使用须弥座式棺床，也并非使用须弥座式棺床的人员一定比没有使用须弥座式棺床人员的等级高。

（二）使用者的宗教信仰

"须弥"二字最早出现在佛经中，随着印度佛教在中国的传播，须弥座作为佛像基座进入中国，逐渐为人们所接受并广泛应用于宫殿、坛庙、家具、墓葬中。佛教自两汉时期传入中国开始，至南北朝时期已十分兴盛，佛教的日渐昌隆与中国人对佛教独特的理解，促使佛教因素开始介入墓葬，作为一种文化背景点缀在墓葬中。反映在葬具上，就催生了须弥座式这一新生的棺床形制。佛教介入墓葬既可以说是宗教信仰对中国传统丧葬思想的影响，也可以说是中国丧葬思想对佛教的成功改造，两种思想相互融合，最终化为具象表现在墓葬中。

须弥座式棺床的产生源于佛教，而其与佛教的密切关联突出表现在棺床的装饰上。使用最多的当属莲花纹，莲花为佛门弟子所推崇，是主要的佛教表现元素之一。在佛教中，莲花被尊为"圣物"，是"净土"的象征。佛座为莲花，佛眼被称为莲眼，佛教经典《妙法莲华经》也采用莲花命名。正是由于莲花的特殊内涵，莲花纹被大量使用在须弥座式棺床这一具有典型佛教色彩的葬具上，在搜集到的56座须弥座式棺床中，多数棺床上均发现有莲花纹，如刘济墓、后蜀孙汉韶墓、林县城关宋墓、河北蔚县三关辽代家族墓地M3、益端王朱祐槟墓等。其他还有波浪纹、忍冬花、净瓶等，均属佛教纹样，如磁县湾漳大墓棺床叠涩上就装饰有莲花、忍冬等。此外，药王山唐墓须弥座式棺床上还双首合体弹奏琵琶的迦陵频伽鸟纹样（图九）。伽陵频迦鸟，又名歌罗频迦，因栖息于西土佛地，声音婉转悦耳，被视作佛家圣物。

图九　药王山石棺床上迦陵频伽鸟纹样（据注［86］）

东汉魏晋以降，佛教对中国人的生死观念产生了很大影响。那么，使用须弥座式棺床的人是否都为佛教信仰者，又或者说有的人后期宗教信仰有所变化，转而信奉佛教，还是在某一时期开始须弥座式棺床仅仅作为一种美观的棺床形式广泛流传呢？在已发现的明确知道使用者的须弥座式棺床中，使用者几乎都对佛教有所信仰（图一〇），只不过有一些还兼信其他宗教。墓主人的信仰崇拜在墓葬中多有体现，如东魏安阳固岸墓地Ⅱ区M51中棺床在叠涩之间加设了七根矮柱，用以象征佛座下的供养人；太原南郊北齐壁画墓中带有供养神龛意味。

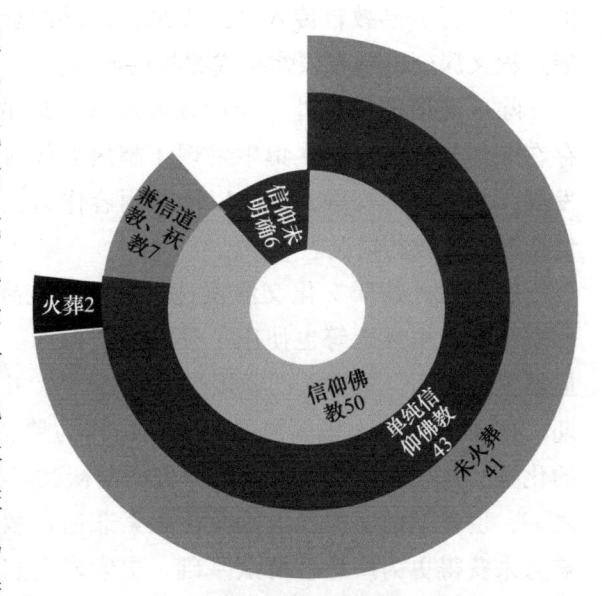

图一〇　须弥座式棺床使用者信仰情况

先就其佛教信仰部分来看，须弥座式棺床的使用与佛教的发展演进密切相关。佛教在两汉传入我国后，最先在贵族阶层小范围传播，后经统治者推崇影响力日益扩大。北魏时期是中国佛教发展史上一个极为重要的阶段，由于政府的保护和提倡，佛教与佛教艺术迅速发展，其对中国传统丧葬习俗的改造正潜移默化地进行着。须弥座式棺床最早发现于大同市迎宾大道北魏墓群，为百姓墓葬，这与统治者倡导下佛教在民间的传播有关。隋唐时期，净土信仰盛行，深刻影响着社会生活和思想观念，佛教文化进一步向本土墓葬艺术中渗透，表现在葬具上尤以须弥座式棺床最为典型。唐幽州卢龙节度使刘济作为一名虔诚的佛教徒曾舍宅建寺，还在云居寺镌刻《大般若经》580余卷，并撰写《涿鹿石经山堂记碑》记述刻经及运至石经山封存洞中的过程。宋代佛教丧仪和葬式大兴于世，社会丧葬观念逐步佛教化，这也为墓葬美术带来了新的驱动力。南宋理学家朱熹曾说："自佛法入中国，上自朝廷，下达闾巷，治丧礼者一用其法。"[87]此时朝廷依然对佛教采取保护政策，且重用文臣，思想较为活跃，上至皇帝、下至地主乡绅都较前朝更加注重精神生活。由于理学风气集儒、释、道于一体，前朝又大量兴建佛寺、大量翻译刻印佛教经文，佛教思想已为广大民众所接受，使用须弥座式棺床的情况增多，人们期望通过此举能够于死后成佛进入西方极乐世界中。辽代佛教建筑和佛事用具大量产生，辽中晚期以来多边形墓葬流行，佛教因素在辽代墓葬中的表征愈发明显。元代统治者崇尚藏传佛教，须弥座式棺床在此时期尚未发现。明朝帝王宦官普遍信奉佛教，鲁荒王作为明初第一位去世的亲王，其墓葬形制是明亲王丧葬制度的典范，采用须弥座式棺床作为葬具则反映了此时统治者对佛教的推崇。清朝佛教各派融合，产生了新气象，后妃棺椁周围大多饰经文，追求每日诵念经文以得往生净土，也彰显了清王朝统治者对佛教强烈的精神寄托。佛教自传入中国以来，兴盛或衰败与政府倡导或抵制的政策相关，而其发展过程又深刻影响着须弥座式葬具的使用。

除单纯信仰佛教外，使用须弥座式棺床的人员里还有一些因为政治、文化等因素，存在兼信他教的现象，集中发现于隋唐五代时期。此时，佛教与其他宗教共存，并不断发展，相互碰撞交融，纯粹以佛教内容作为主要内容的墓葬并不多见，更多墓葬具有兼信袄教、道教的情况。

唐代对外物质文化交流发达，有些迁徙到中原的粟特人，或是带有粟特血统的人，如安禄山、史索岩等也使用了须弥座式棺床。袄教是粟特人信仰的主要宗教，在阿赫美尼德王朝时期，粟特人已经接受了袄教[88]。中国出现袄教的时间最早可追溯到南北朝时期，伴随粟特人入华而传播。安禄山作为粟特人，是一个袄教信徒，自称"光明之神"的化身，并亲自主持粟特聚落中群胡的袄教祭祀活动[89]，以此作为发动安史之乱的基础之一，也就是前文提及的因政治因素兼信袄教这一与自身存在渊源的宗教，凭借文化影响力来获得更为广泛的群众基础。史索岩夫妇墓的墓主人为迁徙至隋唐地域范围内的中亚粟特后裔，即古籍所载"昭武九姓"之一的史国人，该墓中有许多反映墓主信仰佛教的证据，除须弥座式砖棺床外，更直接的还有墓志中"长子法僧、次子德僧，爰及德威、神义"的命名，可知史索岩和安娘是虔诚的佛教徒。那么，作为粟特后裔的史索岩夫妇为什么除了信奉传统袄教外，还信奉佛教呢？实际上，粟特人存在多种宗教信仰，不同的信仰丧葬形式亦不同，而且同一宗教信徒内部因各自身份不同等原因丧葬形式也可能有异[90]。此外，社会背景在其中起到了不容小觑的作用，唐朝开放包容，多民族融合促进了文化的多元发展，个人信仰也更加自由。统治者将佛教视为除儒家思想外重要的辅助巩固政权的工具，史索岩作为朝廷官员或多或少会受到统治者政策的影响[91]而信奉佛教。除了粟特人，胡人中还有沙陀族人也有使用须弥座式棺床的现象，如后唐太祖李克用原是沙陀族人，晚年信奉佛教，墓葬采用寺坟合一的布局，真实再现了唐朝、五代大兴佛教之风。他的女婿孟知祥为河北邢州人，是一胡化汉人，同样使用了须弥座式棺床。

五代十国时期是由唐向宋过渡的重要时期，佛教由以前相对弱势的地位逐渐成为宗教主流，道教思想也已渐趋成熟。在不同的文化背景共同作用下，人们的信仰呈现出多元化的特点。墓葬中佛、道、儒三个系统要素共存，并不是个别现象，如王建墓中便同时存在佛、道二教的倾向性[92]。王建尚佛很大程度上受到唐僖宗的影响，而尊崇道教则反映在他生前对道教杰出代表杜光庭的重用上[93]。作为一个虔诚的佛教徒，王建使用了须弥座式棺床，棺床上的伎乐、莲花以及两侧的十二神都属于佛教元素，二十四伎乐与周边"莲花化生"图样组合表现的正是"彼佛国土，常作天乐"[94]的景象。而且王建墓的建造与法门寺地宫这一佛教圣地有诸多相似之处，其目的正是期望墓主死后能够像佛祖一样往生西方极乐世界[95]。棺床上的凤鸟、龙纹、云气纹，以及墓葬中的其他因素如棺中的水银灯则来源于道教。自唐代以来，由于佛、道思想具有一定的相似性，加之此时思想活跃、开放并包，涅槃观念已呈现出与道教升仙思想相融合的趋势。可以说，在王建墓中，无论佛教还是道教，都提供了一种帮助墓主人进入西方极乐世界或得以永生的手段。

墓葬艺术从来都以表达人对生前、死后的各种现实关怀与精神寄托为旨归，所包含的宗教内容往往是多元混杂、不定一尊。但总体而言，五代以后墓葬中的文化元素除了作为主体的儒家孝道外，佛教成分已远超道家。而且各墓采用佛教因素的基本主题和用意，大都不外乎表达对脱离地狱、往生天国的祈盼，与中国传统墓葬艺术主旨相符。通过考察使用须弥座式棺床人员的宗教信仰可以发现，须弥座式棺床是佛教的象征，但并不能由此简单地认为墓主人仅是单纯的佛教徒，有时还存在兼信他教的情况。

李清泉认为，佛教对葬具形式的改变主要源于火葬的流行[96]。既然明确了须弥座式棺床的使用者基本上均为佛教信仰者，那他们为什么大多没有选择火葬，而使用须弥座式棺床盛放棺椁呢？火葬是随佛教尤其是喇嘛教的传入而逐渐出现的丧葬方式[97]，但长期以来受儒家"入土为安"丧葬观念的压制，间或有禁止火葬形式的政令颁布，所以在中国古代并不流行。宋太祖赵匡胤曾言："王者设棺椁之品，建封树之制，所以厚人伦而一风化也。近代以来，遵用夷法，率多火葬，甚愆典礼，自今宜禁之。"[98]清初皇室也存在火葬现象，为北方游牧民族原始火崇拜的延续，"是一种宗教性的社会意识，这种习俗和意识是当时社会存在的反映"[99]。与宋代相类似，清代也多次下令禁止，如《从政遗规》中载："凡有地方之责者，相其土俗，曲为化谕，或禁火葬，或禁宰牛，或禁淫祀，或禁造访，或禁凿山、占河等，及种种残虐侈费事，天未有不厚报之者。"[100]可从侧面反映此时从政者对火葬的态度，乾隆以后火葬逐渐减少。此外，还有一点需要说明，火葬盛行多存在于贫困、地少、受少数民族影响大且信仰佛教的情况下，因为这些人没有足够的财力来支撑使用豪华葬具，火葬的形式能够有效减少开支，同时与信仰相符。而须弥座式棺床的使用者大多为高等级人员，他们权、财兼具，并不存在上述困难，故而这些高等级人员中少见火葬形式。但也有一些特例，或受佛教影响深重，或所在地区盛行火葬，且在使用了须弥座式棺床的人中级别略低于他人，如药王山唐墓所葬即为火化后的骨灰，墓主人为地位较高的僧人，但较其他使用了须弥座式棺床的帝王、亲王而言等级无疑是略低的。宋辽金时期，佛教的平民化色彩浓重，辽统治下的北方区域佛教化程度极高，火葬十分盛行，除用木盒盛放骨灰外还有模仿佛舍利函的石函，如大兴北程庄墓地三座辽墓就是深受佛教影响的汉人墓地，它们都遵循"茶毗礼"将尸骨火化，

并用骨殖函盛放骨灰置于须弥座式棺床上（图一一）。

由此观之，使用须弥座式棺床的人员均为佛教信仰者，同时因须弥座样式精美，耗资巨大，多见于高等级墓葬中。在信仰佛教的基础上，隋唐五代时期还存在兼信祆教、道教的情况。至于信仰佛教与未采用火葬形式，二者并不矛盾，使用须弥座式棺床与火葬只是佛教信仰在现实社会中不同的表现形式而已，不同的人在不同情况下会有不同的选择。须弥座式棺床普遍见于墓主信仰佛教且等级较高、财力丰厚的墓葬中，火葬墓的墓主人则一般为中下层平民，财力不济。

图一一　北程庄M41须弥座式砖棺床（自南向北）[101]

四、结　语

须弥座式棺床作为棺床中特殊的一类，以精美豪华著称，可分为北朝兴起、隋唐五代发展、宋辽金黄金、明清繁荣四个阶段。其形制变化大体与须弥座的演变同步，经历了"简单—繁缛—简练"的过程，装饰由少到多。魏晋南北朝断面轮廓十分简单，少有线脚，叠涩较少，中间束腰，大多素面无装饰，或仅有一些简单的莲瓣纹、卷草纹等；隋唐五代叠涩层增多，外轮廓复杂，立面用小立柱做分格，内嵌壸门，雕刻有人物、瑞兽等纹样，常配合抬棺力士出现，有的还在叠涩上施以彩绘；宋辽金融入多地区风格，外表普遍加彩绘，装饰开光、花卉、如意云纹等，体量较前代略小，除单体棺床外北方地区还出现了仅立面呈须弥座式的炕式棺床；明清装饰更加细腻，大量采用水纹、动物纹、莲瓣纹等，洪武晚期开始有窄条形金井。

须弥座式棺床普遍见于墓主信仰佛教且等级较高、财力丰厚的墓葬中，墓主人的政治和文化身份都与一般棺床的使用者有着显著不同。造成这种情况的原因是多样的：须弥座具有宗教与艺术的双重特殊性，是佛教文化信仰的具象表征，既可以寄托墓主人寻求往生净土的诉求，又因装饰精巧、层次感强、富有艺术美感而为世人所喜爱；须弥座式棺床工艺复杂，体量较大，需要庞大的财力支撑，能够使用须弥座式棺床的人员必然在权力或财力上优于普通人；就材质而言，须弥座式棺床大多为砖或石质，耐腐蚀、硬度大，在彰显使用者独特地位的同时能够长久保存，这也是其备受高等级人员青睐的原因之一。

应该指出的是，关于须弥座式棺床还有一些问题尚需探讨，如最早使用须弥座式棺床的并非高等级人员，而是见于百姓墓葬，那此类棺床的使用是如何由普通百姓发展至高等级人员并被固定下来的？在高等级人员使用须弥座式棺床后，是否形成规定严令禁止了低等级人员对须弥座式棺床的使用？这些或许可以作为今后研究须弥座式棺床的新方向，其研究结论若能得到证实，将对更好地认识须弥座式棺床葬的使用条件大有裨益。

注　释

[1] 韩莎：《略论前后蜀墓葬特征》，《文博》2020年第3期，第68~76页。
[2] 沈仲常：《王建、孟知祥墓的棺床为佛座说试证》，《前后蜀的历史与文化——前后蜀历史与文化学术讨论会论文集》，四川：巴蜀书社，1994年，第107~111页。
[3] 郑以墨：《往生净土——前蜀王建墓棺床雕刻与十二半身像研究》，《四川文物》2012年第6期，第50~63页。
[4] 王环宇：《北朝棺床艺术探究》，西安美术学院硕士学位论文，2018年。
[5] 韦正、吴娇：《从平城到邺城——聚焦于墓葬文化的变迁》，《故宫博物院院刊》2021年第1期，第4~26页。
[6] 张肖马：《前后蜀墓葬制度浅论》，《成都文物》1990年第2期，第36~44页。
[7] 同注[1]。
[8] 崔汉林、阴志毅：《耀县药王山隋墓清理记》，《文博》1986年第1期，第1~10页。
[9] 刘乃涛：《刘济墓考古发掘记》，《大众考古》2013年第2期，第26~33页。
[10] 冯汉骥：《前蜀王建墓发掘报告》，北京：文物出版社，2002年。
[11] 张勋燎：《试说前蜀王建永陵发掘材料中的道教遗迹》，《四川考古论文集》，北京：文物出版社，1996年，第213~223页。
[12] 王玉冬：《半身像与社会变迁》，《艺术史研究（第六辑）》，广州：中山大学出版社，2004年，第5~70页。
[13] 同注[3]。
[14] 郑以墨：《五代墓葬美术研究》，中央美术学院博士学位论文，2009年。
[15] 大同市考古研究所：《山西大同迎宾大道北魏墓群》，《文物》2006年第10期，第50~71页。
[16] 大同市考古研究所：《山西大同沙岭新村北魏墓地发掘简报》，《文物》2014年第4期，第4~15页。
[17] 河南省文物管理局南水北调文物保护办公室、河南省文物考古研究所：《河南安阳市固岸墓地Ⅱ区51号东魏墓》，《考古》2008年第5期，第49~58页。
[18] 中国社会科学院考古所、河北省文物研究所邺城工作队：《河北磁县湾漳北朝墓》，《考古》1990年第7期，第601~607页。
[19] 山西省考古研究所、太原市文物管理委员会：《太原南郊北齐壁画墓》，《文物》1990年第12期，第1~11页。
[20] 中国社会科学院考古研究所、河北省文物研究所：《磁县湾漳北朝壁画墓》，北京：科学出版社，2003年。
[21] 药王山隋墓发现有须弥座式棺床，但张蕴、桑绍华二人在对石棺及棺床上部的纹饰考证后提出此墓应为唐代中晚期墓葬。
[22] 罗丰：《固原南郊隋唐墓地》，北京：文物出版社，1996年。
[23] 郝建文：《田庄大墓的未解之谜》，《当代人》2015年第6期，第57~59页。
[24] 甘肃省博物馆文物队：《甘肃秦安县唐墓清理简报》，《文物》1975年第4期，第74~75页。
[25] 同注[9]。
[26] 李雨生：《山西隋唐五代墓葬析论》，《西部考古》（第六辑），西安：三秦出版社，2012年，第110~136页。

[27] 同注[9]。
[28] 李有成：《代县李克用墓发掘报告》，《李有成考古论文集》，北京：中国文史出版社，2009年。
[29] 赤峰市博物馆、巴林左旗辽上京博物馆、巴林左旗文物管理所：《内蒙古巴林左旗盘羊沟辽代墓葬》，《考古》2016年第3期，第30~44页。
[30] 同注[10]。
[31] 张亚平：《"前蜀后妃墓"应为前蜀周皇后墓》，《四川文物》2003年第1期，第36~37页。
[32] 成都文物考古研究所、龙泉驿区文物保护管理所：《成都市龙泉驿五代前蜀王宗侃夫妇墓》，《考古》2011年第6期，第33~44页。
[33] 成都市文物管理处：《后蜀孟知祥墓与福庆长公主墓志铭》，《文物》1982年第3期，第15~21页。
[34] 成都市文物管理处：《成都市东郊后蜀张虔钊墓》，《文物》1982年第3期，第21~28页。
[35] 王毅、谢涛、龚扬民：《四川后蜀宋王赵廷隐墓发掘记》，《中国社会科学报》2011年5月26日第8版。
[36] 成都市博物馆考古队：《成都无缝钢管厂发现五代后蜀墓》，《四川文物》1991年第3期，第58~62页。
[37] 成都市博物馆考古队：《五代后蜀孙汉韶墓》，《文物》1991年第5期，第11~27页。
[38] 成都文物考古研究所、双流县文物管理所：《成都双流籍田竹林村五代后蜀双室合葬墓》，《成都考古发现（2004）》，科学出版社，2006年，第323~363页。
[39] 倪润安：《北源与南源：后蜀墓葬形制演变过程研究》，《考古》2021年第1期，第106~120页。
[40] 同注[10]。
[41] 萧默主编：《中国建筑艺术史》（上、下），北京：文物出版社，1999年，第464页。
[42] 河南省文物研究所、巩县文物保管所：《宋太宗元德李后陵发掘报告》，《华夏考古》1988年第3期，第19~46页。
[43] 裴明相：《郑州二里岗宋墓发掘记》，《文物参考资料》1954年第6期，第44~48页。
[44] 河南省文化局文物工作队第一队：《郑州南关外北宋砖室墓》，《文物参考资料》1958年第5期，第52~54页。
[45] 张增午：《河南林县城关宋墓清理简报》，《考古与文物》1982年第5期，第39~43页。
[46] 王先进、石卫国：《山西长治市五马村宋墓》，《考古》1994年第9期，第815~817页。
[47] 湖北省文物考古研究所：《2013年湖北省文物考古研究所考古工作主要收获》，《江汉考古》2014年第1期，第7~13页。
[48] 宿白：《白沙宋墓》，北京：文物出版社，2002年。
[49] 洛阳市第二文物工作队：《洛阳邙山宋代壁画墓》，《文物》1992年第12期，第37~51页。
[50] 河南省文物局：《河南文物》（上），郑州：文心出版社，2008年。
[51] 陈贤儒：《甘肃陇西县的宋墓》，《文物参考资料》1955年第9期，第86~92页。
[52] 河北省文物考古研究院、张家口市文物考古研究所、蔚县文物事业管理所等：《河北蔚县三关辽代家族墓地M3发掘简报》，《文物》2021年第10期，第23~38页。
[53] 北京市文物研究所：《大兴北程庄墓地——北魏、唐、辽、金、清代墓葬发掘报告》，北京：科学出版社，2010年。
[54] 北京市文物工作队：《辽韩佚墓发掘报告》，《考古学报》1984年第3期，第361~381页。
[55] 兴安盟文物工作站：《科右中旗代钦塔拉辽墓清理简报》，《内蒙古文物考古文集》（第二辑），北京：中国大百科全书出版社，1997年，第651~667页。
[56] 内蒙古文物考古研究所：《内蒙古通辽市吐尔基山辽代墓葬》，《考古》2004年第7期，第50~53页。
[57] 项春松：《内蒙古翁牛特旗辽代广德公墓》，《北方文物》1989年第4期，第41~44页。
[58] 辽宁省文物考古研究所：《关山辽墓》，北京：文物出版社，2011年。

[59] 曾分良：《辽代家具研究》，苏州大学硕士学位论文，2008年。
[60] 郑州市文物工作队：《登封王上壁画墓发掘简报》，《文物》1994年第10期，第4~9页。
[61] 张增午：《河南林县金墓清理简报》，《华夏考古》1998年第2期，第35~53页。
[62] 北京市文物研究所：《北京华能热电厂墓葬考古发掘简报》，《北京文博文丛》2017年第4期，第69~86页。
[63] 同注[60]。
[64] 山东博物馆、山东省文物考古研究所：《鲁荒王墓》，北京：文物出版社，2014年。
[65] 中国社会科学院考古研究所、四川省博物馆成都明墓发掘队：《成都凤凰山明墓》，《考古》1978年第5期，第306~313页。
[66] 荆州地区博物馆、江陵县文物局：《江陵八岭山明代辽简王墓发掘简报》，《考古》1995年第8期，第702~712页。
[67] 成都市文物考古研究所：《成都明代蜀僖王陵发掘简报》，《文物》2002年第4期，第41~54页。
[68] 华东文物工作队：《南京南郊英台寺山明金英墓清理记》，《文物参考资料》1954年第12期，第64~70页。
[69] 许成、吴峰云：《同心县任庄村明代王陵》，《中国考古学年鉴·1984》，北京：文物出版社，1984年，第175~176页。
[70] 保定地区博物馆：《明两京司礼监太监牛玉墓发掘简报》，《文物》1983年第2期，第76~81页。
[71] 济南市文化局文物处、长清县文物管理所：《山东长清县明德王墓群发掘简报》，《考古学集刊》(11)，北京：中国大百科全书出版社，1997年，第221~241页。
[72] 四川省文物考古研究院、广元市博物馆、广元市元坝区文物管理所：《广元市元坝区樟树村明墓发掘简报》，《四川文物》2014年第1期，第12~22页。
[73] 江西省博物馆：《江西南城明益王朱祐槟墓发掘报告》，《文物》1973年第3期，第33~46页。
[74] 中国社会科学院考古研究所安阳工作队：《河南安阳市明代墓葬发掘简报》，《考古》2016年第5期，第41~58页。
[75] 陕西省考古研究所、西北大学文博学院：《西安明代秦藩辅国将军朱秉橘家族墓》，《文物》2007年第2期，第24~38页。
[76] 长陵发掘委员会工作队：《定陵试掘简报》，《考古通讯》1958年第7期，第36~47页；长陵发掘委员会工作队：《定陵试掘简报（续）》，《考古》1959年第7期，第358~368页。
[77] 徐广源：《清皇陵地宫亲探记》，北京：新世界出版社，2017年，第205~208页。
[78] 同注[77]，第142~154页。
[79] 同注[41]，第828页。
[80] 杨新平：《浅谈须弥座》，《南方文物》1993年第1期，第78~81页。
[81] 佛家思想将须弥山认为是被八山八海所围绕的世界中心，"妙高"无比，而具有须弥山隐喻的须弥座显然具有尊贵伟大和至高无上的寓意。
[82] 齐东方：《试论西安地区唐代墓葬的等级制度》，《纪念北京大学考古专业三十周年论文集1952~1982》，北京：文物出版社，1990年，第286~310页。
[83] 李蜀蕾：《前后蜀墓葬略论》，《东方博物》2012年第3期，第22~30页。
[84] 同注[14]。
[85] 邬俊：《明代沐氏家族墓葬研究》，南京大学硕士学位论文，2012年，第29页。
[86] 张蕴、桑绍华：《药王山隋墓性质与年代的讨论》，《庆祝武伯纶先生九十华诞论文集》，西安：三秦出版社，1991年，第185~196页。
[87] （宋）朱熹：《朱子文集》卷十四《跋向伯元遗戒》，清正谊堂全书本，第667页。
[88] 冯敏：《中古时期入华粟特人与祆教的在华传播——以固原史姓人墓地为中心》，《西北民族大学学

［89］ 荣新江:《安禄山的种族与信仰》,《北京大学百年国学文粹·史学卷》,北京:北京大学出版社,1998年,第762~769页。

［90］ 沈睿文:《中古中国祆教信仰与丧葬》,上海:上海古籍出版社,2019年,第217页。

［91］ 陆薪羽:《固原史姓粟特家族多元信仰探讨》,《丝绸之路》2017年第14期,第23~26页。

［92］ 包艳:《"天"之信仰:墓葬多元宗教图像系统共存之前提》,《中国美术研究》2014年第4期,第23~28页。

［93］ 杨勤艺:《前蜀道教文化浅谈》,《文史杂志》2019年第3期,第19~25页。

［94］ (姚秦)鸠摩罗什:《佛说阿弥陀经》,《大正藏·宝积部》(12),日本大正新修大藏经本,第3页。

［95］ 同注［3］。

［96］ 李清泉:《佛教改变了什么——来自五代宋辽金墓葬美术的观察》,《古代墓葬美术研究》(第四辑),长沙:湖南美术出版社,2017年,第242~277页。

［97］ 孙懿:《从萨满教到喇嘛教》,北京:中央民族大学出版社,2002年,第111页。

［98］ (宋)王称:《东都事略》(卷二),四库全书本,第3页。

［99］ 冯尔康等:《中国宗族史》,上海:上海人民出版社,2009年,第84页。

［100］ (清)陈弘谋:《从政遗规》(卷下),清乾隆培远堂刻汇印本,第81页。

［101］ 同注［53］。

Preliminary Study on the Sumeru-Pedestal Coffin Platform

Song Yixuan

(2019 Undergraduate Student, Faculty of History, Nankai University)

Abstract: As a special type of coffin platform, the Sumeru-pedestal coffin platform is famous for its exquisite and luxurious appearance. In the process of its development and evolution, different characteristics were presented in different periods, reflecting the integration and changes of religion, ethnicity, art and culture in ancient Chinese society. Hence, systemically collating the history of the Sumeru-pedestal coffin platform is valuable for restoring the social landscape. Given the shortage of research on this area, this paper clarifies the evolution of the Sumeru-pedestal coffin platform by summarizing the existing Sumeru-pedestal coffin platforms, in terms of their developments and differences of material, sizes, placement, and excavation areas. With regard to the identity of users, the analysis shows that Sumeru-pedestal coffin platforms were commonly found in tombs belonging to Buddhists of high position and tremendous wealth.

Key Words: Sumeru-Pedestal, Coffin Platform, Funerary Utensil, Hierarchy, Buddhism

附表　须弥座式棺床统计表

序号	墓葬名称	墓葬年代	墓葬地点	墓主人	墓葬形制	棺床位置	棺床材质	棺床尺寸	来源
1	大同市迎宾大道北魏墓群M2、M3、M26、M78	北魏平城时期	山西大同市	未知	弧边方形砖室墓	墓室北侧	砖	M78棺床长1.9~2.1、宽0.72~0.84、高0.45米	《山西大同迎宾大道北魏墓群》，《文物》2006年第10期
2	大同沙岭新村北魏墓群M22	北魏正都洛阳后期	山西大同市沙岭新村	普通百姓	弧边方形砖室墓，四角向内凸出，南北长3.9、东西宽4米	墓室北侧	砖	长3、宽1.12、高0.5米	《山西大同沙岭新村北魏墓地发掘简报》，《文物》2014年第4期
3	安阳固岸墓地Ⅱ区M51	东魏武定五年（547年）前后	河南安阳市安丰乡	贵族	弧边长方形砖室墓，东西长2.92、南北宽2.62米	墓室北侧	砖	长2.92、高0.36、宽约1.1米	《河南安阳市固岸墓地Ⅱ区51号东魏墓》，《考古》2008年第5期
4	磁县湾漳北齐朝壁画墓	北齐天保十年（559年）	河北磁县	文宣帝高洋	弧边方形砖室墓，东西7.4、南北7.56、面积55.9平方米	墓室西侧	石	长5.82、宽3~3.8、高0.615米	《磁县湾漳北齐壁画墓》，科学出版社，2003年
5	太原南郊北齐壁画墓	北齐武平元年（570年）前后	山西太原郊区金胜村	未知	弧边方形砖室墓，长、宽均2.68米	墓室北侧	砖	长3.7、宽1.18、高0.5米	《太原南郊北齐壁画墓》，《文物》1990年第12期
6	史索岩夫妇墓	唐高宗显庆元年（656年）	宁夏固原市南郊乡	唐平凉郡都尉史索岩与夫人安娘	正方形砖室墓，长3.6、南宽3.1、北宽3.6米	墓室西侧	砖	长2.6、宽1.26、高0.53米	《固原南郊隋唐墓地》，文物出版社，1996年
7	杨家沟唐墓一号墓	唐中宗景龙三年（709年）	甘肃秦安县	未知	方形砖室墓，长3.62、宽3.51、高4.11米	墓室东侧	未载	长2.9、宽1.46、高0.38米	《甘肃秦安县唐墓清理简报》，《文物》1975年第4期
8	田庄大墓	唐肃宗至德二年（757年）	河北曲阳县	大燕皇帝安禄山	弧方近圆形墓室，后室直径7.6米	未载	汉白玉	南北长4.03、北端宽2.42、南端宽1.95、高1.1米	《田庄大墓的未解之谜》，《当代人》2015年第6期
9	耀县药王山唐墓	中晚唐	陕西耀县（今铜川市耀州区）	地位较高的僧人	双室墓，后室为不规则方形，北边3.28、南边3.2、东边3.52、西边3.45米	后室正中	青石	南北2.24、东西1.12、高0.4米	《耀县药王山隋唐墓清理记》，《文博》1986年第1期

续表

序号	墓葬名称	墓葬年代	墓葬地点	墓主人	墓葬形制	棺床位置	棺床材质	棺床尺寸	来源
10	刘济墓	唐宪宗元和五年（810年）	北京房山区	幽州卢龙节度使刘济	弧边方形砖室墓，穹窿顶，主室东西7.6、南北8米	主室北部中央	石	南宽北窄，南北长3.7、东西宽1.9~2.5米	《刘济墓考古发掘记》，《大众考古》2013年第2期
11	李克用墓	后梁开平二年（908年）	山西代县阴明堡镇	后唐太祖李克用	圆角方形石筑墓，南北长9.54、东西宽9.65、残高5.56米	墓室中央	石	东西长6.7、南北宽3.37、高0.56米	《李有成考古论文集》，中国文史出版社，2009年
12	前蜀王建墓	前蜀光天元年（918年）	四川成都金牛区	前蜀开国皇帝王建	三室内石外砖墓，中室由七道石券构成，长12、宽6.1、高6.4米	中室正中偏后	红砂岩	长7.45、宽3.35、高0.84米	《前蜀王建墓发掘报告》，文物出版社，2002年
13	前蜀周皇后墓	前蜀光天元年（918年）	四川成都白果林小区	前蜀周皇后	砖室墓，后室长8.5米	后室中部	石	长6.65、宽2.9米	"前蜀后妃墓"应为前蜀周皇后墓，《四川文物》2003年第1期
14	王宗侃夫妇墓	前蜀乾德五年（923年）	四川成都东郊龙泉驿区	魏王王宗侃	长方形砖室墓，长9.05、宽4.4、残高3.9米	墓室中部	砖	长5.9、宽2.97、高0.89米	《成都市龙泉驿五代前蜀王宗侃夫妇墓》，《考古》2016年第6期
15	后蜀孟知祥与福庆长公主合葬墓	后蜀明德元年（934年）	四川成都北郊磨盘山南麓	后蜀高祖孟知祥	三室石筑墓，主室直径6.7、高8.16米	主室中部	红砂石	长5.1、宽2.75、高2.1米	《后蜀孟知祥墓与福庆长公主墓志铭》，《文物》1982年第3期
16	德妃伊氏墓	辽会同六年（943年）	内蒙古赤峰市巴林左旗哈拉哈达镇大西沟村	后唐德妃	砖结构多室墓，主室圆形，直径5.6、高2.94米	主室中部偏北	砖	长3.9、宽2.6、高0.4米	《内蒙古巴林左旗盘羊沟辽代墓葬》，《考古》2016年第3期
17	后蜀张虔钊墓	后蜀广政十一年（948年）	四川成都金牛区保和乡	太子太师张虔钊	多耳室长方形券拱砖墓，中室长10.6、宽5米	中室中部	红砂岩	长6.9、宽3.6、高0.82米	《成都市东郊后蜀张虔钊墓》，《文物》1982年第3期
18	赵廷隐墓	后蜀广政十三年（950年）	四川成都市龙泉驿区	宋王赵廷隐	竖穴砖室墓，前室呈方形，十字穹顶	前室中部	砖石	长7、宽3.35、高0.56米	《四川后蜀王赵廷隐墓发掘记》，《中国社会科学报》2011年5月26日第8版

续表

序号	墓葬名称	墓葬年代	墓葬地点	墓主人	墓葬形制	棺床位置	棺床材质	棺床尺寸	来源
19	徐铎墓	后蜀广政十五年（952年）	四川成都市城东	后蜀彭州刺史徐铎	大型多耳室长方形券拱砖室墓，前室长6、宽3.48、高3.9米	前室中部	砖	长5.18、宽2.24、高0.56米	《成都无缝钢管厂发现五代后蜀墓》，《四川文物》1991年第3期
20	后蜀孙汉韶墓	后蜀广政十八年（955年）	四川成都市金牛区青龙乡西桦村	乐安郡王孙汉韶	砖室墓，中室长10、宽3.8~4.3、残高4.8米	中室中部	石	长6.45、宽3.5、高0.52米	《五代后蜀孙汉韶墓》，《文物》1991年第5期
21	徐公夫妇墓	后蜀广政二十七年（964年）	四川成都市双流区籍田镇竹林村	徐公为籍县槲阳乡思忍里人	长方形石砌墓，长5.44、宽1.4、高2.06米	墓室中部	石	长2.88、宽1.27、高0.29米	《成都双流籍田竹林村五代后蜀双室合葬墓》，《成都考古发现》2004年
22	郑州二里岗宋墓	北宋开宝三年（970年）	河南郑州市郊二里岗	未知	方形砖室墓，攒尖顶塌，边长约2.8米	墓室北部	砖	高0.23、长1.1、宽0.8米	《郑州二里岗宋墓发掘记》，《文物参考资料》1954年第6期
23	宋太宗元德李后陵	宋真宗咸平三年（1000年）	河南郑州巩义市西村乡	元德皇太后李氏	近圆形砖室墓，穹窿顶，直径7.95、高12.26米	墓室中北部	石	南北长4.7、东西宽7.9、高0.62米	《宋太宗元德李后陵发掘报告》，《华夏考古》1988年第3期
24	郑州南关外北宋墓	北宋仁宗至和三年（1056年）	河南郑州市旧城南门外	胡进	弧边方形砖室墓，攒尖顶，东西长1.97、南北宽2.03、高2.26米	墓室北部	砖	高0.27米	《郑州南关外北宋砖室墓》，《文物参考资料》1958年第5期
25	林县城关宋墓	北宋熙宁三年（1070年）	河南林县（今林州市）	农村地主家绅郭登	弧边方形砖室墓，攒尖顶，宽2.68、长2.8、高4.4米	墓室北部	砖	高0.59、宽1.53、长2.68米	《河南林县城关宋墓清理简报》，《考古与文物》1982年第5期
26	山西长治马预修墓	北宋元丰四年（1081年）	山西长治市南郊五马村东	一般南贾马预修	长方形砖室墓，穹窿顶，东西长2.66、南北宽2.1、高3.2米	墓室东部	砖	长2.66、宽1.46、高0.6米	《山西长治市五马村宋墓》，《考古》1994年第9期
27	谷城肖家营墓地宋墓M1	北宋晚期	湖北襄阳市谷城县城关镇	未知	长方形砖室墓，长3.95、宽2.55米	墓室北部	砖	未载	《2013年湖北省文物考古研究所考古工作》，《江汉考古》2014年第1期

续表

序号	墓葬名称	墓葬年代	墓葬地点	墓主人	墓葬形制	棺床位置	棺床材质	棺床尺寸	来源
28	白沙宋墓	一号墓为北宋哲宗元符二年（1099年），二、三号墓不晚于宣和六年（1124年）	河南禹州市白沙	兼营商业的地主赵大翁及其家属	砖室墓。一号墓前室长方形，攒尖顶，长1.84，宽2.28，高3.85米，后室六边形，攒尖顶，长1.26~1.30，直径2.4，高2.6米；二号墓六边形，边长1.2~1.26，高3.79米，攒尖顶；三号墓六边形，边长1.17~1.26，直径2.1，高3.48米	满室	砖	一号墓前室棺床高3.7厘米，后室棺床高0.4米；二号墓棺床高0.39米；三号墓棺床高0.41米	《白沙宋墓》，文物出版社，2002年
29	洛阳邙山壁画墓	约为北宋徽宗崇宁二年（1103年）	河南洛阳市邙岭乡龙泉新村	与皇室有关的女性	方形仿木结构砖室墓，南北长3.32，东西宽3.3米	墓室北部	砖	东西长3.3，南北宽1，高0.56米	《洛阳邙山宋代壁画墓》，《文物》1992年第12期
30	米河宋墓	宋代	河南郑州市巩义市米河镇半个店村	未知	八边形木结构墓室墓，攒尖顶，弯隆顶	墓室中部	石	长2.35米	《河南文物》（上），文心出版社，2008年
31	甘肃陇西宋墓	南宋建炎二年（1128年）	甘肃陇西县	巩州居民李泽	方形砖室墓，攒尖顶，高3.76米	墓室中间偏南	砖	未载	《甘肃陇西县的宋墓》，《文物参考资料》1955年第9期
32	科右中旗代钦塔拉辽墓	辽早期	内蒙古兴盟科右中旗代钦塔拉苏木	契丹大贵族	砖砌弯隆顶长方形多室墓，通高2.91米	墓室中部	木	长2.23、宽1.41、高0.24米	《内蒙古文物考古文集》（第二辑），中国大百科全书出版社，1997年
33	内蒙古通辽吐尔基山辽墓	辽代早期	内蒙古通辽市科尔沁左翼后旗大吐尔基山东南麓	契丹贵族	近方形石室墓，长3.92，宽3.7，高3.36米	墓室中部	木	长2.56、宽1.48、高1.07米	《内蒙古通辽吐尔基山辽代墓葬》，《考古》2004年第7期
34	辽韩佚墓	辽圣宗统和十三年（995年）	北京八宝山革命公墓院墙内	辽昌州刺史韩佚	圆形砖室墓，弯隆顶，直径3.18、高3.45米	墓室北半部	砖	宽1.53、高0.65米	《辽韩佚墓发掘报告》1984年第3期

续表

序号	墓葬名称	墓葬年代	墓葬地点	墓主人	墓葬形制	棺床位置	棺床材质	棺床尺寸	来源
35	内蒙古翁牛特旗辽广德公墓	辽中早期	内蒙古赤峰市翁牛特旗	汉族官僚地主或未朝使臣	圆形石筑券顶墓，直径约3，高4.1米	墓室中部偏北	木	长2.7，宽1.19，高0.7米	《内蒙古翁牛特旗辽广德公墓》，《北方文物》1989年第4期
36	河北蔚县三关辽代家族墓地M3	辽兴宗重熙五年（1036年）	河北张家口市蔚县西合营镇三关村	未知	六边形砖室墓，边长1.29~1.57米	墓室北半部	砖	东西长2.9，南北宽1.08，高0.55米	《河北蔚县三关辽代家族墓地M3发掘简报》，《文物》2021年第10期
37	关山辽墓M6	辽道宗大康元年（1075年）之后	辽宁阜新蒙古族自治县大巴镇车新村	高级贵族	八边形砖墓，最宽处5.4，进深5，高4.5米	墓室后部正中	砖	长3.14，宽1.28，高0.46米	《关山辽墓》，文物出版社，2011年
38	大兴北程庄墓地辽墓M26、M41、M42	辽晚期后段	北京大兴区	较富裕的平民或中小地主	砖砌圆形穹隆顶墓，M26直径约1.52，高2.02米，M41直径约1.66，高1.98米，M42墓室直径约1.46，高2米	墓室北部	砖	M26长0.92，宽0.64，高0.44米，M41长0.98，宽0.7，高0.45米，M42东西长0.98，南北宽0.74，高0.4米	《大兴北程庄墓地——北魏、唐、辽、金、清代墓葬发掘报告》，科学出版社，2010年
39	林县赵处墓	金皇统三年（1143年）	河南林州（今林州市）	地主赵处	八边形砖室，攒尖顶，边长1.03~1.04，南北长2.51，东西宽2.48，高2.58米	墓室北部	砖	高0.26米	《河南林县金墓清理简报》，《华夏考古》1998年第2期
40	华能热电厂金代墓葬M5	金代	北京华能北京热电厂公司东南部	未知	椭圆形竖穴砖室，南北长2.24，东西宽2.26，残高0.17~1.52米	墓室北部	砖	南北长0.5~0.58，东西宽0.86，高0.42米	《北京华能热电厂墓考古发掘简报》，《北京文博文丛》2017年第4期
41	登封王上壁画墓	金代中晚期	河南郑州市登封市金店乡王上村	未知	八边形砖室墓，穹隆顶，边长1~1.06，直径2.48，高3米	墓室北部	砖	宽1.55，高0.44米	《登封王上壁画墓发掘简报》，《文物》1994年第10期
42	鲁荒王墓	明洪武二十二年（1389年）	山东邹城市九龙山南麓	朱元璋第十子朱檀	横长方形砖室墓，南北长5.45，东西宽8.2，高5.05米	后室中部	砖	南北长3.85，东西宽3.1，高0.5米	《鲁荒王墓》，文物出版社，2014年

续表

序号	墓葬名称	墓葬年代	墓葬地点	墓主人	墓葬形制	棺床位置	棺床材质	棺床尺寸	来源
43	朱悦燫墓	明永乐八年（1410年）	四川成都市北郊凤凰山南麓	明蜀王朱椿长子朱悦燫	砖石混筑墓，后殿呈长方形，长7.6、宽3.26、高3.35米	后殿中室中央	石	长3.97、宽2.06、高0.61米	《成都凤凰山明墓》，《考古》1978年5期
44	辽简王朱植墓	明永乐二十二年（1424年）	湖北江陵县八岭山南麓	明辽王朱植	砖室墓，后室略呈方形，长5.28、宽5.84、高6.88米	后室中间靠后	石	长3.08、宽1.6、高0.4米	《江陵八岭山明代辽王墓发掘简报》，《考古》1995年第8期
45	明代蜀僖王陵	明宣德九年（1434年）	四川成都市龙泉驿区十陵镇大梁村	明蜀僖王朱友壎	砖室墓，后室中间的棺室呈长方形，长6.71、宽2.9、高3.17米	后室中间	石	长4.23、宽1.98、高0.65米	《成都明代蜀僖王陵发掘简报》，《文物》2002年第4期
46	南京南郊司礼监太监金英墓	明景泰七年（1456年）	南京江宁县西善桥镇	明司礼监太监金英	砖室墓，后室呈长方形，长4.75、宽2.54、高2.92米	后室中部	石	长2.7、宽1.26、高0.36米	《南京南郊英台寺山明金英墓清理记》，《文物参考资料》1954年第12期
47	任庄明代王陵	明成化五年（1469年）	宁夏同心县青乡	明庆康王秩煃	砖室墓，后室略呈方形，长5.3、宽6、高7.17米	后室中央	石	长4、宽4.1、高0.8米	《中国考古学年鉴·1984》，文物出版社，1984年
48	明两京司礼监太监牛玉墓	明弘治十三年（1500年）	河北涿州	明两京司礼监太监牛玉	砖室墓，后室呈长方形，长4.17、宽3.02、高3.17米	后室中央	汉白玉	长3.01、宽1.69、高0.4米	《明两京司礼监太监牛玉墓发掘简报》，《文物》1983年第2期
49	山东长清县德庄王朱见潾墓	明正德十二年（1517年）	山东长清县（今济南市长清区）	明德庄王朱见潾	砖室墓，东椁室呈长方形，长5.51、宽4.14、高4.8米	东室中部	石	长2.77、宽1.45、高0.48米	《考古学集刊》（11），中国大百科全书出版社，1997
50	广元市元坝区樟树村明墓	明代中期	四川广元市元坝区虎跳镇	品级较高的官员	长方形并列双石室墓，券顶，长3.22、宽2.28、高3.16米	墓室中部偏北	石	长2.35、宽1.08、高0.38米	《广元市元坝区樟树村明墓发掘简报》，《四川文物》2014年第1期
51	益端王朱祐槟墓	明嘉靖十八年（1539年）	江西南城县外源村	明益端王朱祐槟	砖室墓，主室呈长方形，长5.2、宽3.62、高2.97米	主室中后部	石	长2.66、宽2.33、高0.6米	《江西南城明益王朱祐槟墓发掘报告》，《文物》1973年第3期

续表

序号	墓葬名称	墓葬年代	墓葬地点	墓主人	墓葬形制	棺床位置	棺床材质	棺床尺寸	来源
52	河南安阳赵藩汝源端僖王朱厚熲墓	明嘉靖二十八年（1549年）	河南安阳市殷墟西南王裕口村南地	明汝源端僖王朱厚熲	砖室墓，后室呈长方形，南北长4.14、东西宽3.08米	后室北侧	黄土夯筑，青石包边	长2.48、宽3.08、高0.34米	《河南安阳市明代墓葬发掘简报》，《考古》2016年第5期
53	西安明代秦藩辅国将军朱秉橘家族墓	明万历十三年（1585年）	陕西西安市雁塔区	秦国将军朱惟熼及两位夫人	长方形，长5.74、宽3.43、高3.2米	墓室北部	砖	长2.88、宽3.34、高0.58米	《西安明代秦藩辅国将军朱秉橘家族墓》，《文物》2007年第2期
54	明定陵	明万历四十八年（1620年）	北京昌平区	明第十三帝神宗显皇帝朱翊钧	砖石混筑墓，后殿呈长方形，南北长30.1、东西宽9.1、高9.5米	后殿中部偏西	汉白玉	长1.75、宽3.7、高0.4米	《定陵试掘简报》，《考古》1958年第7期；《定陵试掘简报（续）》，《考古》1959年第7期
55	裕陵妃园寝中容妃地宫	清乾隆五十三年（1788年）	河北唐山市遵化市	容妃	四券一门，面阔4.45、进深5.14、高5.15米	金券内靠北	青白石	面阔4.45、进深3.53、高0.41米	《清皇陵地宫亲探记》，新世界出版社，2017年
56	慈禧普陀峪定东陵	清光绪三十四年（1908年）	河北唐山市遵化市昌瑞山	清文宗咸丰帝孝钦显皇后	五券二门，面阔11.38、进深3.8、高8米	金券北面正中	青白石	面阔2.28、进深3.8、高0.42米	《清皇陵地宫亲探记》，新世界出版社，2017年

中国考古报告整理与定量分析

龙天一[1] 葛澜卿[2] 凡沛延[2] 何 丹[2] 黄心怡[2] 卢婉琳[2]
秦依童[2] 王千喜[2] 杨宇丰[2] 张楚雯[3] 张 艳[2]

（河北师范大学历史文化学院 2017[1]、2018[2]、2019[3]级本科生）

摘要：本文通过整理历年出版的考古报告，收录每本报告的书名、作者、出版社、出版时间、编写时长、册数、页数、价格、省份、遗址时段、性质以及丛书等基本信息，形成相关数据。通过定量分析，试图从宏观角度探讨每一项信息，从而在一定程度上反映报告某一方面的具体发展演变过程，进而对中国考古报告的基本面貌做出比较清晰的描绘。

关键词：考古报告；考古学史；定量分析

一、引　　言

考古报告所记录的考古材料是一切考古学研究的基础，中国考古学经过百年发展，积累了丰富的报告，其本身就具有一定的历史、文化和学术价值。

事实上，对报告的研究由来已久，早在民国时期就已零星出现[1]；20世纪50年代时，随着发掘项目增多和资料整理渐多，指导广大考古工作者如何编写报告成为迫切问题，相关方法论文章逐渐出现；21世纪以后，报告的数量急剧增加，与之有关的文章也随之增多。总的来说，这些研究大体可以分为三个方面：

（1）对单本报告的讨论[2]：这种形式最为普遍，通常以报告的前言、后记或书评的形式出现，主要是介绍报告的具体内容，一般也会顺带讨论报告的编写特点、方法与经验等。

（2）对报告编写、体例的分析[3]：这种形式最初无疑是因为工作需要而出现的，随着编写逐渐成熟，所讨论的方向开始偏向于体例方面，使之更加完善、科学，二者密不可分。

（3）对某一专题的探讨：这种形式为上面两种的结合，探讨某一类报告或报告某一方面的内容，如石窟寺考古[4]、科技考古[5]、陶器遗存[6]等报告的编写方法。

近年来，出现对报告总结归纳性的综合讨论[7]，但较为少见，且没有任何一项研究是将报告搜罗完毕的。本文在尽量全面搜集的基础上，从宏观角度反映报告的发展演变历程，并初步分析其特点。

想将报告搜罗完毕，首先面对的是定义问题。《中国考古学大辞典》将"田野考古成果公布形式"分为考古发掘简讯、考古发掘简报和考古发掘报告，其中"考古发掘报告"最为接近本文所指的"考古报告"，书中将其定义为"一种篇幅较长的田野考古报告，一般多以专著的形式公开发表"[8]。但在许多文献目录和研究里，对一些处于边缘地带、具有资料性质的书籍是否属于"考古发掘报告"，常有不同见解。此外，少量考古资料会以图录的形式公布，或既在图录中公布，也在报告里公布，且有一些书籍的性质介于报告与图录之间，情况较为复杂。

故而，我们决定倡导"大报告"概念，放弃狭义上"考古发掘报告"的称呼，采用更为广泛的"考古报告"一词——指首次公布相关考古学材料的单行本书籍，考虑到类型、性质不一，不包含图录性质的书籍，仅保留"图录型报告"（介于报告与图录之间，具体见"性质"一节）。按照这样的定义（本文"报告"一词，若无特殊说明，皆为此定义）和标准，尽可能搜集相关书目和信息，最终形成一份"中国考古报告信息总表"，里面收录 2009 本报告，包含书名、作者、出版社、出版时间、编写时长、册数、页数、价格、省份、遗址时段、性质以及丛书等基本信息。

本文即是对表格中的数据进行分析。分析中，样本仅包含中国遗址（不包括港澳台地区）的报告，以及少量正式出版的国外遗址的报告和翻译成中文的报告，出版截止时间为 2021 年年底。因中国港澳台地区以及国外学者用其他语言所撰写的大陆遗址的报告相关信息与上述报告差异过大，需单独讨论，本文暂不涉及。由于各种主客观原因，有少量报告的信息无法找到，且部分报告的某些信息是缺失的或本身就不存在，所以在具体分析中，某些单项的样本没有 2009 本，具体情况详见各节。

想要等信息绝对完善再进行分析是不可能的，只能以现有信息做一次初步的探讨，反映出大致趋势，并简要分析报告体例的发展情况，希望日后能在此基础上，对某些具体问题进行更深层次的研究。

二、书　名

报告书名错综复杂，难以定量分析，仅能得知书名平均为 11.33 个字（本文所有小数都保留小数点后两位），最多为 40 个字，最少为 2 个字，6 个字的最多，共 177 本。根据其特点，采用"要素法"对书名关键词提取并进行分析，试图反映报告书名的命名方式。2003 本报告含有以下六项信息中的一项或几项：地区、遗址名、遗址时段、遗址类型、性质和发掘时间。

在书名中，地区这一要素出现得最多，是书名中最常见的核心词，遗址类型、遗址名、性质和遗址时段紧随其后，发掘时间则出现得最少。另外，一本报告的书名里通常包含 3 个或 2 个要素，六要素齐全的情况则十分罕见，仅占 0.90%。这六种元素的组合方式至少有 79 种，地区＋性质的组合最多，为 179 本，地区＋遗址名＋遗址类型、地区＋遗址时段＋遗址类型、地区＋遗址名三种组合其次，分别为 163 种、127 种和 119 种（图一、图二）。

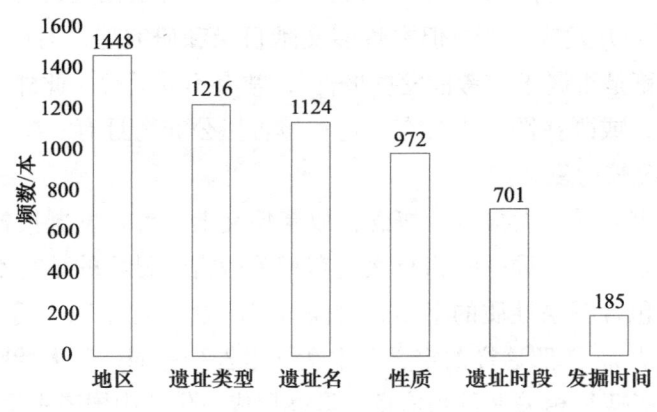

图一　考古报告书名中各要素出现频数

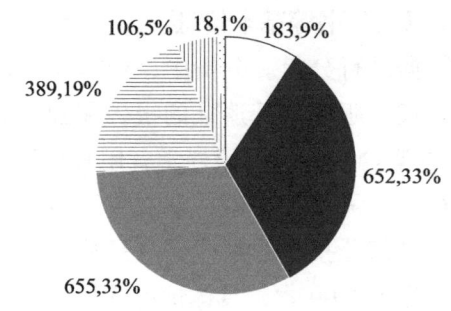

图二　考古报告书名所包含要素数量与占比

三、作　者

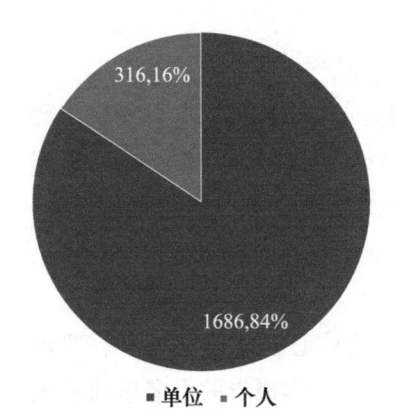

作者以个人或单位的形式进行署名，在 2002 本报告中，先将各单位的曾用名均改为现用名，各单位的下属部门也合并为一个单位，如中国科学院考古研究所改为中国社会科学院考古研究所，南京博物院《东南文化》编辑部改为南京博物院。由此，以单位署名的报告（包括以单位为主、个人为辅的署名方式）占 84.22%，以个人署名的报告占 15.63%（图三）。

从时间上来看，20 世纪 30 年代之前出版的报告全是个人署名，直到 1932 年才出现第一本由单位署名的报告，

图三　考古报告作者类型统计

1949年以前也仅有3本。此后，以单位署名的报告数量不断增多。20世纪以单位署名的报告，占总量70%以上。进入21世纪，以单位署名的报告呈加速上涨趋势，占比较20世纪增长近20%。报告作为考古调查、发掘和研究成果的重要载体，要求系统、全面、准确、客观地反映野外和室内整理所得到的遗存资料。随着时代的发展，相关资料丰富，仅凭个人处理耗时巨长，而考古资料的发表又讲究时效性，所以由考古单位牵头、团队协作编写报告的形式成为主流。

从数量上来看，编写报告数量在10本以下的单位占比最多，而编写报告数量超过40本（含40本）的单位占比最少，仅为1%左右。具体到各单位编写的数量上，则中国社会科学院考古研究所（中国科学院考古研究所）最多，共129本，这与其雄厚的科研实力、强大的资金支持、广泛的工作范围等是分不开的。紧随其后的是陕西省考古研究院（陕西省考古研究所）和河南省文物考古研究院（河南省文物考古研究所），数量分别为100本和64本。

以个人署名的报告，一个人编写1本或2本报告占绝大多数，许多编写报告数量较多的作者基本上都是丛书编者。在早期，由于战争等不可抗力因素，个人负责整理报告的情况较为多见，如梁思永与高去寻整理的侯家庄系列报告。

如前所述，这样分析其实并不算科学，还有很多第一作者是单位的报告，其主编信息搜集得恐有遗漏，所以没有详细讨论单位和作者共同署名的情况。关于报告作者的署名情况，只能由此管中窥豹，得到一个大致的结论。

四、出　版　社

民国时期发行的大多数报告中，并没有出版社一项，中华人民共和国成立后发行的报告也有少量缺失出版社，或是在搜集中有所缺漏，仅针对1912本报告进行分析（个别报告有两家出版社，仅算第一出版社）。

有182家出版社发行过报告，但各个出版社发行的具体数量相差较大，只有11家出版社发行报告数量不少于10本，共1542本；剩下的370本报告分属于171家出版社（表一；图四）。

表一　发行报告数量小于10本的出版社数量

发行数量/本	出版社数量/家	发行数量/本	出版社数量/家
1	97	6	7
2	30	7	4
3	11	8	2
4	14	9	2
5	4	共计	171

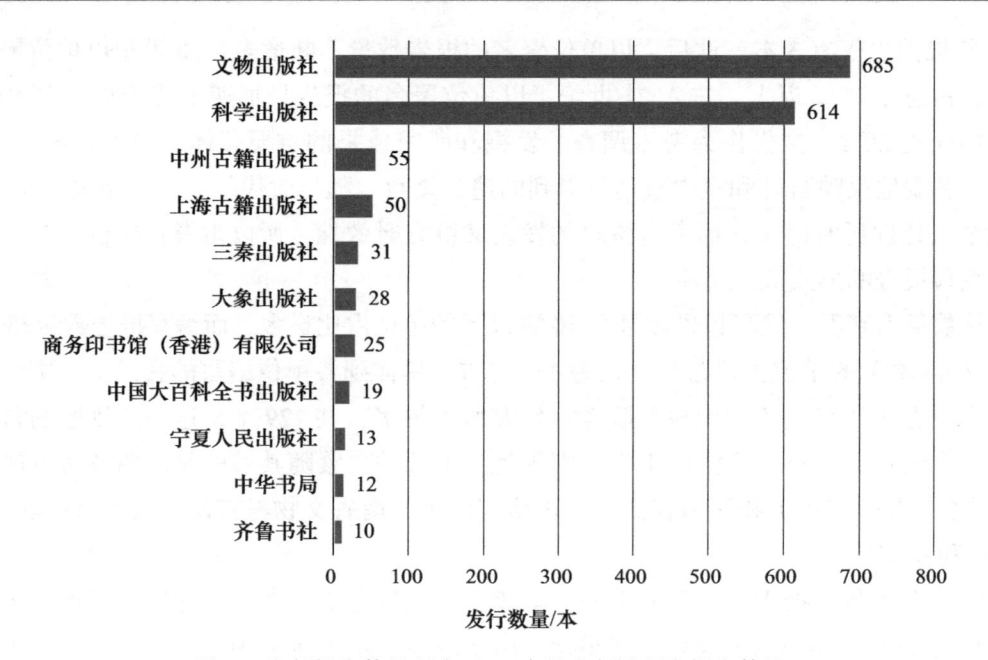

图四　发行报告数量不小于 10 本的出版社所发报告数量

可以发现以下特点：

（1）报告发行主体仍是文物出版社和科学出版社，这两家考古文博界传统的出版社共发行 1299 本报告，占总量 67.94%。追其根由，还是这两家出版社建立时间早、专业性强、权威性高，在考古工作者心中具有不可替代的重要作用。

（2）21 世纪以来，报告出版迎来各种新兴力量。上海古籍出版社势头颇为强劲，其发行的报告，几乎都是近十年产出的；中州古籍出版社、大象出版社和三秦出版社，则因地处河南、陕西两个报告数量最多的省份，同相关机构合作密切，发行本地报告的系列丛书，故排在前列；商务印书馆（香港）有限公司、中国大百科全书出版社等也因丛书发行而占据一席之地。

（3）发行量不足十本的 171 家出版社中，地区性出版集团和大学出版社是佼佼者。这反映报告出版的本土化倾向，少量拥有考古专业和出版社的大学也倾向在本校出版社出版与田野实习相关的报告。

五、出版时间

中国能明确出版时间最早的报告，应为 1910 年 12 月出版的《南满洲调查报告》，但该书为日文版，根据本文筛选原则，所分析报告中最早的为 1923 年 4 月出版的《奉天锦西县沙锅屯洞穴层》，至 2021 年底，共 2008 本报告能明确出版时间。

按照历史发展潮流，结合出版情况，将报告出版划分为四个时期：中华人民共和国成立前数量较少，可视为起步期；中华人民共和国成立后至改革开放前夕的 1978 年，这一时期在中华人民共和国成立前的基础上出版工作稳中有进，视为进步期；改革开放至世纪之交的 2000 年，数量明显增多，相较前一时期呈现出持续上升趋势，视为成熟期；从 2001 年到 2021 年，超过前面所有时期出版报告数量的总和，视为爆发期（图五）。

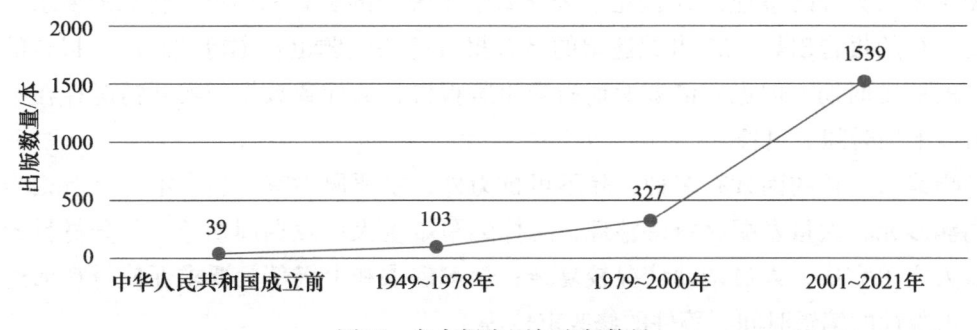

图五　考古报告历年出版数量

报告出版数量随时间推移呈现出加速增长态势，21 世纪以来，出版报告数量占总量的 76.64%，意味着近二十年出版的报告数量是 20 世纪出版报告数量总和的三倍以上。经济发展、发掘增多、科技进步、文化繁荣、有关规定等因素，都使报告出版数量更加可观，相应地，对于学科的发展也大有裨益。

六、编　写　时　长

考古材料强调时效性，现代报告编写的要求之一就是尽可能快速地整理、出版有关新发现。本文主要针对田野考古工作进行，故大多采用单独成书的发掘报告、调查报告的数据，吸纳少量其他类型报告，再去除翻译、再版和修订的著作，共计 1245 本。方法是用出版年份减去该项田野考古工作最后进行的年份。经统计，报告编写时长平均为 10.15 年，出版时间最久的是《中国考古报告集之四·大司空村（河南安阳殷代、东周墓地及遗址）（第二次发掘报告）》，长达 73 年，有 23 本报告在发掘或调查完成当年即出版。在早期，出现诸如"中研院历史语言研究所"发掘殷墟后大量资料未能及时整理出版、中华人民共和国成立早期部分报告稿件丢失等特殊状况，排除这些少量非考古因素导致的编写周期惊人的书目外，平均编写时长约为九年半。

如果依照报告的出版时间，将其分为中华人民共和国成立前、中华人民共和国成立后至改革开放前夕的 1978 年、改革开放至世纪之交的 2000 年、从 2001 年到 2021 年这四个时段，每个时段内出版的报告距离发掘完成的平均时间分别为 5.04 年、12.43 年、11.93 年和 9.77 年；如果以四个时段内发掘的遗址距离报告出版的时间来看，平均时间则分别为 21.62 年、18.87 年、12.74 年、5.64 年。

可以看出，除中华人民共和国成立前报告因多为个人书写，体例及内容尚不明确，随意性较大，以及时局动荡等原因，故编写时间长短不一外，报告的编写用时呈现缩减趋势：中华人民共和国成立后至改革开放前的报告编写用时在四个阶段中最长，主要原因在于发掘的重要遗址多，遗迹情况复杂，编写人员受外界影响较大；改革开放后至世纪之交的报告编写工作推进较为明显，除逐渐填补前一时段留下的空白外，还对新发掘遗存做了相当充分的整理；21世纪以来随着学术理念的更新和国家文物局的要求，一大批重要遗存的报告出炉，20世纪遗留的诸多报告有关问题也基本得到解决，报告的编写进入新的历史时期，但也有诸多遗址尚未出版报告，会导致数据与实际情况存在一定偏差，所以平均时间应更长。

影响编写时长的因素有多种，除不可抗力外，主要原因有：遗址本身具有相当复杂性，内涵多元，大量发掘材料待整理，总体编写难度大；发掘周期长，部分材料的整理经由多人之手完成，人员调动情况较复杂；学术需求和上级部门要求促使材料加速整理出版；出版社的编辑时间、稿件的修改审核等。

七、册数和页数

册数和页数都是衡量报告体量的标准，本文所指的一本报告通常为以书名号进行统计的一套报告，包含一册或多册；同时，对页数的判定，依照《中国考古学年鉴》上的标准，主要分为正文页数、图版和彩页，但实际中情况不一（如部分报告的图版包括彩页），这里仅分析正文页数。

2009本报告，计2940册，在每本报告中，单册本为主体，多册本较少。多册本报告中，2~6册本的报告多为图版或研究性内容单独成册，20世纪出版的仅31套，87.40%为21世纪以来出版；除去90册的《汉长安城未央宫骨签》外，7册本以上的报告全部属于大型丛书性质，即在同一名称下包含若干分册（极少数丛书为4册本或5册本，书名号不同的丛书不算于此），共计610册，占总量20.73%（表二）。

表二　不同册数报告的数量

册数/册	1	2~6	7~90
数量/本	1736	246	27

1794本能明确页数的报告共计641847页，平均为357.77页。页数最少的是《邓县彩色画像砖墓》，仅有5页；页数最多的单本报告是《鲁中南汉墓》（上册），有943页。页数在1000页以上的报告都是多册本报告一起计算的页数和，因书籍装帧受限，没有出现单册页数上千的报告。将报告页数按照一百页为一阶段进行划分，五百页以上单独划分，得到各页数段报告的数量，可以看出200~299页的报告占比最大，为25.42%。另外，页数和出版时间存在一定的关系，书目页数随时间变化而增多的趋势明显。民国时的报告，平均页数为129.03页；中华人民共和国成立后到20世纪末，平均页数为

231.64页；2000年以后，平均页数为394.31页（图六）。

综上，单册本一直是报告编辑的主流，但随着时间的推移，多册本报告逐渐增多，且趋势加强。这一现象的产生主要是因为田野考古工作进行得更细致、记录整理与披露更丰富、多学科交叉工作开展更全面、印刷方式不断进步等。日后，多册本报告将成为主流。页数则受发掘遗址的信息丰富程度、报告整理的标准、出版发行的设计、所附研究成果的多少等几方面因素的影响。

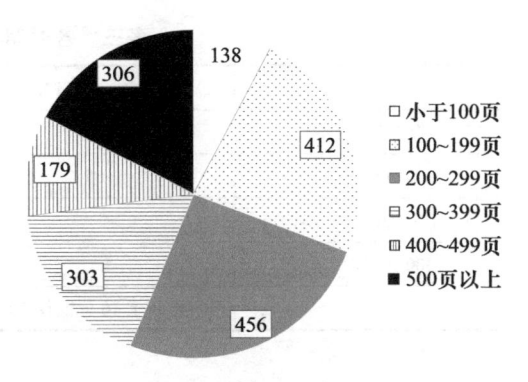

图六 不同页数考古报告数量

考古学科不断发展进步，报告编写的要求也在提高，要求尽可能有效展示调查发掘的成果。一本报告不能无限细化地编写下去，细化的报告会导致页数的膨胀，进而延缓资料的发表，成果的展示也失去一定时效性。如何平衡好报告资料编写的丰富性和时效性，在最大程度上科学、客观地展示资料是未来报告编写者需要着重考虑的问题。

八、价　　格

对报告价格的讨论，考虑到不同时期币种混乱，为简便计算，仅分析中华人民共和国成立后以人民币定价的报告，并且剔除30套丛书性质的报告，这些报告价格昂贵（总计493900元），绝大部分是2000年以后出版的，会影响平均值。受经济发展因素，采用分时段的方式对1811本报告进行分析，共分为1949~1978年、1979~2000年、2001~2021年这三个时段（图七；表三）。

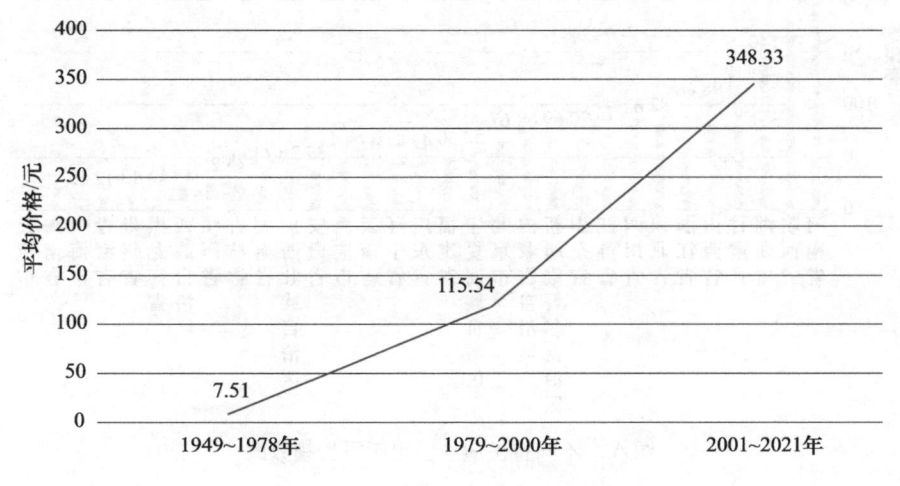

图七 不同时期考古报告平均价格

表三　各时期不同价格考古报告数量

年份	1949~1978年	1979~2000年	2001~2021年
报告总数/本	65	283	1463
100元以下/本	65	187	152
101~300元/本		74	745
300元以上/本		22	566
备注	价格高于10元的仅10本		出现1000元以上的报告

报告的定价七十年来呈现出上涨趋势，这自然跟我国经济持续发展相关，也跟报告的制作成本有关系。值得注意的是，有85本报告有两种定价（上文按最低价格统计），除了76种是平装本和精装本的区别外，还有报纸本和道林本、国产纸和进口纸、凸版纸和胶版纸、甲种和乙种等方面的不同，且几乎都是20世纪出版的，80年代前有22本，80年代有29本，90年代有33本，只有1本是2001年出版的。两种定价大部分都没有明显规律，少数二者间价格差一倍，80年代后，价格上涨，两种定价的价格差显得更大，但增幅一般不超过15%。

九、遗 址 位 置

报告的地域特征明显，现就中国31省、自治区、直辖市（不包括港澳台地区）的1949本报告所涉遗址位置进行分析（图八）。

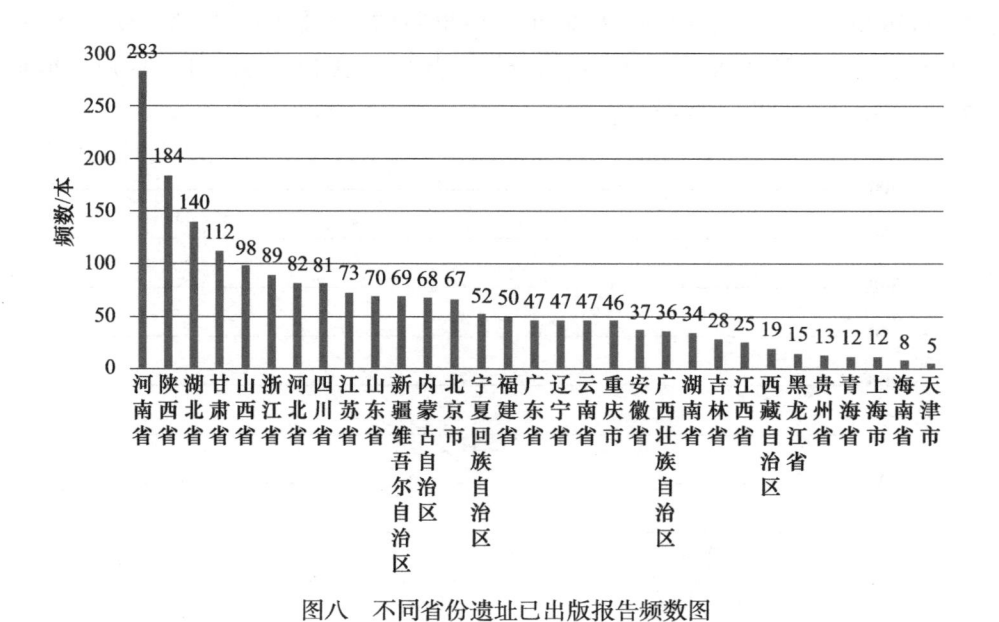

图八　不同省份遗址已出版报告频数图

不同省份遗址已出版报告的数量差距较大，最多的是河南省，最少的是天津市，每省平均62.87本，数量在平均值之上的省份有13个，共1416本，占总量72.65%。

河南省的报告数量突出，占总量14.52%，且类型全面，时段连续性强，遗迹内涵丰富，反映了河南深厚的历史文化底蕴。河南省从中国考古学诞生伊始，就是我国田野考古的重点地区，长期以来的工作积累了大批材料，使报告的数量激增，此外，近几十年来一大批重点基建项目在此落地，基建带来的考古工作显著增多，同样促使报告数量的增加。其次是陕西省，占总量9.44%，其原因与河南省相似，皆是我国田野考古的重点区域。排名第三的湖北省，地处三峡工程和南水北调中线工程的交汇点，这两项重点基建项目带来的报告占据全省三成。排名第四的甘肃省，自古以来就是东西方文化荟萃之地，有着丰富的石窟寺等古代艺术遗存，近代以来对以莫高窟为代表的石窟寺遗存考古的井喷使得美术考古类与石窟寺考古类报告出版众多，占该省报告的大部分。

天津市、海南省、上海市、青海省、贵州省、黑龙江省、西藏自治区等地的报告较少，每个地区的报告都不足20本。天津市和上海市是直辖市，相比其他省份地域面积较小，历史资源相对不足；青海省、贵州省、黑龙江省、西藏自治区等尽管面积不小，但或是因为地理因素不利于工作开展，或是经济发展较为缓慢，致使抢救性发掘不多，报告数量偏少；海南省位于海岛，面积较小，报告多以调查为主。

十、遗址时段

报告记载遗存的时段分类详细、信息芜杂，很多仅是孤例，但彼此亦常有相通之处。按时段之间的关系，可将信息分为单一时段（遗存时段单一）、时段连续（遗存时段跨度相对大）以及时段分散（遗存时段跨度大，中间缺环）这三个类别，共涉及1464本报告（图九）。

单一时段的报告最为主要，时段连续的部分也有一定数量，时段分散的报告较少。因遗存包含的时段杂乱，所以导致时段的表述也有不同，为求统一，时间段划分为旧石器、新石器、夏商周、秦汉、三国两晋南北朝、隋唐五代和宋辽金元明清，将报告归入其中。不

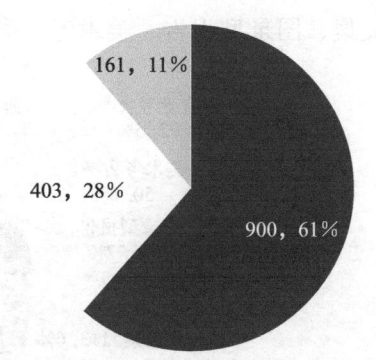

图九　报告记载遗址时段类别统计图

过，这种做法并不科学，如时段划分还有别的标准，少量报告无法归入这些时间段而被舍去，以及一些跨时段的同一本报告被归入不同的时间段里，图一〇并不能体现出某时间段所占该本报告的比例。但也能看出一些特点：①旧石器时代因相对独立，报告类型并不复杂，数量也较少；②新石器时代和夏商周时期一向是我国考古界的重点，相关成果较多，报告数量首屈一指；③秦汉和宋辽金元明清的报告较多，三国两晋南北朝和隋唐五代的报告较少，但这四个时期也即传统上的历史时期考古，其具体划分方法历来不

一，直接影响到数量的分布状况，总体上，秦汉至南北朝和隋唐至明清两个阶段的报告数量相当。

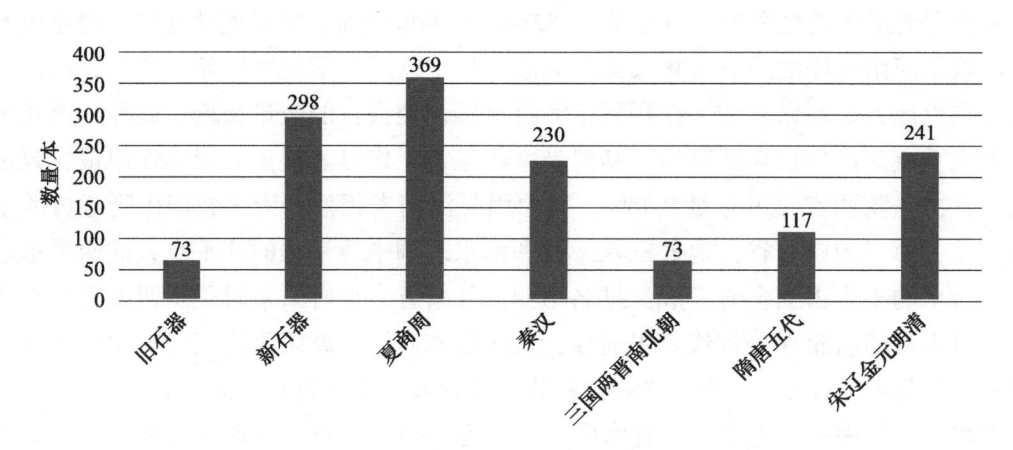

图一〇　报告记载遗址时段统计图

十一、性　　质

报告的性质五花八门，出版形式更是丰富多彩，进而导致具体分类标准不一。整理中，根据每本报告的具体特点，整理出一套分类标准，尽可能将其归纳，肯定有不科学之处，但应大体符合客观情况，2009本报告的性质共分为发掘报告、调查报告、简报集、文集、图录型报告、美术考古类、石窟寺考古类、岩画类、特殊类和其他类（图一一）。

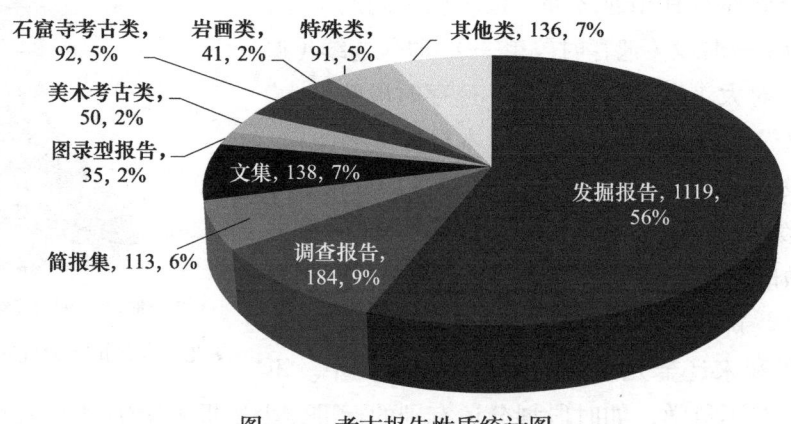

图一一　考古报告性质统计图

这十类报告的判断标准及数量情况如下：

（1）主体内容为发掘或既有调查又有发掘的报告列为发掘报告，主体内容为考察、踏查、调查、勘探或试掘的报告列为调查报告；毋庸置疑，这两类报告是最主要的类型，占总量的近三分之二，可视为狭义上的"考古报告"。

（2）简报集和文集可视为一类，都属广义上的文集形式，内容为多篇简报合集的为简报集，含附有少量研究文章的部分，研究文章较多简报较少的为文集。这两类报告在中华人民共和国成立前后偶尔出版，主要是改革开放后才逐渐出现的，近些年来尤为增多，十年间（2012~2021年）出版的占总量41.70%。

（3）图录型报告指以图版、插图等为主体的报告，文字较少，或仅作为叙述、介绍，暂不包含以图录性质公布考古材料的书籍，美术考古类报告则是在于书的主体是考古艺术遗存，或对遗存进行艺术性解读并含有一手考古材料。这两类报告占比很少，都是中华人民共和国成立以后出现的，但情况有所不同，前者基本上各时期都有一些，且相较于其他类型，在中华人民共和国成立初期占比较高，此时多以图版形式展现发掘成果，后者几乎都是80年代以后才出现的，之前仅见1本。

（4）石窟寺考古类与岩画类报告，顾名思义，指遗存为石窟寺与岩画的报告，这两类报告都是中华人民共和国成立以后出现的，专业性较强，较为独立，近些年随着工作的开展，其数量也在增多，十年间（2012~2021年）出版的占总量48.12%。

（5）特殊类报告大多与文物保护、修复、古建筑搬迁、修缮等有关；其他类报告难以归入以上类别，但又包含一些发掘资料。这两类报告包含各类内容，较为杂乱，广泛存在于各个时期。

十二、丛　书

关于报告的丛书，主要有以下四种类型：①报告系列丛书，如"考古学专刊丁种"；②区域性系列丛书，如"洛阳考古集成"；③单独一套丛书，如"中国考古集成"；④一些考古学、综合类或地方类丛书，包含少量报告，如"夏商周断代工程丛书"。除极少数报告属于两套丛书外，存在因信息分散，部分书目不知道属于某一套丛书的情况，具体分析与实际情况有所出入。总之，至少有762本属于丛书系列，计175种丛书，报告数量前十的丛书见图一二。

"考古学专刊丁种"是最重要的丛书，这是中国社会科学院考古研究所（中国科学院考古研究所）编著的，自1956年创办以来，筛选对学界意义重大的田野报告出版，迄今共出版98本；陕西、宁夏、云南、福建、新疆等地区，也专门出版各自省份的报告丛书，且数量持续增加，形成自己的序列；长江三峡工程和南水北调工程的系列报告占据丛书的重点，反映了大型基建工程出版的报告系统性、有序性的状况。

结合出版社来看，丛书的出版社仍然是科学出版社和文物出版社占主要部分，前者共313本，后者共212本，共占总量68.90%，和所有报告中两家出版社所占的比例（67.94%）十分接近。

由于丛书种类众多，类型不一，具体本数也相差过大，无法做更为具体的分析，只能点到为止。

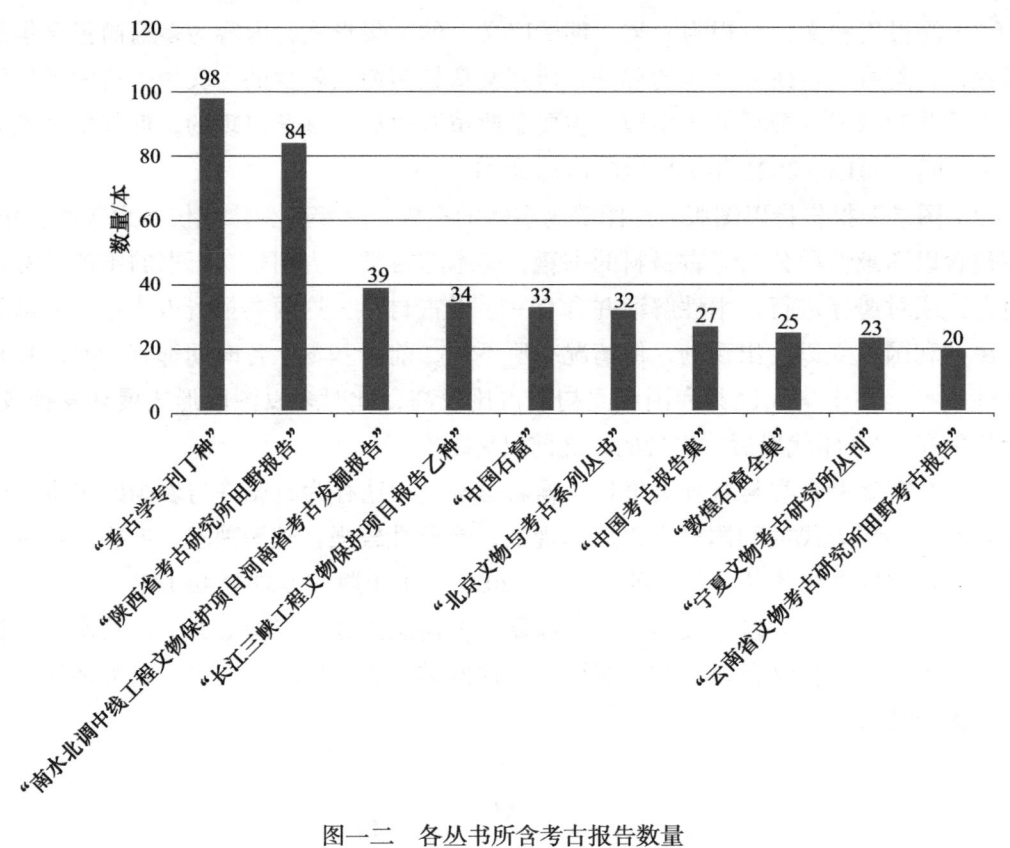

图一二　各丛书所含考古报告数量

十三、体　　例

经过百年积淀，中国考古学产生的两千本报告囊括内容丰富至极，讨论不同时代报告体例变迁的时机已经成熟，现基于以上分析，简要描述。报告体例的发展可初步分为四个时期：

（一）1927年至1949年：草创期

1927年出版的《西阴村史前的遗存》可以视作中国学者自己编写正式考古报告的创始，日后报告里最基本的元素已经出现，如发掘者、发掘经历、发掘成果等，并且用较大篇幅报道遗迹遗物的基本情况，奠定了考古报告以如实、准确报道调查发掘材料为核心的书写体系。紧接着，作为殷墟发掘成果出版物的四册《安阳发掘报告》，除及时报道清理出的遗存之外，还附专文对诸如陶器、甲骨、墓葬、宫殿基址等遗存做了初步细致的分析。不过，这两套报告太过简短，常被视作简报，在讨论报告发展演变时容易被忽视。

到 1934 年,《城子崖：山东历城县龙山镇之黑陶文化遗址》（下文简称"《城子崖》"）作为"中国考古报告集第一种"出版，在书中，梁思永先生首次对城子崖的发掘遗存用现代考古学方法做出报道和分析，着重表现了初步的类型学思想和分期意识。其中器类器形分类叙述，地层遗迹分门别类，兼顾自然遗存、自然地理和遗址历史变迁的编写体例成为考古报告沿用至今的模范。

这一时期，还有《中国猿人化石之发现》《高昌》《斗鸡台沟东区墓葬》等报告出版，都是相关领域的开山之作，体例上或多或少都存在以上所述的特点，但同后世相比，不足之处尚多，如报告内部有关概念内涵不清晰、分期意识不强、遗迹遗物多混杂描述等，这也是新事物刚出现时不可避免的缺憾。

（二）1949 年至 1977 年：确立期

1949 年以后，随着考古工作正规化，在《城子崖》体例模式的影响和夏鼐先生的指导下，《辉县发掘报告》《长沙发掘报告》等报告相继出炉，宿白先生编写的《白沙宋墓》补齐了历史时期报告编写的空白，至此，报告的编写经验逐渐完善，基本规范完全确立，日后报告所包含的各要素和具体的书写规范基本有了相应的范式可供参考。

之后，《洛阳中州路（西工段）》《洛阳烧沟汉墓》《郑州二里冈》《庙底沟与三里桥》《京山屈家岭》《西安半坡：原始氏族公社聚落遗址》等一系列经典报告的出版将确立的规范推广开来，并努力在此基础上对遗存的报道逐渐由"人""物"分离的客位叙述转化为"透物见人"的主位叙述模式，进一步拓展报告所蕴含的思想内涵。

（三）1978 年至 1997 年：发展期

改革开放后，中国考古报告的编写进入快速发展期。20 世纪 80 年代后，虽然传统意义上的报告体例上似无多大改变，但在丰富以往内容的基础上，出现许多新的形式，如遗存的时段与内容上，存在大量新的关注点，以及冷门领域的发现开始增多；地域上，许多非传统考古大省的报告增多，甚至第一次出现；性质上，出现以往没有的新类型。诸多方面都得到极大扩充，与此同时，对体例的要求相应的经验也更加丰富，为接下来的发展打下很好的基础。《元君庙仰韶墓地》《张家坡西周墓地》《曾侯乙墓》《定陵》《北魏洛阳永宁寺》《䜮墓——战国中山国国王之墓》等这一时期出版的报告，也都是经典之作。

（四）1998 年至今：综合期

20 世纪末，《驻马店杨庄》《龙虬庄——江淮东部新石器时代遗址发掘报告》《舞阳贾湖》等一批田野发掘报告的面世[9]，为报告体例带来新的特点，这类报告在以往分型分式的基础上，更加注重多学科研究分析；另一方面，2000 年出版的《天马—曲村：

1980—1989》，也意味着多卷本报告的时代来临。除了延续以往的优点外，这两方面构成21世纪以来报告体例的特点，近年来，更是出版《二里头：1999—2006》《龙口归城：胶东半岛地区青铜时代国家形成过程的考古学研究》《洛阳盆地中东部先秦时期遗址：1997—2007年区域系统调查报告》等优秀报告，为这一新模式的进一步完善做了极为有益的尝试。

另外，世纪之交开始编写并在21世纪后陆续出版的"长江三峡工程文物保护项目报告"和"南水北调工程"文物保护项目报告标志着中国考古报告编写标准化的完成。

总的来看，中国考古报告的编写体例经历了一个较早成熟、较快发展的历史过程，在时代要求和学术自觉中锐意创新，形成如今一体多面、百花齐放的良好局面。随着经济社会建设的持续发展，考古工作的手段日臻完善，成果也随之愈加丰富多元。新时代的考古工作需要我们将发掘、调查的一手材料全面公布，多学科在考古的旗帜下融合发展同样成为时代所需。同时，国家文物局刊布的《中国石窟寺考古中长期计划（2021—2035年）》，也对石窟寺考古报告的编写提出明确要求与具体措施，相信以后这样的计划会越来越多，更有利于学科的进步。

在今后，报告的编写应在之前的基础上创新发展，一批基于大遗址考古材料的特色鲜明的报告为我们呈现出"综合而不杂糅""全面而不烦琐"的新气象：既最大限度地公布材料，又详略得当层次分明，多学科研究内容不再是地层、遗迹、器物类型的生硬附属，而是有机融合在报告前后章节的语境之中。

十四、结　　语

报告数量庞大，本文只是对相关数据简单而又直观地进行处理与讨论，注重客观信息，具体内涵、细节和特色未能详尽分析。总体来看，一百年以来，报告的发展、演变存在一定规律，在某些方面也具有特色。

报告的书名通常包含地名、遗址名、遗址时段、遗址类型、性质和发掘时间等6项要素，地区这一要素在书名中出现得最多，一本报告的书名里通常包含3个或2个要素；报告的署名方式一般以单位为主，个人为辅，且随着时间的推移，单位为第一作者的报告比例逐渐增加；至于发行机构，仍以文物出版社和科学出版社为主，但21世纪以来，报告出版也迎来各种新兴力量。

根据报告的出版数量特点，将其分为起步期（中华人民共和国成立前）、进步期（中华人民共和国成立后至改革开放前夕）、成熟期（改革开放至世纪之交的2000年）和爆发期（2001年到2021年），近二十年出版的报告数是过去八十年里出版报告数总和的三倍以上；报告编写时长平均为10.15年，且随着时间的推进，报告的编写时间在加快；同样，报告的价格，在进步期，绝大部分都在10元以内，成熟期内，近一半报告的价格集中在50元以下，到爆发期，报告的平均价格已涨到300元以上；对于体量，单册本一直是报告编辑的主流，但多册本报告逐渐增多，每本报告的平均页数约为357.77页，且页数随时间变化而逐渐增多；不同省份之间已出版报告的数量差距较大，河南省、陕西省和湖北省的报告数量位居前列。

从时段来看，旧石器时代的报告最少，新石器时代和夏商周时期的报告数量远高于历史时期，而历史时期的各阶段报告数多集中在前后两段。值得一提的是，本文首次对报告性质做了详细的划分，共分为发掘报告、调查报告、简报集、文集、图录型报告、美术考古类、石窟寺考古类、岩画类、特殊类、其他类等十类，并提出相应的标准，可为今后的研究提供一定思路。此外，有一些考古系列丛书需要注意，如"考古学专刊丁种"和各个省份报告丛书，以及长江三峡工程、南水北调工程的系列报告。

结合以上分析，我们对百年来报告体例发展演变做了初步分析，将其分为草创期、确立期、发展期和综合期，并详细介绍了每一期。应该说，所有讨论中，一些具体问题都难免有所争议，文章中采取的只是经过讨论后得到的标准，不一定正确，也肯定不会得到所有人的认同，还可能存在诸多技术上的失误。不过，目的是从宏观上分析报告的发展演变情况，这应该是没多大问题的，不足之处，恳请批评指教。

附记：搜集、整理和分析期间，我们得到大量师友提供的意见、信息，没有他们的帮助，报告表格和本文都是不可能完成的。在此，对一直关心、支持我们工作的师友表示感谢！

注　释

[1] 杨树达：《读〈乐浪〉书后》，《国立北平图书馆馆刊》1931年第5卷第4号，第7~9页。
[2] 拓古：《盘龙城与〈盘龙城〉》，《江汉考古》2002年第4期，第87~93页。
[3] 陈公柔：《对于编写报告的一些体会》，《考古通讯》1955年第4期，第89~95页；梁思永遗作：《考古报告的主要内容》，《文物天地》1990年第1期，第7、8页。
[4] 杭侃：《石窟寺考古报告的诸问题——读〈莫高窟形〉有感》，《中国文物报》2016年4月22日第5版。
[5] 袁靖：《论科技考古内容在考古发掘后报告中位置的变迁》，《科技考古文集》，北京：文物出版社，2009年，第327页。
[6] 王小娟：《考古报告中陶器研究内容与方法的变迁》，《不惑集——山西大学考古专业成立40周年纪念文集》，北京：科学出版社，2020年，第191~210页。
[7] 张越：《我国考古报告编撰的历程与范式研究》，山西大学硕士学位论文，2020年。
[8] 王巍编：《中国考古学大辞典》，上海：上海辞书出版社，2014年。
[9] 汤惠生：《从实证到验证——〈跨湖桥文化研究〉读后》，《考古》2016年第9期，第116页。

Collation and Quantitative Analysis of Chinese Archaeological Reports

Long Tianyi[1] Ge Lanqing[2] Fan Peiyan[2] He Dan[2] Huang Xinyi[2] Lu Wanlin[2] Qin Yitong[2] Wang Qianxi[2] Yang Yufeng[2] Zhang Chuwen[3] Zhang Yan[2]

(2017[1] 2018[2] 2019[3] Undergraduate Students, College of History and Culture, Hebei Normal University)

Abstract: By sorting out the archaeological reports published over the years, and based on the final tables, this paper analyzes the basic information of each book, such as the title, author, publishing house, publishing time, compose time, number of copies, number of pages, price, province, site period, nature and series, and have formed relevant data. Through quantitative analysis, this paper attempts to explore each information from a macro perspective, so as to reflect the specific development and evolution process of a certain aspect of the report, and then make a clearer description of the basic face of China's archaeological report.

Key Words: Archaeological Reports, Acdemic History of Chinese Archaeology, Quantitative Study

遗产研究

北京大学钟亭小考

周栩屹　雷　砥　杨晓勇
（北京大学考古文博学院 2020 级本科生）

摘要：钟亭位于北京大学未名湖畔西南山坡，是一处重要的校园文化遗产。本文基于现场调查和历史图片，对钟亭的地理环境和建筑结构进行了细致的描述和分析。对于铜钟年代存在的争论，本文基于铜钟形制和历史文献进行断代研究，判断该钟的铸造年代为乾隆时期，并进一步梳理其历史沿革。在此基础上，对钟亭的文化遗产价值展开评估。

关键词：燕园；钟亭；文化遗产；价值评估

一、地理区位与空间格局

北京大学燕园校区位于北京市西郊海淀区东北部，是明清历代修建皇家园林的重要景观区域，包括勺园、淑春园、朗润园等八个古园遗址。1920 年，北京通州协和大学、北京协和女子大学和北京汇文大学合并建成燕京大学，校长司徒雷登从军阀手中购得该地选作校址，由美国建筑师亨利·墨菲负责进行校园规划建设。墨菲将中国传统建筑群布局原则、山水园林意境与西方规划理念巧妙地融合在一起，实现了中国大学校园建设史上的里程碑。因是燕京大学所在地，故有"燕园"之称。1952 年，北京大学和燕京大学合并，从东城沙滩的北大红楼搬迁到此，至此"燕园"成为北京大学校址。之后，北京大学先后进行若干次扩建，在原有燕大校园风格基础上形成了现有的校园风貌。

其中，未名湖燕园建筑群作为中国近代建筑传统形式与现代功能结合的一项重要创作，于 1990 年被列入北京市文物保护单位，2001 年被列入第五批全国重点文物保护单位，2016 年入选"首批中国 20 世纪建筑遗产"名录。它包括以未名湖为中心，呈四周分布的一系列建筑与文物（图一），钟亭便是其中之一。

地理区位上，钟亭位于未名湖畔西南山坡上，坐标为北纬 39°59′40″，东经 116°18′27″。可以发现，它正处于未名湖燕园建筑群南北轴线和东西轴线的交会处附近（图二）。这两条轴线是燕京大学建校时期由墨菲设计的——东西主轴线以玉泉山塔为对景，从校友门经石拱桥、华表、贝公楼等建筑直到未名湖中思义亭；南北次轴线以女部

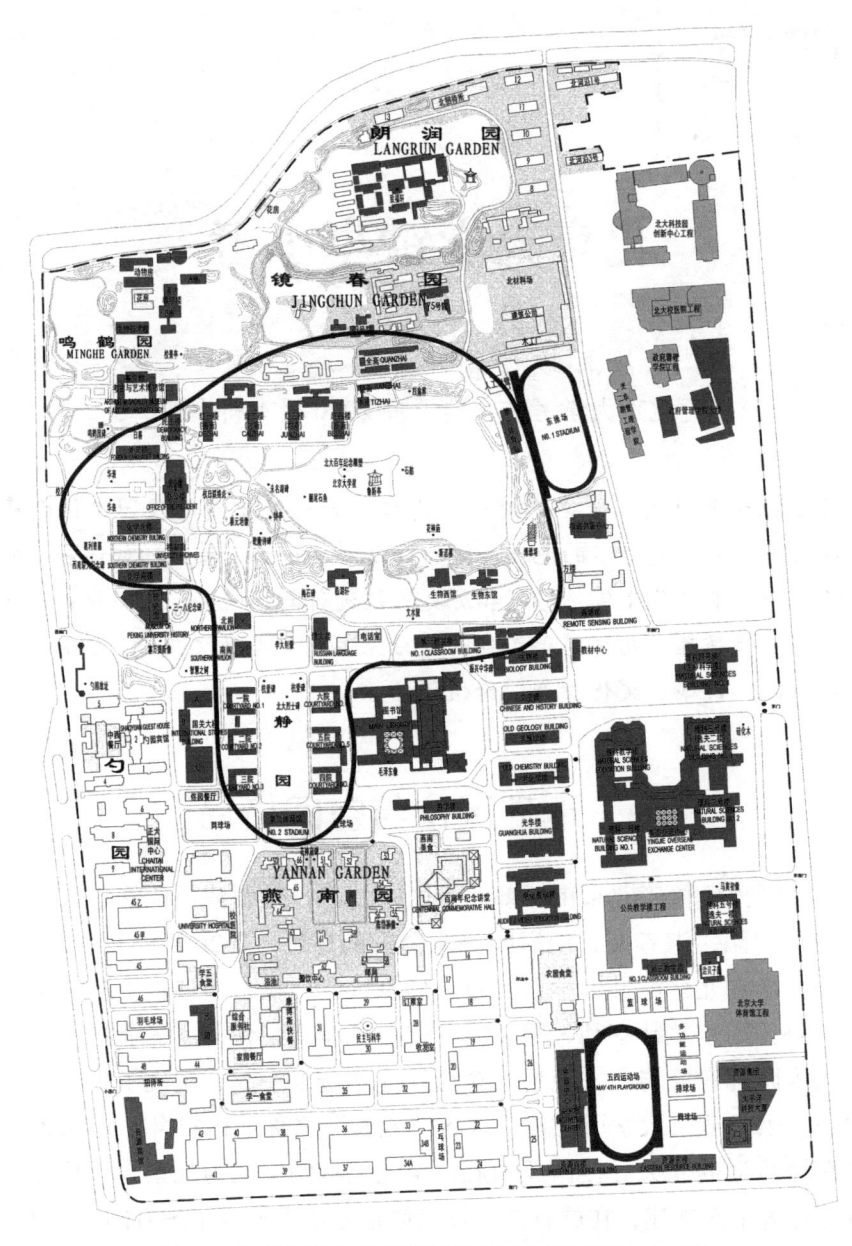

图一　北京大学未名湖燕园建筑群范围（据注［1］）

的第二体育馆为起点，穿过静园草坪，中分未名湖北岸四斋。其中东西轴线的前半段作为教学区，包括外文楼、俄文楼等，后半段作为生活区，包括未名湖北岸男生宿舍德、才、均、备四斋和南岸女生宿舍敬、业、乐、群四斋。而钟亭正处于教学区与生活区之间，是当时燕京大学的地理中心。地理区位的选择与其功能是密不可分的。钟亭自1929年建成之后，很长一段时间内作为燕京大学的校钟使用，其中心位置保证了声音的覆盖范围，同时山坡的高度也保证了附近遮挡物有限，从而有利于声音传播。

空间格局上，钟亭属于未名湖园林景观的重要组成部分。它北面临湖而正对翻尾石

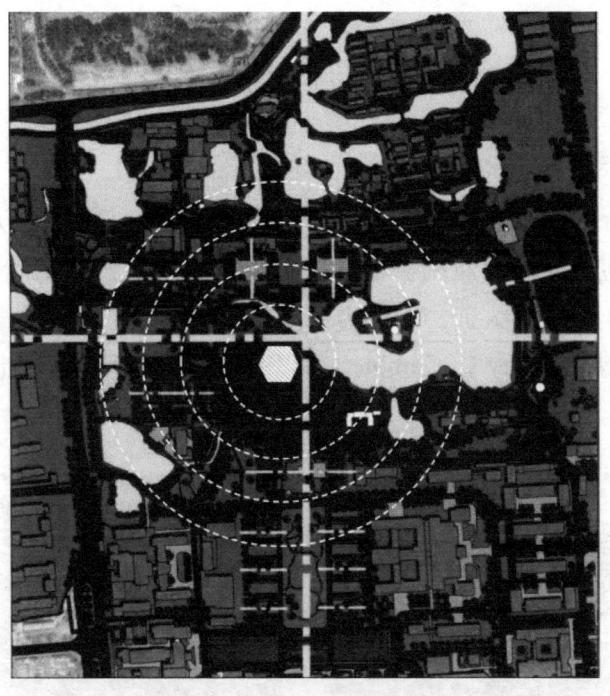

图二　燕园轴线与铜钟声音覆盖范围（据注［2］）

鱼，南面山脚为乾隆御制诗碑，东北角为石五供，南、北、西方向各有一条曲径直通山脚。周围古松与假石相为映趣，自然环境极佳。整体上构成了由山、水、亭、石组成的园林景观（图三）。

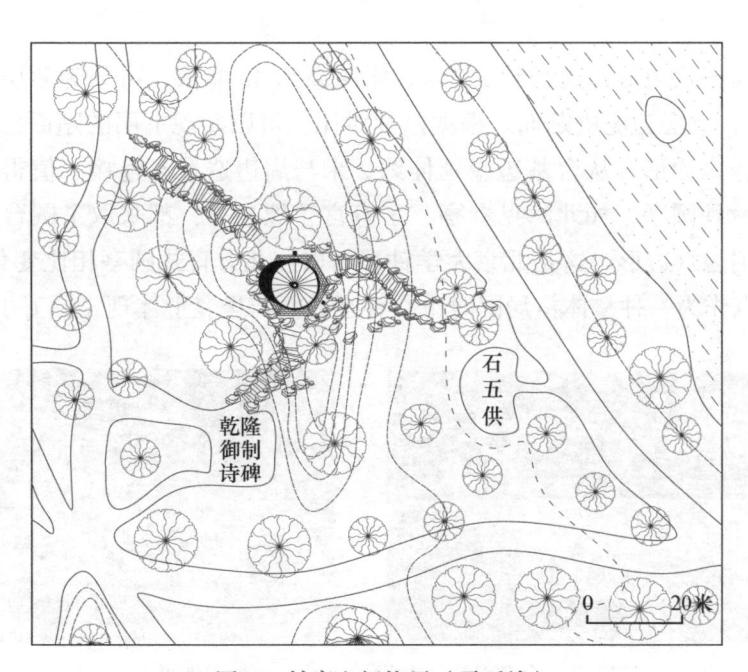

图三　钟亭空间格局（雷砥绘）

二、钟亭结构与铜钟形制

（一）钟亭结构描述

钟亭为六柱圆亭，顶为攒尖，台基为正六边形；正北柱间设置入口，其余柱间连接直形坐凳栏杆，形成六面开阔通风、中心悬挂铜钟的形态。整体风格模仿清代北方官式园林建筑，虽然其年代并不久远，但也为一重要实例。下为现今钟亭的形制描述，以及参考西德尼·D.甘博（Sidney D. Gamble）于1931~1932年拍摄的钟亭照片[3]所得出的钟亭变化（图四左、图五左、图九左、图一一左）。

图四　钟亭整体对比（左据注[3]，右为雷砥摄）

1. 台基与散水

钟亭台基为正六边形，边长约 2.5 米，露明高约 46 厘米，可分为两层：上层的石墁地高约 15 厘米，下层为虎皮贴面。根据照片对比，可以发现下层的贴面已经更换，并非原构。散水也作六边形，从台基边缘延伸约 2 米与周边造景石连接。值得注意的是，现存的若干清式六柱圆亭，如北海见春亭、宁寿宫碧螺亭等，都采取了圆台基的做法，而北京大学钟亭则为六边形。这是北京大学钟亭与以往北方官式圆亭相比变化较大的一点，六边构成的特点作为一种整体格局同时也在钟亭的额与坐凳上体现（图五）。

图五　台基对比（左据注[3]，右为雷砥摄）

2. 平面与柱额

钟亭六柱呈正六边形排列，面阔约 2 米，柱径约为 20 厘米，略细于《工部工程做法则例》[4]中的约 22 厘米。正北柱间设置入口，其余柱间连接直形坐凳栏杆，中心悬挂一口铜钟（图六～图八）。北京大学钟亭与传统清式六柱圆亭的最大区别在于圆与方的关系处理上：清《工部工程做法则例》的六柱圆亭与现存的若干清式六柱圆亭，如北海见春亭等，其散水、台基、坐凳、楣子、额、桁条都组成与圆屋顶相对应的圆形，而北京大学钟亭则都组成六边形，这可能与建造者对清式圆亭"圆圆对应"的模仿不到位或节约成本相关。

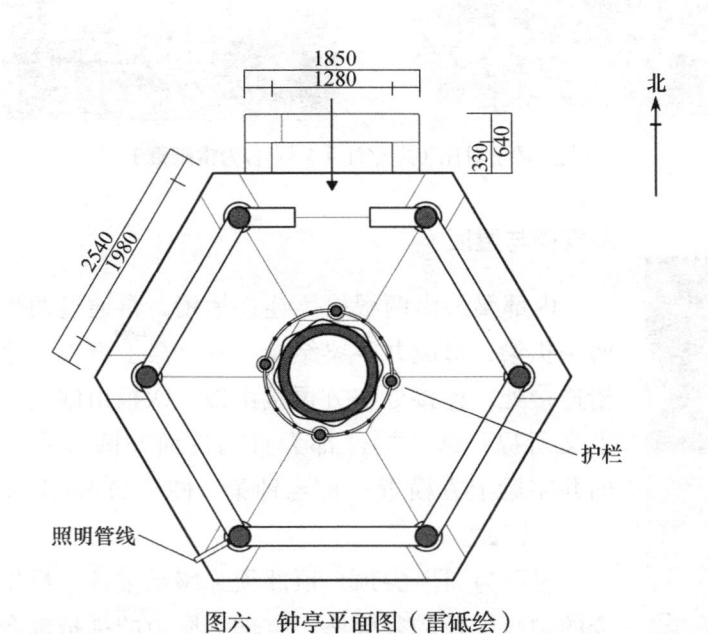

图六　钟亭平面图（雷砥绘）

图七　钟亭立面图（杨晓勇绘）

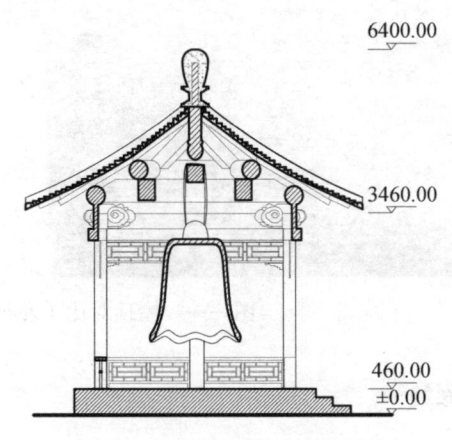

图八　钟亭剖面图（杨晓勇绘）

经历近百年时间，如今钟亭的花牙子、倒挂楣子、坐凳楣子都已非原构。可以辨认出，钟亭的倒挂楣子由原来的灯笼锦楣子变为如今的步步锦楣子，花牙子也已更换，坐凳楣子虽然原构与现存构件都为步步锦楣子，但构图方式已经变化（图九）。

图九　楣子对比（左据注［3］，右为雷砥摄）

3. 梁架与屋顶

内部梁架由两根扒梁连接檐桁，再通过两个井口扒梁连接两条扒梁，形成井字梁结构。井字梁上方设六个交金橔承接金桁连接处，连接处上方再接由戗，六根由戗交于雷公柱处。如上文所提，这些构件都为直构件而非圆形构件。另外，钟亭的井字梁上方横置一根悬钟梁（图一○），用来悬挂钟亭的核心——铜钟。

屋顶为圆攒尖顶，顶部须弥座承宝珠。根据照片对比，如今的钟亭屋顶的须弥座、宝珠、屋顶的举折都产生了一定变化（图一一），应存在大面积更换与翻修。

图一○　梁架（杨晓勇摄）

图一一　屋顶对比（左据注［3］，右为杨晓勇摄）

4. 钟亭彩绘

钟亭的建筑构件上有大量苏式彩画。首先是内外檐十二幅"包袱苏画"。它将檩、垫板、枋三个构件的枋心连为一体，构成蓝、红、绿三色带。在此基础上绘制一个大的半圆形装饰面，其轮廓由云状弧线组成，形似"包袱"。包袱心内以传统中国画的手法绘画（图一二、图一三）。其中内檐为三幅三国故事（煮酒论英雄、千里走麦城、桃园结义）和三幅山水花鸟画，外檐为三幅红楼故事和三幅山水花鸟画。

图一二　外檐山水花鸟画与红楼梦故事画举例（周栩屹摄）

图一三　内檐山水花鸟画与三国故事画举例（周栩屹摄）

苏式彩画源于江南苏杭地区民间传统做法，又称"苏州片"，主要用于古典园林建筑中。南方气候潮湿，彩画通常只用于内檐，外檐一般采用砖雕或木雕装饰；而北方则内外兼施，钟亭便是内外兼施的代表。钟亭的梁枋同样采用了苏式彩画，其构图主要有两种，一是外圆凸型，二是外方凸型，画面主要是梅兰竹菊、山水、鸟类等典型彩画要素（图一四）。总的来说，钟亭彩画是典型的苏式彩画，体现了当时建造者对于南方园林艺术的吸收，同时结合北方气候特点加以改进，画面色彩的鲜丽和内容的丰富给人以情趣与无限遐想。

（二）铜钟形制描述

钟通高159.8厘米，其钟纽高29厘米，钟身高130.8厘米，口径为116.5厘米。

钟纽为龙形兽纽，由一对身躯相连、龙首分立的"蒲牢"组成。其龙身向上拱起，龙首向下低垂俯瞰。头部有双角，龙角间有须髯飘至龙脊。面部双眉浓密，龙眼圆睁有

图一四　外圆凸型与外方凸型彩画构图（周栩屹摄）

神，两侧各有两缕龙须延伸至龙身，嘴下颌有三缕须髯垂直向下。前肢粗壮有力，覆有鱼鳞纹，龙爪与钟体浑铸，爪有五趾，紧紧附着在钟体顶部。整体造型艺术逼真，龙鳞铸刻分明，细节传神生动（图一五）。

图一五　蒲牢正、侧面（杨晓勇摄）

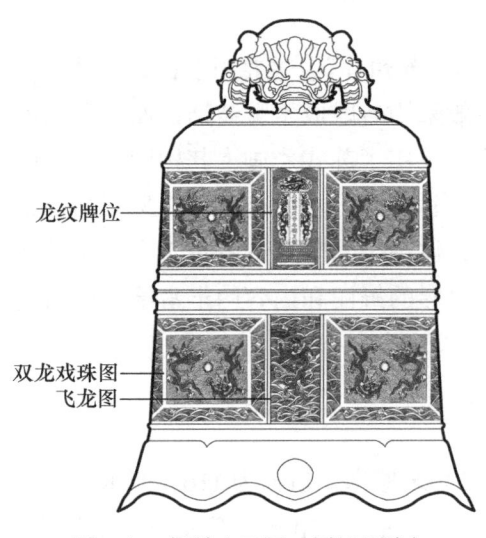

图一六　铜钟立面图（周栩屹绘）

龙纹牌位
双龙戏珠图
飞龙图

钟肩饰莲瓣一周共十六朵，钟腰以两粗夹一细的三道凸弦纹将钟体分为上下两部分，各有四区，均以海水波纹为背景。上部龙头对应处分别为龙纹牌位，底部为莲花须弥座，顶部为一条盘龙，两侧各有一条游龙相附，中间分别铸有满汉两种文字的"大清国丙申年捌月制"。牌位两侧均有"回"字形构图的双龙戏珠图，中间双龙围绕宝珠舞动，神态栩栩如生。牌位正交方向为两幅飞龙图，突出龙腾之威武。钟体下部纹饰与上部相似，为飞龙图和双龙戏珠图相间排列。钟裙部铸海水波涛并有八卦符号，包括乾、兑、离、震、巽、坎、艮、坤八种卦象。钟口为八耳波状口，平均分布四枚撞击钟月（图一六~图一八）。

图一七　双龙戏珠图、龙纹牌位纹饰细节（杨晓勇绘） 　　　图一八　飞龙图纹饰细节（杨晓勇绘）

三、年代考据与沿革梳理

关于钟的铸造时间存在争议，钟面虽记载"大清国丙申年捌月制"，但清代顺治、康熙、乾隆、道光和光绪年间均有丙申年，因此目前对于钟的年代有多种说法：

一是光绪二十二年，如目前北京大学钟亭铭牌介绍、房地产管理部官网[5]等大多数官方信息平台上，都采用这一年代。

二是雍正在位期间，《燕京大学校刊》1929年第34期提及："系前清雍正皇帝降旨所制，悬于南苑御宫内者，迄今历两百余年矣"[6]。

三是康熙五十五年，何晋在《燕园文物、古迹与历史》一书中指出："老燕大钟亭明信片上说铸于雍正（1723~1735），已有二百多年的历史。但雍正时并无丙申年，倒是此前康熙五十五年（1716）为丙申年，也符合两百多年历史的说法。"[7]

四是乾隆四十一年，唐克扬在《从废园到燕园》指出："1929年《燕京大学校刊》第34期称此钟为雍正年间制，按雍正在位时并无丙申年，许时乾隆丙申年（1776）之误。"[8]

除了以上四种观点之外，还需要值得注意的是，方凯成在《燕园之钟》一文提出了光绪二十二年正值北洋水师全军覆没两年，"大清国风雨飘摇，铜钟的诞生必然不是这个丙申年"[9]；由大钟寺古钟博物馆编写的《北京古钟》（上）虽然在介绍该钟时并未做出对其年代的具体判断，但在其收录论文《北京地区散存古钟遗物略述》一文中指出了"第三阶段：清朝初期至乾隆年间，是北京地区古钟发展的第二个兴盛时期，古钟的质地重新回到青铜占据主导的局面，如……位于海淀区的'大清国丙申年捌月制'铜钟"[10]。

以上相关论述构成了问题背景，为进一步明确其铸造时间，我们展开了细致的年代考据。首先是排除观点二，因为雍正在位期间并无丙申年。其次可以排除观点一。因为在颐和园南湖岛景物铭牌上可以找到相关记载："岛北侧的岚翠间，1889年慈禧曾作为阅兵台，检阅李鸿章调来的北洋水师及新毕业的水师学堂陆战队队员。为适应演习，把小火轮改为炮舰，东西两岸排列着炮队和马队。当时水师报时的大铜钟，1900年险被劫走，后来置于燕京大学内，今北京大学内未名湖畔钟亭内即此物。"[11]观点一的核心逻辑是由该段材料可知该钟为当时水师报时所用的大铜钟，而光绪一朝唯一的丙申年即为1896年。但是，值得注意的是，慈禧阅兵的时间为1889年，此时钟尚未铸造。更何况，当我们回顾那段历史，可以发现早至1895年3月12日，海军衙门以北洋舰队及海军基地全部失陷，无要事可办，上奏朝廷请求自行停撤。同时，奏折末尾附道："海军内外学堂，亦请暂行裁撤。"[12]"海军内外学堂"为"昆明湖水操内外学堂"的另一正式名称[13]。在1895年昆明湖水操学堂"裁撤"的背景之下，于次年再建立一口如此大体量的水师报时钟，恐怕是不合适的。

对于观点三和观点四，也就是康熙丙申年和乾隆丙申年，以及无人提到过的顺治丙申年和道光丙申年，我们认为"乾隆丙申年"更可靠，理由如下：

（1）从钟的造型艺术出发。通过《北京文物精粹大系·古钟卷》[14]检阅北京清代历朝现存的所有古钟，我们发现了与该钟在造型艺术上极为相似的一口古钟——乾隆朝钟（现藏于北京大钟寺古钟博物馆）。其为乾隆时期御制的一口朝钟。在整体布局上，二者完全一致，都采取钟的上中部各四幅横长方形龙图，上部间由两幅牌位和两幅竖长方形龙图，中部间由四幅竖长方形龙图组成（图一九）。

纹饰细节上，牌位部分和竖长方形单龙图的线条也高度相似（图二〇、图二一）。牌位部分皆为左右两侧游龙腾起，顶端卧龙盘旋；长方形单龙图的四肢朝向以及面部姿态均相同，唯一不同的是钟亭之钟的背景纹饰为海水波纹，而乾隆朝钟的背景纹饰为云纹。此外，在横长方形构图上两者也存在差异，钟亭之钟为"双龙戏珠"，乾隆朝钟则为"单龙飞腾"。但总体上来说，钟亭之钟与乾隆朝钟的造型艺术设计存在大量共同特征，值得注意的是，在《北京文物精粹大系·古钟卷》中，我们只找到了这样的唯一一件。

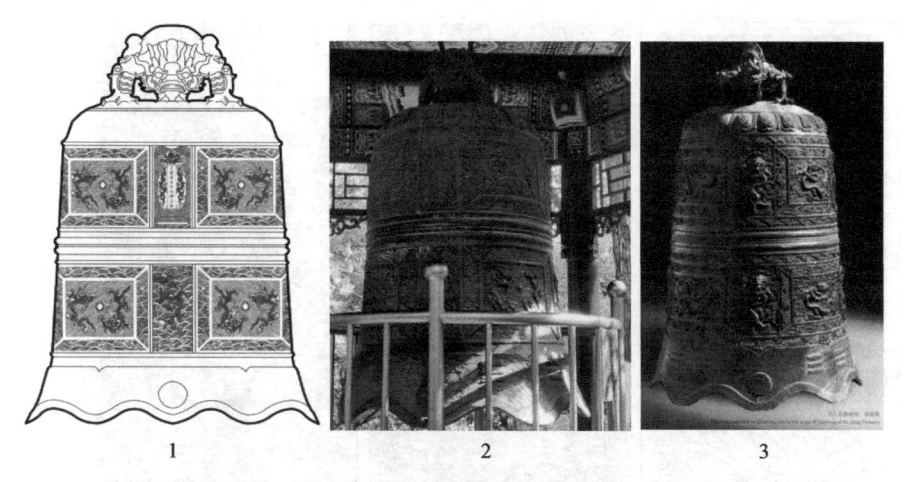

图一九 铜钟整体布局对比
1. 北大铜钟立面图（周栩屹绘） 2. 北大铜钟（杨晓勇摄） 3. 乾隆朝钟（据注 [14]）

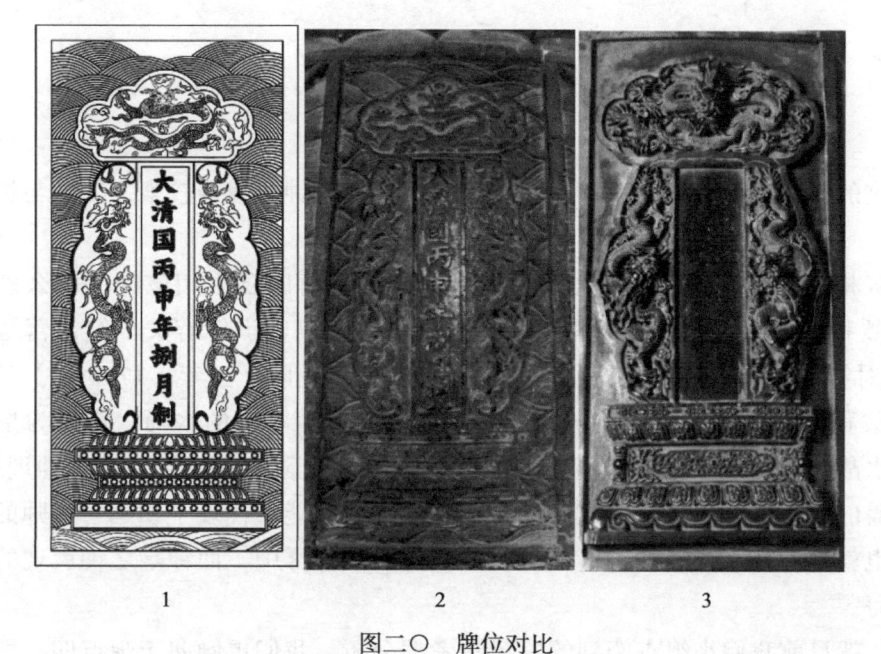

图二〇 牌位对比
1. 北大铜钟龙纹牌位纹饰（杨晓勇绘） 2. 北大铜钟（杨晓勇摄） 3. 乾隆朝钟（据注 [14]）

再结合清代铜钟发展的普遍趋势，"第三阶段：清朝初年至乾隆年间，是北京地区古钟发展的第二个兴盛时期，古钟的质地重新回到青铜占据主导地位的局面……第四阶段：清朝嘉庆年间至清朝末年，古钟的质地再次沦为铁质，工艺精良的青铜古钟越来越少见，北京地区古钟的铸造再次走向衰落"[15]，可以发现，与社会环境的变化相同步，清代古钟铸造也存在一个由盛转衰的过程，康乾盛世之后的古钟不复以往的繁缛精致。考虑到道光年间颇为惨淡的时代背景，我们有理由排除"道光丙申年"。至于究竟是康熙一朝还是乾隆一朝，我们通过《北京文物精粹大系·古钟卷》比较现存两朝的铜钟纹饰，

图二一 "龙"图案对比
1. 北大铜钟飞龙图纹饰（杨晓勇绘） 2. 北大铜钟（杨晓勇摄） 3. 乾隆朝钟（据注[14]）

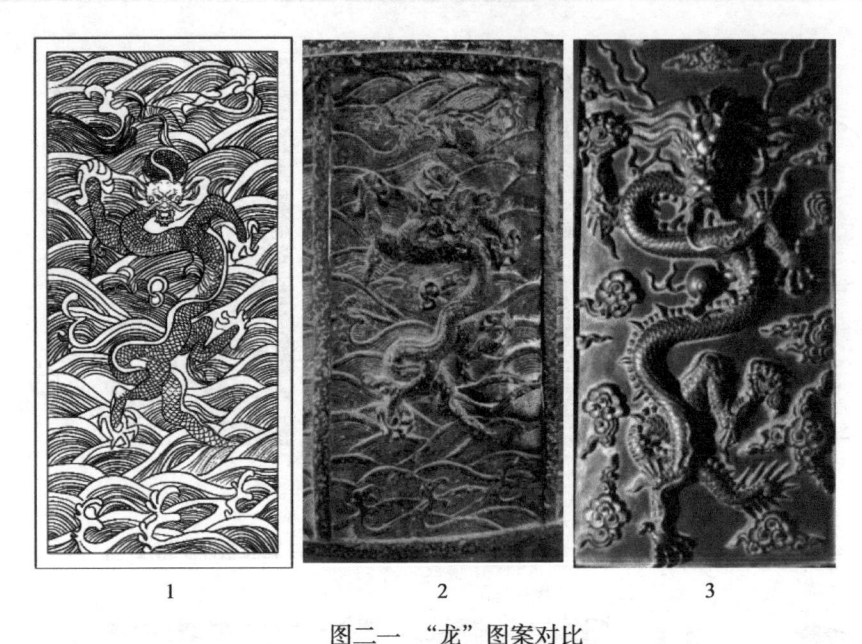

发现饰龙纹的钟只有乾隆朝钟一口，而康熙一朝现存的钟都普遍较素，纹饰与钟亭之钟相差较大。

（2）从相关史实出发。既然光绪朝颐和园水师训练时已采用该钟，那么该钟是如何出现在颐和园呢？我们认为可能与乾隆朝的健锐营水师训练有关。健锐营是乾隆于1748年针对第一次金川战争受挫所组建的特种部队。乾隆十五年（1750年）其训练内容增设水战科目，规定在颐和园昆明湖教习水战，属清军中的水师，每年为皇室和大臣们表演水战技术[16]。因此，我们猜测钟亭之钟实为乾隆朝检阅健锐营水师训练所用，钟面上覆盖的波涛汹涌的"海水纹"和"旭日"喷薄可能就代表了朝廷对水师的希冀和重视。这也就是为什么乾隆朝钟所展现的是飞龙腾于云雾中，而钟亭之钟展现的却是飞龙遨于波海。

综上，就目前我们小组查阅到的资料和考据分析，我们更倾向于观点四，即该钟为乾隆丙申年（1776年）所造，而非1896年或1716年以及其他丙申年，校园官方对该钟铸造年代的标识可能存在问题。

在完成对钟亭之钟年代的考据之后，我们进一步尝试梳理其历史沿革：

（1）1886~1928：钟的复用——腐朽下的靡音。

昆明湖操习水师并没有延续太久，随着乾隆后期该制度被废[17]，该钟也丧失了原有的功能。但此钟并没有于1860年被英法联军所毁，而是到光绪朝。出于对新式海军力量的高瞻，总理海军事务大臣奕譞于1886年9月14日向慈禧太后上奏《酌拟规复水操旧制参用西法以期实济》[18]，策略性地打出"规复昆明湖水操旧制"的旗号兜售自己的政治创新举措[19]。上奏当天，慈禧太后便同意修建"昆明湖水操内外学堂"。1889年，朝廷命令李鸿章将部分北洋水师官兵和水师学堂新毕业的学员共计三千多人调来昆明湖，进行水师操练表演，与岸上陆军同向坐在南湖岛岚翠间"阅兵台"上的慈禧太后欢呼致敬[20]。此钟便是在这样的背景下再次被使用。

（2）1929~1941：钟和亭的结合——燕园的秩序之声。

1929年1月4日，燕京大学用哈佛燕京学院预算内"古物购置"项下款项从德胜门外马甸以南的黑寺购得此钟[21]。6月14日，铜钟恰于校长返校时到校，被搬至未名湖畔土山支架上，由教职员总会议讨论敲钟事宜，9月钟亭建成[22]。燕大虽然是新式大学，但校园内仍撞钟报时，并且制定了《撞钟法》——"采用航海报时制（Marine Time System）每逢4、8、12时，各叩八次，4时半、8时半、12时半各叩一次，以后每历半小时多叩一次，每叩满八次，又复重新由一次叩起，如是周而复始，日夜不息"[23]。当时钟亭位于校园较为中心的位置，加之地势较高，撞击的钟声可响彻燕园。这也就是为什么《燕京大学校刊》记载："敲钟有专人司其事，每半小时其人必持槌石级登冈，用力叩击，声音清亮悦耳。校内外数里之遥，均可闻及，不知者殆将误以为传自古寺之钟声。"[24]

（3）1941~1945：钟亭飘摇——日寇占领下的静默。

随着1941年珍珠港事件的爆发，日军侵占燕大并严禁出入，学校被迫解散，由日军接管，几十名师生先后被捕入狱，钟亭在这一过程中也随之静寂。燕大师生对该事件的回忆颇深。燕大医预专业邓肇豪在回忆文章中写道："好景不长，12月8日我正在宿舍复习功课，钟声响起一直不停，必有紧急情况！不少同学走出宿舍一道奔向贝公楼礼堂，日本军官和一个翻译登上讲台宣称：日本与美国已经处于战争状态，他们是奉命来接管燕京大学的。"[25]相同的记忆同样出现在音乐系教师许勇三[26]、燕大40班学生杨稼民[27]等师生的回忆当中。从此，在长达近四年的时间里，钟亭不再作为报时使用，校园进入恐怖的静默。直到1945年秋，燕园的钟声再次响起，昭示着燕园的新生。燕大学生董天民回忆道："早饭后九点在钟亭举行复校仪式。我们围着亭站成圆形，司徒雷登双手握着木槌走到钟前，敲响了铜钟，然后把木槌交给了工友，由他一下下敲下去。这钟声，宣告日军践踏燕园的日子从此结束，燕大新生了。在洪亮的钟声中，我们列队走进贝公楼礼堂。"[28]；燕大学生赵子辅回忆道："1945年秋，被日寇封闭、蹂躏的燕园，重新开放了……当时，荒芜的燕园，杂草丛生，日寇战马的粪便尚未除尽，哑巴了近四年的钟声重新敲响，湖光塔影，石舫岛亭迷恋着新老学子和刚从监狱与集中营放出来的师生。"[29]在对于特殊事件的回忆当中，燕大师生不约而同地提到了"钟声"，钟亭之于燕园的意义可见一斑。

（4）1949年至今：钟亭之殇——破坏与保护。

中华人民共和国成立，北京大学入驻燕园，钟亭被纳入文物保护范围。其中对于它的功能定位是景观，利用方式评估为C类，即现状利用方式对文物价值和安全性影响不大,并且设为"完全开放"[30]。此后,钟亭基本不再承担着校钟的功能。

但是在许智宏担任北大校长期间,校长会在每年元旦之时撞击此钟。2008年1月1日一名北大大四学生在自己的博客上说:"昨天参加了新年晚会;记得本科前三年都是室外狂欢,然后等着许爷爷来敲钟,来个新年致辞。"[31]燕园便在钟声中迎来新的一年。

但是除了这短暂的几年以外,钟亭基本作为校园景观存在,而不承担其他功能。同时,它还面临着被破坏的严重威胁,包括钟内部的涂鸦、钟体敲击等。这一破坏起初并未被校方和社会重视,直到2017年8月29日北京晚报《北大校内文物遭严重破坏 百年校钟里面全是涂鸦》[32]报道的发表,关于高校文物的保护引发热议。此后,北京大学先后向北京市文物局提交了《关于申请批复北京大学钟亭与铜钟修缮工程设计方案的函》(北基〔2019〕35号)和《关于申请核准北京大学铜亭与铜钟修缮工程设计方案的函》(北基〔2020〕46号),国家文物局批复同意了北京文物局《关于钟亭与铜钟修缮工程方案的请示》(京文物〔2019〕1538号)。目前的钟亭,与过去相比,已经安装了护栏、支架和不远处的摄像头等现代保护、防护设施。

四、价 值 评 估

对于文化遗产的最初与后续特征有关的信息来源及其意义的认识与了解是全面评估遗产价值的必备基础。在前文对钟亭各要素分析的基础上,我们借鉴《奈良真实性文件》中对于"真实性"的评估方式——"取决于文化遗产的性质、文化语境、时间演进,真实性评判可能会与很多信息来源的价值有关。这些来源可包括很多方面,譬如形式与设计、材料与物质、用途与功能、传统与技术、地点与背景、精神与感情以及其他内在或外在因素。使用这些来源可对文化遗产的特定艺术、历史、社会和科学维度加以详尽考察"[33],以奈良网格的形式呈现如下(表一):

表一 钟亭价值评估

	艺术性	历史性	社会性	科学性
形式与设计	钟造型华丽、纹饰繁复;亭彩绘色彩鲜丽,生动有趣	大量海水纹饰可能与朝廷对水师发展的重视相关	莲瓣、八卦等纹饰体现佛教、道教文化在清代的发展	选址布局位于双轴线交汇处,能最大化发挥钟报时功能
材料与物质	现存清代铜钟中,体量较大、纹饰繁复华丽的铜钟较少	钟为清代所制,亭为民国所建,具有一定历史厚重感		铜钟耐腐蚀,不易生锈,保存时间长,且音色醇厚
使用与功能		该钟于清朝用于水军演习,于燕大建校后用于报时,在北大校园内作为文物	作为未名湖景观之一,实际上已经融入校园,成为燕园文化特质的重要部分	钟本身具有报时功能,清朝时作为水师训练报时器,近现代负责校园作息报时

	艺术性	历史性	社会性	科学性
传统与技术		失蜡法铸造，体现中国明清时期铸造大型铜钟的物质生产方式		失蜡法铸造，铸造精致，图案复杂，无明显范缝
地域与环境	钟亭本身对燕园园林完整性有重大作用，内部苏式彩画与造园之制相呼应	作为北大校园唯一铜钟，钟亭之钟类型独特		选址布局位于轴线交会处，同时位于土丘上，能最大化发挥钟报时的功能
精神与感受	为观看者带来愉悦的审美情趣	钟历经清朝由盛转衰、抗日战争等事迹，提醒人们不忘历史	构成了燕大、北大师生共同的社会记忆	

钟亭的文化遗产价值，最为突出的有科学价值、文化价值和社会价值三种。科学价值主要体现在钟亭的选址上，这一点在前文对于钟亭"地理区位与空间格局"部分已经分析，在此不过多阐述。这里主要分析后两种价值。

文化价值的范围较大，包括文化多样性特征、赋予自然景观环境文化内涵、相关的非物质文化遗产等方面所具有的价值[34]。对于钟亭而言，其文化价值主要有两方面：

一是其民族、宗教、地区文化的多样性特征。民族多样性体现在钟牌位的铭文采取了满汉两种文字，这一做法体现了清代特殊的民族关系。宗教多样性体现在钟的纹饰采用了莲瓣纹和八卦纹，体现了佛教和道教文化因素对于铜钟制作的影响。地区多样性体现在钟亭苏式彩绘的运用，体现了当时建造者对于南方园林艺术的吸收，同时结合北方气候特点加以改进。整体上呈现出文化多元包容之感。

二是指作为校园风物之一，赋予自然景观环境以文化内涵。作为未名湖燕园建筑群景观之一，钟亭实际上已经融入校园文化，成为北大燕园文化特质的重要组成部分。这一点不仅体现在客观世界的信息传播中，如学校官方通过书籍、景观铭牌、公众号平台等多种传播方式对于钟亭的历史文化予以介绍；同时体现在燕园师生对于钟亭的文学表达中，除了上文提及的抗日战争始末对于钟亭钟声的铭心记忆以外，钟亭在他们笔下有更多的色彩：如陈礼颂所作小诗"铿锵响彻碧云间，疑作伽蓝隐后山。昼夜报时传作息，晨钟暮鼓警冥顽"[35]，又如燕大39班肖振同回忆"回忆在燕大校园里每隔半个小时就听到的一次响亮的钟声。因此燕园人的表经常对得很准……很少有人迟到"[36]等。

社会价值是指文物古迹在知识的记录和传播、文化精神的传承、社会凝聚力的产生等方面所具有的社会效益和价值。对于钟亭而言，其社会价值主要体现在文化精神的传承和社会凝聚力这两方面。当下，在登上山坡亲临钟亭并且了解其过往的那一刻，北大学子能够清晰地感知到一种文化精神的传承：彼时的燕园学子正是在钟亭振振而规律的钟声中生活和求学，此时钟声虽矣，但这份大学应有之色彩和学子应有之精神，仍在传递和凝聚，且愈发掷地有声。

五、结语与附记

钟亭，作为如今北京大学未名湖燕园建筑群的重要组成部分之一，与其他很多文物建筑相似，都经历了从实用属性到纪念属性的特征转变。钟亭之铜钟，从18～19世纪为水师训练所铸造使用，到20世纪燕京大学时期作为校钟报时，再到21世纪北京大学时期短暂作为跨年钟声所敲响，其实用属性呈现下降趋势；与此同时，钟亭逐渐成为历史事件的见证者、燕大和北大师生共同的社会记忆以及燕园校园文化的重要部分，其纪念属性不断积淀丰富。作为文化遗产，它的价值正是建立在这两种属性基础上，突出表现为科学价值、文化价值和社会价值。较为遗憾的是，作为北京大学校园内为数不多的存在潜在使用可能的文化遗产之一，如今的钟亭处于完全保护的状态中，如何平衡好其合理使用和有效保护的关系，是进一步需要解决的问题。

附记："大学校园从来不是一个抽象空洞的地方，它总有一些建筑、一些著名景点、一些文物，留在我们的记忆当中。正是因为这些有形的东西，它们立体、丰满地构成了我们学生时代的回忆，也构成了大学的文化。"

——何晋《寻访燕园》讲座

本文缘起于张剑葳老师所开设"文化遗产学概论"课程中的校园文化遗产调查。从选题确定以"钟亭"为研究对象，到一次次的实地踏查，再到查阅文献展开考据、形制绘图，最后撰写完成报告——我们尝试从"走近"钟亭到"走进"钟亭。在这一过程中，一种未名的情绪，一种与历史岁月、当下燕园以及未来希冀混杂在一起的复杂情绪，无法阻挡地荡漾开来。或许这便是文化遗产的情感价值，它难以呈现在报告中，却真实存在于那些真正到现场，触摸并感受的人心中。

本次调查和本文写作得到北京大学张剑葳老师的悉心帮助与指导，谨此致谢。

注　释

[1] https://bbs.pku.edu.cn/v2/collection-read.php?path=groups%2FGROUP_8%2FFreshman%2FD835C7C62%2FD617CD5BC%2FM.1243411632.A
[2] 方拥：《藏山蕴海——北大建筑与园林》，北京：北京大学出版社，2008年，第115页。
[3] Sidney D. Gamble（1890～1968）于1908～1932年在中国拍摄了5000幅左右的黑白照片，这些照片后经其女捐赠杜克大学并作数字化处理公开，见于 https://repository.duke.edu/dc/gamble/gamble_652A_3813。
[4] （清）允礼等：《工部工程做法则例》，美国加利福尼亚大学伯克利分校藏1734年刊本，卷23，第3、4页。

[5] 北京大学房地产管理部：https://www.asset.pku.edu.cn/fwck/wwbh/wwxx_wwbh/1293927.htm。
[6] 燕京大学校友校史编写委员会：《燕京大学史稿》，北京：人民中国出版社，1999年，第1199、1200页。
[7] 何晋：《燕园文物、古迹与历史》，北京：北京大学出版社，2018年，第58、59页。
[8] 唐克扬：《从废园到燕园》，上海：生活·读书·新知三联书店，2009年，第132页注［109］。
[9] 方凯成、赵振昊：《燕园之钟》，《大学生》2015年第19期，第42、43页。
[10] 大钟寺古钟博物馆：《北京古钟》（上），北京：北京燕山出版社，2006年，第8页。
[11] 同注［8］。
[12] 张侠：《清末海军史料》，北京：海洋出版社，1982年，第85页。
[13] 秦雷：《京师昆明湖水操学堂史论》，《北京社会科学》2006年第1期，第40~46页。
[14] 《北京文物精粹大系》编委会、北京市文物事业管理局：《北京文物精粹大系·古钟卷》，北京：北京出版社，2000年，第151~156页。
[15] 同注［10］，第8、9页。
[16] 彭陟焱：《论清朝的健锐营与金川土屯兵》，《中央民族大学学报(哲学社会科学版)》2011年第3期，第41~45页。
[17] 《清会典事例》，北京：中华书局，1991年，第639页。
[18] 同注［12］，第395页。
[19] 同注［13］。
[20] 雷颐：《颐和园里开军舰操练水师》，《科学大观园》2008第12期，第46、47页。
[21] 同注［6］，第1190页；同注［8］，第132页注［109］。
[22] 同注［6］，第1199~1209页。
[23] 燕大文史资料编委会编，冰心、萧乾主编：《燕大文史资料》（第六辑），北京：北京大学出版社，1992年，第295页。转引同注［8］。
[24] 陈礼颂：《燕京大学校刊》第16期，第221、222页。转引同注［8］。
[25] 燕大文史资料编委会编，冰心、萧乾主编：《燕大文史资料》（第十辑），北京：北京大学出版社，1997年，第401页。
[26] 燕大文史资料编委会编，冰心、萧乾主编：《燕大文史资料》（第七辑），北京：北京大学出版社，1993年，第248页。
[27] 同注［9］。
[28] 燕大文史资料编委会编，冰心、萧乾主编：《燕大文史资料》（第一辑），北京：北京大学出版社，1988年，第172页。
[29] 燕大文史资料编委会编，冰心、萧乾主编：《燕大文史资料》（第五辑），北京：北京大学出版社，1991年，第285页。
[30] 杨开忠：《向上的精神——北京大学规划文选（1914-2013）》，北京：北京大学出版社，2014年，第580页。
[31] http://news.sohu.com/20080115/n254670581.shtml。

[32] https://www.chinanews.com.cn/cul/2017/08-29/8316972.shtml。
[33] 《奈良真实性文件》(1994年)，《国际文化遗产保护文件选编》，北京：文物出版社，2007年，第141~143页。
[34] 国际古迹遗址理事会中国国家委员会：《中国文物古迹保护准则（2015年修订）》，北京：文物出版社，2015年，第6、7页。
[35] 同注［23］，第294页。
[36] 同注［9］。

On the Clock Pavilion of Peking University

Zhou Xuyi　Lei Di　Yang Xiaoyong

(2021 Undergraduate Student, School of Archaeology and Museology,
Peking University)

Abstract: The Clock Pavilion, located on the southwest hillside by the Unnamed Lake of Peking University, is an important campus cultural heritage. Based on on-site investigation and historical pictures, we make a detailed description and analysis of its geographical environment as well as architectural structure. Regarding the debate on the age of the bronze clock, we conduct a chronological study according to its shape and historical documents, then judge the casting age of the clock as the Qianlong period, and further sort out its historical evolution. On this basis, the cultural heritage value of the Clock Pavilion is evaluated.

Key Words: Yan Yuan, the Clock Pavilion, Cultural Heritage, Value Assessment

读书札记

"野蛮人"、考古学与历史叙事的批判性：
读《万物的黎明：人类新史》

甘圭群

（伦敦大学学院考古学研究所2022级博士研究生）

摘要：《万物的黎明：人类新史》（*The Dawn of Everything: A New History of Humanity*）是人类学家大卫·格雷伯和考古学者大卫·温格罗2021年年底出版的新书，旨在从崭新的角度诉说人类大历史。两位作者从原住民批判开头，反省启蒙运动以来社会进化论主导的叙事，强调"野蛮人"与史前人，这些想象地理学中的"他者"，事实上和"我们"一样具备自觉的政治兴趣和反省能力。古今各种复杂的社会制度，不能简单以生业模式或"复杂"程度化约为若干"阶段"来理解。在拆解掉以文明或国家为核心的进化论史观后，该书呈现各式狩猎采集人群、农业社会乃至城市群体，不管人口规模的大小，都能找到平等的例子，也都可见存在压迫制度的社会。作者援引大量考古学和民族学案例，强调历史上人们追求理想政治社会生活的决心，以及不被特定环境或技术框限的想象力和自由。

本文除了摘要该书内容，更肯定其对启蒙意识形态和"野蛮人"刻板印象的反思，有助于考古学研究的解殖民；也认为该书最大的意义在于拓展有关过去权力关系的想象力，提醒我们历史知识的当代意义和批判价值。至于该书的不足之处，在大叙事的眼光下，难免有材料处理不够细致的地方，部分描绘较粗糙，另一方面对动植物、技术、气候等"非人"也没有投以足够的关注，是比较可惜的地方。

关键词：《万物的黎明》；野蛮人；社会进化论；大叙事

The Dawn of Everything: A New History of Humanity（暂译《万物的黎明：人类新史》）是已故伦敦政治经济学院（London School of Economics）人类学教授、社会运动者大卫·格雷伯（David Graeber, 1961~2020）和现任伦敦大学学院（University College London）比较考古学教授的大卫·温格罗（David Wengrow, 1972~）两人多年努力的心血结晶。这并不是近年第一部探讨人类历史大叙事的著作，也不是首部由考古学和人类学者合著的作品，格雷伯在芝加哥大学人类学系的导师马歇尔·萨林斯（Marshall

Sahlins）三十年前就曾经与柏克利的考古学者帕特里克·基尔希（Patrick Kirch）共同出版过关于夏威夷王国的书（*Anahulu: The Anthropology of History in the Kingdom of Hawaii*）[1]。但由学院出身的考古学和人类学家一起写作的大叙事的确较为罕见，该书一出版就受到学术界内外热烈的讨论和关注，一方面与作者自身的社会影响力有关，另一方面该书观点新颖，针对许多考古学的经典问题提出不一样的见解。两位作者从"原住民批判（Indigenous critique）"颠覆有关启蒙运动历史的认识，挑战从中延伸的西方中心意识形态，尝试拆解进化论的框架，重新理解人类大历史。以下首先介绍该书内容并分享笔者的读后感。

一、内容简介

（一）关于"启蒙"与进化论的起源

现代的读者对于这样的叙事并不陌生：在农业和私有财产制出现以前，社会长期处于众人平等而没有压迫的美好状态，之后很不幸地随着人口增加与社会规模扩大，社会内部的差异也无可避免地越来越大，科学技术和文明的发展势必伴随着社会不平等的加剧。这是启蒙思想家所述人类纯真"自然状态（State of Nature）"失落的故事，也是20世纪50年代以后考古学新进化论者谈论的从"游群"（band）、"部落"（tribe）、"酋邦"（chiefdom）再到"国家"（state）的"社会复杂化"过程，更是贾雷德·戴蒙德（Jared Diamond）、弗朗西斯·福山（Francis Fukuyama）与尤瓦尔·赫拉利（Yuval Noah Harari）等畅销大叙事重复的主旋律。

格雷伯与温格罗开篇就主张，追寻"不平等的起源为何"恐怕不是一个有意义的研究视角——这个问题本身是启蒙运动以来进化论史观的产物，而社会进化论尽管看似"科学"，当代的学者却不应该忽略它是在特殊历史情境下生成的一套世界观，具有那个时代特定的意识形态和眼光局限。该书强调"启蒙运动"作为近代西方科学知识、政治哲学和意识形态的思想源泉，并不如主流叙事所描绘的，诞生于少数欧洲白人学者的智识激荡，与之相反，启蒙运动的许多概念来自欧洲与亚洲、非洲和美洲等更广大世界的相遇，当时大量描述异地见闻的回忆录广受欢迎，正是因为许多西欧人从中意识到不同生活方式的可能性。当时欧洲人震惊于北美土著享有高度的个人自由（liberty），妻女不受父兄"管束"、平民无睬酋长吩咐时；土著也难以认同欧洲社会巨大的贫富差距，更不能理解财富间的差距是怎么转换为结构性的不平等权力关系的。16世纪欧洲知识界对"社会不平等"的关注，正是源于北美土著思想家（Native intellectual）对当时欧洲社会的反思，从欧洲思想家对这些"原住民批判"的回应之中，诞生了有关"进步"和"文明"的概念。社会进化论的学者反过来强调，一个社会的平等程度是由生业形态和生产技术所决定的，美洲社会之所以比欧洲社会更"平等"，并不意味野蛮人比欧洲人更"高尚"或是他们的社会制度更值得效法，只不过代表欧洲比美洲处于更"先进"的历史阶段，随着社会规模增大、组织形态复杂化，不平等是"进步"不可避免的代价——对让·雅克·卢梭（Jean-Jacques Rousseau）来说，这是人们逐渐奔赴不平等枷锁的可悲过程，对托马斯霍布斯（Thomas Hobbes）而言，这是秩序和文明逐渐萌芽、值得庆幸的历史发展，但无论从哪个立场切入，进化论本身就足以替近代殖民提供意识形态基础，暗示着欧洲白人相较其他非西方"野蛮人"的"先进性"。

该书决心挑战以进化论为核心的历史叙事，作者主张"野蛮人"或史前人并不特别高尚或蒙昧，人类从古至今具有安排各种社会制度的创造力和可能性，不能依照社会进化论的思路，把古今不同的社会化约成不同的"阶段"或"形态"来理解，史前人跟我们一样是"自觉的政治行动者"，有反省现况并改变社会的意愿和能力——对作者而言，这种想象力和反省性，正是人之所以为人而有别于其他动物之处。该书于是以此新视角展开对人类历史的讨论。

（二）关于狩猎采集社会

以"平等社会"（Egalitarian societies）概括人类万年来旧石器时代的历史，扼杀了我们对于狩猎采集社会多样性的认识。尽管目前普遍认为旧石器时代晚期的人类都生活在平等的小型游群中，考古学发现中仍不乏俄罗斯索米尔（Sunghir）等豪华墓葬或是如土耳其哥贝克力石阵（Göbekli Tepe）的大型纪念性遗迹，有些学者依据20世纪60年代兴起的新进化论框架，将这些社会归类为"复杂的狩猎采集者"，介于游群和部落两个进化阶段之间。然而作者指出马赛尔莫斯（Marcel Mauss）、弗朗兹·博厄斯（Franz Boas）、克洛德·列维-斯特劳斯（Claude Lévi-Strauss）等早期人类学者很早就注意到无论是极地的因纽特（Inuit）、北美西北的夸扣特尔（Kwakiutl）还是亚马逊的南比夸拉（Nambikwara）等狩猎采集社会，在不同的季节会有不同的社会制度，游群与部落并不是发生于不同历史节点的进化间段，而是同一群人在一年不同时间点的生活方式，在每年的庆典季节，原本分散在各地的"游群"会相聚起来集体活动，这段时间内经常会有领袖发号施令，不过其权威往往只限于当季，仪式结束后人们又回到讲究平等主义的日常生活。该书主张，这类随季节变换的社会秩序是旧石器晚期以及之后许多社会的共同特征，甚至英国著名的巨石阵或许也是在这类季节性的聚集活动中建造的。直到晚近的历史时期，嘉年华性质的仪式依然提醒人们与当下不同政治实践方式的可能性，而最早的王权可能就是诞生于、但也仅限于仪式之中。这种定期反复切换的社会制度之所以重要，在于促使人们保有对政治的想象力和警觉性。

在冰期过后亦不乏如美国波弗蒂角（Poverty point）、日本三内丸山与芬兰"巨人教堂"（Jätinkirkko）等没有农业的大型遗址，在16世纪的历史民族学证据中，也能见到有"宫廷"与"军队"的北美卡卢萨（Calusa）渔猎采集社会。这些例子很难用经典的人类学概念来解释，不只不符合詹姆斯·伍德伯尔（James Woodburn）对狩猎采集社会因为属于"即时回报"(immediate return)的生业系统，因而没有所有权概念、盛行平等主义的预测，也和马歇尔·萨林斯(Marshall Sahlins)所描述的每日工时短、不积累财富的原初丰裕社会(Original Affluent Society)大相径庭。作者反省人类学界往往以少数几个生活于边陲环境的案例，如卡拉哈里沙漠中的桑人(San)，作为狩猎采集社会的典型，但可能无法代表古代各地狩猎采集社会的情况。另一方面狩猎采集者不是没有"所有权"概念，只是对谁能使用那些特定的土地和物品，有着和人类学家不同的概念罢了，事实上狩猎采集社会中与仪式相关的物品、知识、权力和景观，往往具有高度的排他性，如果从神圣性的角度切入来理解所有权，那么所有权的概念在没有农业的社会中也相当普遍。

以进化论视角讨论前述"复杂采集社会"的另一个盲区，在于学者往往视其为人类历史中的"过渡性特例"，而忽略了应当从这些材料本身，而非材料未来可能的变化来认识这些社会，被归类为属于相同演化阶段的"复杂采集社会"内部，其实存在许多完全相反的社会制度或意识形态，以相邻的加拿大西北海岸夸扣特尔人和美国加利福尼亚州尤罗克人(Yurok)和为例，夸扣特尔人以渔猎维生，以肥胖壮硕的身躯为美，贵族俘虏外地的奴隶分担生产劳动，彼此竞相举办奢华的夸富宴(potlatch)，与百姓一起大吃大喝，在宴会上分送或毁坏珍贵的物品，展现自己的慷慨豪迈；尤罗克人采集坚果，以谦逊克己为美德，精英标榜自己不眠不休勤勉劳动，少见蓄奴的习俗，流汗成了重要的仪式环节，目的是排除多余的脂肪，维持纤瘦的身材。两个社会对于奴隶有着截然不同的态度，在夸扣特尔人以及许多其他有奴隶的美洲原住民社会看来，被俘虏来的奴隶性质与"野生"的资源类似，在利用自然资源的同时，也必须有相应的"照护"(care)责任。夸扣特尔人一方面强调彼此之间的平等和共享，回到家中则让奴隶照顾他们的日常起居，享受奴隶的生产劳动，他们也有义务以类似现代人对"宠物"的关心和呵护来回报奴隶。尤罗克人则不认同这样的生活方式和论述，认为拥有奴隶是一个人懒散的标志，口耳相传英雄对抗奴隶主、解放奴隶的故事，还有告诫人们不应该依靠奴隶劳动而应当自食其力的寓言。

这种巨大的世界观差异不是纯粹以生态环境与"最佳觅食理论"(optimal foraging theory)就能解释的，毕竟加州鱼类资源也挺丰富；也不是用两者属于不同"文化圈"总结就能打发的，这样并没有根本回答文化圈形成的原因是什么。作者的答案是视其为"分裂生成"(Schismogenesis)现象，认为这两个社会长年不断以追求"和对方不同"的方式来定义与表现自己，最终造成了彼此互为对方的镜像，镜像的背后反映的是两种截然不同想象自身社会秩序的方式，生业模式和仪式活动的选择也因此具有相当的政治意义。说明他们现在维持的生活方式并不是盲目地被环境所"决定"，也不是由于对邻居的生活一无所知，因缘际会刚好发展出不一样的社会样貌。"分裂生成"是该书核心概念之一，在该书后面介绍到的农业与非农业社会、城市以及其外围的"英雄社会"等，都可以看到类似的现象，作者强调这些分裂生成作用下的社会，都是双方经过反思和批判自觉行动出的结果。

(三) 关于农业

该书以近年考古学的新研究成果，反思"农业起源"与社会不平等之间的关系。他们首先反对把西亚新月沃地（fertile crescent）视为农业的起源中心，因为严格来说新月沃地其实不是"一个地方"，至少可粗分为高地和低地两大地理单元，下面各有复杂多样的生境，驯化并非如早期所想象的，是发生于单一中心的迅速过程，而是极为缓慢、以数千年为尺度的变化，斑状分布在不同的地理空间中。早期农业也没有如进化论者所预测，导致私有财产制的出现，最早的作物种植可能善用洪水季节性涨落的区域，不用投入大量的劳力，以集体形式生产。驯化并不是一个关于人们力图宰制自然，而后却被困在自造枷锁之中的故事，而更像一场人们探索环境、尝试照护周围动植物的实验。

在受卢梭影响的传统叙事下，家户内部的不平等，尤其是基于性别的支配关系（如丈夫对妻子等），开始于"农业革命"之后，这也是从母权制到父权制社会的老生常谈，是历史进化的代价——20世纪的部分女性主义者却不这么认为，其中考古学家玛利亚·金芭塔丝（Marija Gimbutas）就主张新石器时代早期的欧洲是一个和谐没有阶级的社会，女性拥有相当高的社会地位。作者延续这套思路，根据现今民族志材料常见妇女与食物生产、草药作物之间亲密的联结，推测在这场驯化的实验中，女性可能扮演重要的角色。相较于土耳其东部卡拉汉特佩（Karahan Tepe）等高地狩猎采集社会，兴建大型的石质纪念建筑物、颂赞男性的阳刚气质，墓葬与图像等考古材料中常见对外暴力和内部阶层的证据，早期的农业社会，选择以陶土和壁画作为表现仪式信仰的主要媒介，大量的女性陶偶呼应着她们在这场社会实验中的重要性。这些早期农业社会不仅对外较爱好和平，社会内部也较平等。以土耳其加泰土丘（Çatalhöyük）为例，这类新石器时代早期大型定居聚落中罕见集中管理的迹象，个别家户有很大的自主权来决定要怎么生产食物、进行仪式并保有自己的家族记忆。

两位作者对早期农业叙事的另一个批评是气候或环境决定论，他们借用社会学者默里·布克金（Murray Bookchin）"自由生态学"（ecology of freedom）的语汇，描述过去人类自由进出农业生计系统的弹性，而不是如环境决定论或进化论者所说的，在特定的时空背景下被困在农业系统之中。他们认为早期农业社会未必有胜过狩猎采集者的"竞争"优势，农业在传播的过程中经常失败，早期农人也经常抱持某种随兴玩耍的心态在管理园圃（play farming），适时切回狩猎采集的生业模式。

(四) 关于城市

该书不赞同城市与国家、官僚、阶级等一并出现的说法，指出大的社会单元未必一定需要阶层化管理，因为任何大尺度的社会，势必是"想象的"，即使是小规模的狩猎采集游群，也依然会意识到在面对面日常关系之外，存在氏族或偶族（moiety）等更大的社会单元，这点而言，小规模的狩猎采集社会和大规模城市之间并没有区别。在欧亚大陆、大洋洲和美洲，不仅出现早于国家起源非常多年的大型城市[2]，许多早期城市更缺乏明显关于中央权威的证据，很可能是以集体的方式自我管理。该书分别以新视角介绍了乌克兰塔立昂奇（Taljanky）、美索不达米亚的乌鲁克（Uruk）、印度河谷的摩亨佐达罗（Mohenjo-daro）等重要早期城址。其中乌鲁克和摩亨佐达罗可能分别代表两种不同的平等类型，一种强调人和人之间的"同"，因而无高低优劣之别；另一种则借由强调人与人之间的"异"，放大个体的特殊性而让任何比较失去意义。在乌鲁克存在一套市民人人相同、要分摊劳动的意识形态，具有类似市议会的组织，男女市民都可以参加，直到更晚的亚述、巴比伦的城市之中可能都存在类似的议会制度。在摩亨佐达罗，高处的城堡（Upper citadel）出土的外来物品和财富，还不如位置较低的其他城市空间富裕，且找不出存在明确权威管理的证据，作者以为在城市空间中可见到另一种形态的平等，透过强调彼此之间存在极大的差异而不具有可比性，类似今日在峇里岛仍能观察到的自我管理制度与"平等的种姓概念"。

即使原本明显存在不平等迹象的城市，也有崩溃而后转为较平等的案例，作者以山西陶寺遗址作为欧亚大陆案例的代表，指出陶寺遗址在公元前2000年发生过剧烈的政治变革事件（包含中文学界所称的"毁墓"现象），推测这或许是世界最早的"革命"纪录，陶寺晚期社会可能较早中期相对平等[3]。另一个有明显改革历史的则是墨西哥特奥蒂瓦坎，200年的特奥蒂瓦坎存在诸多不平等和暴力的迹象，出现大型的宫室建筑、羽蛇神殿（Temple of the Feathered Serpent）和月亮金字塔，在仪式上牺牲大量的外地俘虏。但短短100年后，宫殿和羽蛇神庙被废弃，不再有人祭的习俗，开始出现新的神庙以及类似今日"社会住宅"的居住结构，很可能代表一次政治与宗教的变革，集体住宅近10万人口的住民不只生活的物质条件较前期差距减小，可能也共享公共议题的决策权。直到晚近的历史时期，中美洲依然有类似的政治体制存在，如特拉斯卡拉（Tlaxcala）城邦，该城邦是阿兹特克（Aztec）政权的宿敌，后来更出兵协助科尔特斯（Hernán Cortés）进攻特诺奇蒂特兰城（Tenochtitlan），而城邦支持西班牙人的关键决策，就是经议会成员反复多次的辩论后才定案的。

与早期城市相伴出现的还有尚武的"英雄社会（heroic society）"（类似前述夸扣特尔人和尤罗克人的"分裂生成"机制），如堆放大量兵器的大型宫殿以及埋有丰富随葬品的"狮子山"（Arslantepe）遗址，就位于土耳其东部，紧邻早期城市分布的密集区。这些社会不实行城市的生活方式，政治生活围绕着若干贵族武士以及效忠他们个人的集团所组成，最早的有继承权力的贵族可能就诞生于此。作者指出进化论错误地把共时甚至具有共生关系的社会或生活方式，视为人类历史的不同阶段，在社会的内部与外部，平等与不平等经常相伴出现。

（五）关于国家

今日常见许多以国家为主角的历史叙述，一方面容易让人只看重大一统的光辉时期，而忽略分裂时期的重要性。如典型的古埃及年表在古、中、新王国之间存在"中间期"，但事实上王国到中间期，并不是秩序到混乱，从生活于其中多数人的立场来看，"中间期"很可能是权威结构较弱，出现许多政治创新，底层受到的剥削也相对更少的年代。

另一方面以国家为主要讨论对象，继续往前追溯其历史上的"起源"，其实是研究者带着今日的政治想象回看古代。现代国家的统治原则是以人民（the people）的名义，分别以主权（sovereignty）、官僚系统（bureaucracy）和可供竞争的政治场域（competitive political field）定义并控制了人类历史上三个重要的社会权力来源：暴力、知识和个人魅力（charisma），这三种权力在不同社会有不同的生成机制，会被整合在一起并不是历史的必然，也不是人类社会的常态。广大时空范围内有许多仅依靠其中一种或两种支配力量而建立起来的政治实体，像是该书所谓的一级政权（first order regimes），如依靠个人魅力作为统治基础的中美洲奥尔梅克（Olmec）、仰仗奥秘宗教知识的南美洲查文德万塔尔（Chavín de Huántar）、企图垄断暴力的北美纳齐兹（Natchez），或是掌控任两种支配形式的二级政权（second order regimes），如古埃及、印加和玛雅等，各自有不同的治理方式。

作者呼吁脱离以国家为中心的叙事角度，而回到材料本身，具体讨论每个案例中巩固和维系权力的方式。把这些政权笼统地归类为"早期国家"，致力于寻找这些社会的共同点作为国家社会的古代原型，不只模糊了这些政权之间巨大的差异，无助于从材料出发去认识这些社会自身的治理基础为何。另一方面，国家并没有所谓的起源，因为不同政治实体有各自不同的权力基础，不同的权力基础往往也来源于其他地方，甚至始于一开始和"政治"无关之处：如行政管理技术最早出现于叙利亚的小规模村庄而非城市或国家。政治史的复杂性更在于，起初原本的某种精神或考虑可能在社会制度发展过程中被转化变质，服务于更大的权力布置，如官僚制中为人诟病的去人性化，却可能源于人人相同（也因此可以被抽换替代）的平等主义。另一个案例则为照护关系的双重性，与常见的刻板印象不同，支配关系不一定要透过由上至下的官僚制度来维系，反而最容易发生于家户内部朝夕相处的日常关系，无论是北美原住民的主人和奴隶、收容庇护孤儿寡母的乌鲁克神庙、早期法老与其陪葬的臣民还是马克斯·韦伯（Max Weber）所谓的家父长式政体（patrimonial polity），都是把暴力转化为某种亲属关系，表面上以照顾和奉献为名，实际上却由少数人垄断暴力，并创造出复杂的社会机械。

（六）回顾"启蒙"与新大陆的历史

不平等的社会关系并不是一但开始就无法被挑战乃至终结。北美在一千年前后也出现过以卡霍基亚（Cahokia）为代表，存在大规模人祭与殉葬、阶层差异很大的社会，精英通过暴力和个人魅力进行统治。在这个系统崩溃后，作者从考古证据、奥塞奇族（Osage）口述传说和近代易洛魁联盟（Iroquois）的政治运作方式，企图论证卡霍基亚废弃后的数百年来,北美的居民渐渐摸索出一套新的政治社会制度。在西方中心的历史叙事中,启蒙运动使欧洲人觉醒,开始批判国王与教会不合理的专断权力,重新定义人与神、人与社会之间的关系,并推动包括法国大革命和美国独立宣言等后续一系列的社会政治改革,相较之下同时期其他非西方社会仿佛仍处在黑暗的"传统"之中,北美原住民更被描绘成处于"自然状态"的纯真孩子;但该书指出,北美这些被进化论者视为"简单"的政治制度,事实上为数世纪以来土著努力的结果,厌恶绝对权力、共享宗教知识以及讨论公共事务的传统,和西方现在仍引以为傲的"启蒙精神"有诸多类似之处,甚至开始的时间还比欧洲殖民者还要早。

基于前述进化论的意识形态以及开展研究时绕不开的殖民背景,人类学家一直喜欢以去历史化的角度来书写自己的研究对象,但该书希望能够强调从旧石器时代以来,人类就具有思考其他可能性并改革社会的能力。作者建议与其去从进化论大叙事的视角问"不平等的起源"是什么,不如去问暴力和支配的关系是如何成为特定社会的常态的,以及什么样的机制可以避免这种支配关系的发生。

当今社会的根本问题或许在于很多人已经难以想象另外一种社会制度或生活方式的可能性,以至于回看过去的时候也认为过去的人们没有这种想象力,或是宿命论式地认为随着社会规模扩大,个人的自由就一定要被牺牲,但该书核心的论点就在于指出这一切并非无可避免。现在需要的或许不是更多如"自由、平等、博爱"这种抽象的口号与概念,应该要从人们具体的权力关注起,包括随心迁移、不服从他人指示、想象并重塑社会现状的自由。以这些个人基本的自由为出发点,不只有助于我们以此分析过去社会,也能够有助于我们反思自己胶着而郁闷的现状。

二、读　后　感

（一）野蛮人与解殖

该书的目的不只在于研究过去,从更广义的人类学角度来看,或许我们可以把该书视为一本探讨怎么面对"他者"的著作。如何面对在时间上与空间上与自我相隔遥远"他者",是西方人类学的经典命题。早期学者如爱德华·泰勒（Edward Tylor）把欧洲人的祖先和非西方的"野蛮人"（savage）相连接,视非西方的野蛮人为欧洲人的童年[4],因此对近代欧洲社会而言,那些在空间或时间上距自身遥远的社会,在进化论的世界观中被重叠等同了起来,构成了海地人类学者米歇尔·罗尔夫·特鲁约（Michel-Rolph Trouillot）所谓的"野蛮间隙"（salvage slot）[5]——事实上笔者以为,正是在西方进化论的学术传统中,人类学和史前考古学在学科诞生之初就产生密切的联系,前者关心同时期生活在欧洲以外地区的"野蛮人",后者则以研究过去的"野蛮人"为己任。经由考古学与人类学,在反复界定与研究"他者"的同时,也创造出关于自我的新想象[6]。"野蛮间隙"成了西方标榜自身独特性（"现代"与"文明"）的基础，在这套想象的地理学中，"西方"是现代而主动的历史行动者，掌握着当下，"野蛮间隙"中的其他社会，则被描绘成被动的静态存在，不是属于过去的"落后"进化阶段，就是某种浪漫的理想"乌托邦"[7]。

该书的核心目的之一就在于想要从根本解构这个启蒙意识形态的基础。在欧洲这套特殊的时空概念下，古代或远方的"野蛮人"被赋予高贵或粗鄙、睿智或纯真的刻板印象，当代研究者在研究过去以及同时期"他者"的时候，无形间经常再现这套意识形态，而忽略了这些被研究对象与研究者同为有血有肉的人，一样具有智慧和反思能力，也一样会有愚昧和盲目时刻。笔者以为，该书的立场和当今许多重视过去"能动性"（agency）的研究套路相契合，创造力、想象力和反抗意志不是今人的专利，适当地把这些特质还给古人，不只是学术课题，更攸关考古学的研究伦理[8]——对过去行动者的赋权和共情，将有助于更平等地面对当下与我们共存的各式"他者"。

该书更令人耳目一新之处在于进一步从原住民批判出发，彻底颠覆了对启蒙运动过程乃至人类大历史的理解，能够与解殖民思潮呼应。读者会很惊讶地发现，理性辩论并不只是 16~17 世纪法国人的专利，在北美早就有类似的传统，教科书上（对，没错，即使是东亚的高中历史教科书）反复颂扬的启蒙精神，源头实际来自"野蛮人"对欧洲社会的观察和批判。对许多关心解殖的学者而言，学术上的解殖民意味着除了引用伟大的"西方思想家"外，也应该认真对待被殖民者对知识生产的贡献[9]，以及不再单纯把"西方"想象成推动近代历史发展的唯一主体，而是去关注非西方社会在历史中扮演了什么样的角色[10]。就这点而言，该书做了很大的努力，不只介绍了卢梭和霍布斯，也花了同等的篇幅介绍了温达特联盟（Wendat Confederation）政治领袖康迪亚隆克（Kandiaronk），凸显早在欧洲人到来之前，美洲就存在自己的城市民主制度，有关科尔特斯对美洲的"征服"，也不是全靠着"细菌、枪炮与钢铁"所向披靡，背后还有特拉斯卡拉政治军事力量的支持以及中美洲内部当时各政权之间的紧张关系，也是这段历史不该被忽略的因素。笔者个人认为这是该书最重要的贡献。

（二）大叙事与本体论转向

在反思研究者与被研究者之间的关系、重新思考文明与野蛮的定义以及对殖民主义的批判这几个方面，该书大致呼应了考古学、人类学英文学界近年的讨论趋势，不过有几个特点较为"反潮流"，值得注意。

第一个突出的地方是采纳"大叙事"的视角。在 20 世纪 80 年代让-弗朗索瓦·利奥塔（Jean-François Lyotard）宣布后现代精神的核心为对大叙事的不信任之后[11]，受后现代思潮影响的考古学后过程学派对大叙事亦无好感，相较之下更提倡在地历史与多元的小尺度故事[12]。总之大叙事已经有好长一阵子不是欧美"正经"学术书写的主流——尽管近年似乎有复苏的趋势，且一直都不乏学者甚至非学术圈的人致力于大叙事的书写[13]。虽然该书有意识地批评先前几部大叙事著作的立场,但先前学界关于大叙事的诸多批评,或许还是能适用于本书,包括因为尝试把历史事件放入某个具有单一普遍逻辑或原则的宏大架构之中,牺牲掉叙事的多声性(multivocality),容易简化现象,难以彰显过去的多样性和个别群体的特殊性等[14]。举例来说,虽然作者很重视狩猎采集社会的多样性,但该书特别着重季节性对于社会制度切换的意义,然而根据现有的民族志材料,季节性明显的社会恐怕也只占狩猎采集社会的一部分,可以合理推测热带地区的季节性与该书援引的温带/寒带地区的季节性变化会有相当大的差别,虽然笔者并不同意环境或气候决定论,但倘若季节性对于社会政治生活那么重要的话,很难想象这些环境因素对于社会制度会完全没有影响。另一方面,除了季节,不同社会内部可能会有更多重要的仪式或社会活动周期,对于不同身份的成员可能具有不一样的意义,如依据人类学者克里斯·奈特(Chris Knight),很多狩猎采集社会的仪式周期是以每月30天为单位的,而在某些社会女性在其中的意义又特重大[15]。这些都是有趣而值得思考的问题,但因为篇幅长度与论述框架本身的局限,而没有呈现在本书之中。

大叙事的缺陷在论及性别相关的议题时特别突出,笔者肯定作者有心要凸显妇女在过去社会的重要性,包括女性在动植物驯化过程的贡献、在克里特岛迈诺安(Minoan Crete)社会的政治与经济活动中扮演要角等,不过无形间却又陷入了另一种常见的"女性擅长照顾与关心他人,男性则喜欢暴力并压迫他人"的成见[16],刻板印象或许是所有大叙事都难以规避掉的困境——即便是像该书这样一部拥护多样性和可能性的作品也无法幸免。然而大叙事以及性别刻板印象却正是许多女性主义考古学者近年一直在批评的,包括该书大量引用的金芭塔丝,以及其他有关女神信仰、史前母权制社会的讨论,事实上都没有真正触及过去性别的流动性或多样性,跨越大面积时空范围的去脉络化比较也很难经得起严格的证据验证[17]。另一方面由于叙事宏大,对特定具体材料的掌握难免具有缺陷,其中相较于西亚、北美和南美,该书对于东亚的材料着墨相对有限,读者应该能感受到该书对于陶寺、殷墟等中国考古学的讨论都不是特别深入,仅作为叙事中的辅助案例。

该书另一个有趣之处在于几乎回避掉了近年来新兴的理论范式,无论是人类学的"本体论转向"或是考古学的"物质转向"[18],在该书中几乎没有触及。近年欧美考古学界萌发一股对"物"的新理解,强调人与物相互依赖关系的"纠结"(entanglement)[19]、"组合"(assemblage)[20]等新概念相继被提出,都强调器物或动植物等"非人"角色在过去的重要性。在累积相当数量检讨"人类中心"(antrhopocentrism)、强调人与物互相影响建构的研究成果如雨后春笋般冒出的2021年,出现一本这样强调人的选择与意图,几乎不谈论"物"的考古学著作,从学术史的角度而言,无疑是相当特别的地方。书里仅一次以嘲讽的语气提到人类学的本体论转向,表明作者对此一新兴范式的不认同,或许是担忧部分本体论相关的讨论强化了原住民与现代人生活在不同神秘时空的刻板印象[21]。作者之一的格雷伯更在与巴西人类学家爱德华多·维韦罗斯·德·夫斯特罗

（Eduardo Viveiros de Castro）的辩论中，表达他对于本体论转向的不安，对他而言激进的本体论转向并不能促进更平等的知识生产或社会运动[22]。

然而不论作者满不满意，这种研究角度近年已经累积了相当丰富的研究成果，在该书处理人类历史的宏大框架中，却几乎不见近年考古学重要研究主题的踪影，如气候、景观、技术、动植物和各类器物，作者忽略或刻意不谈这些形塑我们已知世界重要的"非人主体"，是该书为人批评之处[23]。举例而言，来自考古学、人类学、历史学和STS（科学—技术—社会）的研究很早就开始反思并企图超越简单的"技术决定论"，近年累积大量的成果都说明技术系统如何一方面具有自身的技术动能（technological momentum），另一方面又受到不同社会文化情境的影响，而历史变迁是在这样复杂的交互作用下产生的[24]。在关于驯化的讨论中，不少动植物考古学家，从生态遗留、古DNA等多线证据，意识到驯化是一个漫长而复杂的过程，既包含动植物性状的变迁、人类行为的变化，也有许多意料之外的偶然因素，农业是人与动植物相互依赖、共同发展出来的结果，不同物种与人群存在不同的互动历史，不同区域有着多样的"新石器化过程"[25]。尽管该书坚持从社会选择的角度讨论古人的"种着玩儿"（play farming），并暗嘲赫拉利等从麦子的角度讨论驯化的出发点不必要，并批评这种研究视角抹杀了过去人群的创造力和决定生活方式的能力[26]——但另一方面考古学近年的确有越来越多的学者，尝试从植物本身的生态习性［植物的"物质性"（materiality）］出发，检视在作物驯化、新品种引入的过程，人、植物、技术和景观等如何彼此交织在复杂的关系网络之中，共同建构出新的生产模式和生活形态；这样的视角实有助理解各时空不同社会中人与植物之间关系的多元性和复杂性，也指明学界先前关于狩猎采集与农业、野生和驯化等简单二分的概念未必合适[27]。

上述这些讨论，对该书的作者来说可能立场相对"保守"，但事实上，对很多学者来说，意识到技术变迁或驯化过程中存在许多"非人"的影响力，注意在人物相互建构的过程中会衍生出诸多复杂甚至是无可预期的结果，并强调这些过程在不同区域、不同历史背景下呈现的高度多样性，本身就是对西方中心线性进化论的一种挑战，有助反思技术或任何因素的决定论叙事。不少学者提倡此类路径的初衷，也是希望能够借此挑战启蒙运动以来的意识形态，并且营造更平等且更富想象力的知识生产环境[28]。从这点来说，这些讨论虽然采取了和作者不同的切入点，但最终的学术关怀确有相通之处，该书怀着重新书写人类历史的抱负，却没有触及这些近年较热门的研究思路，或许是比较可惜的地方。

（三）结论与展望：考古学知识的批判性

在检讨进化论以及进化论背后相关的启蒙意识形态之后，该书最大的雄心为提供一套进化论之外的框架来研究历史。笔者认同应该回到考古材料本身，而不受制于该社会类型或进化阶段的框定，不过个别的案例研究是否能得到支持本书论述的结论，以及历史叙事中多大程度要强调过去社会的自觉选择，多大程度要承认环境、技术、生态等非人层面的影响，恐怕还有许多讨论和摸索的空间。正如同作者对"想象力"的重视，这本书在拆解掉进化论史观、解构以国家为主体的历史叙事后，对于未来考古学研究最大的启示可能也在丰富研究者的想象力，尤其是针对看待权力的想象力，以及该问什么问题的想象力。

在权力研究方面，该书指出，以若干灵活的指标来探讨政治上的权力，虽然这么切入的用意主要是想论证"国家没有起源"，以暴力、知识和个人魅力等作为分析古代政权的标尺（第10章）。然而笔者仍认为这种强调权力具有多面向来源的研究视角，有潜力能够应用到对其他不平等社会关系的讨论中，包括性别、亲属和经济等乍看"非政治"的关系。虽然有批评者认为两位作者不怎么关心女性在社会内部受到的不平等待遇[29]，本文前面也指出该书的大叙事角度无意间再现了性别刻板印象，不过作者讨论权力的方式，就笔者看来相当具有女性主义的关怀。该书主张权力具有异质来源、存在不同运作机制、可能在不同的时间段分别由不同的人群所掌握，这些观点受到卡洛尔·克拉姆雷（Carole Crumley）"多元分层结构"（heterarchy）概念的影响很深[30]。而以"多元分层结构"而非金字塔式的"阶级"（hierarchy）来界定权力，也很受性别考古研究的青睐，因为"多元分层结构"不只更能凸显性别与其他社会身份交织在一起的影响力，也更适合用来理解女性在日常生活中发挥的能动性，并能突破公、私领域的二元划分，探讨过去各种权利义务彼此镶嵌的复杂性[31]。

除此之外，该书还注意到暴力和压迫经常来自亲昵的照顾和庇荫关系之中，这样的视野能和许多从女性主义出发的批评产生共鸣。近年不少性别史研究，尤其是中国中古史积累的成果，已经注意到照护和权力之间复杂的关系[32]，虽然性别史的切入点与两位作者专注的面向不尽相同，前者更关心女性如何透过照护替自己争取影响力，包括家族事务甚至政治地位上的赋权，或是关注照护责任与女性社会角色之间的关联等，而该书则更关心暴力和支配如何在照顾与被照顾的关系中产生，在此议题上也未针对特定的性别。但笔者以为赋权与支配实为同一问题的一体两面，两类取径也都注意到照顾和被照顾本质上是亲密的日常身体与情感经验，从中经常延伸出超越照顾行为本身的权力或伦理关系，有关照护的社会期待和论述，也往往涉及性别、阶级等更大的意识形态。日后许多更精彩的研究或许能从这个面向继续开展。

另一个启发之处则在于敲定研究课题的想象力。作者自己定位《万物的黎明：人类新历史》是一本关于要问什么问题的书。读完该书的读者，无论认同与否，或多或少都会开始思考一个不问起源、超越当代民族国家的考古学叙事会是什么模样，最终考古学要问什么问题，牵涉到这门学科与当代社会该具有什么样的关系。考古学或是更广义的历史知识，经常被批评巩固了既有的意识形态和权力论述[33]，研究者经常共情于辉煌的遗迹和统一的盛世，对平凡的废墟或分裂的时代则轻描淡写。该书最大的意义或许是提醒我们学习历史的目的不只是如此，考古学知识也可以具有高度的批判力量，能够对当下提供反思和借鉴。正如同启蒙运动是在西方与非西方的相遇之中才激荡出新的思想火花，对于那些与我们不同社会的研究，无论是对过去还是他者异文化的探讨，都能帮助我们意识到人类政治生活的多样性。唯有在众多可能性的比较之下，我们才能更清楚地认识到自己身处社会制度的盲点和迷思。从某种意义上而言，考古学知识的批判力量就在于古今之间的跳跃和回望。

附记：笔者想在书评末尾纪念台湾大学人类学系的颜学诚老师，在阅读该书的过程中，我经常想起他。颜学诚老师恐怕属于台湾人类学界关心宏大叙事的极少数，他讲课的观点其实与格雷伯和温格罗有许多契合之处，该书指出资本主义社会的问题，在于让贫富差距可以系统性地转换为权力之间的不平等，颜老师同样也关心让"钱"与"权"之间能够转换（或不能转换）的机制为何，视其为理解当代资本主义意识形态的根源。

颜老师也在课堂上质疑过考古学起源研究的意义——在他看来起源是个假议题，不管过去到底是平等还是不平等，都不应该影响当代追求平等的决心。对他来说，考古学研究的意义并不在探求起源，而在于从时间长河中汲取适当的"工具套"，为当代的困境提供借鉴与反思。颜老师应该也很认同本书想借考古学研究丰富当代想象力的初衷，他长期钻研各时空背景下不同的社会制度，一直努力从中找到更多的可能性。

很遗憾颜老师在2018年因病去世，与格雷伯相似，55岁英年早逝的他不仅没有机会在此书的基础上展开更精彩的讨论，前述许多重要而深刻的观点也没来得及发表出来。正如同格雷伯与温格罗的新书始于北美的原住民批判，此处希望能够以一条简短附记，记录在东亚也有过这样的学者，他从江南农村的田野、先秦诸子经典以及人类学的想象出发，以知识分子的满腔热情提出对当代社会的批判，与《万物的黎明：人类新史》遥相呼应。

注　释

[1] Kirch P, Sahlins M. *Anahulu: The Anthropology of History in the Kingdom of Hawaii*, Chicago: University of Chicago Press, 1992.
[2] 其中一个例子引用中国考古的材料，提到海岱地区的两城镇、尧王城比正式中原王朝（推测指的是商代）的出现要早1000多年。两位作者对于中国的考古材料似乎不如世界其他地方熟悉，把山东沿海到晋南盆地整个黄河中下游作为一个比较单位。一方面山东和河南相隔遥远，有各自的区域历史，作为一个比较区是否合宜或许可以另外讨论。另一方面作者可能不熟悉二里头时期的材料，并没有纳入讨论之中。比较具启发性的地方或许是可以重新思考龙山时期城址中居民生活的样貌。
[3] 关于陶寺遗址的"革命"，中文学界也有不少学者探讨，不过叙事的角度比较不同，该书不站在国家起源的立场来看这段历史，也似乎较同情这些陶寺的毁墓者或革命者。中文相关的讨论如：高江涛：《试析陶寺遗址的"毁墓"现象》，《三代考古》（（七）），北京：科学出版社，2017年，第345~354页；何驽：《从陶寺遗址考古收获看中国早期国家特征》，《中国古代文明与国家起源学术研讨会论文集》，北京：科学出版社，2011年，许宏：《何以中国——公元前2000年的中原图

景》，北京：生活·读书·新知三联书店，2014年。

[4] Tylor E B. *Primitive Culture: Researches into the Development of Mythology, Philosophy, Religion, Language, Art, and Custom*, London: John Murray, 1891.

[5] Trouillot M. Anthropology and the Savage Slot: The Poetics and Politics of Otherness. in *Global Transformations: Anthropology and the Modern World*, New York: Palgrave Macmillant, 2003:7-28.

[6] Gosden C. The Past and Foreign Countries: Colonial and Post-Colonial Archaeology and Anthropology. in *A Companion to Social Archaeology*, Malden: Blackwell, 2004: 161-178.

[7] 历史上"西方"包括的地理范围与指涉人群并非一成不变，而是随着不同的政治社会情境不断重新调整。参见注[5]。

[8] Moore H L. Ethics and Ontology: Why Agents and Agency Matter. in *Agency in Archaeology*, London: Routledge, 2000: 259-263.

[9] Todd Z. An Indigenous Feminist's Take On The Ontological Turn: 'Ontology' Is Just Another Word For Colonialism. *Journal of Historical Sociology*, 2016, 29 (1): 4-21.

[10] 同注[5].

[11] Lyotard J. *The Postmodern Condition: A Report on Knowledge*, Manchester: Manchester University Press, 1984.

[12] Trigger B. *A History of Archaeological Thought*, New York: Cambridge University Press, 1996: 471-477.

[13] a. Kristiansen K. Towards a new paradigm? The Third Science Revolution and its Possible Consequences in Archaeology. *Current Swedish Archaeology*, 2014, 22: 11-34；b. 20世纪90年代关于考古学大叙事的讨论，谢拉特(Sherratt)有另一套有趣的见解，参见 Sherratt A. Reviving the Grand Narrative: Archaeology and Long-Term Change The Second David L. Clarke Memorial Lecture. *Journal of European Archaeology*, 1995, 3 (1): 1-32.

[14] Pluciennik M. Archaeological Narratives and Other Ways of Telling. *Current Anthropology*, 1999, 40 (5): 653-68.

[15] Knight C. Wrong About (Almost) Everything. FocaalBlog, 22 December, 2021 https://www.focaalblog.com/2021/12/22/chris-knight-wrong-about-almost-everything/.

[16] Lindisfarne N, Neale J. All Things Being Equal, 2021, https://annebonnypirate.org/2021/12/16/all-things-being-equal/.

[17] Meskell L. Goddesses, Gimbutas and 'New Age' archaeology. *Antiquity,* 1995, 69 (262): 74-86.

[18] a. Harris O J T, Cipolla C N. *Archaeological Theory in the New Millennium: Introducing Current Perspectives*, London: Routledge, 2017. b. Heywood P. Ontological turn, in *The Cambridge Encyclopedia of Anthropology*, [Online], 2017.

[19] a. Hodder I. *Entangled: An Archaeology of the Relationships between Humans and Things*. [Online] Hoboken: Wiley, 2012. b. Hodder I. Human-Thing Entanglement: Towards an Integrated Archaeological Perspective. *Journal of the Royal Anthropological Institute,* 2011, 17: 154-77.

[20] Hamilakis Y, Jones A M. Archaeology and Assemblage. *Cambridge archaeological journal*, 2017, 27 (1) 77-84.

[21] 参见第十一章：
"If the indigenous peoples of North America aren't being imagined as living in a separate time, or as vestiges of some earlier stage of human history, then they're imagined as living in an entirely separate reality ('ontology' is the currently fashionable term), a mythic consciousness fundamentally different from our own. (p.454)"

[22] Graeber D. Radical Alterity is Just Another Way of Saying 'Reality': A Reply to Eduardo Viveiros de Castro. *Hau: Journal of Ethnographic Theory*, 2015, 5 (2): 1-41.

[23] 同样的观察请参考 Fagan B, Durrani N. The dawn of everything: A new history? *Reviews in Anthropology*, 2021, 50 (3-4): 80-99.

[24] Hughes T P. Technological Momentum. in *Does technology drive history? The dilemma of technological determinism*, Cambridge: the MIT Press, 2001.

[25] a. Fuller D Q, et al. Entanglements and Entrapment on the Pathway toward Domestication, in *Archaeology of entanglement*, Walnut Creek : Left Coast Press, 2016; b. Fuller D Q, et al. Domestication as Innovation: The Entanglement of Techniques, Technology and Chance in the Domestication of Cereal Crops. *World Archaeology*, 2010, 42 (1): 13-28.

[26] 参见第六章：
"But only if we accept the premise that it does in fact make sense to look at the whole process 'from the viewpoint of wheat'. On reflection, why should we? Humans are very large-brained and intelligent primates and wheat is, well…a sort of grass(pp.230)……When today's writers speculate about 'wheat domesticating humans' (as opposed to 'humans domesticating wheat'), what they are really doing is replacing a question about concrete scientific (human) achievements with something rather more mystical (p.236)."

[27] a. Barton H, Denham T. Vegecultures and the Social-Biological Transformations of Plants and People. *Quaternary International*, 2018: 489, 17-25; b. van der Veen M. The materiality of Plants: Plant-People Entanglements. *World Archaeology*, 2014, 46 (5): 799-812.

[28] Shanks M. Symmetrical Archaeology. *World archaeology*, 2007, 39 (4): 589-596.

[29] a. Lindisfarne N, Neale J. All Things Being Equal, 2021, https://annebonnypirate.org/2021/12/16/all-things-being-equal/; b. Power C. A response to David Graeber & David Wengrow's 'How to change the course of human history'. Libcom.org https://libcom.org/history/gender-egalitarianism-made-us-human-response-david-graeber-david-wengrows-how-change-cou

[30] a. 关于克鲁姆利对"多元分层结构 (heterarchy)"的讨论，参见：Crumley C L. Heterarchy and the Analysis of Complex Societies. *Archeological papers of the American Anthropological Association*, 1995, 6 (1): 1-5; b. 该书第十二章脚注 15: "'Heterarchy'-the umbrella term she (指 Carole Crumley) introduced for those other types of systems-was borrowed from cognitive science. Many of the societies we've focused on in this book-from Upper Palaeolithic mammoth hunters to the shifting coalitions and confederacies of sixteenth-century Iroquoia-could be described in these terms (had we chosen to adopt the language of systems theory), on the basis that power was dispersed or distributed in flexible ways across different elements of society, or at different scales of integration, or indeed across different times of year within the same society. (p.610)"

[31] a. Crumley C L. Heterarchy and the Analysis of Complex Societies. *Archeological papers of the American Anthropological Association*, 1995, 6 (1): 1-5; b. Levy J E. Gender, feminism and heterarchy, in *Historical Ecologies, Heterarchies and Transtemporal Landscapes*, Oxon and New York: Routledge, 2019: 43-54.

[32] 参见如：李贞德：《女人的中国医疗史——汉唐之间的健康照顾与性别》，台北：三民书局，2008 年。

[33] Kohl P L. Nationalism and archaeology: On the Constructions of Nations and the Reconstructions of the Remote Past. *Annual Review of Anthropology*, 1998, 27: 223-246.

"Salvages", Archaeology, and the Critiques of Historical Narratives: Review of The Dawn of Everything

Kan Yu-Chun

(2022 PhD Student, Institute of Archaeology, University College of London)

Abstract: The Dawn of Everything is the latest book published by David Graeber (anthropologist, 1961-2020) and David Wengrow (archaeologist, 1972-) at the end of 2021, aiming to retold human history from an innovative perspective. The authors began with indigenous critiques and revisited the social evolutionary discourses since the Enlightenment. "Salvages" together with prehistoric people, who were often projected as "the others" in our geography of imagination, actually have self-conscious political interests and reflective abilities, just like us. All the diverse social arrangements in history cannot be simplified as several "stages" based on modes of subsistence or "social complexity." After tearing down the evolutionary framework which focused on "civilizations" or "states", the book demonstrated egalitarian cases and oppressive systems can both be found within hunter-gatherers, farmers and urban residents, regardless of population scales. Based on multiple examples from archaeology and ethnography, the authors emphasized the will of mankind to pursue ideal socio-political lives in history, as well as human imagination and freedom, not restricted by environments or technologies.

Aside from summarizing the content of the book, this essay also recognizes that the reevaluations on Enlightenment ideologies and the stereotypes of "salvages" help decolonize archaeology. The most valuable part of the book is to broaden our imagination of past power relationships, promote different academic inquiries, and remind us of the present values and critiquing powers of historical knowledge. As for possible weaknesses, several details were ignored, and certain descriptions were unsophisticated under the metanarrative held in the book. In addition, it is also defective that there are inadequate discussions on "non-humans" such as plants, animals, technologies, or climates.

Key Words: Dawn of Everything, Salvages, Social Evolutionism, Metanarratives